WINNERS

AND
HOW THEY
SUCCEED

ウィナーズ

勝利をつかむ思考

アラスター・キャンベル
ALASTAIR CAMPBELL

池村千秋 訳

三賢社

ウィナーズ
勝利をつかむ思考

装幀：水戸部 功

我が息子、ローリー・キャンベルに感謝する。
ローリーは、この本を書くよう背中を押し、
ことあるごとに力になってくれた。

目次

はじめに

勝てば、かならず話題になる。勝つことがなにより大切だ。
――トニー・マッコイ（イギリスの元競馬騎手）

私は、人生で大きな情熱をいだいてきたものが二つある。一つは政治、もう一つはスポーツだ。前者には多くの経験があり、後者には多くの知識をもっている。そして、私は、この二つに共通する要素に対して病的と言ってもいいくらいの強い思い入れがある。その要素とは、勝つことだ。

本書では、その勝利というテーマを掘り下げた。多くの傑出した人たちの言葉を取り上げ、その知恵と洞察、さらには敗北についての教訓を紹介していく（勝利をつかむ過程では、たいてい敗北を避けて通れないからだ）。私みたいに政治とスポーツが好きな読者には、興味をもってもらえると思う。また、本書では、政界やスポーツ界だけでなく、ビジネス界の人たちの言葉もふんだんに紹介した。起業家やコミュニティのリーダー、政治家、選挙運動家、パフォーマー、学生、そして（減量に始まり、世界を変える活動にいたるまで）難しい課題で勝利を収めたいと願うすべての人にとって、有益な一冊になったと思っている。

この本を書き上げる過程は長い旅のようだった。執筆を思い立ったきっかけの一つは、政治の現場を離れたあと、ビジネス界の人々と接する機会が増えたことだった。ビジネスの世界では、戦略、キャンペーン、コミュニケーション、危機管理がお粗末なケースが多いことに気づいたのだ。これらは、私がとりわけ精通しているテーマだ。そこで、最初の構想では、これらのテーマや、チームシップ、リーダーシップ、レジリエンス（逆境からのしなやかな回復力）、意思決定、そのほか勝者になるために必要な要素に関する手引き書を書くつもりでいた。それを、私の政界での経験、スポーツを観戦したりプレーしたりした経験、そしてスポーツ界の偉大な勝者たちから直接話を聞いた経験をもとに書くという計画だった。

いざ執筆に着手すると、そうした考えの傲慢さに気づかされた。政治の世界でチームづくりと戦略構築に成功した経験があり、大勢のスポーツ界の勝者を知っているという理由で、企業のCEOや学校の校長、慈善団体の事務局長、ましてや一流のスポーツチームに、勝利をつかむ方法を指南できるなどというのは、思い上がった発想だと思うようになった。調べれば調べるほど、ビジネス界のほうが政界より優れているケースも多く、スポーツ界の最高峰のほうがもっと優れているケースも多いとわかったからだ。

結局、この本は、勝利をつかむ方法を私なりに説いた手引き書ではなく、さまざまな分野の勝者たちを分析した本になった。どのような人たちがどのように勝利をつかんでいて、私たちはその人たちからどのような教訓を学び、それをどのように自分の人生に生かせばいいのかを論じた。

それでも、選挙に勝つ方法について私が知っていることは、政界だけでなく、ほかのあらゆる分野の人たちにも有益だという自負はある。しかしその半面、政界以外の人たちの話を聞き、偉大な起業家たちについて研究すると、イギリス労働党とトニー・ブレア政権のために働いていた時期に知っておきたかったことも多かった。

偉大なスポーツマンとスポーツウーマン、偉大なビジネスマンとビジネスウーマンから学ぶべき教訓の一つは、つねにもっと上を目指す余地があると肝に銘じるべし、ということだ。まだ改善すべき部分があるという点では、ブレアがイギリス労働党を再生させて築いた「ニュー・レイバー（新しい労働党）」も例外ではなかった（それなりに成功していたと、私は思っているが）。

問題があるのは、イギリスの政治だけではない。先進民主主義国の政治全般がぬるま湯に浸かり、進歩できなくなっているように思える。政治の担い手たちが国民の無関心と幻滅に気づいていながら、国民との間に強力な民主主義的関係を築けていないことに、私は不安にならずにいられない。こうした状況は、非民主的な国が政治的・経済的な影響力を強める一因にもなっている。

本書執筆のための調査をしていたとき、ショックを受けたことがあった。ロシアのウラジーミル・プーチン大統領のことを、現代で最も有能なリーダーと考える欧米人が非常に多かったのだ。たいてい、「好きにはなれないけれど……」という前置きのあと、そうした評価を述べ、それに続いて、欧米のビジネス関係者や政治家が本来敬意を示してしかるべき欧米諸国のリーダーたちへの批判を始める。また、今日の世界には、テロと過激主義があるまじき猛威を振るい、世界政治を取り巻く不安が高まっているという問題もある。

ビジネス界とスポーツ界のほとんどの人たちは、自分たちの分野より、政治、とりわけ行政のほうが難しいと考えている。政治や行政は範囲が広く、課題が複雑だというのが理由だ。しかし、本書を一章一章書き上げ、勝利のために不可欠と思われる要素を検討するうちに、ビジネス界とスポーツ界のトップレベルの人たちはほぼ例外なく、政界の人間よりも政治で成功できると思うようになった。正直なところ、ほかの分野の人たちが政治から学べることがあるとすれば、コミュニケーションと危機管理くらいだろう。それはおそらく、この二つの要素が政治と切っても切れない関係にあるからだ。

トップレベルのスポーツは、絶えず進歩し続けている。とくに、ＰＲ面の進歩には目を見張るものがある。ビジネス界も、世界金融危機の打撃に苦しみつつ、テクノロジーの時代における新しい地平を切り開き続けている。それに対し、ほとんど変わっていないのが民主政治のあり方だ。その結果として、世界全体が敗者になっていると言っても過言でないかもしれない。

もちろん、あらゆる場面に通用する「成功の方程式」など存在しないし、ほかの勝者のやり方をまねするだけで勝利をつかめる可能性は小さい。それでも、自分の分野でやり方を改善したい人は、ほかの分野の成功例を研究して損はない。

私は、以下の点を強く確信するにいたった。まず、分野を問わず、勝利をつかむ個人や組織に共通する原則や価値観やテクニックがあるということ。また、政治の世界で成功を収めるうえで有効な戦略の鉄則は、競合他社と競ったり、新しい事業に乗り出したりする企業や、スポーツチームの力を最大限引き出したい監督にも役立つということ。あらゆる価値ある取り組みはチームシップを通じて生まれ、企業や政治組織、行政機関、ＮＧＯ、さらには個人など、誰もがスポーツ界における偉大なチームづくりの成功例から学ぶべき点があるということ。そして、勝利を得たい人は、自分の環境でどのようにリーダーシップを振るえばいいかを知っておく必要があるということだ。

本書で光を当てるのは、特定の分野で際立った成果を上げ、勝利を収めたり、競争を優位に運んだりする能力を実証した人たちだ。そうした人たちが用いた道具や戦略がほかの分野でも役立つのかを見ていく。

データ重視のチーム編成で大リーグの歴史に名を刻んだビリー・ビーンのイノベーションとチームづくりのスキルや、ヨット競技のベン・エインズリーが洋上で発揮するリーダーシップのスキルは、選挙に向けてチームをまとめたい政治家も応用できるのか？　世界金融危機のダメージにまだ苦しんでいる各国の財務相たちは、「マージナル・ゲイン（＝わずかな改善）」をことのほか重んじる自転車競技のデーブ・ブレイルズフォードや、サッカーの試合の準備で細部をいっさいおろそかにしないジョゼ・モウリーニョから学べることがあるのか？

重要な試合に臨むスポーツの監督は、同じ競技の誰か（のゴーストライター）が書いた回顧録を読んだり、相手チームの過去のプレー動画を見たりするより、アメリカ大統領エイブラハム・リンカーンがみずからのライバルを集めて内閣を組織した経緯について読むほうが有益なのか？　政治家は、同時代の人物より、歴史上の人物から学べることのほうが多いのか？

スポーツの監督やオーナー、なかでも短期指向が目立つサッカー界の人々（アレックス・ファーガソンやアーセン・ヴェンゲルのような長期政権は珍しい）は、ヴァージン・グループの総帥リチャード・ブランソンや、大物投資家のウォーレン・バフェット、アメリカ版ヴォーグの編集長アナ・ウィンターなど、長期間トップに立ち続けているビジネス界のリーダーたちから学ぶべき点があるのか？　金融関係者は、政治指導者の危機管理の経験から学習していれば、世界金融危機にもっとうまく対処できたのか？

第1部では、戦略とリーダーシップとチームシップの「聖なる三位一体」について論じる。それに続いて、本人へのインタビューをもとに、この三分野で傑出している三人の人物を紹介したい。サッカーの監督として大きな成功を収めているジョゼ・モウリーニョ、女性ファッション誌のアメリカ版ヴォーグの編集長を長年務めているアナ・ウィンター、そしてアルバニアの首相エディ・ラマだ（世界広しといえど、スポーツのナショナルチームでプレーした経験をもつ現役首脳は、ラマくらいだ）。

第2部は「重要なのはものの考え方」と題し、勝者のマインドセットの構成要素を見ていく。それらの面で傑出していると私が評価する一流アスリートたちへのインタビューを中心に話を進める。「極端な思考」の効用にも触れ、サッカーのスーパースター、ディエゴ・マラドーナを参考に「脳内に絵を描く」ことの有効性も考えたい。最後は、プロボクシングの無敗王者、フロイド・メイウエザーのインタビューで締めくくる。

第3部「その他大勢から抜け出す」では、ほかの人たちに差をつけるために重要だと私が考える三つの要素を検討する。それは、大胆に考えること、イノベーションへの強い意欲をいだくこと、そして、固定観念や先入観ではなく、確かな事実とデータを指針にすることだ。

第4部「逆境をチャンスに変える」では、一九九〇年代にアメリカ大統領を務めたビル・クリントンなど、危機管理の達人たちがどのように行動しているかを見ていく。レジリエンスについても論じる。世界で最も有名な女性、イギリス女王エリザベス二世についても一章を割いて論じたい。

最後は、エチオピアの陸上長距離選手、ハイレ・ゲブレセラシェを紹介し、本書で述べてきたことのまとめをしたい。傑出したスポーツマンというだけでなく、ビジネスの世界でも活躍し、いまは政界への進出も視野に入れている人物だ。

生粋の王制廃止論者だった私は、この本を書きはじめたとき、エリザベス二世が当代切っての不朽の勝者だという結論に到達するとは思ってもいなかった。しかし、前述したとおり、私にとって本書を執筆する過程は、未知の場所を知る旅のような経験だった。私がその旅を楽しんだように、読者のみなさんも楽しんで読んでほしい。そして、私が多くのことを学んだように、みなさんも本書から多くのことを学んでほしいと思う。

第1部
聖なる三位一体

第1章　戦略

戦略を教えるべきときに、テクニックしか教えないコーチが多すぎる。
——マルチナ・ナブラチロワ（元プロテニス選手）

勝利の基本は「OST」

ストラテジー・イズ・ゴッド。戦略は神だ。だから、戦略とリーダーシップとチームシップの聖なる三位一体では、戦略の重要性が最も大きい。罰当たりな表現に聞こえるかもしれないが、こんな言葉を使いたくなるくらい、戦略は重要だ。よいリーダーは戦略の考案に、よいチームは戦略の実行に傑出している。どんなに優秀な人材と大きな野心をもっていても、明快な戦略をもち、組織の頂点から末端まで全員がそれを理解していなければ、目標は達成できない。一に戦略、二に戦略、三、四がなくて、五が戦略なのだ。

「神様はナシ」というのは、トニー・ブレア首相の報道担当補佐官時代の私の発言のなかでもよく引用される言葉の一つだ。やはり、神を冒瀆するつもりはなかった。ブレア政権では宗教的な発言は避けたいという意味で、元々はアメリカ人記者に対してあまり深く考えずに述べた言葉だった。けれども、この言葉が広く知られるようになり、いっそのことももっと使おうと思うようになった。

二〇〇五年の総選挙のときは、「準備をしないのは、失敗する準備をするのと同じこと」（ベンジヤミン・フランクリン）と「評価を気にしない人は、大きなことを成し遂げる」（ハリー・トルーマン）という長年の座右の銘と一緒に、「神様はナシ、戦略はヤル」というカードをデスクに掲げた。その頃、一緒に政権の戦略を練っていたフィリップ・グールドと私は、「ストラテジー・イズ・ゴッド（Strategy Is God＝ＳＩＧ）」の原則を信じるようになって久しく、いくつかのＳＩＧの定石に従って行動していた。

宗教観が人それぞれなのと同じように、戦略観も人によってまちまちだ。戦略ほど、しばしば誤用されている言葉は珍しい。戦略という触れ込みで示されるものの多くは、漠然とした目標だったり、大げさに表現した戦術だったりする。まず、戦略とはどういうものか、そして、どういうものでないかを理解しておく必要がある。戦略は、いくつかの明確に異なる段階と原則で構成されることも知っておくべきだ。それを理解していなかったり、異なる段階や原則を区別できていなかったりすれば（そういう人は多い）、敗北と失敗が待っている。

最もシンプルに表現すれば、戦略は三文字のアルファベットに集約できる。私は一九九四年以来、その三文字をデスクに掲げ、メモ帳にも記している。

O＝目標（Objective）
S＝戦略（Strategy）
T＝戦術（Tactics）

まず、「O」の目標。この要素から出発するのは、それが最も重要な最初のステップであり、ある意味で最もわかりやすい要素でもあるからだ。どこに到達したいか、なにを達成したいか――それが目標だ。一九七九～九〇年にイギリス首相を務めたマーガレット・サッチャーは、高級官僚たちをこう叱り飛ばした。「政府がなにを目指すべきかは、わかっています。それについてはもう結構です。それを達成する方法を教えてください」。目標とは、ここでサッチャーが言う「なに」のことだ。

ただし、漠然と目標をもつだけで勝利がもたらされるわけではない。勝利を手にするためには、状況に応じて、勝利の定義を、せめてどの程度の勝利を目指すかをはっきりさせる必要がある。

成績が低迷しているサッカーチームなら、すべての試合に勝つことではなく、下部リーグへの降格を免れることを目指してシーズン入りすべきかもしれない。マンチェスター・ユナイテッドやバルセロナのような有力チームは、国内リーグや欧州チャンピオンズリーグで優勝を逃せば、そのシーズンは「敗北」とされる。それに対し、前のシーズンの成績が散々だったチームは、多くの試合を落としても、降格を回避できれば、目標を達成して「勝利」したと言える。

二〇一三～一四年シーズン途中でクリスタル・パレスの監督を引き受けたトニー・ピューリスは、就任時には降格圏だったチームを安全圏まで引き上げた。こうして「勝利」を収めたピューリスは、プレミアリーグ年間最優秀監督賞を受賞した。しかし、同じシーズンにもっと多くの試合に勝ったマンチェスター・ユナイテッドとバルセロナは「敗北」を味わったのである。ワールドカップでも、スペインやイングランドのような強豪とそれ以外の国では、どのような成績を残せば「勝利」とみなせるかが変わってくる。

自動車レース「F1」の有力レーシングチーム、マクラーレンのロン・デニス元会長兼CEOの場合、「目標は、単にレースに勝つことや年間チャンピオンになることではない。絶対王者として君臨することだ」という。一つひとつのレースを制し、年間タイトルを勝ち取り、さらには頂点に立ち続けようというのだ。

この長期的な視点は、エネルギー大手BPのジョン・ブラウン元CEOのようなビジネスリーダーを思わせる。ブラウンによれば、ビジネスにおける勝利とは「同業他社より多くの利益を安定的に生み続けること。なによりも重要なのは、長い目で見た企業価値だ」という。

このような考え方をするリーダーばかりではない。ゼネラル・エレクトリック（GE）の会長を長く務めたジャック・ウェルチは、傘下のすべての事業が市場でトップか二位になることを勝利と考えた。しかし昨今は、「株主や取締役会、活動家、従業員の目が厳しくなり、莫大な役員報酬がしばしば問題にされ、人々が企業に搾取されているという思いを強めている」時代だ。もっと繊細なアプローチで成功を目指し、成果を測るべきだと、ブラウンは言う。

なにをもって勝利とみなすかは、個人のパフォーマンスを考えるときにも重要な意味をもつ。四〇代になって走りはじめた私は、二〇〇三年のロンドン・マラソンに参加登録したとき、優勝できるなどとは思っていなかった。なにしろ、世界屈指のランナーたちが出場する大会なのだ（この年の大会では、イギリスのポーラ・ラドクリフが女子の世界新記録を樹立した）。それでも、目標タイムに、自分自身に、同世代や同レベルのランナーたちに「勝つ」ために、私はモチベーションを高める必要があった。

そこで、元マラソン選手でテレビコメンテーターのブレンダン・フォス

ぼくが向かうのは、パックが滑っていく先だ。いまパックがある場所ではない。

ウェイン・グレツキー
（元プロアイスホッケー選手）

ター、二〇一二年ロンドン五輪の大会組織委員長などを務めた元中距離選手のセバスチャン・コー、そして、家が近い元マラソン選手のヒュー・ジョーンズにアドバイスを求めた。イギリス人男子初のロンドン・マラソン優勝者（一九八二年）であるジョーンズは、練習のスケジュールを組み、コーチとして何百キロものトレーニングにつき合ってくれた。

三人が異口同音に言ったのは、最近走りはじめたばかりで、四捨五入すれば五〇歳になる人間が四時間を切れば、「勝利」と言っていい、ということだった。そこで、私はそれを目標とし、その目標に向けて、ジョーンズの指示と監督の下でトレーニングメニューを決めた。これが「戦略」である。大会当日、三時間五三分一秒で完走したとき、私は自分が「勝った」と思えた。深い達成感と陶酔感を味わうことができたのだ。

選挙などの政治運動でも、目標を慎重に検討し、なにをもって勝利とみなすかを決める必要がある。私は以前、ボスニア・ヘルツェゴビナでの仕事を始めたとき、すぐに気づいたことがあった。この国では、きわめて複雑な政治制度が採用されていた。それは無理もない。一九九五年のデイトン合意で凄惨な内戦を終わらせた際、一つの政治勢力が明確な「勝利」を収める道をほぼ閉ざすように制度を設計したのだ（その結果、質の高い政治も事実上不可能になったのだが）。そこで、この国の政党は選挙戦略を打ち出すとき、なにをもって勝利とみなすかをはっきりさせる必要がある。主要政党なら、選挙で最大の得票率を得ること（最大でもせいぜい二〇％くらいしか得票できない）、そして政府の要職を確保することが目標になるだろう。

誰でも、「ＳＭＡＲＴ」の条件を満たした目標をもってはじめて、目標達成に結びつく明確な戦略を立案・実行できる。「ＳＭＡＲＴ」とは、目標設定において重要な五つの要素の頭文字を取った言葉だ。Sは明確（＝Specific）、Mは計測可能（＝Measurable）、Aは達成可能（＝Attainable）、Rは現実的（＝Relevant）、Tは期限つき（＝Time-limited）を意味する。

目標は、どのくらい野心的に設定すべきか？　達成不可能な目標を立てれば、期待どおりの結果が得られなかったときに、幻滅されたり、批判されたりしかねない。過度に大きな野心をいだくと、過剰なリスクを背負い込む危険もある。ビジネスの世界では、とくにその危険が大きい。二〇〇八年に大手投資銀行のリーマン・ブラザーズが破綻したのは、多くを目指しすぎたからだ。

とはいえ、やる気に火をつけられないような低い目標しかもたなければ、冴えない結果を招きかねない。「私の好きなやり方は、まず一見すると達成不可能に見える目標を設定し、どうすればそれを実現できるかを考えるというものだ」と言うデーブ・ブレイルズフォードは、イギリスの自転車ロードレースチーム「チームスカイ」を率いる人物だ。ブレイルズフォードが設定した目標は、イギリスのチームとして史上初のツール・ド・フランス優勝を果たすことだった。「目標を設定したあと、一人になって『本当にやるのか？』と思うときもある。恐怖がこみ上げてくる。そうした敗北への恐怖があるからこそ、勝つために必要な行動を取ることができる。克服できない障害があるなどとは、誰にも言わせない」

目標が低すぎないかを点検するための基準はただ一つ。それは、目標が心臓を高鳴らせるかどうかだ。掲げる目標は、勝利が真の達成感をもたらし、敗北が真のくやしさをもたらすくらい、野心的なものでなくてはならない。二つ目の点は、とくに強調しておく必要がある。大きな成功を収めている人は、自分を本当に突き動かしているのが成功への欲求ではなく、敗北への絶対的な恐怖だと認めるケースが非常に多い。

「私は勝つことが好きという以上に、負けることが嫌いだ」と、ブレイルズフォードは言っている。オーストラリアン・フットボールの「二〇世紀最高のプレーヤー」に認定されたリー・マシューズは、「私がいつも守ってきた哲学、それは、勝利を愛するより敗北を憎むべしというものだ」と述べている。私たちブレア政権の選挙対策チームも、敗北を腹の底から恐れていた。世論調査がどんなに優勢を伝えていようと、負けるのではないかという思いを投票日まで拭《ぬぐ》えずにいた。そうした敗北への恐怖があったからこそ、私たちは目標を引き下げるのではなく、いっそう野心的な目標をもてたのだ。

目標から戦略へ

目標を定めたら、次は、それを実現するための戦略を立てる。やはり、一点の曇りもない明瞭な戦略を打ち出さなくてはならない。とくに、断じて避けるべき過ちがある。このミスを犯す人は多いが、致命傷になりかねない。その誤りとは、戦略と戦術を混同するというものだ。

私は最近、ドイツの金融サービス企業への助言を求められたとき、取締役会の面々の前で、ほぼ同じ二枚のカードを示した。一枚は、片面に「私たちの組織の目標は……」と記してある。もう一枚は、「この目標を達成するための戦略は……」だ。この二つの問いの答えを尋ねた。

しかし、取締役会の一同は、いずれの点についてもはっきりした考えをもっていなかった。一部のメンバーは、目標と戦略の区別がついていないように見えた。それどころか、戦略を説明しようとして挙げたものが戦術の寄せ集めにすぎない人もいた。提案された戦略の一つは、「地域の銀行との関係を再構築するために現地訪問ツアーをおこなう」というものだった。それなら、戦略は

「地域重視」とすべきだと、私は指摘した。ツアー云々は、そのための戦術だ。

この会社が私に助言を求めたのは、コミュニケーションの問題を抱えているという自覚があったからだ。しかし、同社にはもっと本質的な問題があった。コミュニケーションの稚拙さ（これも確かに欠点だったが）を問題として取り上げることにより、戦略の欠如という問題から目をそらそうとしていたのだ。これもよく見かける誤りだ。破綻に向かっている組織では、この「症状」がしばしば見られる。

しっかり肝に銘じておこう。ビジネスプランは、戦略ではない。それは、戦略を実行するための一手段だ。ＢＰのブラウン元ＣＥＯは、こう述べている。「戦略とは、あなたが追求する目標とビジネスプランの間に位置するものだ。勝利への道筋を明晰に理解している人ならよく知っているように、なによりも重要なのは戦略だ。戦略を立てて、それを貫くこと。そして、けっしてそこから脱線してはならない」

実は、人はいつも戦略を立てている。自分で気づいていないだけにすぎない。減量は、そのわかりやすい例だ。「痩せたい」という漠然とした思いを、明確な目標（＝Ｏ）と戦略（＝Ｓ）をもったキャンペーンと、いくつかの有効に思える戦術（＝Ｔ）に変換するのは、そう難しいことではない。たとえば、目標＝一〇キロ痩せること、戦略＝食べる量を減らし、運動を増やすこと、という具合だ。戦術としては、カロリー摂取量と運動量を記録する、「痩せたあとの私」をリアルに思い描く（痩せていた頃の写真を冷蔵庫に張ってもいいだろう）、エレベーターに乗ら

戦略は、巨大なジグソーパズルに似ている。組み立てるのは難しいけれど、いったん完成すれば全体像がすぐにのみ込める。

ジョー・トーリ
（元ニューヨーク・ヤンキース監督）

ずに階段を使う、ほかのダイエット挑戦者と励まし合う、などが挙げられるだろう。このように明確に表現すると、強い目的意識が生まれる。しかし往々にして、人はここまで戦略を明確化しない。

これをつねに、そして本能的に実践しているのが、偉大な戦略家たちだ。世界最高のヨット競技選手との呼び声も高いベン・エインズリーは、OSTの重要性をはっきり理解している。ヨットレースでの目標は、言うまでもなく勝つことだ。戦略は、風と潮流の影響にどう対処するかという点に尽きる。「風と潮流の影響を予測するための詳細なモデルがある。それに基づいて、レース前に戦略を決めておく。風と潮流がこうなればこう対処し、こうなればこう対処するというふうに」と、エインズリーは言う。

そして、こうした戦略レベルの思考とその枠内での戦術レベルの思考の間に、はっきり線を引く。レースにおける戦術は、ライバルとどう戦うか、ライバルがどう行動するかがすべてだ。「戦略とは、天候と環境の影響をどうマネジメントするかという方針だ。レースが始まったあとは、戦術の問題だけを考える。ただし、戦術は、すべて戦略の大枠の中に収まるものでなくてはならない」

よい戦略は、息をのむほどシンプルでストレートな場合もある。スティーブ・ジョブズは一九九七年、みずから創業し、一〇年あまり前に追い出されていたアップルに呼び戻された。そのとき、差し当たっての目標と戦略は、たった二つの言葉に集約できた。一つは、生き延びること（結局は、目を見張る成功を収めるのだが）。もう一つは、シンプルであることだった。

シンプルを徹底するために、ありとあらゆるものを根本から変える必要があった。製品もスタイルも、マネジメントシステムも組織構造も改めた。シンプルを追求することは、いまではリーダーシップの一般的な指針の一つとされている。「フォーカスをはっきりさせ、シンプルにすべし。これが私の座右の銘だ」と、ジョブズは述べていた。「ときに、シンプルは複雑よりも難しい。思考を明瞭にする努力が必要とされるからだ。でも、その価値はある。そこに到達できれば、山をも動かせる」

一〇年以上ぶりにアップルに戻ったジョブズは、うんざりするくらい多くの商品があることに不満を感じ、四〇以上あった商品を四つに減らした。「シンプルに勝る洗練はない」と考えたのだ。ジョブズの戦略は目覚ましい威力を発揮し、現代史上屈指のビジネス界のサクセスストーリーを生み出した。アップルは、エンジニアリングではなくデザインをビジネスの牽引役にするという戦略転換にも踏み切り、それが数々の素晴らしいイノベーションにつながった。

しかし、明晰な思考に到達するのは簡単でない。ジョブズは本質を見事に抽出したが、本質と雑音を区別するのに苦労する人が多い。どうすれば、脳内で電球が点灯するみたいに、この点について明晰な思考をいだけるのか？

お察しのとおり、一つのアプローチはジョブズ流だ。内に目を向けて自分を見つめ、問題点を見つけ出し、それを修正するための戦略を打ち出す。このアプローチは、うまくいっていないときほど実践しやすいだろう（ジョブズが復帰したときのアップルがそうだった）。問題が状況を明確化する場合があるのだ。

ジャスティン・キングCEO時代のスーパーマーケットチェーン、セインズベリーズは、その一例と言えるかもしれない。キングはCEOに就任したとき、同社の凋落ぶりを痛感し、きわめて単純明快な目標を設定した。「セインズベリーズを再び偉大な企業にする」ことである。その目標を達成するために、三本柱の戦略を打ち出した。あらゆる顧客層を取り込むこと（富裕層向けのスーパーというイメージを捨てる)、基本を立て直すこと、顧客をもっと知ることである。

「私たちは重度の自己満足に陥っていた」と、キングは言う。「ナンバー3なのに、ナンバー1のように振る舞っていた。長年の失敗と怠慢の責任を取ることを拒み続けていた。ナンバー2のように振る舞うナンバー1のほうがよほどましだ」。マンチェスター・ユナイテッドのファンであるキングは、このチームの監督を長く務めたアレックス・ファーガソンからヒントを得た。「(ファーガソンは)どう見ても自分たちが最強のときでも、いつも弱者のように戦った」というのだ。

もっとも、キングの取った行動全体をよく見ると、戦略を立案する際、自社を見つめるだけでなく、外の世界で起きていることも検討していたことがわかる。「私は以前、同業のアズダとマークス&スペンサーで働いていた。セインズベリーズを、値段でアズダと、品質でマークス&スペンサーと競えるスーパーにしたいと思った。あらゆる消費者に足を運んでもらえるような価格設定と品質と品揃えにしようと考えた」と、キングは説明する。

ライバルがやっていることを把握し、ライバルの強みを率直に認めることは、戦略的思考の強力な武器になりうる。この点は、競争の要素がつねに前面にあらわれるスポーツの世界で最も明白だが、ビジネスの世界にも言えることだ。セインズベリーズの劇的な業績回復がそれを実証している。

「正しい戦略をもちたければ、ライバルが途轍《とてつ》もなく優れていて、少なくとも自分たちと同じくら

明確な目標をもたない者は、
なにが勝利なのかがわからない。
明確な戦略をもたない者は、
勝利を手にするチャンスがない。
そして、戦術しかもたない者は、
勝者になる資格がない。

AC
(アラスター・キャンベル)

い優れていること、そして、自分たちと同等かそれ以上のスピードで動いていることを認めなくてはならない」と、ジャック・ウェルチは回想録に記している。「未来をのぞき込むときは、どんなに心配症になっても足りないくらいだ」

「心配症」であるべしということは、ジョン・ブラウンも指摘している。ブラウンは私生活上のスキャンダルで職を追われるまでに、BPの売り上げを五倍に増やし、同社の株式時価総額をイギリス企業最高に押し上げた。「ライバル企業がBPの追い落としを四六時中企てているものと、私はみなしていた。私たちも他社に対してそうしていたからだ」と、ブラウンは言っている。

敵を見くびらず、いつも腹の底から敗北を恐れるべし――私がこのような思考様式をもつにいたった一因は、スポーツのデータ分析システム「プロゾーン」のプレゼンを聞いたことだった。これは、一九九八年にイギリスで同名のプロゾーン社によって開発されたものだ。このシステムを使えば、コーチは一人ひとりのプレーヤーのパフォーマンスを詳細に分析できる。プレミアリーグの名門チェルシーの監督を務めるジョゼ・モウリーニョ（訳注／二〇一六年以降は、マンチェスター・ユナイテッドの監督）が私に語った言葉を借りれば、「すべての人がすべての人についてすべてのことを知る時代になった」。その結果、「これまで以上に質の高い分析が求められるようになった」のである。

「プロゾーン」に触発された私は、政権を奪取したイギリス労働党の戦略を立案するにあたり、野党についての分析を正式におこなうよう提案した。同僚のフィリップ・グールドと私が週一回意見交換し、野党の保守党になりきって「もし彼らが我々と同じ情報をもっていて、我々のことを分析するとしたら、その情報に基づいてどう行動するだろう？」という問いを掘り下げ、その結果を文書にまとめてトニー・ブレア首相に提出したのである。

このとき私たちは、敵を分析するのではなく、敵の立場に立って分析すること、言ってみれば、逆プロゾーン分析を政治の分野で実践した。これを「ミラー・テスト」と呼ぶ人もいる。鏡に映った自分の姿を厳しい目で点検するように、敵の視点からあえて意地悪に自己評価をおこなうからだ。

敵の立場になって考えることにより、相手の強みと自分たちの弱みがはっきり見えてきた。ブレアは、保守党の党首を務めたウィリアム・ヘイグ、イアン・ダンカン＝スミス、マイケル・ハワードに首相の座を奪われることは想像しづらかった。それでも、みずからの弱点を発見することに関して、ライバルに機先を制されることはぜったいに避けなくてはならない。こちらが先に弱点に気づけば、相手につけ込まれる前に手を打てるだろうと考えたのだ。

同じやり方では勝てない。だから違うことをやる

敵の強みから出発して戦略を考えるアプローチを見事に実践した一人が、NFL（アメリカン・フットボール）のシアトル・シーホークスのヘッドコーチ、ピート・キャロルだ。キャロルは、二〇一四年のスーパーボウル（NFLの王者決定戦）でチームを圧倒的な勝利に導いた。この試合は、ディフェンスが強みのシーホークスと、オフェンスが強みのデンバー・ブロンコスの激突という構図だった。

ブロンコスは、攻撃の司令塔として、NFL史上屈指の名選手とされるクォーターバックのペイトン・マニングを擁していた。戦いに臨むにあたってのキャロルの目標と戦略は、以下のとおりだった。

目標＝スーパーボウルに勝つこと
戦略＝ディフェンスの強みを生かすこと。マニングに活躍させないこと

マニングを機能させてはならないと、キャロルは考えた。ただし、そのためにディフェンスに力を入れるだけでなく、カウンター攻撃のチャンスも生み出したい。この戦略を実行するために、どのような戦術を採用するべきなのか？　マニングに多くのショートパスを成功させることはやむをえないが、ロングパスは決めさせない、という戦術が必要だと、キャロルは判断した。結局、この試合でマニングは、四九回中三四回のパスを成功させ、パス成功数でスーパーボウル記録をつくったが、パスによる獲得ヤードは平均八・二ヤードにとどまった。これは史上三番目に悪い数字だ。

シーホークスは、ラインメン以外のディフェンスの選手をマニングに殺到させることはしなかった。そうやってプレッシャーをかけても、マニングが冷静にパスできるとわかっていたからだ。代わりに、ディフェンスの選手をうしろに下げてスペースを埋める戦術を用いた。こうすることで、マニングのパスの選択肢を狭めさせる。これは、ＮＦＬでほとんど用いられていない戦術だった。

シーホークスはブロンコスを破った。それも、四三対八という圧勝だった。キャロルは、シーズンを通しての目標とこの試合に向けた戦略を実践するために、相手の強みを消し、味方の強みを最大化させる戦術を考案して、それを選手たちに教え込んだ。

注目すべきなのは、ブロンコスの強みを分析したキャロルがそれを模倣しようとはしなかったことだ。デーブ・ブレイルズフォードも、大きな野心と強い恐怖心に突き動かされてツール・ド・フランス制覇を目指したとき、過去の優勝チームを分析して「同じようにやろう」とは言わなかった。

「彼らと違うようにやってみよう。そうすれば、勝てるかもしれない。同じやり方では勝てない。そのやり方は、彼らのほうが長くやってきたのだから」

戦略の劇的な大転換をおこなうときは、広い視野が不可欠だ。そのためには、想像力を発揮すること、あらゆる領域を分析すること、そして既知のことと未知のことの両方を土台に戦略を考えることが必要とされる。他者の過去の行動を基に戦略を打ち出すようではうまくいかない。映画『マネーボール』で、ブラッド・ピット演じる大リーグのオークランド・アスレチックスのゼネラルマネジャー（GM）、ビリー・ビーンが言っているように、「ヤンキースみたいに戦えば、ヤンキースに負けるだけ」なのだ（ビーンについては、あとで詳しく紹介する）。

同様のことは、チェスのグランドマスター、ガルリ・カスパロフも指摘している。「対戦相手が誰で、どのようなプレーをするかは、もちろん頭に入れなくてはならない。柔軟性も必要だ（なにしろ、よく言われるように、チェスは、誰かに袖を引っ張られながら絵を描き上げるような競技なのだ）。けれども、相手のプレーだけを基準に自分の行動を決めてはならない。そこで、グランドマスター級のチェスプレーヤーは、頭の中でひっきりなしに次のような計算をする。『Aという手を打つことはできる。客観的に見れば、好ましい手だ。でも、それは相手の得意な局面をつくり出してしまう』とか、『Bという手も打てる。とくに素晴らしい手ではないけれど、私が得意な局面をもたらせる』といった具合だ」

このように、トップレベルのプレーヤーが独自のスタイルと嗜好をもっていて、普通のプレーヤーにはない能力を擁しているがゆえに、超高性能コンピュータの時代にもチェスは人間の競技であり続けるだろうと、カスパロフは言っている。

二二歳でチェスの世界チャンピオンになり、一五年間その座を守り続けたカスパロフは、私がこれまで会ったなかでも指折りの戦略的頭脳の持ち主だ。チェスの戦略を人生全般に応用する姿勢は、ロシアの民主化運動「統一市民戦線」を率い、国際チェス連盟（ＦＩＤＥ）の活動に携わるうえでも役立っている。

「競争相手から挑まれれば、つい応じたくなっても無理はない」と、カスパロフは私に語っている。「でも、挑戦を受けて立つことにより、自分がいちばん得意なこと、いちばん評判がいいことにつぎ込む資源が奪われてしまうとしたら？　マイクロソフトがタブレット型端末の生産に乗り出したのは、正解だったのだろうか？　この種の行動は、功を奏する場合もある半面、隣にピザ店が開店したからというだけの理由でメニューにピザを加える寿司店のような結果を招く場合もある。微妙なバランスが必要だが、ひっきりなしに戦略を変更していては、戦略をもっているとは言えない」

また、カスパロフは、元イギリス首相のウィンストン・チャーチルのものとされる言葉を引用して、こんな指摘もしている――「戦略がどんなに美しくても、ときどき結果を確認すべきだ」。以下のカスパロフの言葉は、「チェス」を「政治」と読み替えて、すべての政治家が肝に銘じたほうがいい。「チェスでは、長期の目標をもたずにプレーすると、目の前の状況に対処することに終始してしまう。その結果、対戦相手のペースに引き込まれ、自分の戦いができなくなる」

カスパロフと私の見方が一致しているのだが、一九九〇年代にアメリカ大統領を務めたビル・クリントンはこの面で卓越していた。一九

彼らと違うようにやってみよう。
そうすれば、勝てるかもしれない。
同じやり方では勝てない。
そのやり方は、彼らのほうが
長くやってきたのだから。

デーブ・ブレイルスフォード
（自転車競技コーチ）

九二年のアメリカ大統領選の民主党候補者指名争いで、クリントンは苦境に立たされた。メディアとライバルが嬉々として、スキャンダルを次々と暴き立てたのだ。陣営は、問題が持ち上がるたびに即座に対処した。しかし、声明やプレスリリースを発表するときはかならず、政策を強く訴えるように心がけた。

民主党の候補者指名レースを勝ち抜き、本選挙で共和党の現職大統領ジョージ・H・W・ブッシュ（父ブッシュ）と争ったときも、同様のアプローチを貫いた。攻撃を受けるたびに、それに対する防御を取りつつ、論争をみずからの戦略に引き寄せるようにしたのだ。いまではすっかり有名になった「問題は経済だ、馬鹿もの」というキャッチフレーズは、クリントンの選挙運動の核を成すメッセージを絶えず強調する効果をもった。

対照的に、一九八八年の大統領選を戦った民主党候補のマイケル・デュカキスは、共和党の攻撃的な戦術に翻弄され、自分の道を見失い、守勢に立たされ続けた（結果は敗北）。選挙戦で勝者になるのは、嵐の真ん中にいても、自分で天候を動かすような人物なのだ。

カスパロフの主張を貫くのは、勝者になりたければ、クリントンのように戦略と戦術の両方に長けていなくてはならないという認識だ。どんなに優れた戦略家でも、チャンスを生かす能力を欠いていれば勝利を収められない。一方、チャンスを生かす能力をもった有能な戦術家でも、チャンスがありそうにない状況でも前進する能力を欠いていれば、やはり勝利は手にできない。最後に、カスパロフの言葉をもう一つ紹介しておこう。「敵が失敗するのを期待することは、戦略とは呼べない」。けっして敵を見くびってはならないのだ。

二〇〇三年にラグビーのワールドカップ・オーストラリア大会でイングランドを優勝に導いた指

揮官のクライブ・ウッドワードも、勝利をもたらすことができる戦略家の一人だ。以前、どうやって勝利をつかんだのかを聞かせてくれたことがある。

ウッドワードは言う。「大会は、自分たちしかいない真空地帯で戦うわけではない。ほかの国々もそれぞれ勝利への自信をもっている。私はよくこういう言い方をした。『この部屋には、我々がいる。向こうの部屋にはニュージーランドがいて、あっちにはオーストラリア、そっちにはフランス、その向こうには南アフリカがいる。どの国も優秀な選手をそろえている。だから、選手が優秀というだけでは勝てない』。そこで、自分にこう問いかける必要がある。『ほかの国の上を行くには、なにをすべきなのか？』。この問いに答えるためには、自分たちとほかのチームがやってきたことを一つ残さず洗い出し、すべての要素を分析しなくてはならない。自分たちが強いところはいっそう強化し、弱いところは正す。そして、メンバー全員のやる気をかき立てて、思考と行動を改めさせる。目標を確実に達成できる保証はないので、目標を表明することにはリスクがついて回るが、それでもあえて目標を設定し、やるべきことをすべて実行すれば、成功の可能性が生まれる」

この戦略をひとことで要約するなら、「エクセレンス（卓越）」という言葉になるのではないかと私が言うと、ウッドワードは同意してくれた。「あらゆることに関して、メンバー全員と組織のすべての構成要素が最高のパフォーマンスを発揮するようにしたいと、私は心に決めた」とのことだ。

最初から順調だったわけではない。なにしろ、ラグビーのイングランド代表にフルタイムのプロのコーチが就任したのは、ウッドワードがはじめてだった。就任時には、専用の個室すら用意されていなかった。それでも、エクセレンスを徹底して追求する姿勢は、イングランドのラグビーに革命を起こした。チームビルディング、科学的アプローチ、イノベーションに関する考え方を様変わりさせ、勝者のマインドセットを定着させたのだ。

ウッドワードの経験上、イングランドのラグビー界には、当時もまだパブリックスクール的な発想が根を張っていた。「参加することに意義がある」という考え方だ。「試合中は死闘を繰り広げ、試合が終われば握手して一緒にビールを飲むというのは、たいへん素晴らしいことだ。けれども、勝利が重要でないという発想になってはならない。プロスポーツでは、勝利ほど重要なものはないのだから」。ウッドワードは、チームを築くだけでなく、文化を変えることも戦略として追求する必要があったのだ。

戦略は文字に記す

文字に記されていない戦略は、戦略と呼ぶに値しない――これは、「SIG」の譲れない定石だ。「インクで考えたい（＝think in ink）」と、マリリン・モンローも詩に書いている。この定石は、政治の世界では比較的実践しやすい。政治論争はたいてい、言葉によって形づくられるからだ。

言葉は重要だ。しかし、忙しさにかまけて、戦略をきちんと文字に記さないケースも多い。その点、トニー・ブレアの新路線の下で再出発したイギリス労働党の指導部は、戦略を文章の形にし、できるだけ多くの人に知ってもらうよう努めた。「ニュー・レイバー、ニュー・ブリテン（新しい労働党、新しいイギリス）」をメインのスローガンにすることなど、党の全体的な戦略も文章化したし、個別の戦略（変革への本気度をアピールするために党綱領を改正するなど）と具体的な計画、個々の演説やインタビューに臨む意図も文章化した。ただし、全体的な大戦略と一致していない言葉には、意味がないと考えられていた。

アップルのアドバンスト・テクノロジー・グループのマネジャーを務めたサリー・グリスデールによれば、同社では、すべてを文字に記すことが企業文化になっている。「あらゆることが書き記される。そうせざるをえない。とても多くの要素が絡み合いながら、ものごとが進行しているから」。大物投資家のウォーレン・バフェットが会長を務める投資会社バークシャー・ハサウェイの年次報告書は、単に過去一年間の数字を記すだけではない。現在実践している戦略、未来の見通し、過去の分析もまとめている。ヴァージン・グループを率いるリチャード・ブランソンは、どこへ行くときもノートを持ち歩き、あれこれ書きとめることを習慣にしている。自分が感じたことや、誰かが言ったことを書く。これは、思考を明確化するために有効な方法だ。

「私が文章を書くのは、自分が考えていること、見ていること、理解していること、それが意味することを知りたいから。自分がなにを欲し、なにを恐れているかを知りたい」と、アメリカの小説家ジョーン・ディディオンは言っている。私も同じだ。日記や本を書いたり、なにより戦略を文章化したりするときには、思考の明確化を目的にしている。

真に傑出した戦略は、一つの単語でも、一つのフレーズでも、一つのパラグラフ、一つのページ、一つのスピーチ、一つの本の形でも表現できる。イギリス労働党の「ニュー・レイバー」路線については多くの書物が書かれているが、そのすべての出発点となったワンワードは「近代化」だった。それをワンフレーズで表現したのが、前出の「ニュー・レイバー、ニュー・ブリテン」だ。これをワンパラグラフで言う場合は、新しい労働党が一握りの人だけでなく多くの人たちに力と富とチャンスを届けるために存在していること、漂流状態では

インクで考えたい。

マリリン・モンロー
(女優)

なく明確なリーダーシップをもっていること、過去ではなく未来を見ていること、教育を最重視していることを主張した。

一ページで言うときは、それぞれのテーマを政策として具体化するとどうなるかを示した。その際、国民のとりわけ重要な関心事を集中的に取り上げた。経済、医療、教育、犯罪などだ。ただし、大きなことを主張するより（重要なスピーチでは、その種の主張をすることも多かったが）、個別具体的な公約を訴えることに力を入れた。そして、それを記した「公約カード」も配布した。公約カードの配布は、その後も選挙のたびに実行し、効果を発揮した。これは、公約の具体性を印象づけるための戦術だった。私たちが国民の関心事を理解していて、公約実現の道筋について現実的に考えていることをアピールしようと考えたのだ。

重要なのは、戦略を決定したあとではなく、それを書き上げる過程で、内部で議論を戦わせることだ。トニー・ブレアとその右腕のピーター・マンデルソンは党の近代化を求める急先鋒だったが、ブレアが新党首として迎える一九九四年の党大会の前に早々と「ニュー・レイバー」路線を打ち出すのはやりすぎではないかと恐れていた。ブレアが気にしていたのは、副党首のジョン・プレスコットの動向だった。プレスコットは、党首に反旗を翻すタイプではないが、党の近代化には警戒感をいだいていた。そこで、党大会までの数日間、党綱領改正案にプレスコットの支持を取りつけることが必須課題になった。

ブレアが目指していたのは、すべての民間企業の国有化を約束する党綱領第四条を撤廃すること。労働党員たちもとっくに、それが実行不可能だと気づいていた。しかし、党大会で新党首が党綱領改正案を発表し、副党首が公然とそれに反対すれば、新体制の出端をくじかれてしまう。プレスコットのいいところは、つねに真剣勝負という点だ。笑わせたり、ましてや議論をはぐらかしたりできる相手ではないが、こちらの主張とその理由を率直に述べれば、それを猛烈に批判するとしても、こちらの主張を精査し、真剣に考えてくれる。

ブレアと私は、党大会のスピーチで党綱領改正という「爆弾」を落とすくだりの表現について日夜議論を重ね、その主張をさりげなく訴えようと考えていた。しかし、話し合いを通じて党綱領改正案に賛同したプレスコットは、スピーチで遠回しな言い方をするのではなく、国民に単刀直入に訴えるべきだと主張した。

このように、チームの重要メンバーと議論することを怠ってはならない。すべてを徹底的にコントロールすることと、内部での厳しい議論を歓迎することは、別に相容れないものではない。プライドや地位を守るための議論は退屈だが、重要な問題に関する実のある議論は活気をもたらす。そうした議論を通じて政策と戦略が形づくられる。もちろん、最後には決定をくださなくてはならない。しかし、決定にいたる過程で激しい議論が戦わされることはまったく問題ない。いったん方針が決まったら、みんなが従いさえすればいい。

強いリーダーと組織は、議論を歓迎する。現実から目をそらし、誰からも歓迎される政策や戦略があるふりはしない。GEのジャック・ウェルチは、ビジネスを成功させるための必須要素の第一として、状況を率直に認めることを挙げている。企業では、現場レベルから経営者レベルまでそのような姿勢が欠けている場合が非常に多いと、ウェルチは言う。それは、ビジネスに死をもたらしかねない。逆に、組織のあらゆる階層で現実を率直に認める姿勢が浸透していれば、その会

戦略は何度でも繰り返すべし。
SIGの定石

社は大きな成功を手にできる可能性がある。

内部で戦略を合意して、文字に記したあとは、それを繰り返し実行する。そのプロセスに終わりはない。私が大切にしている「ＳＩＧ」の定石の一つを紹介しよう。「同じメッセージを繰り返し発信し続ければ、飽きてくるかもしれないが、それくらいでようやく、人々の意識の隅にメッセージが届く可能性がほんのわずかだけ出てくる」というものだ。

政治の世界では、野党のアピールの機会は少ない。政権を奪取する前、ブレア率いる労働党指導部が情報発信の新方針を打ち出して、影の内閣のメンバーの反発を買ったことがあった。あまりに中央集権的だと、一部の人は考えたのだ。そのとき、私はこう説明した。「前回の選挙でわが党に投票しなかった有権者に、投票するよう説得しなくてはならない。そのために合意した戦略が『ニュー・レイバー、ニュー・ブリテン』だ。労働党は変わったと、有権者に示す必要がある。党綱領を改正したり、政策へのアプローチを変えたり、新しい選挙運動とコミュニケーションの方法を採用したりして、変身ぶりを知ってもらわなくてはならない。野党は、与党のようには人々の暮らしに直接影響を及ぼせない。だから、私たちが国を変えられると国民に信じてもらうためには、私たちが自己変革できる政党なのだと示すことが非常に重要になる。そして、労働党が変わったことを国民に理解させるには、メッセージの伝え方を変えるしかない」

私が思うに、戦略的なコミュニケーションは、絵を描くのに似ている。一つひとつの行動やコミュニケーションがカンバスの上に小さな点を描き、そうした点が集まって少しずつ絵が姿をあらわす。戦略に反するメッセージは、絵の全体像を混乱させ、へたをすると台無しにしてしまう。

メッセージは繰り返し発信しなくてはならない。ジャック・ウェルチは、私と同じように、面倒だと思いつつもそれを実践している。「ビジョンは、いつも語り続けなくてはならない。自分が間抜けに思えてくるくらい、何度でも語る必要がある。会社の方向性について一日に何度も話すうちに、自分の言葉を聞くことに嫌気が差してきたときもあった。でも、その話をはじめて聞く人もいる。だから、語り続けるべきだ。すべての人に聞かせるために」

たいていの企業はオフィスの壁にビジョンを掲げているが、それが実行に移されることはまずない。そして、打ち出したメッセージがすぐに効果を発揮しないと、早々と変更してしまう。本来は、適切な段階を踏んで戦略を決めたのなら、そのメッセージを発信し続けるべきだ。伝わるまで同じことを言い続ける必要がある。私はブレア政権の報道担当補佐官だったとき、同じキャッチフレーズの繰り返しだと文句を言われることを歓迎していた。

戦略と戦術を混同しない

戦略と戦術を混同することの危険性はすでに指摘したが、重要なことなので念押ししたい。よい戦略は、スケールが大きくて、大胆で、一貫している。トニー・ブレアはイギリス労働党の「近代化」、スティーブ・ジョブズは「シンプル」、クライブ・ウッドワードは細部の重視による「エクセレンス」を追求した。すべての戦略がワンワードで表現できるわけではないが、質の高い戦略は際立った明晰さをもっている。

戦術が戦略を押しのけると、その明晰さが失われる。この点を頭に入れて、二〇一〇年のイギリス総選挙について見てみよう。

背景をおさらいしておこう。一九九四年以降、労働党のトニー・ブレアとゴードン・ブラウンという二代の首相がイギリス政治の主役であり続け、労働党政権が長期化していた。現職首相のブラウンはブレアとは違ったスタイルで政治をおこない、世界金融危機などの問題にもうまく対処していたが、有権者の間に変化を望む空気が充満していることは明らかだった。有権者が長期政権に飽きはじめており、議員経費の不正請求スキャンダルが拡大するなかで労働党が最も大きなダメージをこうむっていた状況下では、どうしてもそういうムードが広がる。

野党の保守党を率いるデーヴィッド・キャメロンは非常に有利な立場にあった。このときのキャメロンの目標は、きわめてシンプルで実現可能性が高いものに見えた。その目標とは、労働党政権を倒し、保守党政権を樹立することだ。

では、戦略は？　一九九七年に政権を奪取する前、ブレアはスピーチやインタビューのたびに同じことを繰り返し述べていた。「私たちは、新しい労働党として選挙を戦っています。そして、新しい労働党として政権を担います」。政権に就いたあとは、こう言い続けた。「私たちは、新しい労働党として選挙を戦いました。そして、新しい労働党として政権を担っています」。二〇一〇年のキャメロンの保守党はどうだったか？　「私たちは、〇〇〇の保守党として選挙を戦っています。そして、〇〇〇の保守党として政権を担います」――この空欄をキャメロンはどういう言葉で埋めているのかと、私は保守党のメンバーに何度か尋ねた。すると、相手はいつも言葉に詰まった。現代化路線の保守党？　伝統的な保守党？　右翼的な保守党？　中道派の保守党？　思いやりのある保守党？　緊縮財政の保守党？　サッチャー路線の保守党？　ブレア政権を引き継ぐ保守党？　私に言わせれば、キャメロンは「戦略支離滅裂派」以外の何物でもなかった。

国民は馬鹿ではない。ＯＳＴという言葉は知らなくても、基本的には同じ考え方により、政治家に評価をくだす。ものごとを見て、本質をしっかり見抜くのだ。私が思うに、国民は二〇一〇年の総選挙を前に、「キャメロンの言っていることの断片は、それぞれよくわかる。でも、全体としてなにを目指しているのかが見えてこない」と感じたようだ。この選挙で保守党を第一党に躍進させつつも、単独過半数の議席は与えず、連立政権を組織せざるをえない状況をつくり出したことに、その評価があらわれているのかもしれない。

首相就任後のキャメロンの行動はしばしばこの選挙のときの有権者の印象を裏づけているように見えた。目標（＝O）はきわめて明瞭で、戦術（＝T）にも長けているが、戦略（＝S）が支離滅裂なのだ。いくらOが明瞭で、Tが巧みでも、Sが同じように明瞭で巧みでなければ、成功は手にできない。

誰かが何者かよくわからないと感じるとすれば、それはその人物が明確な戦略をもっていないからだ。戦略がはっきりしないと、あらゆることに手を出そうとする。社員の不満がありふれた愚痴にとどまらず、上層部のやることなすことに疑問を投げかけるまでになっている場合、その会社は戦略が破綻している可能性が高い。「チームがどこを目指しているのか見えてこない」と、ファンが不満をいだくようなスポーツチームも、状況は似ている。一般のファンが戦略の存在を感じ取れないとすれば、リーダーシップとコミュニケーションに問題がある場合もあるが、戦略がそもそも存在していない可能性のほうが高い。経営戦略論の大家マイケル・ポーターの「戦略なき企業は、なんにでも手を出す」という言葉は、政党や政府にも当てはまる。

戦略なき企業は、なんにでも
手を出す。

マイケル・ポーター
（経営戦略論研究者）

つねに変わり続ける戦略は戦略とは言えない——このガルリ・カスパロフの言葉も言いたいことは同じだ。カスパロフはこう述べている。「柔軟に適応することは必要だが、戦略を変更していいのは、環境と基礎的な条件が一変したときだけだ」

戦術は、その性格上どうしても短期指向のものにならざるをえず、そこに落とし穴がある。「ニュー・レイバー」を打ち出したイギリス労働党は、中道にしっかり足を踏ん張り、それをブレさせようとするライバル政党の術中にはまらなかった（ブレアの印象的な表現を借りれば、保守党は彼に「子鹿のバンビに始まり、［旧ソ連の独裁者］スターリンにいたるまで」あらゆるレッテルを貼ろうとした）。それに対し、労働党に立ち位置を奪われたと感じた保守党の歴代党首、ウィリアム・ヘイグ、イアン・ダンカン＝スミス、マイケル・ハワードは、さらに右に寄るか、日和見主義に陥るかのどちらかになった。しかし、日和見主義は戦略とは言えない。それは、例外なく戦術レベルの行動でしかない。とくにハワードは、痛い経験を通じてそれを思い知らされた。

戦略をけっして見失わない

二〇〇五年一一月、マンチェスター・ユナイテッドの多くのファンにとって耳を疑うニュースが飛び込んできた。長年の看板選手であるロイ・キーンの契約が解除されたのである。

もっとも、アメリカの経営学者ダグラス・マクレガーの一九六〇年の著書『企業の人間的側面』の一節と、アレックス・ファーガソン監督のマネジメント・スタイルを知っていれば、この措置は意外でない。「これまでの組織理論の数々に共通する考え方を一つ挙げるとすれば、権威こそ、マネジメント・コントロールに欠かせない最大の手段である、というものだ」と、マクレガーは記している。「もし監督がサッカーチームの最重要人物でなければ、どうして成績不振のときに監督がクビになるのか？」と、アーセナルのアーセン・ヴェンゲル監督も述べている。

ファーガソンがマンチェスター・ユナイテッドで追求する目標は、一九八六年にスコットランドのアバディーンから移籍して監督に就任した日から、ずっとはっきりしていた。それは、イングランドとヨーロッパで試合に勝ち続け、タイトルを取り続けることだ。

「自分の権威を印象づけることは、有能なリーダーであるために欠かせない」と、ファーガソンは私に語った。「ミーティングには、胸を張り、体を弾ませて入っていくようにしている。私の権威を強調し、私がすべてをコントロールする人間なのだと念押しするためだ。誰にも気づかれずに、こそこそ部屋に入るようなことは絶対にしない」

ファーガソンの戦略のキーワードは、「コントロール」と「才能」だ。この二つが重要なのは当たり前だと思うかもしれない。しかし、戦略を実行する際にこの二つの要素を柱に据え、チームより個人が優先されてはならないという原則を強調するのは、誰もが実践している手法ではない。イングランドのプレミアリーグでは、ロシアの石油王ロマン・アブラモヴィッチのような外国人大富豪のオーナーがチームより自分を上に置くケースが増え、監督が強大な実権を握るケースはめっきり減った。そのなかでファーガソンは、取締役会の支持を取りつけ、明確で揺るぎないマネジメント体制を堅持し、みずからをチームの最重要人物と位置づけた。一方、才能重視という面では、世界レベルの優秀な若手選手を獲得して育成する戦略を実践した。選手を獲得するときは、マンチェスター・ユナイテッドの一員であるためには勝者のマインドセットをもつ必要があると理解しているプレーヤーを選んだ。

ロイ・キーンは、間違いなく勝者のマインドセットの持ち主だった。しかし、チームの公式テレビ局「ＭＵＴＶ」でチームメートを批判した。これは、監督の権威とコントロールを揺るがしかねない行動だ。それに、キーンのチームメート批判は主将の権限を逸脱しており、チーム内に恐怖心を植えつけかねないと判断された。ファーガソンの戦略アプローチを称賛してきたファンなら、その後に起きることを予期しておくべきだった。テレビでチームメート批判の言葉が放送された瞬間、キーンはいずれ放出される運命になったのだ。

ファーガソンは、組織内で「価値観」を徹底することを重んじており、「チームの目標を達成するために、チームの価値観を大切にしなくてはならない」といつも考えていた。チームの戦略に異を唱えたキーンは、この重要な原則に違反した。チームに残すわけにはいかなかった。

キーンを手放したことは、マンチェスター・ユナイテッドがそのシーズンにプレミアリーグで優勝を逃した一因になったのかもしれない。しかし、翌シーズン以降はリーグを三連覇し、二〇〇八年には欧州チャンピオンズリーグでも優勝した。そのシーズンは、ファーガソンの監督史上最高の選手、クリスティアーノ・ロナウドを筆頭に、監督人生で最高のチームを築いたと言っても過言でない。ファーガソンはキーン放出により短期的な犠牲を払ったが、それはチームの長期的な目標と戦略を念頭に置いた行動だったのである。

イギリスのスーパーマーケット大手テスコを業界トップに導いたテリー・リーヒーＣＥＯは、明

ミーティングには、胸を張り、
体を弾ませて入っていくように
している。

アレックス・ファーガソン
（元マンチェスター・ユナイテッド監督）

確な戦略と価値観に沿って行動すれば、かならず社員から敬意を得られると述べている。事業の整理や人員解雇を断行すれば、怒りを買うし、冷酷だと言われる。それでも、「それがひたすら真実を追求した結果であり、価値観に沿って行動していることが人々に理解されているなら、それは経営者にとって悪いことではない。一貫した行動を取れているのだから」と、リーヒーは言っている。

見いだした戦略を一貫して追求するというのは、成功しているリーダーにしばしば見られる姿勢だ。たとえば、ドイツのアンゲラ・メルケル首相。私が思うに、世界の国々の現役指導者のなかで最も素晴らしい活躍をしている政治家だ。

ユーロ危機が持ち上がったとき、メルケルは、自身が望んでいたよりも、あるいは自身が分別ある態度と考えるよりも、派手で大げさな行動を取った。目標は、ユーロ圏を救うこと、そしてドイツの優越性を維持すること。このときメルケルが見せた戦略的な動きは、ことごとくこの目標の実現に向けたものだった。その気になれば、経済の不振に苦しむ国々のご機嫌を取ることで目先の戦術的勝利を上げることもできた（そうしなかったために、ギリシャではすっかり嫌われ者になってしまった）。しかし、メルケルは目標と戦略を見失わず、そのおかげで長期的には自国の力を強めることに成功したのだ。

ロシアのウラジーミル・プーチン大統領は、国際的な批判を浴びたとき、いかにも柔道の黒帯らしい対応を見せてきた。犠牲者を演じたり、ロシアが再び重要な存在になったことをアピールしたり、自分を恐れさせるようにしたりして、攻撃を力に変えてきたのだ。

ガルリ・カスパロフはプーチンを忌み嫌っているだろうが、チェスのグランドマスターの視点から見れば、プーチンが世界の大半の指導者よりチェスプレーヤー的発想で動いていることは認めざるをえないはずだ。長期の目標は、大国ロシアを再建すること。そのための核を成す戦略は、自分自身とロシアのパワーを前面に押し出すこと。そして戦術は、冬季オリンピックとサッカー・ワールドカップの開催や土地の強制収用に始まり、メディアを黙らせたり、側近に金を儲けさせたり、新興財閥に権力をもたせたりすることにいたるまでさまざまだ。

これまでチェスの駒のように使ってきた人物のなかには、ドミトリー・メドベージェフ首相も含まれる。憲法の規定によりいったん大統領職を離れなくてはならなかった時期には、みずからが首相に就き、それまで首相だったメドベージェフを大統領に据えた（その後、プーチンが大統領に復帰し、メドベージェフは首相に戻った）。

プーチンはさまざまな面で悪党に違いないが、きわめて戦略的に行動するリーダーであり、これまで国内外の多くの敵を出し抜いてきた。好きになれと言われても難しい人物だし（私自身は初対面で気に入ったのだが）、許し難い行動もたびたび取ってきた。それでも、権力を振るうためには、権力を保持し、強化し、自分の利益のために活用すべきだというマキャベリ的な権力政治の観点から言えば、プーチンは勝者にほかならない。メルケルによれば、プーチンは彼女と話すとき、わざと低く、太い声を出すという。旧ソ連の治安機関ＫＧＢの尋問官だった経歴を思い出させることが狙いなら、その試みは成功している。

こうした言動により、相手に好かれるわけではない。しかし、冷静に分析すれば、戦略上のメッセージと自分の戦術的な強みを相手にしっかり理解させる手腕は、見落としようがない。そのようなスキルをもっていることは、本人も間違いなく自覚している。

ある国の指導者から直接聞いたことがある。二〇一四年にオーストラリアのブリスベンで開催された主要二〇カ国・地域（G20）首脳会議でのこと。プーチンが怒りを爆発させたことがあった。この部屋にいるなかで戦略をもっているのは自分だけだ、ほかの面々は戦術しかもっていない、と言い切ったのだ。そして、「あなた方は自分たちの戦術によって私のひざを折らせることができると思っているようだが、先にひざを折るのはあなた方のほうだ」と啖呵《たんか》を切ったという。

当時、次から次へと国際的な批判を浴びていたプーチンは、夕食会もボイコットした（「どうせ飯を食うだけだ」と言ってのけた）。こうした行動には、過度の反発を招くリスクがついて回る。実際、二〇一四年にロシアの通貨ルーブルが暴落したことは、原油相場の下落に加えて、欧米などの経済制裁がロシア経済に大きな打撃を与えていることをうかがわせた。

しかしその後、北大西洋条約機構（NATO）の会合でポーランドの閣僚がアメリカやほかの国々の代表に向かって、プーチンと同趣旨のことを指摘している。「みなさんがどのような戦略をもっているか、誰にもわからない。（プーチンの）戦略は誰もが知っている。みなさんは戦略が弱点なのに対し、彼は戦略が強みに見える」

今後もいまのような立場に立ち続けられるかどうかは、本人にはコントロールできない要因によって決まる面もある。それでも、プーチンがそのために主体的に動いていることは間違いない。

欧米人の目には、プーチンはロシア国内で高い支持を集める一方で、国外では激しく嫌われているように見えるかもしれない。しかし、国家のブランド戦略を専門にし、世界の国々の国際イメージを追跡調査しているサイモン・アンホルトによると、プーチンが欧米から見て専制的な行動を取ると、ロシア国内だけでなく、世界中で人気が高まるという。「人々は、たとえ言動に賛同できなくても、信念を貫いて行動しているリーダーに敬意をいだくものだ」と、アンホルトは言う。「そういうとき、人々はリーダーがみずからの権威を行使していると感じる」

欧米諸国の戦略がたびたび混乱に陥るのとは、対照的だ。シリアのバッシャール・アサド大統領は、国内の反政府勢力に対して化学兵器を用いてきた。化学兵器の使用を「レッドライン（越えてはならない一線）」と明言していたアメリカのバラク・オバマ大統領は、これに強い姿勢で対応するべきだと主張し、イギリスのデーヴィッド・キャメロン首相に軍事行動への同調を求めた。キャメロンは同意した。しかし、この米英の対応は短期の戦術的な行動でしかなく、長期の戦略計画は存在しなかった。結局、キャメロンは議会の反対により約束を貫けず、オバマも軍事行動に踏み切れなかった。

こうしてアサドは政権に居座り、欧米諸国が「戦略の真空状態」にあることが露呈した。このとき、政治家たちは左派も右派も、戦争に「突き進む」ことを阻止できたと成功に酔った。ところが、そのあとに待っていたのは、ある意味でもっとひどい事態だった。テロ組織ＩＳＩＳ（「イスラム国」）が台頭し、広大な地域を支配下に収めたのだ。これにより、欧米はシリアと共通の敵をもつことになったが、本書執筆時点で共通の戦略はまだ確立できていない。

風刺ニュース番組で有名なアメリカのコメディアン、ジョン・スチュワートは、リーダーの戦略不在の問題に関して、私にこんなことを言ったことがある——リーダーたちは「未曾有の危機」を強調しつつ、国民に対して「徴兵や、豊かなライフスタイルの放棄や、税金の引き上げといった犠牲を払わなくても、問題を解決できる」かのように振る舞いたがる、と。

人々は、たとえ言動に賛同できなくても、信念を貫いて行動しているリーダーに敬意をいだくものだ。

サイモン・アンホルト
（国家のブランド戦略専門家）

問題の一端は、近年のリーダーたちがメディアの徹底した監視の下に置かれていることにある。厳しい監視を受けながら、戦略的思考とコミュニケーションを実行しなくてはならない。これはあらゆる分野で言えることだが、民主主義国の政治ではとりわけ大きな問題になる。プーチンがメディア統制を戦略上の重要課題と位置づけているのは、そのためだ（もちろん、純然たる民主主義国ではそんなことはできないし、そうすべきでもない）。

昨今のメディアのあり方を考えれば、リーダーたちの行動がより非戦略指向に、そして戦術指向になるのは理解できる。しかし、それは致命的な過ちだ。本来は、この逆でなくてはならない。

こうした新しい状況を的確に理解している人たちもいる。ソーシャルメディアとワールド・ワイド・ウェブがリーダーたちの振る舞いにどのような影響を及ぼしているか、そして、つねに敵対的な監視にさらされることが意思決定者にどれほど大きな恐怖をいだかせるか——この点を見事に表現した言葉を紹介しよう。誰の言葉だか想像がつくだろうか？

私たちの生きる世界は、垂直型の社会から水平型の社会に移行した。いまは、どのような意思決定に対しても誰もがひとこと言いたいと思い、その意見をすぐにインターネットで発表する。こうしてあらゆる意思決定に疑念が投げかけられるようになり、意思決定者に対する尊敬の念は過去のものになった。今日、優れたリーダーに求められる重要な資質の一つは、ストレスへの耐性だ。ストレスにさらされると、どんどん縮こまり、メッセージをいっさい発信できなくなる人がいる。これは由々しき事態だが、この問題を軽く見ている人があまりに多い。

私はロンドンでシンポジウムに参加した際、この言葉を読み上げ、誰の言葉だと思うかと聴衆に尋ねた。さまざまな人物の名前が挙がった。ビル・クリントン（第四二代アメリカ大統領）、バラク・オバマ（第四四代アメリカ大統領）、イギリスのチャールズ皇太子、ネルソン・マンデラ（元南アフリカ大統領）、マーク・ザッカーバーグ（フェイスブック共同創業者）、ティム・バーナーズ＝リー（ワールド・ワイド・ウェブの発明者）、サーゲイ・ブリン（グーグル共同創業者）。どれも不正解。この言葉はアーセン・ヴェンゲルのものだ。イングランドのリーグ監督協会（LMA）の旗振りで作成された書籍『ザ・マネージャー』（邦訳・SBクリエイティブ）のために、著者のマイク・カーソンのインタビューに答えて語ったものである。私もこのヴェンゲルの考えに同感だ。

私がイギリス労働党の仲間たちと「ニュー・レイバー」のコミュニケーション体制を築いた一九九四年当時に比べると、求められる心構えはだいぶ変わった。今日、私たちがコントロールできるのは自分の発言や行動だけ。他人がそれにどのように反応するかはコントロールできない。大戦略に沿って発言し行動してさえいれば、重要なのは、他人がどう言うかよりも、自分がなにを言い、なにをするかだと理解しておく必要がある。

この点は、相手とマンツーマンの関係でリーダーシップを振るう場合にも当てはまる。一対一で相手と向き合ってコミュニケーションを取ることの重要性は、これまでよりも高まっている。それは、最も自分でコントロールしやすいコミュニケーションだからだ。この点は、表現こそ違うが、ヴェンゲルもテスコのテリー・リーヒーも指摘している。「リーダーは、この役割を他人任せにしてはならない」と、リーヒーは言う。「人々は、リーダーであるあなたの姿を見たい。あなたがどのように行動しているか、行動が言葉と一致しているかを見極めたいと思っている」

高い地位に就いている人のなかには、マスコミやソーシャルメディアで好意的に取り上げられさえすれば、好ましい評判を得て、好ましい結果を手にできると思い込んでいる人が多い。しかし、メディア時代の皮肉の一つは、メディア王と呼ばれる人たちがほぼ例外なく、権力と富こそ獲得しても、結局は評判を落としていることだ。

私は講演ツアーでオーストラリアを回ったとき、すべての講演会場で、最も有名なオーストラリア出身者であるメディア王のルパート・マードック（いまはアメリカ国籍を取得）の評判のよし悪しを挙手で答えてもらった。すると、すべての講演会場でほぼすべての聴衆が「悪い」に手を挙げた。一つだけ例外があった。メルボルンの夕食会で、あるテーブルの人たちが「よい」に手を挙げたのだ。このテーブルの出席者の会費は、マードック傘下の新聞社が支払っていた。

このエピソードが浮き彫りにしているのは、メディア環境の変化により、マードックのように世界中のテレビと活字メディアを牛耳っている人物でさえ、自分のイメージをコントロールできなくなっているということだ。対照的に、マードック傘下の新聞などのメディアから大バッシングを受けながらも、逆に立場を強めた人たちもいる。そういう人たちは、他人にどう思われるかより、自分の得意なことをおこない、すべてを明確なOST（目標・戦略・戦術）にのっとって実行することのほうが重要だと理解していた。

卓越したOSTのおかげで、メディアの逆風を乗り越えて強くなれた人物としては、イギリス女王（目標＝王政の存続、戦略＝伝統の維持と緩やかな変化。ただし第16章で述べるように、王族の一部は「戦略」という言

評判は、1日や1週間、1カ月では築けない。砂粒一つずつ築いていくしかない。

ウォーレン・バフェット
（投資家）

葉の使用を禁じている)、アメリカ大統領退任後のビル・クリントン(目標＝影響力の保持、戦略＝退任後の政治的行動)、デーヴィッドとビクトリアのベッカム夫妻(目標＝グローバルなブランドになること、戦略＝ファッション)などを挙げることができる。

「ウォール街の強欲と短期指向」を以前から批判している大物投資家のウォーレン・バフェットは、評判とはどういうものかをうまく表現している。「評判は、一日や一週間、一カ月では築けない。砂粒一つずつ築いていくしかない。壊れるのは一瞬だが、築くのには長い時間がかかるのだ」。戦略も同じだ。戦略をもち、それを貫き、一つひとつの「点」を適切に描いていくのは、並大抵のことではない。

戦略をミックスさせることの落とし穴

戦略上の目標を見失わないことと同じくらい重要なのは、互いに矛盾する複数の目標をもたないことだ。その落とし穴にはまらないためにも、ものごとをシンプルにし、明確なビジョンをもつ必要がある。トム・ピーターズとロバート・ウォーターマンは、『エクセレント・カンパニー』(邦訳・英治出版)でこう述べている。「エクセレントな企業に共通する重要な要素の一つは、ものごとを複雑にさせようとする猛烈なプレッシャーのなかで、ものごとをシンプルにしておくことの大切さを理解していることだ」

複数の戦略を併存させることの危険性を浮き彫りにしている事例としては、サッカーのイングランド代表チームを挙げることができる。二〇一四年のワールドカップ・ブラジル大会でイングランドが悲惨な結果に終わることは、早くから目に見えていた(後出しじゃんけんで言っているのではない。私は、イングランドのグループリーグ敗退とドイツの優勝という予想を公の場で披露していた)。

イングランドのサッカー界には、二つの組織が存在する。プレミアリーグとイングランド・サッカー協会だ。両組織はイングランドのサッカーのために協力するのが建前だが、実際には互いにまったく相容れない戦略を追求していた。プレミアリーグは、目を見張る成功を収めている。最高経営責任者として強大な実権をもつリチャード・スキューダモアは、優れた戦略的思考の持ち主だ(幼稚で差別的な電子メールが暴露され、普通なら失脚しても不思議でないところだったが、それも乗り切った)。スキューダモアの目標は、世界で最もレベルが高く、世界で最も儲かるリーグをつくること。そのための戦略は、テレビ放送を通じてグローバルなブランドを築き、その収益で世界最高レベルのプレーヤーを集めることだ。

具体的には、各チームが経済面と戦略面で恩恵を受け、収益を使って最高レベルの監督やコーチとプレーヤーを獲得し、エリート育成のためのトレーニング施設とスポーツ科学施設をつくる。ここに、イングランド・サッカー協会が推進したい「ナショナル」な要素が割って入る余地はほとんどない。プレミアリーグの監督たちの発言を見るかぎり、代表チームのことなどまったく考えていないように見える。前出のクライブ・ウッドワード(ラグビー)とデーブ・ブレイルズフォード(自転車ロードレース)が競技全体を率いて変革を成し遂げたのとは、対照的だ。

二〇一四年のワールドカップで惨敗するまで世界のサッカー界に君臨し続けたスペインは、イングランドよりはるかに一貫性があって長期的な戦略を実践していた(二〇一四年の失敗は、イノベーションをやめて古いやり方を繰り返したこと、そして中軸選手が精神的に疲弊していたことが原因だ)。ドイツでも、ブンデスリーガとドイツ・サッカー協会が緊密に協力し、戦略を連携させている。イングランドが一九六六年以来、ワールドカップで優勝していないのも当然に思える。

いまイングランド・サッカー協会が指導者育成と選手の評価・育成の面で乗り出そうとしている変革は、一〇年以上前にドイツが着手した取り組みにならったものだが、そのドイツはすでに次の段階に進んでいる。ドイツ代表のヨアヒム・レーヴ監督は、二〇一四年にワールドカップを制するまで、国内の一部メディアから「戦略に固執しすぎ」だと批判されていた。しかし、ドイツ・サッカーの成功は戦略あってのものだった。

イングランドが停滞を脱するためには、戦略を見直すことが不可欠だ。元代表選手のガリー・ネヴィルは、代表チームのコーチングスタッフに加わってから、協会についての発言には慎重になっているが、回顧録では辛辣なことを書いている。「大戦略に関して、協会は旺盛な指導力を発揮してこなかった。上層部は、プレーヤーやコーチの育成に関わる大きな問題を論じるために必要な資質を欠いている」。長い代表歴をもつネヴィルだが、一〇年近くイングランド・サッカー協会の会長を務めたジェフ・トンプソンから直接声をかけられたのは、どうして国歌を歌わなかったのかと尋ねられたときだけだったという。

戦略から戦術へ

明確な戦略を確立できたら、それを血肉化していかなくてはならない。そうすることにより、「脳ミソをはたらかせすぎて、身動きできなくなってはならない」というジャック・ウェルチの教えを実践できる。

そこで、戦略という骨格の上に、戦術という肉をつけていく必要がある。目標から戦略へ、戦略から戦術へと思考を進めていく手順を理解するうえでは、イギリス労働党の三度の総選挙に対するアプローチが参考になるだろう。

一九九七年総選挙

目標＝勝つこと
戦略＝ニュー・レイバー、ニュー・ブリテン
戦術＝労働党が変わったことをアピールするためにあらゆる行動を取る。たとえば、保守党政権が設定した歳出上限を二年間は継続すると約束する。基本税率と最高税率の引き上げはおこなわない。産業界と労働組合に対する態度を改める。五つの主要分野で厳選した公約を記した「公約カード」を配布する。

二〇〇一年総選挙

目標＝勝つこと
戦略＝ニュー・レイバー、ニュー・ブリテン（学校と病院を重視）
戦術＝新しい労働党が一九九七年総選挙の公約を守り、変革を推進しはじめていることをアピールするために、あらゆる行動を取る。すでに多くのことを成し遂げており、これからも多くのことを実行すると強調し、保守党政権が復活すれば多くのことが失われると訴える。

二〇〇五年総選挙

目標＝勝つこと

戦略＝ニュー・レイバー、ニュー・ブリテン（経済重視、トニー・ブレア首相とゴードン・ブラウン財務相のコンビの続投）

戦術＝労働党が二期にわたり成長と繁栄をもたらしたことをアピールするために、あらゆる行動を取る。保守党が政権を握れば、それが台無しになると訴える。

注目してほしいのは、目標と戦略の中核が変わっていないことだ。それに対し、戦術は柔軟に変更していった。それまでに成し遂げたことから出発し、必要に応じてそれに修正を加え、新しい課題に対応した。選挙運動で中心になるのは、つねに経済だ。一九九七年には、有権者に安心してもらうことを最優先した。企業や国民に対して、労働党を信用してもいいと思ってもらいたかったのだ。好景気のなかで迎えた二〇〇一年には、国の富を活用して学校と病院への投資を増やすと約束する戦術を選択した。二〇〇五年には、経済運営の手腕を評価されるようになっていたので、保守党への政権交代をリスク要因と印象づけることができた。ただし、その前提として、ブレア首相とブラウン財務相のコンビの続投を打ち出す必要があった。この次の二〇一〇年の総選挙では、世界金融危機が最大の経済問題となり、選挙戦を取り巻く状況は一変した。

戦術と聞いて多くの人が真っ先に連想するのは、スポーツのことだろう。実際、スポーツ界には卓越した戦術家が多い。バルセロナ（スペイン）とバイエルン・ミュンヘン（ドイツ）という二つの素晴らしいサッカーチームで監督を務めたジョゼップ・グアルディオラ（訳注／二〇一六年からプレミアリーグのマンチェスター・シティの監督）は、二〇〇八年夏にバルセロナの監督に任命されたとき、まだ三七歳だった。この起用は物議を醸した。現役時代のグアルディオラは、優れたプレーヤーではあったが、超一流とまでは言えず、監督経験もバルセロナのBチームの監督を一年務めただけだったからだ。しかも、バルセロナと言えば、誰もが足がすくむような輝かしい戦績を残してきた名門中の名門である。

新監督グアルディオラの目標は、すべてに勝つこと。戦略は、どのチームよりも質の高いサッカーをすることだった。それができれば、メダルやトロフィーはついてくるというわけだ。グイレム・バラゲの著書『知られざるペップ・グアルディオラ』（邦訳・朝日新聞出版）は、グアルディオラのこんな言葉を紹介している。「ボールをもっているときは、けっして奪われない。もし奪われたら、走って奪い返す。基本的には、そういうことだ」

バルセロナを率いて臨んだ二〇〇九年の欧州チャンピオンズリーグの決勝では、マンチェスター・ユナイテッドを降して優勝を決めたが、どっちが勝っても不思議でない試合だったと自身も認めている。しかし、二年後の二〇一一年、再び欧州チャンピオンズリーグの決勝でマンチェスター・ユナイテッドと対戦したときは、三対一で快勝した。このときまでに、いくつかの基本原則を土台に、自分なりの試合運びを確立し、自分のチームを築いていた。

基本原則の一つは、ボールを保持しているときに、そのエリアに「フリーマン」を一人余らせるようにし、数的優位を確保するというものだ。これを実践するためにはプレーヤーにテクニックが求められるが、自信をもてる理

脳ミソをはたらかせすぎて、
身動きできなくなってはならない。

ジャック・ウェルチ
（GEの元CEO）

由があった。バルセロナのプレーヤーの大半は、「ラ・マシア」と呼ばれる有名な下部組織で鍛えられており、移籍組のプレーヤーたちも、主にテクニックを基準に選考されていた。監督がすべきことは、プレーヤーに戦術的な知識を授け、つねに数的優位をつくり出すよう指示することだけだった。

この戦術には、フリーマンが一人いるので安全なパスコースが少なくとも一つは確保できること、そしてボールを奪われたときに、プレスをかけてボールを奪い返しやすいこと、という二つの利点がある。グアルディオラは練習と試合で五秒間ルールを徹底し、狭いエリアで五秒以内にボールを奪い返すよう命じ、身体能力とテクニックのトレーニングでもその能力の強化に力を入れた。

本人の話を聞いていると、この戦術をイデオロギーのように信じていることが伝わってくる。「プレーの流れの最初から、数的優位をつくる。それにより、主導権を握る。ボールのそばに相手チームのプレーヤーが二人いれば、こちらは三人、相手が三人ならこちらは四人だ」

二〇一一年の欧州チャンピオンズリーグの決勝を前に、マンチェスター・ユナイテッドのアレックス・ファーガソン監督はグアルディオラの戦略に気づいていて、バルセロナに中央エリアで数的優位をつくらせないための練習を積んだ。これが功を奏し、序盤はユナイテッドがバルセロナに自由にプレーさせなかった。

それを見て取ったグアルディオラは、大戦略はそのままに、戦術を試合中に微修正した。ユナイテッドのよく訓練されたディフェンス陣を相手にボールを支配するために、バルセロナのポゼッション・サッカーを支える歯車であるシャビとリオネル・メッシに普段よりずっと低いポジションを取らせたのだ。これにより、やや自陣に押し込まれたが、数的優位をつくり出すことに成功した。

ユナイテッドはたちまち、相手に面白いようにパスを回させる「メリーゴーラウンド」状態を許してしまったと、意気消沈したファーガソンは私に語った。ユナイテッドにとっては避けたい事態だった。そうなれば、敗北は必至と思えたからだ。このとき、グアルディオラはどんなに大きな苦労をともなっても、自分の戦略を実行することに徹したのだ。

重要なのは実行すること

戦略と戦術がどんなに素晴らしくても、それを実行するための推進力と規律がなければ意味がない。素晴らしいチームや組織はどこでも、計画を実行に移すために、OST（目標・戦略・戦術）のプロセスにダイナミズムをもたせるようにしている。

私たちがイギリス労働党の再生を目指したとき、その役割を担ったのが週間予定表の「ザ・グリッド」だった。一ページの紙に、一週間の予定をすべて記す。一日ごとに、紙の上から下へ予定を書いていく。政府の重要な活動を上に、それほど重要でない予定をその下に、それ以外の活動（政府統計や特別委員会の報告書の発表、対立政党の予定、政治以外の重要な予定など）をさらにその下に書く。

このような書類は、へたをすると、さまざまな出来事を書き出しただけの日記帳になってしまう（金融サービス業界で働くドイツ人の友人がまさにそうだった）。しかし、うまく使えば、戦略の実行を牽引できる。選挙に勝って政権に就いたときに驚いたのは、イギリス政府にそうした予定表が存在しないことだった。省庁はそれぞれがおおむね勝手に行動していて、政府の大戦略を確認したいと思ったとしてもほぼ推測するしかなかった。私たちは、前政権の戦略的一貫性の欠如を突いて選挙に勝った。だから、その問題点を修正しようと決めていた。戦略に基づいて戦術を実行するためには、成功の可能性を最も高められるような人材とシステムが欠かせない。当たり前のことだと思うかもしれないが、それが実践されていないケースがきわめて多い。

私たちは、野党時代の組織運営の方法論をいくつか政権に持ち込んだ。ザ・グリッドの作成、報道内容の確認、会議や計画立案プロセスの体系化（これは政府各部門の行動に一体性をもたせる効果があった）などである。戦略的コミュニケーションのための新しいシステムもつくった。これには反対も大きかったが、それなりの成功を収めた。

ザ・グリッドに関しては、ポール・ブラウンという温和な官僚が現場の旗振り役になった。おそらく、その役職上、政府内でなにが起きているかを誰よりもよく知っていた人物に違いない。ブラウンの仕事は、あらゆることを把握し、それを政府の戦略上の優先順位に従ってザ・グリッドに記すよう指示することだった。当然、それをめぐり、省庁間や大臣間で衝突が起きるときもあった。それでも、システムが根づくにつれて、閣僚の行動を事前に計画し、個々の行動がほかの行動と干渉せずに、それぞれが影響力をもてるように調整すれば、誰もが恩恵に浴せるのだと理解されるようになった。

このシステムの狙いは、政府の行動がニュースで大きく報道されるようにすることだけではなかった。一見するとばらばらな出来事や行動に秩序をもたらすこと、それが目的だった。私はブラウンに政府の全体的な戦略を理解させるよう心を砕き、ブラウンはそれがザ・グリッドに反映されるように留意した。

私たちの行動原理の一つは、「最大限の情報公開により、最大限の信頼を」というものだった。

企業がこの原則を受け入れ難いと感じるのは理解できる。企業秘密を盗まれたり、知的財産権を失ったりすることが怖いのだ。確かに、アップルが驚異的な成功を収められた一因は、秘密主義を徹底し、必要最小限の人物にしか情報を知らせなかったことにあるのだろう。しかし、組織内であのままに共有できる情報が多ければ多いほど、組織全体にとって好ましい結果がもたらされる。ジャック・ウェルチに言わせれば、ビジネスを成功させる秘訣は、社内の重要な意思決定者全員が同じ情報をもつことなのだ。

いま、ザ・グリッドに類するものをもっていない政党はほとんどない。多くの企業も同様の手法を採用している。だから、その重要性は明白に思える。しかし、あまりに当たり前に思えることは、誰かがやっているだろうとみんなが思い込み、結局は実行されない場合がある。「ＳＩＧ」の定石をもう一つ紹介しよう。なにごとも独りでに実行されると思ってはならない。必要なことは、確実に実行されるようにすべきだ。

「想定外」に対処する

「事件だよ、きみ。事件だよ」というのは、リーダーが最も恐れるものはなにかというジャーナリストの問いに対して、一九五〇～六〇年代にイギリスの首相を務めたハロルド・マクミランが述べた言葉だ。マクミランは、「いまほどよい時代はなかった」と「変化の風がこの大陸（アフリカ）全体に吹いている」とともに、これが自分の語録として後世まで記憶されるとは、予想していなかっただろう。しかし、この言葉がいまも残っているのは、ものごとの真理を言いあらわしているからだ。戦略を貫こうとどんなに努力しても、想定外の出来事が次々と降りかかり、それに対応せざるをえなくなるものなのだ。

各国政府に戦略変更を強いた「事件」のなかで最も劇的なものは、おそらく二〇〇一年九月一一日にニューヨークの世界貿易センタービルなどを襲った同時テロだろう（詳しくは第14章で論じる）。私がビジネス関係者におこなったインタビューと、最近読んだ経営者の回想録も、ほぼすべてがこの9・11テロに言及している。「あのとき、どこでなにをしていたか」を話したくなるような歴史的大事件だというだけが理由ではない。それは、ビジネスに直接影響を及ぼす事件だったのだ。

リチャード・ブランソンとウィリー・ウォルシュは、それぞれが経営する航空会社に重大な危機をもたらしかねない事件だと、すぐに気づいた。ウォーレン・バフェットは、みずからが経営する保険会社への打撃を恐れた。四日前にジャック・ウェルチからGEのCEO職を引き継いだばかりのジェフ・イメルトは、保険事業と航空機エンジン事業への大きな打撃を予測した（実際、GEの保険事業は六億ドルの損失をこうむることになる）。

アマゾンのジェフ・ベゾスは、スーパーマーケットチェーン大手のターゲット社との提携についてメディアを集めて会見する予定だったが、適切なタイミングではないし、いま会見しても誰も関心を示さないだろうと考えた。石油関連企業は、石油相場が急激に変動することを心配した。金融機関は、ニューヨーク駐在のエリート社員など多くの社員の身を案じた。

「世界を変えた一日」という言葉が本当に当てはまる日は多くない。しかし、二〇〇一年九月一一

戦略は、議論の対象とすべきであり、議論を避けてはならない。それは、チームで推し進めるべきものであり、机上の空論ではなく、行動と結びついている必要がある。そして、最良の戦略とは、一貫性があると同時に、新しい状況に柔軟に適応するものでなくてはならない。

AC
（アラスター・キャンベル）

日は、ほぼすべての人の人生を変えた。私はそのとき、トニー・ブレア首相と一緒に、南部のブライトンで開催されていたイギリス労働組合会議（TUC）の大会に参加していた。どんなときでも、ブレアがTUCの大会で温かく歓迎されたことはない。とりわけこの年は、激しい反対を受けながら行政改革を推進しており、ブライトンで大逆風を浴びるだろうとメディアは伝えていた。しかし、ブレアはこの日、TUCでの最初で最後のスタンディングオベーションを受けた。壇上に上がると、テロ事件への対応のためにロンドンに戻らなくてはならなくなったと聴衆に告げたのだ。

指導者は、テロが起きるとかならず、「これにより、我々が道をそれることはない。方針の変更は断じてない」と主張する。しかし実際には、テロは方針の変更をもたらす。私は空港でセキュリティ・チェックを受けるたびにそれを実感する。北アイルランドのテロにより、イギリスのセキュリティに対する考え方は大きく変わった。そして、アルカイダなどのイスラム過激派集団の活動により、さらに大きな変化が訪れた。元の状態に戻ることは、もう二度とないだろう。

9・11テロはアフガニスタン戦争とイラク戦争をもたらし、この二つの戦争の余波はまだ消えていない。私たちイギリス労働党は、学校と病院の整備を最優先させると約束して選挙に勝ったばかりだった。この両分野に大規模な投資をおこない、思い切った改革も断行する予定だったのだ。一次政権がEUとの新しい関係の構築、G8とEUの議長国としての活動、アイルランド問題とコソボ問題への対処に時間を割かれたのに対し、二次政権では内政の重要課題に力を入れるつもりでいた。しかし、そうはいかなくなった。外交が中心課題に躍り出たのだ。

政治をおこなうとはこういうことだ。みずからの戦略を推進しようと努める一方で、新しい出来事や想定外の危機にその都度対処しなくてはならない。二〇〇五年のイギリス総選挙では、イラク戦争が原因で私たちが一部の支持を失ったことは間違いない。それでも、私たちは勝った。一九九七年と二〇〇一年のような大勝ではなかったが、過半数を制したのだ。地滑り的な圧勝を経験する前の一九九七年の時点だったら、十分に満足できた結果だった。

このとき私たちが勝てた理由の一つは、首相が外交問題に忙殺されていても、（本来望んでいたほど精力的にではないにせよ）官僚機構全体で仕事を処理できる体制を築き上げていたことにあった。また、内政に向き合うときには、ただちにニュー・レイバーの基本戦略に沿って行動できたことも見落とせない。これが可能だったのは、トニー・ブレアという人間と一体になった戦略を採用していたからだ。

長期にわたり評判を維持し、成功を収め続ける企業や個人は、核となる戦略が次第に強化されていく。しかし、変化の激しい時代には、それだけでは十分でないのかもしれない。よく知られているように、写真フィルムのコダック社は、デジタルカメラの普及が自社の中核的ビジネスにどのような影響を及ぼすかを見通せなかった。変化に対して十分な対応を取らなかったコダックとは対照的に、おもちゃメーカーのレゴは、変化に適応しようとしすぎた面があった。インターネットによって壊滅させられるという恐怖のせいで、自滅しかけたのだ。しかし、ブロックを実際に組み立てるという物理的体験こそがレゴの核を成す強みだった。そのことに気づいた同社は、中核的なビジネスに再びエネルギーを集中させ、会社を繁栄させることができた。

二〇一三年、私は南アフリカでイノベーションに関するシンポジウムに参加したことがある。私の前のスピーカーは、みずからが営む目覚まし時計メーカーについて語った。目覚まし時計についてここまで情熱的に語れる人がいるとは、私は思ってもいなかった。

その人物は、自身と会社の歴史を手短に語り、携帯電話時代の到来を熱烈に歓迎するプレスリリースを紹介した。携帯電話のおかげで「新しい市場への参入がひときわ簡単になった」という内容だった。そしてそのあと、実は携帯電話のせいで――厳密に言えば、携帯電話のアラーム機能のせいで――破滅しかけたと語りはじめた。あるとき、空港でセキュリティ・チェックの係員に言われた。「最近、こういうのはあまり見なくなりましたね」。カバンの中に入っていた旅行用の目覚まし時計のことだ。この経験をきっかけに、自分のビジネスに破滅の危機が迫っていることに気づき、変化に適応する必要性を実感した。ただし、目覚まし時計ビジネスをやめるつもりはなかった。そこで、逆に時代をさかのぼり、ビンテージものの目覚まし時計のビジネスで大成功を収めた。

目標は、目覚まし時計を売ることという点で一貫していた。戦略と戦術は時代環境に合わせて変わったが、土台にはつねに、自分が好きなことを、そして価値のあることをしているという確信があった。

本章は、以前インタビューしたときに元プロテニスプレーヤーのマルチナ・ナブラチロワが聞かせてくれた言葉で始まった。最後も、彼女の言葉で締めくくろう。

好きなことをやり、やっていることを好きになること。そのほかは、すべて些細なことでしかない。

理想論だと思うかもしれない。しかし、テクニックより戦略が大事なのに、戦略よりテクニックを優先させている人が多すぎるという章冒頭の言葉を見ればわかるように、ナブラチロワの言うことは現実的で実践的、そして当を得ている。

第2章　リーダーシップ

リーダーは、学ぶことをけっしてやめない。そして、教えることをやめず、未来を見ることをやめない。

――ビル・クリントン（第四二代アメリカ大統領）

カリスマより大切なもの

ドイツのアンゲラ・メルケル首相は、ある面では欧州連合（ＥＵ）の最強国を率いるリーダーらしい人物ではない。派手なパフォーマンスよりも実務の遂行を優先させ、「世界を変える」といった類いの大言壮語よりも地道な政治・行政手腕を重んじている。バラク・オバマのような華麗な演説をするわけでもなく、ビル・クリントンのようなカリスマ性があるわけでもない。周到に準備した大演説をするのは好きでない。というより、それを嫌っている。

要するに、熱狂的な支持のうねりを生み出せるタイプではないが、不安や恐怖心をいだかせることもない。その点は、部屋に入ってくるなり周囲を威圧するロシアのウラジーミル・プーチン大統領と対照的だ（プーチンは以前、首脳会談に犬を連れてきて犬恐怖症のメルケルを困惑させたことがあったが、犬を連れていなくても威圧感たっぷりだ）。ひとことで言えば、メルケルは偉大なリーダーというより、有能なマネジャーという印象が強い。エイブラハム・リンカーンやネルソン・

マンデラのようなタイプの政治家ではないのだ。

しかし、メルケルは国政選挙で三連勝（本書執筆時点）を収めてきた「勝者」だ。大きな成功を収めているうえに、世論と政界内の両方で多くの人から評価されているという点で、現代の政治においては珍しい存在と言える。じっくり検討すると、メルケルの人格上の特徴の多くは、退屈で平凡なものなどではなく、じっくり考え抜かれたもので、見事に活用されていることがわかる。

まず、うわべの些細な点から見ていこう。女性のリーダーは、（メルケルのような生まじめな人物には不愉快だろうが）男性よりも外見や服装が注目されやすい。しかし、あなたは、メルケルの服装について取り上げた記事を読んだ覚えがあるだろうか？　そのような記事にはまずお目にかかれない。

意外なことに、メルケルのチームのなかにはスタイリストも含まれている。ただし、目的は首相の外見を話題にさせることではなく、なるべく話題にならないようにすることだ。スタイリストの役割は、首相の外見がいつも変わらないようにすること。髪形とメイク、服装をつねに同じにしている。

これは、まじめさをアピールするという戦略を追求すべく計算された戦術だ。その戦術を実行するために、同じデザインで色違いのジャケットとパンツを何着もそろえている。メルケルの服装は、安定、まじめ、一貫性という政治的・戦略的なメッセージを補強するものなのだ。アメリカの一部の男性政治家がおこなうような美容整形やボトックス注射をスタイリストが勧めたり、本人がその勧めを受け入れたりすることは考えにくい（その点、プーチンは年々、若くなっていくように見えるが……）。

科学の専門教育を受けたメルケルは、語学の才能にも恵まれており、ロシア語と英語も流暢に話す。そう聞くと、驚く人も多いかもしれない。たいてい、公の場ではドイツ語で話すからだ。世界のほとんどの人は、通訳を介して彼女の言葉を聞く。この点が世界の舞台で強みになっている。彼女の発する言葉や話し方よりも実際の行動のほうが重要で、それ以上に、あるテーマについてほかの指導者が言うことより彼女が言うことのほうが重要だという印象をつくり出せている。

メルケルは、自分の強みと限界をわきまえている。バラク・オバマの演説を聞けば、その声と巧みなレトリックに心揺さぶられるけれど、どうすればそのような演説術を習得できるのかと考えることに時間を浪費したりはしない。自分には無理だと知っているからだ。しかし、オバマのような演説はできなくても、一見すると膠着した政治システムのなかでアメリカ大統領以上に多くのことを成し遂げられるという自負がある。アメリカの情報機関にみずからの携帯電話を盗聴されていたことが発覚したときは、一線を越える行為とみなし、ためらいなくアメリカ中央情報局（ＣＩＡ）のベルリン支局長を国外退去させた。自国より強大な国に、守るべき原則を突きつけたのだ。

一般には、誰もが認めるような社交性とカリスマ性の持ち主でなければ偉大なリーダーになれないと思われがちだ。しかし、メルケルを見るかぎり、その常識は間違っているようだ。この点は、高名な経営思想家のジム・コリンズが唱えるビジネスリーダー像にも通じる。コリンズは共著『ビジョナリー・カンパニー4――自分の意志で偉大になる』（邦訳・日経ＢＰ社）の中で、未来指向のビジョンを掲げてリスクを追い求める人物でなければリーダーとして成功できないという考え方を、「深く根を張った思い込み」と切って捨てている。「私たちが調査したなかでもとくに優れたリーダーは、未来を見通して大きなビジョンを打ち出す才能に長けた人たちではなかった。なにがうまくいったかをよく観察し、それがなぜうまくいったかを分析して、成功の確率が高いと実証されている道を歩む人たちだった」

メルケルが熟慮のうえで決断をくだしていることは、ユーロ危機の際の行動を見れば明らかだ。批判や不評は覚悟のうえで、目先のことよりも長期の視点を大切にして行動したのだ。このときは、イギリスのデーヴィッド・キャメロン首相やアメリカのバラク・オバマ大統領も、もっと速く、もっと大胆に、もっとスケールの大きな構想を打ち出すよう主張した。労働党のトニー・ブレアやゴードン・ブラウンがイギリスの首相だったとしても、同様の態度を取っただろう。

しかし、メルケルはけっして慌てず、戦略上の優先事項を見失わなかった。その代償として、ヨーロッパの一部の貧しい国では目の敵《かたき》にされた。新聞の紙面では、「世界の脅威」とまで書かれた（イギリスのまじめな新聞までそう書いた）。それでも、すべきことをせず、あとで自分と世界の人々がツケを払わされるくらいなら、いま非難の大合唱を浴びたほうがましだと考えたのだ。

メルケルは、焦らない人物という印象がある。イギリスでは二〇一〇年の総選挙のあと、五日間で連立政権が樹立された。しかし、二〇一三年のドイツ総選挙のあと、メルケルは慌てず騒がず、二カ月かけてライバルの社会民主党（ＳＰＤ）との「大連立」をまとめ上げた。ドイツは連立政権に慣れているのに対し、イギリスは不慣れだという違いはあるが、この慎重な態度は多くのことを物語っている。慌ただしさを増す世界でリーダーが果たすべき役割は、状況を落ち着かせること、重要な問題に力を注ぐこと、じっくり時間をかけて考え抜くこと、そして（この点を忘れてはならないのだが）みずからの流儀を貫くことだと、メルケルは考えているのだ。

イギリスの下院議員で歴史学者のトリストラム・ハントは言っている。「ヨーロッパ史において、今日の時代は、ほぼ間違いなくメルケル時代と呼ばれるようになる。メルケルには威厳がある。リーダーの役割を重く考えていて、その地位を高めようとしてきた。財政規律を徹底し、戦略を追求する一方で、(ドイツチームを応援するために) サッカー・ワールドカップの決勝戦会場に乗り込む一面もある。威厳と人間らしさをうまくミックスする方法を心得ている。こんな指導者はほかにいない。ほかのリーダーより上に立つことに成功している。連立政権の首相でありながら、それができているることは、大きな実権を振るっていることとともに、見事な成果と言える」

マハトマ・ガンジーに始まり、ビル・クリントンにいたるまで、ビジョンやカリスマ性のある指導者のなかには、勝者と呼べる人物が大勢いる。しかし、メルケルのような人物が――あるいは、おたくっぽいビル・ゲイツや、肩の力が抜けたサッカーのドイツ代表監督ヨアヒム・レーヴのような人物が――目を見張る成功を収められるという事実は、成功するリーダーの条件として、別のもっと本質的な要因が関係していることを示唆している。

この面々は、いわく言い難い存在感と途方もない人間的魅力の持ち主で、際立ってコントロール好きな面をもっている。しかし、そうした点がこの人たちを傑出した存在にしているのではない。カギを握るのは、重要なことがらにエネルギーを集中的につぎ込めるかどうかだ。アメリカの経済学者J・K・ガルブレイスはこう述べている。「偉大な指導者すべてに共通することが一つある。それは、人々が最も不安を感じている問題に正面からぶつかっていくことだ。これがリーダーシッ

偉大な指導者すべてに共通することが一つある。それは、人々が最も不安を感じている問題に正面からぶつかっていくことだ。

J・K・ガルブレイス
(経済学者)

プの神髄だ。ほかのことはあまり重要でない」

悲しいことに、この厳しい基準を満たしている政治指導者はあまりに少ない。往々にして、指導者たちは戦略家としてお粗末で、次々と起きる出来事に振り回されている。ビジョンに基づいて目標を設定し、それに向けて歩むことができていない。

この点に関して、ビジネス界の人々が政治家に対してもっている評価は非常に厳しい。BPのジョン・ブラウン元CEOに言わせれば、政治家は「実行」をしきりに口にするが、実際はそれに向けて行動することを怠っている。「数値測定可能な基準に基づいて、戦略上の目的を達成するためにたゆまぬ努力をする」ことが偉大なリーダーの条件だが、それができていない政治指導者が多いというのだ。この点では、ビジネス界のほうがうまくいっていると、ブラウンは言う。「私たちは、否が応でもそうせざるをえない」とのことだ。

リーダーはブレてはならない

ガルブレイスが言う偉大なリーダーの定義に誰よりも当てはまる人物は、元イギリス首相のウィンストン・チャーチルかもしれない。ほかのどの政治家よりも活動的で、強いカリスマ性があり、頭の回転が速く、それに輪をかけて機転が利くチャーチルは、強烈な野心の持ち主だった。その野望を達成する好機が目の前にあらわれれば、臆することなく行動を起こした。

一八九九年に二四歳で下院議員補欠選挙に挑戦して落選すると、戦術を変更し、南アフリカに旅立った。当時の南アフリカは、第二次ボーア戦争が始まったばかり。ここで武勲を上げて名前を売ろうという思惑だった。その後、帰国したチャーチルは、下院議員に当選し、四〇歳を前に海軍大臣などの要職も務めた。

しかし、称賛すべきなのは、強烈な個性だけではたどりつけない場所にまで到達したことだ。チャーチルは有能で剛腕と言えたが、第二次世界大戦前の時点では、政治家として大成功していたとはお世辞にも言えなかった。第一次世界大戦では、海軍大臣として主導したガリポリの戦いが大失敗に終わり、大臣の職を失った。財務相を務めた一九二〇年代には、金本位制への復帰を推し進め、惨憺《さんたん》たる結果を招いた。一九三〇年の時点では、大きな役職に就くこともなく、過去の存在のように見られていた。

もし、一九三九年の第二次世界大戦開戦前に死去していれば、今日生きる私たちのほとんどは、ウィンストン・チャーチルの名前を知ることはなかっただろう。ましてや、多くの人がイギリス史上最高の指導者として名前を挙げることなどなかったはずだ。いまでこそ世界史の重要人物と位置づけられているが、同時代の人の多くから高く評価されていたとはとうてい言えない。

一九二二年の総選挙でチャーチルと議席を争い、落選に追い込んだE・D・モレルは、「私はチャーチルを悪の根源だと思っている。全身全霊を傾けて彼との戦いに臨む」と述べたことがあった。一九四〇年にチャーチルが首相に就任したとき、前任者のネヴィル・チェンバレン首相派のヘンリー・シャノン下院議員は、日記に「おそらくイギリスの歴史で最悪の日だ」と記した。一緒に仕事をした人のなかにも、批判的な声が少なくない。陸軍参謀総長を務めたジョン・ディル元帥は、「PM（首相）の馬鹿げたメモ」のせいで大臣たちが多くの時間を無駄にしていると言っていた。チャーチルは天性の才能の持ち主だったかもしれないが、少なくとも一九三九年（この時点で六〇代になっていた）より前に、世界でも指折りの偉大な指導者として歴史に名を残すことを予見していた人は、本人を別にすればほとんどいなかった。

その人生と評価を大きく変えたのは、ガルブレイスの表現を借りれば、一九三〇年代に人々が最も不安を感じていた問題、すなわちナチス・ドイツの台頭への不安を正しく理解し、一九四〇年に首相に就任して以降、ヒトラー打倒をひたすら目指したことだった。

ナチスと対決することは、当然の流れだったわけではない。筋金入りの反共主義者だったチャーチルは、イタリアのファシスト勢力への共感を表明したことがあった。過去には、状況を見誤り、大失態をしでかした前歴もあった。しかし、このひときわ重要な局面では、状況を正しく読み取り、きわめてシンプルな真理に到達した。ナチス・ドイツは打ち破らなくてはならず、その目的に自分自身と国のエネルギーを振り向けるべきだと結論づけたのだ。それまでは、どんなに大きな野心と紛れもない天賦の才能をもっていても、成し遂げられることには限界があった。鋭い観察と固い決意に導かれて才能を活用しはじめてようやく、偉大なリーダーへの道を歩みはじめたのである。

新しいところでは、ソ連最後の最高指導者ミハイル・ゴルバチョフも、ガルブレイスの基準を満たすリーダーと言えるだろう。私は二〇一四年にアラブ首長国連邦（ＵＡＥ）のシャールジャで開かれたシンポジウムで一緒になり、言葉を交わしたことがある。

ゴルバチョフの時代に人々が感じていた最大の不安は、核戦争で世界が自滅することだった。不安とはそういうものだが、この不安も人々の頭の中で大きく膨れ上がっていた。そうした不安に応えて冷戦終結を主導したゴルバチョフは、優れたリーダーシップにより歴史に名を刻み、世界の大半の国で高く評価されている（祖国ロシアでの評価は高くない。その政治的遺産の多くは、のちに覆されてしまった。ロシアの指導者たちは、ゴルバチョフの改革により政府が権力を手放しすぎたと考えたのだ)。

ゴルバチョフによれば、アメリカのロナルド・レーガン大統領との関係は相互不信から始まった。それでも、互いの人柄と意図を理解し、相手のことを「一緒に仕事ができる人物」(これは、同時代にイギリスの首相を務めたマーガレット・サッチャーがゴルバチョフを評した言葉だ)とみなすようになった。そして、二人の指導者は核軍縮で大きな一歩を踏み出すことができた。

シンポジウムの場で、ゴルバチョフの戦略を特徴づける二つのキーワード、すなわち「ペレストロイカ(改革)」と「グラスノスチ(情報公開)」を本人の口から聞くのは感慨深かった。しかも、その主張はいまもブレていなかった(ブレずに主張を貫く政治家に、私は敬意をいだく)。今日の世界は「グローバルなグラスノスチとグローバルなペレストロイカ」を必要としていると述べたのだ。老いた人間が過去の栄光の記憶に浸っていたのではない。あくまでも今日の世界について論じていた。ゴルバチョフに言わせれば、世界の国々の政府が失敗しているのは、情報公開と改革に総論で賛同しているふりをするだけで、それを実際の行動に移していないことが原因だという。

私たちが会ったのは、二〇一四年のウクライナ騒乱でヴィクトル・ヤヌコヴィッチ大統領が国外脱出に追い込まれた日だった。「(ウクライナの政権は)民主主義を標榜していたが、実態は民主的とは言い難かった。対話を掲げているが、それは形だけ。権力者の汚職と強欲、市民への侮蔑を、人々はいつまでも我慢することはできない」と、ゴルバチョフは言った。ヤヌコヴィッチだけでなく、ロシアのウラジーミル・プーチン大統領も念頭に置いた言葉に思えた。

チャーチルとゴルバチョフに成功をもたらした要素、すなわちビジョンと一貫性を組み合わせることの重要性については、以下の説明がわかりやすい。

私が思うに、よいリーダーとは、アイデアをもっていて、しかも世界に対するビジョンも備えている人物だ。そうしたビジョンをもつためには、世界に関する哲学と、みずからが重んじる価値観をもっていなくてはならない。したがって、リーダーがまず取り組むべきことは、自分がなにを望んでいて、なにを大切にしたいのかを分析することだ。そのうえで、それを現実に変えていく。私たちの仕事の面白いところは、単なるインテリでは務まらないことだと思う。

これは誰の言葉か？　発言の主は、またしてもインテリのサッカー監督、アーセン・ヴェンゲルである。

政治のリーダーシップのあり方を的確に言い当てている指摘がまったく別の分野で活躍する人物の口から聞かれたことは、実に興味深い。ヴェンゲルは、リーダーシップとはどういうものかを深く考えていて、目標を貫くことと、行動を突き動かす思想をもつことの重要性を理解している。「インテリとは、みずからの思想を大切に生きる人間のことだ。サッカーの監督も思想をもたなくてはならない。しかし、その考え方が有効であることを実証し、それを実践に移していくことも求められる」と、ヴェンゲルは言っている。

壮大で強力なビジョンをもち、それを現実にしたいという強い意志をもつ必要があるということには、二つの大きな意味合いがある。一つは、当然のことだが、リーダーが大きな決断をくだし、その決断がもたらす結果に責任をもつべきだということ。部下や顧問、友人や家族を頼るのはいいが、大きな問題について大きな決断をくだすのは、最終的にはリーダーの役割だ。リーダーは、重要な決断をおこない、その正当性を説明し、結果を見届け、うまく運ぶように努めなくてはならない。

それは、軍の部隊派遣であれ、企業買収の決定であれ、スポーツの重要な試合の出場選手の選考であれ、学校の副校長の人選であれ、同じことだ。リーダーはこの責任から逃れられない。まぶたの内側に「リーダーの仕事は決断をくだすこと」という言葉を入れ墨しておいて、毎朝起きるたびに思い出すようにしてもいいくらいだ。

BPのジョン・ブラウン元CEOはこう述べている。「テニスの四大大会の決勝戦を戦う選手ほどではないにせよ、リーダーはひっきりなしに決断を求められる。結果を明確に予測できる場合ばかりではないと知りつつも、決断をくださなくてはならない。リーダーは、それができる人物であるべきだ。あらゆる方向から絶えず押し寄せる意思決定の機会に、ことごとく対処する必要がある」

もう一つ、頭に入れておくべきなのは、あらゆる決断が――そして、決断をくだす人物すべてが――大歓迎されるわけではないということだ。大きな決断をすれば、反対する人も出てくる可能性が高い。リーダーはみな、支持されるときばかりでなく、嫌われるときもある。リーダーの行動に対する評価が定まるまでには、長い時間がかかる。

チャーチルはイギリスを第二次世界大戦で勝利に導いたが、終戦直後の一九四五年の総選挙で首相の座を追われてしまう。賢明な有権者は、平時に国の舵取りをゆだねるべき人物ではないと判断したのだ。しかし、チャーチルは屈しなかった。その姿勢は、首相を退いたとき、ユーモアたっぷ

リーダーは、他人の人生に好ましい影響を及ぼすという素晴らしい役割を担える。だからこそ、責任が重い。

アーセン・ヴェンゲル
（アーセナル監督）

りに最高勲章を辞退したことにも見て取れる。「国民から解雇通知（オーダー・オブ・ザ・ブート）を頂戴したばかりの私は、ガーター勲章（ガーター・オブ・ザ・ブート）を頂戴するわけにまいりません」と冗談を飛ばしてみせたのだ。そして六年後、見事に政権を奪還したことは知ってのとおりだ。

逆境に押しつぶされないためには、神経の太さが不可欠だ。物議を醸す主張をする人物がつねに厳しい批判を覚悟しなくてはならないことを考えれば、そうした図太さはリーダーに欠かせない資質と言える。トップに立つ人間は、批判を逃れることができないのだ（正当な批判もあれば、不当な批判もあるだろうが）。

私はこれまで政治、ビジネス、スポーツの分野で多くのリーダーと接してきたが、その人たちが共通してもっているのは、報道がフェアでないという不満だ。私はリーダーたちに精神の安定を保たせるために、エイブラハム・リンカーン、ウィンストン・チャーチル、ネルソン・マンデラが浴びせられた批判の数々を記録したファイルを引っ張り出すことが多い。過去のもっと偉大なリーダーたちがはるかにひどい批判にさらされていたこと、そして、それを乗り越えて名声を残せたのは主要な目標を達成したからだということを理解してもらうのが狙いだ。

たとえばリンカーンは、強硬な反リンカーン派のウィルバー・F・ストーリーが所有するシカゴ・タイムズ紙から厳しく批判された。「ひょろ長く、神経質で、オツムが軽く、優柔不断な老人」で、「決断はつねに弱々しく、おぼつかない」という具合だ。ほかのメディアでも、「卑しく、残忍で、節操がなく、粗野で、失敗ばかり。ペテン師の日和見主義者で、酒場で気の利いたことを言おうとするが、がさつで教養のない男でしかない」とか、「頑固と狂信の子宮から生まれたカビのような男だ……ローマ皇帝ネロ以来最悪の暴君にして、冷酷な殺戮者である」などと言われていた。「公共の利益」のためにリンカーンを殺害せよと、政敵たちに促したメディアまであった。

一方、マンデラの場合は、南アフリカで投獄されていた一九八五年に、ナショナル・レビュー誌の創刊編集長でアメリカの保守派の重鎮であるウィリアム・F・バックリーが記した言葉が印象深い。「現在のような考え方をいだくマンデラにふさわしい場所、それはいま身を置いている場所にほかならない。それは、刑務所である」という言葉だ。

もちろん、いくら面の皮が厚いほうがいいといっても、核心を突いた批判には耳を貸すべきだ。しかし、批判や攻撃を受けて傷を負いつつも前に進めるくらいには、面の皮が厚いほうがいい。誰もが自分の意見を表明できる環境でリーダーを務めれば、どうしても批判を受けざるをえないのだから。批判したい人たちには、批判させておけばいい。重要なのは、批判されても必要な決断から逃げないことだ。ほかの人たちの反応を先回りして予測し、それにより意思決定のプロセスを左右されることもあってはならない。

評判を気にしすぎるリーダーたち

リーダーとして成功するために目標を貫き通す必要があるとすれば、目標が明確でない人物や目標が簡単に変わる人物は、リーダーとしてまず成功できない。この事実は、その人物がどんなに人として魅力的だったり、活動的だったりしても変わらない。

私たちが政治指導者にしばしば失望させられるのは、この点が理由なのだろう。政治家は日々のメディア報道ばかりを気にし、次々と起きる出来事に振り回されて軌道をはずれてしまう。その結果、いろいろなテーマをつまみ食いするだけで、いずれかの問題に腰を落ち着けて取り組むことがほとんどない。よく考え抜かれた全体的なアプローチの下、さまざまな問題への対応に一貫性をもたせることも非常に珍しい。

二四時間ニュースとインターネットの時代が訪れて、政治をおこなうことが難しくなっているのか？　それとも、政治家の精神が弱くなっているのか？　あるいは、この両方が原因なのか？　この問いに答えるのは難しい。しかし、責任の所在がどこにどの程度あるにせよ、これは憂慮すべき傾向だ。

指導者が最も重要な課題に集中し、それに時間とエネルギーをつぎ込まなければ、状況が改善するわけがない。本当に重要な問題よりも、ニュースで取り上げられやすいことにばかり目を向ける指導者は、長期の戦略を打ち立て、それを貫くことなどできないだろう（真に重要な問題とニュースで取り上げられやすい問題は、たいてい一致しない）。ビル・クリントンはアメリカ大統領を退いたあと、私にこう語ったことがある。「ものごとを理解するにあたって、日々の報道の影響を受けすぎている意思決定者があまりに多い」。まったくそのとおりだと思う。

政治家は、いくつかの重要な目標を見据えてよそ見をせず、その目標の達成に向けて前進するのではなく、戦略と主張をころころ変えることが多い。すぐに飽きて、別のことに目移りしてしまう。国民はまだ、そのテーマについて理解していないのに。

第1章で紹介した定石を思い出してほしい。「同じメッセージを繰り返し発信し続ければ、飽きてくるかもしれないが、それくらいでようやく、人々の意識の隅にメッセージが届く可能性がほんのわずかだけ出てくる」。劣っているリーダーは、真の規律をもっていない。ここで言う規律とは、ジム・コリンズの表現を借りれば「行動の一貫性」のことだ。コリンズは、規律とは具体的になにについて、次のように述べている。

規律は統制とは違う。ものごとを数値測定することとも違う。上層部の指示に従うことでもないし、官僚的な規則を守ることでもない。真の規律とは、自立した思考を実践し、同調圧力を突っぱねることにより、みずからの価値観や評価基準、長期目標に反する行動を取らないことだ。

このような人生哲学をもっているスポーツ界の指導者は多い。自転車ロードレースのデーブ・ブレイルズフォード、ラグビーのクライブ・ウッドワード、サッカーのジョゼ・モウリーニョといった面々だ。不幸にも、政治の世界では、そのようなリーダーをあまり見ない。

トニー・ブレアは首相在任の終盤、規律を守って内政の戦略上の重要課題に集中することの大切さをよく理解していた。しかし、首相になったばかりの頃は、落ち着きがなく、一度にいくつものテーマに首を突っ込み、メディアの反応を気にしすぎることもあった。

本人も言っているように、初期は支持率こそ高かったが、あまり成果を上げられなかったのに対し、終盤は成果を上げられるようになったが、主にイラク戦争の影響で支持率は落ち込んでいた。学校改革、民間クリニックの参入、患者の選択権の拡大、一部の公立病院の自主運営化など、医療や教育の分野でブレア政権下の労働党が（予算の拡充と制度改革の両面で）挙げた主要な業績は、政権初期ではなく、支持率が下がった政権後期に実現したものだった。

現実が見えなくなる危険

メディア王ルパート・マードックの下で働く幹部たちと話していていつも驚かされるのは、彼らの思考と行動がつねにマードックの影響を強く受けていることだ。「ルパートならどう考えるだろう?」という問いがいつも頭にあるのだ。

ある意味では感心せずにいられない。マードックが組織の絶対的な中心であり、戦略をもった強力なリーダーであることがよくわかる。周囲の人間は、トップの意向をくみ取ろうと必死になっているのだ。しかし、新聞社のスタッフがこのような発想になっているということは、おそらく企業文化に問題がある。社内に恐怖心が蔓延している可能性が高い。社員がいつもびくびくし、トップの顔色をうかがっているようでは、好ましい結果は生まれないだろう。社員は自分の頭でものを考えなくなり、ミスを犯しはじめる。マードックの「鉄の支配」が恐怖の文化をつくり出し、それが社内に文化的・道徳的な病理を生む一因になったことは、想像に難くない。結局、取材方法などをめぐるスキャンダルでグループ傘下の新聞が大打撃をこうむり、マードックの名声にも傷がつくことになった。

マードック流のアプローチがもたらす危険は、それだけにとどまらない。リーダーに現実を見えなくさせてしまう可能性があるのだ。最初は「才能のある常識的な人物」だったロックスターや映画スターが、「常軌を逸した理不尽で突拍子もない人物」に変わり、自分自身やほかの人たちに害を及ぼすようになるのは、あまりに見慣れたパターンだ。莫大な富を手にするトップアスリートも、このように現実が見えなくなる危険がある。

こうしたことが起きるのは、多くの場合、地位が高くなるほど、周囲の人たちが理性的な指摘をしなくなるためだ。スターが道を踏み外さないように守ってやるのではなく、迎合して非常識な行動を助長してしまう。こうして、スターは常軌を逸した行動が当たり前になり、世界の現実から乖離し、自分の世界しか見えなくなる。名声が原因になる場合もあれば、富が原因になる場合もある。権力が原因になる場合もあるかもしれない。

トニー・ブレアは以前、国のトップとして生きていると「常識を壊そうとする陰謀」がひっきりなしに降りかかると、私に語ったことがある。常識はずれの長時間労働に、普通ではありえないくらい大きな決断。あらゆる言動がつねに分析と論評の対象にされ、二四時間体制で警備が張りつく。こんな常識離れした日々を送るブレアにとっては、自分をできるだけ普通でいさせてくれる人たちを周囲に置くことがきわめて重要だった。そして、側近たち自身も、正常にはほど遠い環境のなかで正常な生活を送るよう注意を払う必要があった。

それを実践するためには、第1章で触れた「最大限の情報公開により、最大限の信頼を」という行動原理が必要になる。もちろん、秘密にすべきことはある。しかし、私の経験から言うと、チーム内でものごとをできるだけオープンにすることが最も有効だ。

ブレア政権下の労働党で重んじたのは、誰もが思ったことを安心して口にできるようにすること、そして、「常識を壊そうとする陰謀」によりブレアが（リーダーとしても人間としても）破滅しないようにする役割を全員に自覚させることだった。

ほかの国のリーダーたちは、私たちの会話を聞いて驚くこともあった。とくにジョナサン・パウ

> 視線は天空の星に、足はしっかり地べたに。
>
> **セオドア・ルーズベルト**
> （第二六代アメリカ大統領）

エルと私は、ブレアが現実を見失わないように、よく軽くからかっていた。一〇回中九回は、そういう言葉を歓迎してもらえた。それは、ブレアがユーモア感覚の持ち主だからでもあるが、自分を知り、歴史を知っていて、権力が人間の精神におかしな作用を及ぼすことを十分理解していたからでもあった。ロシアのプーチン大統領の取り巻きのなかに、大統領がマッチョなイメージを打ち出しすぎだと指摘し、上半身裸で馬を駆ってみせるパフォーマンスはやめたほうがいいと進言できる人物がいるだろうか？

以前、ブレアがアメリカを訪問し、到着直後にスピーチをする予定になっていたことがあった。重要な演説だった。このとき、私たちが草稿に手書きで書き込んだ修正をもとに改訂版の原稿をつくるのは、私のアシスタントであるアリソン・ブラックショーの役目になった。普段は私が原稿をチェックし、正しく修正されているかを確認するが、このとき私は機内で報道陣の取材に応じていた。そこでブラックショーは、スピーチに向けて気持ちを高めていたブレアに原稿を渡し、目を通す間、そばをうろうろしていた。

そして、ついに勇気を奮い起こして口を開いた。「首相、首相と一介のアシスタントの立場の違いはわかっていますが、週末にチェッカーズ（イギリス首相用の公式別荘）でお書きになった最初の草稿のほうがずっと伝わりやすい文章だったように思います」。ブレアは最初の草稿をもってこさせて読み直し、「まったくそのとおりだ。改訂版の最初の四ページを削除して、こっちの原稿の最初の三つの段落をもってこよう」と言ったという。

大騒ぎするような出来事ではないかもしれないが、ブレア政権の体質をよくあらわしているエピソードだと思う。ブラックショーは、もし提案が採用されなくても、非難されたり、嫌な思いをしたりする心配はないとわかっていたから、自分の意見を言うことができた。トニー・ブレアは、部下を責め立てるタイプのリーダーではなかったのだ。

リーダーの周囲の人間は、リーダーが地に足をつけていられるようにする責任があるが、それを可能にする文化を生み出せる人物は、リーダー自身しかいない。ジョージ・W・ブッシュ（息子ブッシュ）元アメリカ大統領のスタッフへの態度には、いつも感心させられた。運転手やボディガードやウェーターや秘書のプライベートがすべて頭に入っているように見えた。対照的に、フランス大統領を務めたジャック・シラクやロシア大統領のウラジーミル・プーチンは、スタッフに横柄だった印象がある。そのせいで、スタッフはピリピリしていた。そういう雰囲気は、好ましい結果につながらない。

リーダーのなかには、時間が経つにつれて目に見えるものが変わり、それにより落とし穴にはまる人もいる。リーダーがある面では状況がよく見えるようになり、別の面では状況が見えにくくなる結果、全体として普通の人の視点からずれていくのは、珍しいことではない。

たとえば、元ドイツ首相のヘルムート・コール。コールは、首相退任後に不正献金疑惑が浮上した際、みずから率いたキリスト教民主同盟（CDU）への疑わしい献金者の名前を明かすのを拒み、党の名誉党首を辞任することを選んだ。第二次世界大戦後のヨーロッパ政治の巨人とまで言われた人物の名声は、これで完全に地に落ちた。政権初期のコールだったら、疑惑をもたれるような行為に手を染めただろうか？　周囲がそれを許しただろうか？

リーダーは、みずからの強みが弱みに変わる場合がある。コールは元々、空気をうまく読み、それに基づいて前に突き進むのが得意な政治家だった。規則を厳格に守らないこともあったが、順調なときはそれが強みになっていた。大国ドイツを再建し、東西ドイツの再統一を果たし、歴史的なヨーロッパ通貨統合を主導したコールは、数々の偉業を成し遂げ、歴史に名を残す人物とみなされていた。

しかし、こうした国家の大問題とは別の、一見すると些末な落とし穴について警告してくれる人たちの言葉に耳を貸さなくなったり、側近が世代交代して、経験や自信に欠ける新しい側近たちが本当のことを聞かせてくれなくなったりすると、リーダーは小さな問題に足をすくわれかねない。もちろん、リーダーたるもの、重要と考えるテーマをしっかり認識し、みずからの強みと能力に自信をもっているべきだ。しかし、権力の座に長くいるほど、みずからの「警報システム」の感度が悪くなる恐れがある。だから、ほかの人が発する警報を素直に聞くべきなのだ。コールと同時代に活躍したヨーロッパのリーダー、すなわちドイツのコールとイギリスのサッチャー、それにフランスのフランソワ・ミッテランの三人はともに、政権末期には国民の感覚から乖離していると批判された。

このようにリーダーが現実世界からズレていく現象に、メディアが一役買っていることは間違いない。イギリスでは、サッチャー時代にメディアのあり方が根本から変わり、ある面ではリーダーへの要求が厳しくなった。マンチェスター・ユナイテッドの監督を長く務めたアレックス・ファーガソンは、みずからがサッカーの世界に入って以降、サッカー界を最も大きく変えた要素を一つだけ挙げるなら、それはテレビだと言っている。

これは、サッカーに限った話ではない。あらゆる分野がテレビの影響を強く受けるようになった。たとえば、ビジネスについて報じるグローバルな専門テレビネットワークまで登場している。弊害は、現実を歪めて見せることだけではない。リーダーに、プロパガンダが成功しているときはその内容を本人にも信じ込ませ、うまくいっていないときは正当な批判まで無視させ、本当に大切なことを見失わせ、人気取りの行動に走らせるという弊害も大きい。

白状しなくてはならない。私自身、ブレア政権の報道担当補佐官時代はときどき人気取りに走りすぎた。ブレアをBBCロシア語ラジオ放送のメロドラマに出演させたり、長寿テレビドラマ『コロネーション・ストリート』で登場人物が無実の罪で投獄されて視聴者が憤慨していたとき、その事件の再調査を関係部局に命じるパフォーマンスをさせたりもした（いま思い返してもぞっとする）。アメリカの人気テレビアニメ『ザ・シンプソンズ』に登場させ、本人に声の吹き替えをさせたこともあった（収録は二〇〇三年のイラク戦争の最中だった。登場シーンのアニメ画は、額に入れて、ブレアのオフィスのトイレに飾ってある）。慈善団体コミック・リリーフの募金集めの企画で、コメディ女優のキャサリン・テイトと共演してほしいという打診にもオーケーを出した。

すべて、メディア環境の変化に対応しようとした結果だった。実際、メディアでの露出を増やすことの効果は大きかった。どの行動も正当化することは可能だろう。しかし、そうしたメディア露出を通じて、政治のセレブ化を加速させてしまったのではないかという思いもある。本当は、戦略、まじめさ、大きな課題への挑戦など、ブレアのほかの強みをもっと生かすべきだったように思う。

メディアとの関わり方の変化を象徴していたのが、オアシスのノエル・ギャラガーや俳優のケヴィン・スペイシーなどのスターを首相官邸に迎えて、首相が一緒に写真に収まる姿だ。当時のメディアは「クール・ブリタニア（かっこいいイギリス）」という言葉をブレア政権と結びつけて盛んに用いており、私たちがそれを戦略として積極的に追求しているようなイメージが生まれていた。

その結果、私たちが近代化を推し進めるにあたって、セレブたちの言う「リアル・ピープル（現実の人々）」ではなく、セレブたちの生活を大切にしているかのような印象が生まれてしまった。

しかし、メルケルの例からも明らかなように、リーダーはどんなにメディアに注目されていようと、かならずしもメディア受けを狙う必要はない。二〇一四年にサッカー・ワールドカップのブラジル大会でドイツが優勝を決めた直後、メルケルがロッカールームを訪れて選手たちを祝福したのは、純粋にサッカーが好きだったからだ。選手と一緒にいる場面をメディアに撮影させたいと思ったからではない。実際、ロッカールームで写真を撮りたがったのは、選手たちのほうだった。選手たちはそのあと、さっそく写真をツイッターに投稿した。

多くの政治家は、ニュースで話題になっているテーマや人物についてツイッターで片端からコメントし、重要な政策上のテーマについて専門的知識があるわけでもないセレブに助言を求めたがる。どうやらメルケルは、政治家という人種全体の名誉のために孤独な戦いをしているらしい。

中枢グループをつくる

リーダーがつねに現実を知り、賢明な助言を受ける必要があることは、次章で論じる「チームシップ」が重要な意味をもつ理由の一つだ。リーダーはチームを築いて、チームと協力し、メンバーにやる気をもたせ、自分も刺激を受けなくてはならない。

この点では、ウィンストン・チャーチルが興味深い。ジョン・ディル元帥の「馬鹿げたメモ」うんぬんの言葉にもあったように、チャーチルはさまざまな面で不愉快極まる上司だ。しかし、内閣府次官を務めたジョージ・マラビーはこう振り返っている。「近くで仕えた人間はみな、献身的に働いた……上司としては非難されたり、嫌われたりするような資質をことごとくもっていたのに、それでも受け入れられていた。それを改めてほしいと思う人は、一人もいなかった」。リーダーは、アイデアだけでなく、言葉と行動によってもメンバーにやる気をもたせなくてはならないのだ。

「リーダー」と「チーム」のあるべき関係が論じられることは多い。しかし私が思うに、この両者の間に、大きな力をもったグループを存在させることが好ましい。ほかに適切な言葉がないので、それを「中枢グループ」と呼ぶことにする。「グループ」と言っても、メンバーは一人だけでもいい。もちろん、リーダーの信頼が厚い少人数のグループでもいい。

中枢グループを構成するのは、単なるイエスマンやイエスウーマンであってはならない。リーダーにありのままのことを言い、率直に異論を唱える人物である必要がある。大きな力をもったリーダーには、自分の意見に同調する人物ばかりを雇う危険がつきものだ。しかし、真の偉大なリーダーは、最良の人物を雇うことを恐れない。

ゼネラル・エレクトリック（GE）のCEOを長年務めたジャック・ウェルチは、こう述べている。「世界で最も優秀な人物をチームに加えることに前向きでなくてはならない。つねに最良の人材をそろえることが大切だ。そうしないと、自分の首を絞める結果になる」。ウェルチは、部下に力をもたせることに熱心だった。部下たちには、アイデアを考案し、それを十分に磨き上げ、抜け目なく分析をおこない、リーダーである自分がそのアイデアを採用せざるをえないようにしろと促していた。

ヴァージン・グループのリチャード・ブランソンも、有能な人材を探すことに熱を入れている。わざわざ部下に専門外の課題を与えて「自己変革」の背中を押すこともある。大物投資家のウォーレン・バフェットは、傘下の企業のトップたちの報酬だけしか決めない。あとは、その人たちを信用し、それ以外の社員たちの給料を決めさせている。一方、みずからは、自分が誰よりも得意だという自負のある仕事に専念している。たとえば、資本配分の決定、株式の購入・売却価格の決定、日々届けられる数字の分析などだ。データはすべて届けるよう求めるが、意思決定はそれぞれのリーダーに任せている。

ビル・ゲイツは大学で学生たちの質問を受けつけたとき、これまでの最も重要な決断はなんだったかと尋ねられたことがある。そのときゲイツが挙げたのは、テクノロジーやお金に関する決定ではなかった。こう述べたのだ。

私がビジネスでくだした決定のなかで最も重要だったのは、人事に関する決定でした。ポール・アレンと一緒にビジネスを始めようと決めたことは、おそらくその最たるものです。そのあとに雇った友人のスティーブ・バルマーは、それ以来ずっと最大のビジネスパートナーであり続けています。重要なこと、それは、あなたが全面的に信頼でき、深い絆で結ばれていて、あなたとビジョンを共有しているけれど、あなたとは異なるスキルをもっていて、ある意味であなたにブレーキをかけられる人物をそばに置くことです。そのような素晴らしい人物を引っ張り込むことで得られる恩恵は、ビジネスが楽しくなることだけではありません。それが大きな成功につながっていくのです。

重要ポストの人材を適切に選ぶことの大切さは、アメリカ政治できわめて劇的な形で実証されることがある。アメリカ大統領選に挑む候補者が誰を副大統領候補に選ぶかは、その候補者がどのような政治をしようとしているかを如実に映し出す。選挙戦を戦う「相棒」である副大統領候補の人選には、メディアの注目も集まる。元大統領たちの回想録を読めば、どの大統領も副大統領候補選びに多大なエネルギーを費やしていることがわかるだろう。

たいてい、メディアが強い関心を示すのは、副大統領候補が大統領候補を補完できるかどうかだ。二〇一二年のアメリカ大統領選で共和党の大統領候補に指名されたミット・ロムニーは、ポール・ライアンを選んだ。六〇代前半のロムニーに対して、まだ四二歳と若かったし、思ったことをすぐに述べてしまうロムニーとは対照的に、理性派のイメージが強い人物だった。それに、リベラル寄りのロムニーに比べて、社会的価値観に関わる問題で保守的な主張をしている。そしてなにより、大金持ちのロムニーと違って、ライアンは叩き上げの政治家だ。ロムニー陣営は、大統領の座を争う現職のバラク・オバマの陣営がロムニーの莫大な富を攻撃材料にし、どのようにして財産を築いたかを問題にすると予期していたのだ。

オバマが二〇〇八年の大統領選でジョー・バイデンを副大統領候補に選んだのも、同様の計算の結果だった。上院議員を六期務めていたバイデンは、若いオバマより年長で経験豊富。外交経験のないオバマと違って、上院外交委員長を務めるなど、外交に精通していた。エリートのイメージが強いオバマと異なり、庶民派の叩き上げだ。

副大統領候補選びに失敗すると、大きなダメージをこうむる。ひどい場合は、壊滅的な打撃を受ける場合もある。ジョン・F・ケネディが副大統領候補として、自分と緊張関係にあったリンド

世界で最も優秀な人物を
チームに加えることに
前向きでなくてはならない。

ジャック・ウェルチ
（GEの元CEO）

ン・ジョンソンを指名したのは、一つにはジョンソンの剛腕に期待したからだった。ケネディは、そうした突破力に欠ける一面があったからだ。もう一つの理由は、ジョンソンのことを大統領の器でないと思っていたことにあった。ナンバー2としては優秀だが、ナンバー1には向かないと評価していたのである。

しかし、ケネディ政権では、大統領と副大統領の心が通じておらず、ジョンソンと大統領の弟のロバート・ケネディ司法長官が憎み合っていたために、問題があとを絶たなかった。もし、ケネディが暗殺されずに二期目を務めていたらどうなっていたかは、誰にもわからないが、悪影響が次第に強まっていったことは間違いないだろう。

もっと悲惨な経験をしたのは、二〇〇八年の大統領選でオバマと戦ったジョン・マケインだ。副大統領候補に選ばれたのは、アラスカ州知事のサラ・ペイリンだった。いつ考えても、この人選には納得がいかない。

マケインは、オバマにはない資質をもっていた。とくに、ワシントンでも世界の舞台でも、圧倒的に豊富な経験があった。年齢こそすでに七〇代に入っていたが、エネルギッシュで選挙上手でもあった。しかし、陣営を支えるスタッフは不安に駆られていた。カリスマ性のあるオバマに対抗し、選挙戦の風向きを一変させられるような一手を強く求めていた。そこで選ばれた人物がペイリンだった。高齢男性であるマケインに対して、ペイリンはまだ比較的若い女性だった。髪が薄く、いかにもワシントンの既成政治家然としたマケインにはない魅力もある。オバマにはできない形で「普通」のアメリカ人の心をつかめる政治家だと、期待されていた。「とても不安だった」と振り返るのは、オバマ陣営の選挙参謀を務めたデーヴィッド・プルーフだ。「(ペイリンの指名で)メディアと共和党内が一挙に盛り上がった。情勢が一変した」

しかし、落とし穴があった。プルーフと私の意見が一致したのだが、ペイリン副大統領候補という人選は、戦術的には見事だった。問題は、それが戦略的には大失敗だったことだ。マケインがオバマに追いつけるわずかな可能性は、これで完全に消え去った。第1章で紹介したOST（目標・戦略・戦術）のアプローチを理解している人なら、すぐにわかるだろう。

マケインの目標＝選挙に勝つこと
マケインの戦略＝豊富な経験をアピールすること。ジョージ・W・ブッシュ大統領（当時）との違いを印象づけること

ペイリンの起用は、戦略の二つの柱を大きく揺るがせた。マケイン陣営にとって、オバマに対する最大の攻撃材料は「経験不足」だったはず。それなのに、副大統領候補に選んだのは、ジャーナリストのケイティ・クーリックに外交経験を問われて、「（地元の）アラスカ州からはロシアが見えるんです」と答えるような人物だった。当然ながら、副大統領は、大統領にもしものことがあれば大統領に昇格する重要な役職だ。ペイリンがこの発言をしたインタビューは、見ているほうが恥ずかしくなる代物だった。私はずいぶん多くの政治家のインタビューを見てきたが、あれほど恥ずかしいものはほかに見たことがない。これを機に、マケインの心臓病歴がにわかに大きな問題として浮上した。

一方、ブッシュとの違いを強調する戦略のほうはどうか？　マケインは、強い外交と安全保障と

いう面ではブッシュを継承しつつ、評判の悪いイラク政策ではブッシュと一線を画していた。ところが、ペイリンは、ブッシュがお花畑のリベラル派に見えるようなガチガチの超保守派だった。

要するに、マケインは戦術的成功を追求するあまり、戦略の土台を揺るがし、結果として大統領選に勝つという目標を妨げてしまったのだ。ペイリンの起用は、リーダーシップの振るい方としては決定的な誤りだった。マケインは頭の悪い政治家ではない（そのことは、この大統領選のあとも外交政策論議で活躍し続けていることを見れば明らかだ）。この選択が誤りだと、心の底では気づいていたに違いない。それでも、チームのメンバーにせっつかれて誤った選択をしてしまった。ペイリンは世界的な有名人になったが、みずからは戦略上の大惨事に陥る羽目になった。

「数日もしないうちに、この人選が決定的な失敗だとわかり、私たちはほっとした」と、プルーフは言う。「マケインはこれが大きなチャンスになると期待していたが、実際には私たちに途方もなく大きなチャンスをもたらした。ペイリン起用の効果を報じ続けるメディアをよそに、国民は真実を見抜いていた」

アメリカ大統領選と同じように、サッカーの世界でも監督と主将の組み合わせが重要な意味をもつ。アーセン・ヴェンゲルは、前出の『ザ・マネージャー』の中で次のように述べている。

> 主将と監督の関係が強力なら、チームは強くなるし、監督の力も強くなる。両者の関係に亀裂が走ると、チームは困った状態に陥る。二人のリーダーから二つの別々のメッセージを聞かされること以上に、チームに悪影響を及ぼすことはないからだ。

ヴェンゲルは、その理由も論じている。

監督と主将は、主将が考えるチームの課題や選手間の問題について話し合う。ただし、主将はすべてを監督に話すとは限らない。むしろ、すべてを話さないことのほうが多い。選手たちはたいてい、ロッカールームの出来事のいくつかを監督に知られたくないと思っているからだ。それは私も尊重する。けれども、監督と主将の間には信頼関係がなくてはならない。そうした信頼は、シーズンを一緒に戦うなかではぐくまれていく。その関係の強さによって、六連敗するか、連敗を二、三試合で止められるかが変わる。結束していれば、力を合わせてチームを立て直せる。

この指摘は重要だ。ヴェンゲルは、主将が監督の分身であるべきだとはまったく言っていない。アメリカ大統領選の候補者と同じように、サッカーの監督は、自分を補完できる人物を主将に選ぶべきだ。しかし、監督室の中で意見の違いがあったとしても（意見の違いがあるのは健全なことだ）、チームのメンバーの前では足並みをそろえるべきなのだ。

この点は、あらゆるリーダーと中枢グループの関係に当てはまる。ブレア政権時代、激しい重圧にさらされながらも、首相と私の関係はおおむね非常に良好だった。関係が緊迫することがあるとすれば、それは、二人の間に意見の違いがあるときに、私の感情が周囲に悪影響を及ぼしているのではないかと、ブレアが懸念する場合だった。「この場では、いっさい遠慮なく、率直に意見を聞かせてほしい。けれども、ここから一歩外に出たら、私たちの考えが違うように思わせてはならない。みんなを混乱させないようにね」と、ブレアはよく言っていた。

ややこしいのは、中枢グループ内の力学が次第に変質するケースが多いことだ。リーダーの在任期間が長くなるほど、中枢グループのメンバーが不満をいだく可能性も高まる。本人の期待どおりに昇進させなかったり、熱望している役職に別の人物を据えたりする場合が出てくるからだ。

中枢グループは、どんなに関係が緊密だとしても、友達グループとは違う。リーダーが個人的な好き嫌いで戦略を決めたり、側近の反発を恐れて難しい決断を避けたりするようでは、真のリーダーシップを振るっているとは言えない。リーダーにとって「みんなに喜ばれている」というのは、とうてい褒め言葉とは言えないのだ。ときには、厳しいことを言わなくてはならない場合もある。そういうときにリーダーが取れる最善の行動は、ものごとを包み隠さず、正直に話すことだ。

また、中枢グループの外にも、考慮しなくてはならない利害関係者たちがいる。BPのジョン・ブラウン元CEOによれば、ビジネスリーダーは、投資家や取締役会のメンバー、株主のことを考える一方で、直属の部下たちにも最大限の気遣いをすべきだという。

スポーツ界のリーダーも、さまざまな人たちを意識して行動しなくてはならない。「上」（チームの経営陣）に向けて、「下」（選手やスタッフ）に向けて、「横」（ファンやメディア、スポンサー、その他の利害関係者）に向けてのマネジメントが求められるのだ。これらの関係の間でどのように優先順位をつけるかはリーダーの性格次第という面もあるが、それにより成功と失敗がわかれることもある。アレックス・ファーガソンは、監督として軌道に乗りはじめると、すべての重要な関係をしっかり押さえた。経営陣の支持を取りつけ、選手にやる

この場では、いっさい遠慮なく、
率直に意見を聞かせてほしい。
けれども、ここから一歩外に出たら、
私たちの考えが違うように思わせ
てはならない。

トニー・ブレア
（元イギリス首相）

気をもたせ、ファンの敬愛を勝ち取り、メディアを飼い慣らしたのだ。こうして、ファーガソンの地位は、チームが勝ち続けるかぎり安泰になった。そして、利害関係者に適切に対応することにより、チームの成功を確実なものにできていた。

「上」に向けたマネジメントに長けたリーダーの例としては、アーセン・ヴェンゲルも挙げることができる。ヴェンゲルはこれまで、シーズンを無冠で終えても、監督解任の危機が深刻化せずに済むことが多かった。経済の仕組みを理解し、ビジネス上の決定の中心に身を置く能力にも優れていたために、アーセナルの歴代オーナーと取締役会に評価されてきたのだ。その点は、倹約指向の強いアメリカ人富豪である現オーナーのスタン・クロエンケも例外でない。

ヴェンゲルが監督人生の初期に多くのトロフィーを獲得したことは確かだ。しかし、新スタジアムの建設に予算を食われる状況でチームを一七年連続で欧州チャンピオンズリーグ出場に導き、長期にわたり安定した好成績を残してきたことも、同じくらい目覚ましい成功と評価できるだろう。この点こそ、比較的失敗に終わったシーズンがあっても監督にとどまり続けられた理由に違いない。ヴェンゲルは、サッカーのピッチの中でも外でも戦略に長けたリーダーだ。その真の業績は、監督を退いてから長い年月が経ってはじめて正しく評価できるのかもしれない。

エゴ VS. チーム

ジム・コリンズは著書『ビジョナリー・カンパニー2――飛躍の法則』（邦訳・日経BP社）で、世界レベルの企業がどのように「優良企業から偉大な企業」へ飛躍したかを分析した。すると、それらの企業のリーダーに共通点があることがわかった。それは、自分のことよりもチームのことを語るという点だ。

コリンズは、そうしたリーダーを「第五水準のリーダー」と呼ぶ。エゴや利己心がないわけではないが、エゴを満たすことへの欲求を、偉大な企業を築くという高次の目標を後押しする要素にしている。第五水準のリーダーは、「自社がうまくいっているときは周囲に目を向け、自分以外の要素が成功の要因だと考える。一方、状況が悪いときは鏡の中をのぞき込み、自分に原因があると考え、すべての責任を負う」と、コリンズは指摘している。

それに対し、単に「優良」なレベルのリーダーは、これとは正反対の態度を取る。「順調なときは、鏡の中を見て自分の手柄だと考え、期待はずれの結果になったときは、周囲を見回して自分以外に責任をなすりつける」のだ。

自分のことばかり考えるリーダーは、よいリーダーではない。メディアの監視の目が厳しい民主主義国にあっても、リーダーにこびへつらい、リーダーの自己評価を肥大化させてしまう人たちがいる。そのような接し方をされることは、病みつきになりかねない。そうなると、リーダーは、自分が奉仕すべき人たちの利益より、自分を優先させるようになる。この状態に陥ると、もはや救いようがない。第五水準のリーダーもゼロ水準に転落してしまう。リーダーは、つねに戦略をもち、つねにチームを大切にしなくてはならないのだ。

アレックス・ファーガソンが大きな影響を受けた人物の一人がジョック・ステインだ。スコットランドのグラスゴーに拠点を置くセルティックを率いて、一九六七年にイギリス勢初の欧州チャンピオンズリーグ（当時はヨーロピアンカップ）優勝を果たした監督である。スコットランド代表監督時代には、ファーガソンをアシスタントコーチとして使っていた——試合中に心臓発作で死亡した日も。ファーガソンによれば、ステインは公の場でも内輪の席でも、勝因を尋ねられると「いつも選手を称えた。あれはジミー・ジョンストンの手柄だ、これはバーティ・オールドがよかったという具合に。けっして自分のことは言わなかった」という。

リーダーはときに冷徹になることを求められるが、その半面、メンバーに自分への忠誠を要求するだけでなく、みずからもチームへの忠誠を貫く必要がある。スポーツやビジネス、政治は、マッチョな世界というイメージが伝統的に強いため、マネジメントやリーダーシップには、罵声を浴びせたり、雷を落としたり、鼻をへし折ったりすることがつきもののように思われている。しかし、偉大なリーダーがそのような行動を取ることはめったにない。アーセン・ヴェンゲルがインタビューを受けるとき、選手はまったくミスをしていないと言い張るのは、まるでコメディの一場面だ。しかしこれは、公の場で選手を批判しないという原則を貫いた結果なのである。

ヴェンゲルだけではない。マンチェスター・ユナイテッドのフランス人フォワード、エリック・カントナが試合で退場処分を受けてロッカールームに向かう途中、対戦相手のクリスタルパレスのファンにやじられて一瞬理性を失い、観客席の最前列にいたそのファンにキックをお見舞いしたことがあった。このとき、ファーガソンはカントナを一貫して擁護した。

ファーガソンと言えば「ヘアドライヤー」（プレーヤーの眼前で、髪の毛を逆立てて罵倒する）ぶりで有名だが、実際には言われているほど頻繁に選手を怒鳴りつけているわけではない。「試合のたびにやっていたら、効果がなくなってしまう。好ましい反応を引き出すために、感情を露わにするのが効果的なときと、静かに話すのが効果的なときの区別ができなくてはならない。そのためには、選手のことをよく知る必要がある」

ニューヨーク・ヤンキースを四度のワールドシリーズ制覇に導くなど、大リーグで目覚ましい実績を残したジョー・トーリは、みずからが監督を務めるチームの選手について語るとき、わが子のことを語る父親のように見えた。「選手は自分のことだけ考えていればいいが、監督は二五人のベンチ入り選手全員のことを考えなくてはならない」と、トーリは私に語った。

「重要なのは、選手の気持ちを読むこと。ぜったいに試合に出たいと言っていても、実はコンディションがよくない選手もいる。逆に、試合に出たくないと言っていても、そうやって緊張を隠そうとしているだけの選手もいる。私は子どもの頃、球技にせよ、サイコロにせよ、あらゆるゲームは、他人との関わり方を学ぶ機会なのだと思うようになった。監督は、性格がまちまちの大勢の選手と関わらなくてはならない。選手たちから最高のプレーを引き出し、その一方で、来季のチームづくりを考えて、新しい選手を加えたり、一部の選手にチームを去ってもらったりする必要がある。選手たちには、日々の試合で最善を尽くすよう言う。試合に集中しろ、選手が心配する必要のないことは心配するな、そういうことは私に任せておけ、と話す。選手たちには、監督である私がリーダーであり、お尻を叩くだけでなく、気を配ってくれる存在なのだと理解してもらうことが必要だ」

トーリのリーダーシップ・スタイルを貫く二つの重要な要素は信頼と献身だ。「監督は、選手の信頼を勝ち取る必要がある。放っておいて信頼されるとは思わないほうがいい。しかし、信頼してもらえれば、選手はチームのために献身的に働いてくれる」

好ましい反応を引き出すために、感情を露わにするのが効果的なときと、静かに話すのが効果的なときの区別ができなくてはならない。

アレックス・ファーガソン
（元マンチェスター・ユナイテッド監督）

これまで監督を務めたチームの選手のなかには、素晴らしい才能の持ち主なのに、勝者になれていない人物もいれば、才能には恵まれていないのに、勝者になっている人物もいたと、トーリは言う。「本人の技能だけで決まるわけではない。監督の努力も必要だ。監督の仕事は、選手が能力を最大限発揮する手助けをすること。この点は、学校で子どもたちを教えるのに似ている。全教科で『A』を取ると思われている子がそれに失敗すれば、残念な結果と言わざるをえない。一方、『B』や『C』を取ることが目標の子がベストを尽くしてその成績を取れば、それを誇りに思わせるべきだ。アメリカでいささか問題だと思うのは、ライバルをすべて退けた人間だけが勝者だと思われていることだ。ベストを尽くし、自分の能力を最大限発揮して粘り強く努力したなら、それもある種の勝利と言うべきだ」

トーリは、リーダーシップを振るう際にさまざまな行動ルールを実践しているが、そのなかでも、ぜったいに揺るがせにしない神聖不可侵のルールが一つある。「悪い知らせは、自分で直接伝える。出場できるものと思っていた選手を使わないときや、トレードに出すときは、どんなに気まずくても私が自分で言う。それも、理由を説明するようにしている。選手が落胆したり、傷ついたり、腹を立てたりすることもあるし、私自身つらいときもある。でも、こういうときは、ロボットのように話すのではなく、言いづらくても率直に話したほうがいい。一方、選手たちも厳しい局面に対処できなくてはならない。そのような性格をもっている必要がある」

リーダーは、ときには沈黙も求められる。私が応援しているイングランドのサッカーチーム、バーンリーのショーン・ダイチ監督は、乏しい予算で目覚ましい成果を残してきた。現役時代はいかついディフェンダーだった。アメリカのプロレスラー、ストーン・コールド・スティーブ・オースチンに似ているとよく言われる。しかし、いかついのは外見だけではない。いかつい重低音の声で話す。サッカー解説者たちは、「いざこざはぜったいに避けたい相手」だといつも言う。

私は実際にダイチと話して、心底驚いたことがあった。いかついイメージに反して、試合後に選手を批判したことが一度もないというのだ。では、中心選手のスコット・アーフィールドが大事な試合で決定的なミスをしたときは、どう言ったのか？　三三年間勝ったことがなかった宿敵ブラックバーン・ローバーズとの試合で、アーフィールドがボールを失ったせいで勝利を逃し、引き分けてしまったことがあったのだ。「なにも言わなかった」と、ダイチは言った。「なにも言わないって？」と、私は尋ねた。

「背中を軽く叩くだけで、なにも言わなかった。ミスをした選手が落ち込んでいないとでも思うのか？　家に帰ったあと、どうしてミスしたのかと悔いていないわけがない。どれだけチームに迷惑をかけたのかと、自分に問いかけないはずがない。もちろん、その答えは自分でよくわかっているはずだ。私が選手を非難していっそう落ち込ませることに、なんの意味があるのか？　翌週、冷静に話をした。けれども、試合直後にはなにも言わなかった。監督は、慎重に行動しなくてはならない。厳しく叱責されてプレーがよくなる選手もいるけれど、叱責が裏目に出る選手もいるのだから」

私は、この言葉に驚くべきではなかったのかもしれない。私もチームを率いるときは、いつも同様のアプローチを実践してきた。私が政治とメディアの世界で経験した痛恨の出来事の一つが「ドッジー・ドシエ（いかがわしい書類）」をめぐる一件だった。その書類とは、イラクのフセイン政権の大量破壊兵器問題に関する文書だ（これはブレアが議会に提出した文書とは別物だが、メディアが繰り返し誤った表現を用いたため、混同されてしまった。それはメディアの側の戦略的な行動だったと思う）。インターネット上の資料から出典を示さずに引用したことが問題にされた。

その文書を作成し、出典の問題について私やほかのチームメンバーと情報を共有しなかったスタッフを、私は非難しなかった。その人物も私のチームの一員であり、責任は私にあったからだ。私にとってはトニー・ブレアがリーダーであり、私はつねにブレアに対して忠実で誠実であろうとした。一方、私は自分の率いるチームのメンバーに対して忠実で誠実であろうとした。そしてチームのメンバーもおおむね、私に対して忠実で誠実でいてくれた。

どうやって尊敬を得るか？

ここまで読んできて、「こんな人物が理想のリーダーだ」という人物像が存在するという印象を受けたとすれば、それはとんだ誤解だ。あらゆる場面で通用するリーダーシップのスタイルなど存在しない。

サッカー界について考えてみよう。ヴェンゲルとファーガソンはまったく異なるタイプの監督だし、ジョゼ・モウリーニョもタイプが違う。そして、モウリーニョと最も対極的な監督がアルフ・ラムゼイかもしれない。口数が少なく、気難しくて、メディアに対する猜疑心が強い監督だった。しかし、これまでイングランドに唯一のワールドカップ優勝をもたらしたラムゼイが有能でないと言う人はいないだろう（おそらく、私が生きている間に二度目の優勝はなさそうだ）。

ラムゼイは、モウリーニョと違って、選手と監督が友達になれるとは考えていなかった。当時イングランド代表で活躍したボビー・チャールトンによれば、ラムゼイの下でプレーするのは恐怖を味わわされる経験でもあったようだが、それにより選手は最高のプレーを引き出されていた。

リーダーの個性と、リーダーがメンバーにかき立てる感情は、チームの成績を大きく左右する要素と言えそうだ。当時の代表チームの食事風景について、チャールトンが素晴らしい逸話を聞かせてくれたことがある。選手たちは丸テーブルを囲んで静かに会話しながら食事をし、ラムゼイはたいてい、一人で部屋の隅のほうで食べていた。ときどき、コーチのハロルド・シェパードソンと一緒のときがあったくらいだ。

「あるとき、充実した海外遠征ができたことがあった。企画したのは彼だった。ほかの選手たちに無理やり背中を押されて、私が選手を代表してお礼を言う羽目になった。話しかけるのは怖かった。そういう雰囲気の人だったから。それでも、彼のテーブルに行って口を開いた。『今回の遠征のこと、すべて準備を整えてくださったことに、みんな感謝しています』。彼はうなずき、どうもと言い、それで会話が終わってしまった。彼はまた食事を始めた。私はこう続けた。『あなたの場合は存じませんが、私は家に帰って妻と子どもたちの顔を見るのが楽しみです』。すると、彼は目を上げて、こんな感じのことを言った。『ボビー、きみがそういう考えなら、遠征メンバーからはずしたのだが！』。ときには気難しいときもあったけれど、監督のためにいいプレーをしたいと思わせる人物だった」

ラムゼイと対照的なのは、一九六〇年代にＮＦＬ（アメリカン・フットボール）のグリーンベイ・パッカーズを率いて、ＮＦＬチャンピオンシップを五度制したヴィンス・ロンバルディだ。おそらく、スポーツ界で最も成功し、最も尊敬されている指導者と言っていいだろう。ＮＦＬの王者決定戦であるスーパーボウルの優勝チームに与えられるトロフィーが「ヴィンス・ロンバルディ・

トロフィー」と名づけられているほどだ。

ほかのコーチや選手、友人や評論家たちは、ロンバルディの数々の優れた資質を称える。卓越した分析能力、強力な存在感、作戦のレパートリーの豊富さ、繰り返し指導することをいとわない粘り強いコーチング・スタイル、そしてアメリカン・フットボールに対する強烈な愛情などだ。しかし、選手たちとの間に真に親密な雰囲気をつくり、「チームシップ」を築いていたことは、しばしば見落とされている。

パッカーズのヘッドコーチを退いてフロント入りしたあと、スポーツ・イラストレイテッド誌のインタビューで述べた言葉は、ロンバルディがいかにチームシップを重んじていたかを浮き彫りにしている。選手たちと仕事上の関係を築くだけでなく、人間としての関係も築くことを大切にしていたのだ。

フットボールのチームには、きわめて緊密な一体感がある。選手とコーチの間がここまで親密なスポーツはほかにない。選手とコーチは強く結ばれている。私はそれを父と子の関係のように感じていた。（ヘッドコーチを退任したいまは）それが恋しい。選手たちがやって来て、「コーチ、困りました。うちの赤ん坊の具合が悪いんです」だの、「ロンバルディさん、相談があります。妻とうまくいっていないんです」だのと言われるのが懐かしい。それを失ったのがいちばんさみしい。あの一体感が恋しい。

偉大なリーダーは、温かみのある親しみやすい人物の場合もあれば、冷たくて近寄り難い人物の場合もある。リーダーの性格とマネジメント・スタイルには、いろいろなタイプがあっていい。しかし、すべてに共通するのは、メンバーから尊敬されていることだ。

たとえば、ラグビーのイングランド代表を率いたクライブ・ウッドワード。私が思うに、ウッドワードは内気な面と外交的な面をあわせもっていて、強い集中力を発揮する一方で、肩の力を抜き、自分を笑うこともできる。厳しい決断を、ときには冷酷な決断をくだせる半面、思いやりもある。しかし、選手たちから尊敬されることと好かれることのどちらを望むかと問われれば、「いつでも尊敬されることを望む」と述べていた。

ラグビーのヘッドコーチはメディアからさまざまな批判を浴びるが、ウッドワードが最も恐れるのは、「ロッカールームの支持を失った」と言われることだ。選手から尊敬されなくなったことを意味するからだ。

私は、二〇〇五年の「ブリティッシュ・アンド・アイリッシュ・ライオンズ」（イングランド、スコットランド、ウェールズ、アイルランドの代表で構成するラグビーの特別チーム）のニュージーランド遠征の際、ヘッドコーチを務めたウッドワードからコミュニケーション担当アドバイザーを依頼されたとき、まずウッドワードの回想録『ウィニング！』を入手した。「代表チーム最初の日」と題した章で、一九九八年にイングランド代表チームの面々にはじめて挨拶したときに話した内容が紹介されている。

過去の栄光はすべて捨てる。新しい考え方の下で、すべてをゼロからつくり直す……過去に私たちが大きなことを成し遂げたと思っている者もいるかもしれないが、それにはなんの意味もない。

私に言わせれば、イングランドは、世界を制するような強力なチームを築けたためしがないからだ。

これは、サッカーの世界でブライアン・クラフがリーズ・ユナイテッドの監督に就任した早々に述べた言葉をいくらか穏やかにした内容だ。クラフは、リーズが過去に獲得したメダルをすべてゴミ箱に捨ててしまえと言ってのけた。フェアに獲得したものではないから、というのが理由だった。結局、クラフは選手と対立し、チームの成績も低迷して、わずか四四日で監督を解任された。

ウッドワードの最初の挨拶は、思い切った行動だった。きわめて野心的な主張だったし、へたをすればクラフのように反感を買ってもおかしくなかった。私はニュージーランド遠征前の打ち合わせで、このエピソードを話題にした。ウッドワードは言った。「何人かの選手は顔を見合わせていた。『ずいぶん大げさな話だな』と思っているのがわかった。自分たちの過去の成績を批判されているように感じた選手もいたかもしれない。けれども、私の意図は、二位で満足するつもりはないこと、そして一位になるためには変わる必要があることをはっきり伝えることにあった」

ウッドワードは、最初に大胆な演説をするだけで終わりにしなかった。リーダーシップでなにが重要かを理解していたからだ。このスピーチには、あくまでも種をまく意味しかなかった。このあとは、選手の信頼と敬意を勝ち取っていかなくてはならないと、よくわかっていた。信頼と敬意は、計画に基づいた行動を重ねることにより、少しずつ獲得していくしかなかった。

「私はそれが楽しかった。自分のアイデアには自信があったし、勝ちたい、成長したい、自分とチームメートの最良のプレーを引き出したいと心から願っている選手が十分にいると思えたからだ。チームは、そもそもそうした目的のために存在する。もちろん、私の言葉を受け入れ難いと感じる選手も何人かいるだろうとわかっていた。そのような選手は代表からはずれてもらい、別の選手を加えることになる。そうすることで空気を入れ換えて、新しいアプローチを実践し、新しい文化を築くことを可能にする」。この方法により、選手の尊敬を得られるという絶対的な自信をもっていた。

「はっきり言えるのは、リーダーという肩書きだけで尊敬を得られるわけではないということだ。尊敬は、実際の行動を通じて勝ち取っていくしかない。私の戦略では、あらゆる面で細部が重要になる。そこで、プライベートでもコーチ業でも現実の課題処理で細部をなによりも大切にしていると伝われば、敬意をいだいてもらえると思った」

ウッドワードは選手に対して、リーダーに従うだけでなく、みずからもリーダーとして行動することを要求した。ここで言う「リーダーとしての行動」とは、ロッカールームでウィンストン・チャーチルさながらに、チームを鼓舞する演説をすることではない。勝利のためになにが必要かについて、チームを教育することだ。「ホワット、ホワイ、ハウは、私の好きな三つの言葉だ。真に卓越した水準に到達し、勝利に向けて細部を重んじて行動するためには、自分の行動すべてに関して、つねに次の三つの問いに答えられなくてはならない。それは、自分がなにをしているのか、なぜそれをしているのか、どのようにそれをしているのか、という問いだ」

スポーツでは、フィールド外のリーダーだけでなく、フィールド内のリーダーも必要とされる。ブライアン・オドリスコールは、史上最も多くの代表選出場数を誇るラグビー選手だ。アイルランド代表として出場した国際試合は一四一試合。八三試合は主将としての出場だった。

オドリスコールは、私にこんなことを言っている。「アイルランド代表の主将に就任したのは、二三歳のときだった。正直なところ怖かった。自分のことをリーダーと思ったことなんて、一度もなかった。主将を務めた経験は、一〇代の頃に大学チームで二回だけ。先輩たちを差し置いての大役はとても難しかった。正しいことを、正しいときに、正しい形で言うように神経を使わなくてはならなかった。けれども、いちばん重要なのは、いつも優れたプレーをすることだった。フィールド内でのプレーを通じて、チームを引っ張っていかなくてはならない。もっとも、フィールド外でリーダーシップを振るうのに比べれば、そのほうがいくらか簡単に感じられた」

傲慢さと謙虚さ

偉大なリーダーは鋼の意志と明確な目的意識をもっているべきだが、リーダーは強烈な存在感の持ち主でもいいし、一見すると控えめなタイプでもいい。いささか地味な存在の場合もあるだろう。ジム・コリンズが言う「第五水準のリーダー」とは、そういう人たちのことだ。たとえば、ダーウィン・E・スミスは一九七〇～八〇年代、「どこにでもいそうな」人物でありながら、退屈な製紙会社だったキンバリー・クラーク社を日用品分野の有力企業に育て上げた。

IBMの初代社長であるトーマス・J・ワトソン・シニアと、その息子であるトーマス・J・ワトソン・ジュニアの父子は、社員を猛烈に働かせたが、社員に真のやる気をもたせ、手厚い支援をおこない、基本的に社員の優秀さを信じていた。ワトソン・シニアは、社員が自分と直接話せるようにする「オープンドア」の方針を採用するなど、社員を心から愛した経営者だった。社員が管理職に不満をいだけば、ほとんどの場合、社員の味方をした。しかし、顧客へのサービスと製品の品質を大切にするという中核的な価値観がないがしろにされたときは、冷酷なまでに厳しい態度を取った。ワトソン父子は、社員をわが子のように考えていて、社員に多くを要求する一方で、自分たちも社員を大切にしたのだ。

マクドナルドを築いたレイ・クロックは、社員を大人として扱った経営者の先駆けだ。社内のあらゆる階層の社員たちに、自分の意見を述べ、イノベーションをおこなうよう促し、同時にすべての社員に育成・訓練の機会を与えた。社員一人ひとりを「ファミリーのメンバー」とみなしていたのだ。私は以前、マクドナルドの社内大学に対して非常に懐疑的だった。しかし、実際に現場を訪問し、はじめて職に就いたばかりの若者たちの活気を目の当たりにして、考えが変わった。若者たちは明らかに、大きなファミリーの一員という意識をいだいていた。

忘れてはならないのは、リーダーシップとはトップに立つ人物だけのものではないということだ。リーダーは、組織のあらゆる階層に存在しうる。勝利を手にするチームには、優れたリーダーが大勢いるものだ。お店のカウンターやホテルのフロント、コールセンターの電話口などにも、リーダーと呼べる人はたくさんいる（それとは正反対の人もたくさんいるが）。さまざまな階層に真のリーダーがいる組織は、トップのリーダーシップが適切に発揮されていると考えていい。

学校にせよ、病院や百貨店にせよ、スポーツチームの練習場や選挙の選対本部にせよ、そこを訪れた人は、最初に会う人物（ドアマンかもしれないし、受付係かもしれないし、役員秘書かもしれない）のあとをついて歩く。つまり、その人物は、来訪者にとっては導き手、すなわちリーダーだ。その人物の振る舞いによって、トップのリーダーシップの質が見えてくる。リーダーは、チームを信頼すべきだが、なによりも自分自身が行動しなくてはならない。最良のチームリーダーは、最良のチームプレーヤーなのである。

第3章　チームシップ

力を合わせれば、できないことはない。ばらばらだと、なにごとも失敗する。
——**ウィンストン・チャーチル**（元イギリス首相）

「大きな絵」を描く

二〇〇五年に「ブリティッシュ・アンド・アイリッシュ・ライオンズ」の仕事をしたとき（前章参照）、私にとってのハイライトは、ハンフリー・ウォルターズの指導の下、あるエクササイズをしたことだった。「リーダーシップと勝利のためのコンサルタント」であるウォルターズは、ラグビーのイングランド代表やサッカーのチェルシーなども指導してきた人物だ。

このとき、私たちに課されたのは、「大きな絵《ビッグ・ピクチャー》」を完成させるエクササイズだった。その絵は、組織としてなにを目指すかというビジョンを描いたもので、その目標を達成するために必要な要素がすべてそこに盛り込まれている。エリートアスリートの集団を苛立たせること確実の子ども騙しに思えた。

エクササイズは、参加者を少人数のチームにわけることから始まった。警察の鑑識官のような白いつなぎを着るように言われると、私と同じチームになったイングランド人のフッカー、スティーブ・トンプソンがさっそく不平をこぼした。「この馬鹿げた企画は、誰が考えたんだ？」。各チームに、パネルが三枚ずつ配られた。いずれも、「大きな絵」の一部を成すものだ。一枚は、そこに描くべきものの輪郭が鉛筆で示されており、もう一枚は、輪郭の一部だけが示されている。もう一枚はまったくの白紙だ。私たちは、全部で六四枚のパネルを完成させる必要があった。

ただし、絵の具と絵筆を手に入れるためには、難しい雑学クイズに正解しなくてはならない。しかも、全問正解しないと合格にならない。ほかのチームと協力することが不可欠だった。

すべてのパネルは、裏に通し番号が振ってある。そのパネルが全体像の中のどの部分に位置するかを示したものだ。参加者はその番号を手がかりに、隣接するパネルをもっているチームを見つけ、輪郭がうまくつながり、色が合うようにしなくてはならない。しかも、時間が限られているので、重圧のなかで課題に取り組み、適切な順序でものごとを進める必要があった。終了時刻になると、ウォルターズがパネルを回収した。

私たちは、しばらく休憩時間を与えられた。そして、休憩を終えて戻ってくると、ウォルターズがパネルを並べて一枚の絵を完成させていた。そこにあったのは、ブリティッシュ・アンド・アイリッシュ・ライオンズの巨大なロゴマークだった。トンプソンのような図体のでかいラグビー選手たちが口をぽかんと開けて、完成した作品を見つめた。私たちは、素晴らしい仕上がりに目を見張った。作業している間は、どういう絵が完成するのか全然わかっていなかったのだ。

絆をはぐくむエクササイズとしては、効果てきめんだった。私たちは、作品の前で集合写真まで撮影した。その大きな絵は、よく組織されたチームがいかに大きなことを成し遂げられるかを浮き彫りにするものだった。

チームシップの重要性がよくわかるエピソードと言えるだろう。よいチームがないところに、よい成果は生まれない。よい戦略をもつことも大切だが、それはあくまでも最初の一歩。いくら優れた戦略があっても、それを実行に移すチームがなければ、なにも始まらない。

「リーダー」と「兵隊」と「タレント」

イギリスに一世紀以上ぶりに誕生した新しい銀行、メトロバンクのナンバー2であるクレイグ・ドナルドソン（金融大手のバークレイズとロイヤル・バンク・オブ・スコットランドを経て、メトロバンクの創業に参画した）は、幹部チームを築くためにウォルターズの力を借りた。「最初は小さなオフィスを借りて、たった四人でスタートした」と、ドナルドソンは振り返る。「その後、大きく成長し、事業を急拡大させ、たちまち何百人ものスタッフを抱えるようになった。国中に店舗が続々と開店し、何十万人もの顧客が店を訪れるようになった。そうした状況で、幹部たちの役割をもっと明確化させる必要が出てきた」

ウォルターズから聞いた話のなかに、ドナルドソンがとくに感心したストーリーがあった。ラグビーのイングランド代表の主将を務めたマーティン・ジョンソンが、試合中にラックに加わったジョニー・ウィルキンソンにスタンドオフの持ち場に戻るよう命じたという逸話だ。

「（ウォルターズによれば）チームには三種類の人間が必要だとのことだった。それは、リーダーと兵隊とタレントだ。リーダーは、チームの活動の方向を定める。兵隊は、チームという列車を時間どおりに運行させる。そしてタレントは、ものごとに違いを生み出す。ウィルキンソンはタレントなのだから、その才能を発揮するのに最も適した場にいるべきだと、ジョンソンは考えたわけだ。この話は、私に重要なことを気づかせてくれた。私たちはその頃、誰もがあらゆる役割を担うことを目指していた。そうやって助け合うべきだと思っていたからだ。でも実際には、各自の役割を明確化させるべき段階に来ていた。私たちは、リーダー、兵隊、タレントという三つの役割を知ることで、会社を次の段階に前進させるために、どのようにチームを築くべきかを考える手がかりを得られた」

リーダー、兵隊、タレントという役割分担を前提に考えると、チームを構成する全員が（少なくとも一般的な意味での）スターになる必要はないと理解できる。

私は幸運にも、「チームスカイ」や「ガーミン」など、自転車ロードレースのトップチームと一緒に過ごす機会をたびたび得てきた。二〇一三年のある日、ツール・ド・フランスの前哨戦として重要な大会「クリテリウム・デュ・ドフィネ」に出場するガーミンのチームに同行した。主将のデーヴィッド・ミラーに招かれたのだ。コーチ、マッサージ師、ソワニエ（選手の身のまわりのサポート役）、メカニック、料理人、ドライバー、事務スタッフなど、誰もがチーム内で重要な役割を担っていた。チームの主将はミラーだが、選手たちはアイルランド人のダニエル・マーティンという選手を勝たせるために全力を尽くしていた。主将を含む八人の選手は、マーティンが最善の走りをできるようにサポートするのが役割だったのだ。

チームカーで私のうしろに座っていたのは、メカニックチームを率いるカナダ人のジェフ・ブラウン。ブラウンの仕事は、選手たちの食べ物を温かく、飲み物を冷たくしておくこと、そしてそれ以上に重要なのがパンク時の対応だった。タイヤがパンクしたときは、瞬時に予備のタイ

個人がグループの活動のために献身すること—それがチームを機能させ、企業を機能させ、社会を機能させ、文明を機能させる。

ヴィンス・ロンバルディ
（アメリカン・フットボールのコーチ）

ヤを自動車のルーフから下ろし、交換しなくてはならない。ほとんど仕事がない日もあれば、ブラウンの働きがチームを救う日もあった。

このチームのチームシップを象徴していたのは、選手たちの自転車の後方で、私たちの乗った車を運転していたチャーリー・ウェゲリウス監督だ。監督の大きな役割は、無線で選手に戦術を伝えること。一〇年を超す現役時代にレースで優勝したことは一度もなかった。そういう役割ではなかったからだ。現役時代は兵隊だったウェゲリウスが、いまはリーダーとしてタレントに指示を出しているのだ。

「兵隊」のことを忘れないで

兵隊を軽く見ている組織は多い。非常に重要な役割を担っているが、かならずしも一般にイメージされるスターではないからだろう。選挙運動の場合、兵隊の典型がバス運転手だ。選挙運動の実際を思い浮かべると、素晴らしい兵隊を擁していることの重要性がよく見えてくる。

選挙戦は興奮の毎日だ。選挙戦が始まる前の準備段階は、例外はあるが、たいていは単調で退屈な時間が続く。選挙運動を円滑に進めるための体制を築いたり、書類や地図やスケジュール帳を長時間かけて検討したりして過ごす。しかし、投票日が決まると、慌ただしい日々が始まる。その熱気は相当なものだ。なにしろ、選挙の結果により、莫大な数の人の運命が変わる可能性もある。

私はトニー・ブレアの下で働いていた頃、よく選挙スタッフに短いスピーチをしてハッパをかけた。そういうときは、スタッフに目標と戦略を周知徹底させた。そして、もう一つ重んじていたことがある。私たち全員がブレアのために働いていることを前提としつつ、あることを念押ししたのだ。「バスの運転手がハッピーになれなければ、選挙戦は始まらない」。なぜ？　運転手の存在を抜きに、選挙戦の成功はありえないからだ。

たとえば、ある土地で午前六時半に選挙運動を始めることを予定していたとしよう。ところが、選挙区情勢の最新データや対立陣営の動向を受けて、現地での始動を前倒しする必要が出てきた。そうなると、バスの出発時間を早めなければならない。運転手を朝早く叩き起こし、予定変更を告げることになる。もし、運転手が選挙運動に乗り気になっておらず、チームの一員という意識をもっていなければ、選挙運動全体にダメージが及ぶ。

私が選挙スタッフによく話したのは、第三五代アメリカ大統領ジョン・F・ケネディの有名な逸話だ。アメリカ航空宇宙局（NASA）の本部を訪れたときの話とされている。世界ではじめて人類を月に送り込むという壮大な目標を掲げていたケネディは、そのための準備をしていた科学者や宇宙飛行士、その他の専門家たちに話を聞いた。そして帰りがけに、モップをもった清掃係の男性を見かけると、問うまでもないように思えることを尋ねた。なにをしているのですか？　男性はこう答えた。「閣下、私は人類を月に送り込む手伝いをするためにここで働いているのです」

私はこのエピソードが大好きだ。清掃係の男性は、宇宙船のつくり方を知っているわけではないし、月に旅することもありえない。それでも、リーダー（つまり大統領）が目標を打ち出したことを知っていて、戦略を理解していた。周囲がその戦略に向けて動いていたからだ。なにより、月を目指す人たちが塵一つない環境で活動しなくてはならないのだと、この清掃係は知っていた。そして、そのような環境をつくる清掃チームの一員として役割を果たすことが自分の仕事だと心得ていたのである。このエピソードを通じて、私は選挙スタッフにこう伝えたかったのだ——「肩書きや役割がどうであろうと、あなたがここにいるのは、トニー・ブレアを首相にするためなのだ」。

フランクリン・ルーズベルト大統領の評伝でピュリツァー賞を受賞した政治学者のジェームズ・マグレガー・バーンズによれば、好ましい変革型リーダーシップが実現するのは、「リーダーとフォロワーが互いにモチベーションと道徳性を高め合うような関わり方をする」ときだという。ケネディに対する清掃係の言葉からわかるのは、このチームのリーダーたちがチームビルディングに欠かせない二つのことを見事に実践していたということだ。一つは、目標と戦略を全員に理解させること、もう一つは、組織全体に真のモチベーションをいだかせることである。

サッカーのアレックス・ファーガソンも、選手がゴールを決めると、まず用具係のアルバート・モーガンを抱擁する。そうすることで、プレーヤー、スタッフ、ファンのすべてのモチベーションを向上させるメッセージを発しているのだ。選挙の選対本部ではたいてい、「今日のMVP」を表彰する。その際、チームビルディングを理解している選対本部長は、「タレント」ではなく「兵隊」を選ぶ。

首相官邸で仕事をしていた頃、いつも朝早く登庁していた私が一日の最初に顔を合わせるのは、警備の警察官や守衛や清掃係だった。この人たちは警備や清掃などの重要な役割を与えられていたが、それにとどまらない役割も担っていた。彼らの振る舞いが全員の仕事の質に影響を及ぼすのだ。

雑用係は、あるスタッフが「紅茶中毒」だと知っていて、デスクに紅茶を用意しておく。首相へ

一人より、みんなで取り組むほうが多くのことを成し遂げられる。

イギリス労働党新綱領第四条

のメッセージを取り次ぐ係員は、首相がいまどこにいて、声をかけていいタイミングかどうかを的確に判断する。警備担当者は、メディアで叩かれているスタッフが記者会見場に向かうとき、「新聞の書くことはクソばかりだ。くたばりやがれ」と声をかける。こうした人たちは、官邸で働くメンバーの心理や士気に大きな影響を及ぼし、ひいては仕事ぶりも左右する。彼らは自分の仕事をするだけでなく、チームを機能させるうえで重要な役割を担っているのだ。

ここからわかることがもう一つある。素晴らしいチームを築くためには、ナンバー1になりたいという野心の持ち主だけを集める必要はない、ということだ。というより、そのような人物ばかりを集めてはならない。また、トップに立てる資質をもっていない人物を否定的に評価すべきではない。

歴史をひもとけば、ナンバー2として完璧に役割を果たした人物が大勢いる。サッカーコーチのブライアン・キッドは、ブラックバーン・ローバーズの監督としては失敗に終わったが、マンチェスター・ユナイテッドとマンチェスター・シティではアシスタントコーチとして成功している。アル・ゴアは、現職副大統領として出馬した二〇〇〇年のアメリカ大統領選で（開票をめぐる混乱の末に）ジョージ・W・ブッシュに僅差で敗れて大統領の座を逃した。もし、現職大統領のビル・クリントンが立候補できていれば、おそらく楽勝していた選挙だった。そんなゴアだが、副大統領時代の評価は非常に高い。

「兵隊」として成功するのは、自分がもっている価値をよく心得ていて、その価値を生み出せる役割に満足している人たちだ。私は、デイリー・ミラー紙の政治担当編集者時代に始まり、ブレアの下で働いた労働党時代と首相官邸時代を経て、非常勤でポートランドのPR会社の仕事をしている今日にいたるまで、三〇年近くデーヴィッド・ブラッドショーと一緒に働いてきた。言葉を紡ぎ出す天才で、ものの数分あれば、あらゆるテーマについてあらゆる人物の代わりにメッセージを書き上げられる。

ブラッドショーがブレアのためにつくり出した文書の量があまりに多かったため、イギリスの報道関係の団体がブレアに「年間最優秀フリーランス・ジャーナリスト賞」（もちろん皮肉だ）を授与したこともあったくらいだ。私はいつも彼をもっと高い地位に就けようとしてきたが、本人が興味を示さなかった。自分の得意分野をよく理解していて、それをやり続けたいと思っているのだ。兵隊でもありタレントでもある人物だが、タレントやリーダーとして余計な仕事を背負い込むよりは、兵隊であり続けたいと思っているのだろう。

「タレント」を起用できるか?

自信のないリーダーは、ひたすら命令に従う兵隊を欲しがる。イエスマンを好むのだ。それに対し、偉大なリーダーは、自分の主張に異を唱えるタレントも欲しがる。そのために、あることがらについて自分より賢かったり、有能だったり、知識が豊富だったりする人物を起用する。そのような人物は扱いにくい場合もある。それでも、そのデメリットよりもメリットのほうが大きいとわかっているのだ。

エイブラハム・リンカーンは、この点でも模範となるリーダーだ。ドリス・カーンズ・グッドウィンの評伝『リンカーン』（邦訳・中公文庫）は、聖書と並んでバラク・オバマの愛読書とされている（アメリカの政治指導者としては、聖書が愛読書だと言わないわけにはいかない）。私はこの本を読んですぐ、アレックス・ファーガソンに贈った。ファーガソンは、あとでこんな感想を寄せた――異なる時代を舞台にした政治の本ではあるけれど、リーダーシップとチームづくりについて書かれていると感じた、と。そして、読んだあと、この二つのテーマについて考え方が変わったと述べた。

『リンカーン』（原題は『チーム・オブ・ライバルズ』）は、リンカーンに関する本であると同時に、リンカーンと大統領の座を争った三人の政治家、ウィリアム・H・スワード、サーモン・P・チェイス、エドワード・ベイツ、そしてもう一人の男、エドウィン・M・スタントンの物語でもある。スタントンはリンカーンを軽蔑し切っており、ほかの三人も程度の差こそあれ同様の感情をいだいていた。

二〇〇八年のアメリカ大統領選で勝ったオバマが民主党内のライバルだったヒラリー・クリントンを国務長官の要職に起用したように、リンカーンは、選挙戦で熾烈な戦いを繰り広げたライバルたちを集めてチームを築いた。そして、ライバルたちを一つに束ねて危機に対処し、アメリカに大きな変化をもたらそうとしたのである。

人事の最優先事項と位置づけたのは、スワードに国務長官を引き受けさせることだった。そのために、おだてたり、丸め込んだり、計略を使ったりし、スワードがもっと大きな実権を欲しがると、今度はそれを巧みに制した。ベイツは司法長官に充てた。リンカーンはその際、要職への起用候補リストのトップに位置づけられているという印象を相手にうまく与えたようだ（このように巧妙に本心を隠すことは、政治の世界だけで取られる行動ではない）。チェイスには、財務長官を引き受けさせることに成功した。

たびたび辞任をちらつかせたチェイスは最終的に政権を去ったが、ほかのメンバーは次第に大統領に敬意をいだくようになった。リンカーンほど完璧な人間はほかに知らないと、誰もが最後には言っていた。

リンカーンが偉大なリーダーになれたのは、チームづくりに長けていたからだ。過去に自分のことをどう思い、どう言っていたかに関係なく、優秀な人物は誰でも登用した。これは戦略的な行動でもあった。リンカーン自身がいつもながらに切れ味鋭い言葉で表現しているように、「友達にしてしまえば、敵をなき者にできる」からだ。おそらく、念頭にあったのはスタントンだろう。自分のことをうっかり「腕の長いサル」呼ばわりすることもあったスタントンを、陸軍長官に任命したのだ。

リンカーンは多くの派閥を束ね、きわめて難しい環境のなかで真のチームとして機能させた。そして、飛び抜けて優秀なメンバーを集める必要性を理解していて、どんなに不愉快な人物でも、どんなに自分を傷つけた人物でもチームに加えるべきだと思っていた。これこそ、真のリーダーシップだ。途方もなく大きな自意識と才能をもった面々を一つのチームとしてまとめ上げる力、それがリーダーには求められる。

許しの精神と冷徹な計算に基づいた和解は、南アフリカの黒人指導者ネルソン・マンデラと白人大統領F・W・デクラークの間にも見て取れた。この二人のリーダーが政治の現実と南アフリカの課題をよく理解していたことに加えて、マンデラの人柄があってこそ、南アフリカは法制度としてのアパルトヘイト（人種隔離政策）を廃止できたのである。

二人は、現代版の「チーム・オブ・ライバルズ」だった。マンデラの陣営には、長年の闘争で過酷な経験をしていて、白人政権と妥協することを恐れる面々もいた。権利を主張するだけでなく（もちろん、黒人たちが平等な権利を求めるのは正しいことだが）、政府と交渉もするという方針に、反対するメンバーもいたのだ。それでも、マンデラはリーダーとして難しい決断をくだし、方針を貫いた。そして、最終的にその戦術が功を奏し、それが正しい選択だったと誰もが認めた。マンデラはメンバーの声に耳を傾けたが、最後にはみずからの判断を信じ、それに基づいてチームを導いたのだ。

リンカーンとマンデラは、歴史上の異なる時期に人種差別なき世界の実現に向けて大きな役割を果たしたリーダーとして、永遠に記憶されるだろう。二人が普通の意味での政治手腕でも抜きん出ていたことは間違いないが、それだけではなかった。この二人のリーダーは、優秀な人物をすべて集めたチームを築き、そのチームを導く能力も備えていた。そして、みずからのことを苦しめたり痛めつけたりしようとした人間を許し、チームの主要メンバーとして迎えることができた。

私たちは、こうした教訓の一部を北アイルランド和平に生かした。和平が大きな成功を収めた理由の一つは、しかるべきときに、しかるべき役職に、多くの優れたリーダーが就いていたことだった。

まず、イギリスのトニー・ブレア首相とアイルランドのバーティ・アハーン首相。そして、アメリカ大統領のビル・クリントンもこの問題に強い関心をいだき、和平に最大限の貢献をした。北アイルランドのアイルランドとの統一を主張するシン・フェイン党のリーダー、ジェリー・アダムズ

一緒に集まるのが始まり、
一緒にまとまり続けるのが前進、
一緒に働くのが成功。

ヘンリー・フォード
（フォード・モーター創業者）

とマーティン・マクギネスは、重要な局面で方針変更を決断し、アイルランド統一派の大半を和平に賛同させた。穏健なアイルランド統一派の社会民主労働党（ＳＤＬＰ）には、ジョン・ヒュームとシェイマス・マロンがいた。イギリスとの統合維持を主張するデーヴィッド・トリンブルとイアン・ペイズリーは、優れた能力の持ち主がしばしばそうであるように、ときに不愉快なこともある人物だ。しかし、それでもさまざまな段階で、変化を起こすために不可欠なリーダーシップを発揮した。

このとき、多くの幸運にも恵まれたが、優れたリーダーが多くそろっていた点は見過ごせない。それが大きな違いを生み出した。また、当事者たちは過去に受けた残虐行為や不当な扱いを忘れたわけではなかったが、たびたび許しの精神を発揮した。

目覚ましい成功を収めている組織は、きわめて多様な——そして、ときには闘争的な——メンバーの能力を生かすことに意欲的なケースが多い。一九九四年、イギリス労働党のリーダーとしてははじめて選挙チームを築いたトニー・ブレアは（前述のように、目標は勝利、戦略は近代化だった）、必要な人材を集めようと心に決めていた。その結果、非常に多様性に富んだメンバーが集まった。

首席補佐官のジョナサン・パウエルは、鋭い外交センスの持ち主だが、日々の政治運営には疎かった（この点はパウエルの強みにもなりえた。労働党の固定観念に染まっておらず、「こんなやり方、馬鹿げていない？」という具合に、常識に疑問を投げかけることができた）。筋金入りの近代化論者のピーター・マンデルソンのような人もいれば、ブレアの古くからの友人であるチャーリー・ファルコナーやアンジ・ハンター、正統派の政策通であるデーヴィッド・ミリバンドのような面々もいた。

このなかには、ブレアに同調する人もいれば、異論をぶつける人もいた。鋭い戦略提案書と、有権者の座談会形式の意識調査に基づく率直な報告書をまとめたフィリップ・グールドのように、そのどちらにもなる人物もいた。グールドがブレアに提出した無数の文書のなかで私が最も気に入っているものは、次のような書き出しだった。「ひとことで言えば、国民は、あなたが脱線しつつあると思っています。早く態勢を立て直さないと、退場する羽目になりかねません」

才能の持ち主をマネジメントする

「選手には二つの種類の人間がいる」と、八カ国で一六のサッカーチームの監督を務めた経験をもつロイ・ホジソンは言う。「チームに貢献し、チームをよくする選手と、チームを利用して自分をよく見せる選手だ」

この言葉を聞くと頭に浮かぶのは、わがままで気難しくて自己中心的な人物、言ってみればバレエのプリマドンナのごとく振る舞うプレーヤーの姿だ。しかし、ホジソンも言うように、興味深いことに、多くの偉大な「タレント」は偉大なチームプレーヤーでもある。

野球界の偉大な指導者であるジョン・トーリも同じ考えだ。「選手時代は、いつもチームのことを考えてプレーしていた。どうすれば塁上の選手を次の塁に進められるか、という具合に。偉大な選手のなかに、ホームランを打ちさえすればいいと思っている人間などいない」と、私に語った。

トーリは、指導者になってからもこの考え方をいだき続け、有力選手がチームの一員としての役割をよく理解するように心を砕いた。「チーム内にどのようなムードを築くかが重要だ。私が望ましいと思うのは、全員がチームに貢献するチームだ。一人か二人の選手がすべてを背負って立つようなチームではない。選手たちにはいつも言っていた。好ましいムードを築ければ、素晴らしいことが起きるのだ、と」

トーリは、ニューヨーク・ヤンキースの監督として一九九六年のポストシーズンに迎えた重要な試合を振り返った。試合前、ダリル・ストロベリーとセシル・フィルダーのどちらを起用するかを決めなくてはならなかった。「二人とも才能のある選手で、違うタイプの長所をもっていた。試合に出たいという思いは二人とも変わらなかったが、ダリルは私にこう言った。『セシルを使ったほうがいいと思いますよ。スタメン落ちすれば、私以上に気を悪くするでしょうから』。別に、ダリルが勝利への意欲がなかったわけではない。プレーする意欲もなかったわけではない。それに、素晴らしい選手でもあった。それでもこのような発言をしたのは、自分のことだけでなく、チームの力学を理解していたからだ。チームにはこうした大人が必要だ。素晴らしいことが起きるというのは、このような現象のことを言っている」

もちろん、チームプレーヤーとしての資質をもっていない大スターもいる。興味深いのは、ビジネス界でそのような人物があまり見当たらないことだ。どんなに大きな成功を収めている起業家でも、優秀な人材を集めることの必要性にすぐに気づくからだろう。それに対し、スポーツの世界は、競技の性格上、チームプレーヤーとはお世辞にも言えないスター選手が珍しくない。言うまでもなく、そのような選手は扱うのが難しい。

サッカーのクリスティアーノ・ロナウドの若い頃がそうだった。きわめて傑出した才能をもつ選手だが、ゴールを決めたあと、チームメートと一緒に喜ぼうとしないことが多かった。背中の自分の名前を指さし、それからチームメートに敬礼を促すのだ。コーチのレネ・ミューレンスティーンによれば、うまくいかないときは、チームメートを責めることもあったという。

そんなロナウドに対してアレックス・ファーガソン監督が取った態度は、非常に参考になる。選手にチームのために動くよう強く求めることで知られているファーガソンだが、ことロナウドに関しては、彼に気持ちよくプレーさせるために多大な努力を払った。「飛び抜けた才能の持ち主を使うときは、このチームでプレーすれば世界一になれると思わせるような環境をつくらなくてはならない。ロナウドのような選手は、いつもそれを目標にしているからだ」と言う。「クリスティアーノが喜ぶから」という理由で練習場の改修までおこなった。

ジョゼップ・グアルディオラは、バルセロナの監督を務めた時代の最も才能ある選手としてリオネル・メッシの名前を挙げている。二〇〇八年にグアルディオラがメッシに関して取った行動は、卓越した才能をもつ選手の扱い方のお手本と言っていい。

そのとき、メッシはふてくされていた。本人は北京五輪にアルゼンチン代表として出場することを望んでいたが、クラブが認めなかったのだ。欧州チャンピオンズリーグの予選と時期がぶつかっていたためだ。スポーツ仲裁裁判所（ＣＡＳ）もクラブ側の主張を支持した。このとき、バルセロナのジョアン・ラポルタ会長を説得したのがグアルディオラだった。短期的には損失かもしれないが、長い目で見れば、中心選手に「クラブから大切にされている」と感じさせるメリットのほうが大きい――そう訴えたのだ。「行っていいよ。私はオリンピックで優勝した経験がある。きみにも同じ経験を味わってほしいんだ。でも、これで私に一つ借りができたぞ」と、グアルディオラは言ったという。感激したメッシは、北京五輪でアルゼンチンの優勝に貢献し、それ以降はグアルディオラのために全力でプレーし続けた。

こうしたことには、繊細なバランスが必要だ。慎重にことを運ばないと、たちまちバランスが崩れかねない。ほかのメンバーは、自分たちが軽んじられていると感じればすぐに白けてしまう。チームが強力な自我の持ち主に対処するには、少なくとも飛び抜けて強力なチーム精神が不可欠だ。

ヨット競技のオリンピック獲得メダル数では並ぶ者のいないベン・エインズリーは、ヨットレース世界最高峰のアメリカズ・カップで、一対八の劣勢から九対八への世紀の大逆転を成し遂げたチームのリーダーでもあった。エインズリーが強調するのは、チームづくりでは、最も優秀な人物を招くだけでなく、さまざまな性格のメンバーを適切に混ぜるべきだということだ。チーム内の力学が不安定化することを避けるために、その必要があるという。

「チームのなかに、十分に活用されていない人たちがいることに気づいた。誰かが、新しい視点でものを見て、『まだ勝てる可能性はある。ただし、全員がもっと役割を果たさなくてはならない』と指摘できれば、巻き返せる余地はあった。私に求められていたのは、セーリングとリーダーシップの役割だった。チームには複数のリーダーが必要だが、全員がリーダーになろうとしてはならない」と、エインズリーは言う。この言葉を聞いて私が思い出したのは、ラグビーの元イングランド代表ヘッドコーチ、クライブ・ウッドワードの言葉だ。「チームには、偏執的なこだわりの持ち主が複数必要だが、全員がそうなってはならない。そうなると、チーム全体が狂乱状態に陥ってしまう」と、ウッドワードは言っている。

エインズリーによれば、レースの間、つねにコミュニケーションを取れるようにチームの全員に

チームには複数のリーダーが必要だが、全員がリーダーになろうとしてはならない。

ベン・エインズリー
（ヨット競技選手）

通信機器をもたせているが、しゃべるのは、ヘルムスマン（操舵手）とタクティシャン（戦術担当）だけだという。「チームシップが機能するうえでカギを握るのは、全員の役割が明確に決まっていて、一人ひとりがそれを遂行すること。そして、ほかのメンバーの役割を理解し、その人の仕事はその人に任せること。また、ミスは起きるものだと考え、ミスが起きたときはそれを受け入れて行動すること。チームメートは親友同士である必要はないが、互いに対する敬意はもっていなくてはならない」

自転車競技のデーブ・ブレイルズフォードは次のように述べている。「コーチの最大の役割は、メンバーを規律に従わせることだ。目標達成のために最適なトレーニングプログラムが見つかったら、メンバーにそれを実行させる方法を見いだす必要がある。もしメンバーがすべきことの八割しか実行しなければ、成功はおぼつかない。チームが最善の結果を生むためには、メンバー全員を取り込み、全員に最善を尽くさせなくてはならない。全員が同じような役割を果たすことはできないが、全員が自分の最善を尽くすことはできる」

私は自動車レース「F1」のレーシングチーム、メルセデスを率いていたパディ・ロウに、質問をぶつけたことがある（訳注／二〇一七年一月、ロウはメルセデスを離脱）。メルセデスは、ルイス・ハミルトンとニコ・ロズベルグという二人のドライバーを共存させることに苦慮しているとよく言われていた。二人は同じチームの一員だが、二人とも自分が優勝したいという思いを強くいだいていたからだ。もし、片方がもう一人の足を引っ張っているように見えたら、チームを率いる立場としてどうするのか？「そういうときも、二、三回はあったね」と言って、ロウは微笑んだ。

「二人の関係はチームメート同士とは言い難いのでは？」

「そのとおり。二人はチームメートとは言えない。私が苦慮しているのは、二人を公正に扱うことだ。二人とも勝ちたいと思っているから」

「二人は互いに牽制し合っている？」

「たぶんね」

「それはいいこと？」

「そう思う。二人はあくまでもスポーツ選手。競争心を奪えば、成績が落ちるだろう」

「でも、あなたは、二人のスポーツ選手がチーム内で競い合う状況をマネジメントしなくてはならない」

「そのとおり。だから、レース中、私はどちらにも肩入れしないように、ピットウォールの真ん中に座らなくてはならない。それでも、二人とも勝ちたいと思っているのは好ましいことだ。両方にいいレースをしてほしいし、そのためにサポートをしている。大切なのは、二人が互いに敬意をいだくこと。その点、二人が相手に敬意をもっていることは間違いない」

しかし、私がロウに話を聞いたあと、二〇一四年のベルギー・グランプリで事件が起きる。ロズベルグがハミルトンの車に接触し、メルセデスから「適切な懲罰的措置」（おそらく、巨額の罰金）を受けたのである。この不幸な出来事を機に、ただでさえ張りつめていた二人の関係がいっそう緊迫したものになった。シーズンのチャンピオン争いは、この時点ではロズベルグがリードしていたが、最終的には、衝突事件で闘志に火がついたハミルトンが「チームメート」のロズベルグを降してワールドチャンピオンになった。

「タレント」を追放すべきとき

二〇〇八年のアメリカ大統領選でバラク・オバマの選挙参謀を務めたデーヴィッド・プルーフは、ライバルのクリントン陣営の内部対立から教訓を学んだと述べている。

「私たちは(オバマを中心に)きわめて一体感の強いチームを築いていた。その雰囲気が選挙運動全体に、現場の地区レベルにまで浸透していた。運動員は、上層部の結束が乱れていると感じれば、それに影響される可能性が高い。逆に、リーダーの周囲の面々が団結できていることが明らかなら、それがチーム全体の姿勢に反映される。メンバーが四六時中一緒にいたいと思う必要はないが、互いに助け合う精神はもたなくてはならない。リーダーがチームプレーヤーとしての姿勢を前面に押し出せば、組織づくり、モチベーション、そしてメンバーがチームに注ぎ込むエネルギーの面で、選挙運動の大きな後押しになる。リーダーは、まずい事態を招いたメンバーがいれば多少は厳しい視線を送るとしても、叱責したり、怒鳴ったりはすべきでない。そんな暇はない。それで試練が去るわけではなく、まだ仕事の続きが待っているからだ。(失敗を犯したメンバーも)またチームのために働かなくてはならない」

トニー・ブレア率いるイギリス労働党が政権を奪取する前、党内の実力者であるゴードン・ブラウンとピーター・マンデルソンが協力し合うことを拒んでいた。このときは、双方から一目置かれていたドナルド・デュワー下院院内幹事長にひと肌脱いでもらい、一応の和解にこぎつけた。

一方、政権に就いたあとのブラウンとブレアの関係は、もっと波乱含みだった。ときに、二人の関係は明らかに弊害を生み出していた。そこで、ある疑問が浮上した。ブラウンがきわめて有能なことは確かだが、更迭したほうがチームのためなのではないか、という問いだ。ブレアが回顧録で記していたように、問題は、ブラウンがきわめて才能があり、同時にきわめて頑固なことだった。

二人の悲劇は、元々は友人および仲間として出発し、ともに政権奪取などの大きな成果を上げたが、最終的にはライバル関係になってしまったことにあった。これは、リンカーンとそのチームの面々や、オバマとヒラリー・クリントンの関係とは逆の道筋だ。

ブレアは、ブラウン更迭を何度も検討した。一度か二度はその寸前までいった。私自身は、更迭すべきと思ったときもあったし、すべきでないと思ったときもあった。私は二〇一四年九月のスコットランド独立住民投票の前、GQ誌に載せるために、スコットランド自治政府のアレックス・サモンド首相にインタビューしたことがある。そのときサモンドは、大きな決断をすべきだと直感的に思うなら、早く決断したほうがいいと述べ、ブレアはブラウンを更迭すべきだったと語った。私はいまでも、どうすべきだったのか確信がない。

二〇〇五年のイギリス総選挙の際、私たちが明確な勝利を収めて政権を維持するためには、経済に主軸を置く戦略を取る以外にないと、私は思った。具体的には、財務相であるブラウンに光を当てて、将来的にブラウンがブレアの次の首相になることを示唆しようと考えたのだ。この戦略により、私たちは選挙に勝利したが、その後の展開を見れば、この選択が正しかったのかという疑問をもたれても仕方がない。

二〇〇五年当時、私は選挙運動の指揮を執りつつ、それと並行してラグビーの「ブリティッシュ・アンド・アイリッシュ・ライオンズ」のニュージーランド遠征の準備にも携わっていた。チームの面々は、ブレアとブラウンの不和を報じる報道を読んでおり、「更迭すべし」と強く主張した。スポーツでは、どんなに優秀な選手でもチームからはずされることが珍しくないからだ。結婚生活カウンセラーや心理セラピストの世話になったほうがいいんじゃないかという選手たちもいた。ちなみに、私は政府の仕事を辞したあとでブレアと会ったとき、自分が鬱と依存症の問題で精神科に通っていることを話題にし、ブレアとブラウンもその精神科医に診てもらうといいかもしれないと述べたことがある。すると、ブレアは笑って言った。「常識にとらわれない考え方をしたいとは思うけれど、それはさすがに勘弁してくれよ」

政治の世界では、自分のチームに加えるメンバーをいつも自由に選べるとは限らない。連立政権を組む場合は、どうしても人事の手足を縛られる。外交では、嫌悪感をいだいている外国指導者と話し合わなくてはならない場合もある。特定の利益団体を取り込まざるをえない場合もあるだろうし、健康上の問題や個人的なスキャンダルによりメンバーを失い、チームをつくり直さなくてはならない場合もあるだろう。しかし、そうした外的な理由ではなく、リーダーがみずから判断すべき問題がある。それは、どういうときに、有能な人材がその価値以上のお荷物になっていると判断するかという問題だ。

その典型的な例は、アメリカのハリー・トルーマン大統領が戦争の英雄であるダグラス・マッカーサーを解任したケースだろう。第二次世界大戦時、南西太平洋方面連合国軍総司令官を務めたマッカーサーは、フィリピンを奪回し、日本の降伏を受け入れ、その後、一九四五〜五一年にかけて連合国軍最高司令官として日本の占領統治を指揮した。

しかし、朝鮮戦争における軍事行動の範囲を限定したいトルーマンと異なり、マッカーサーは中国への侵攻と共産主義の殲滅《せんめつ》を主張し、必要であれば原爆を使用すべきだとまで訴えた。政府の方針に正面から反する主張を控えるようトルーマンは命じたが、マッカーサーは従わなかった。そこで、一九五一年四月、トルーマンはマッカーサーを解任した。

一九七二年にトルーマンが死去した一年ほどあと、著述家のマール・ミラーは、本人への聞き書きに基づく伝記を発表した。その中に、マッカーサー解任について語ったくだりがある、

解任を決めたのは、大統領の権威を尊重しなかったからだ。最低の糞野郎だからではない。確かに、そういう男ではあったのだが、それは軍人にとって法律違反ではない。もしそうなら、アメリカ軍の将軍の半分か四分の三は、刑務所送りになってしまう……（マッカーサーは）正気とは思えなかった。正気を保たせてくれる人たちも周囲にいなかった。部下はごますり屋ばかりだった……マッカーサーをめぐる一件から私が学んだ唯一の教訓は、なにかすべきことがあると感じていて、そうすべきだと直感的に思っているなら、早くその問題を片づけるほど、みんなにとって好ましいということだ。

解任当時に比べると目を見張るほど率直な言葉だが、すべてまっとうな言い分だ。トルーマンは、マッカーサーがチームシップと政府の戦略遂行に脅威を及ぼしていると判断したから、解任に踏み切ったのである。

イングランドのサッカーチーム、サンダーランドAFCのサポーターであるメトロバンクのクレイグ・ドナルドソンは、このチームで監督を務めたマーティン・オニールの言葉から学んだという。オニールいわく、チームのなかには「傑出したプレーヤーであっても、人として素晴らしいとは言えず、チームプレーヤーではない人たち」もおり、そういう人間は追放するとのことだった。

ドナルドソンは、このオニールの言葉を参考に、人材採用と人材育成に関して「FIFO」のアプローチを採用している。FIFOとは、「溶け込まなければ、出て行ってもらう（＝フィットイン・オア・ファックアウト）」の略だ。「チームの文化を大切にするなら、居場所はある。チームの目指していることに乗り気でない人には、居場所はない」のである。

エネルギー泥棒にどう対処するか？

チームの足を引っ張るのは、高い能力の持ち主だけではない。反対に、指示された最低限の仕事しかしない人や、マイナス思考の人、不平不満をいだいている人なども、チームに悪影響を及ぼす。どのような組織にも、そういう人物はある程度いる。この点も一因になって、GEのジャック・ウエルチは、毎年成績下位一〇％の社員を辞めさせることにしていたのだ。イギリスの画期的なソーシャル・レンディング企業、ファンディング・サークルも同様の方針を採用している。

私はウェールズでラグビーの「ライオンズ」の準備をし、ロンドンで労働党の選挙活動に携わるという慌ただしい日々を送っていたとき、労働党本部で「エネルギー泥棒」の弊害を痛感させられた。私たちはこの選挙に勝利したが、全員が同じ方向を目指していて、一部のメンバーの負のエネルギーによりチーム全体のエネルギーの一部を吸い取られていなければ、もっと大勝できていただろう。思い出すのは、私が応援しているサッカーチーム、バーンリーの練習場の入り口近くに掲げてある言葉だ――「ボートを揺らせるのは、漕いでいない人間だけだ」。

ヘレフォードにあるイギリス陸軍特殊空挺部隊（SAS）の本部を訪れたことがあったり訪れてみたいと思っていたりするスポーツ指導者は、数知れない。確かに、ここではチームシップと勝者のマインドセットについて多くのことを学べる。この部隊が「特殊」と呼ばれる理由はいたって単純だ。本当にスペシャルなチームなのである。私がこれまで出会ったなかでとりわけ感銘を受けた集団の一つは、アフガニスタンで活動した特殊部隊だ。身体的・精神的な強さと勇気だけでなく、仲間同士の深い絆と敬意が感じられた。

ラグビーのイングランド代表チームのヘッドコーチを務めたクライブ・ウッドワードも、軍隊をお手本にしているスポーツ指導者の一人だ。ウッドワードは一九九九年、代表チームの面々とともにイギリス海兵隊の演習を経験したあと、チームの誰がエネルギー泥棒で、誰がエネルギー注入者かについていくつか重要な判断をくだした。「どのようなチームでも、メンバーは大きくわけてこの二つのタイプにわかれる」という前提の下、後者だけでチームを構成し、前者はチームに入れたくないと考えたのだ。

ボートを揺らせるのは、
漕いでいない人間だけだ。
イングランドのサッカーチーム、
バーンリーの練習場に掲げてある言葉

ウッドワードが思うに、エネルギー泥棒はチームの成功を妨げる最大の障害だ。そこで、そういう人物の性格を変えるか(それは容易でない)、さもなければチームから排除しようと心に決めていた。海兵隊での演習が終わったあと、担当の准将は、尋ねられたわけではなかったが、「海兵隊では通用しない」選手の名前を数人挙げた。基本的な姿勢に問題があるというのだ。そのリストは、ウッドワード自身が信用できないとみなし、エネルギー泥棒と位置づけていた選手のリストと一致した。その後、その選手たちは代表チームに呼ばれなくなった。

自転車競技のイギリス代表チームを率いたデーブ・ブレイルズフォードは、どのような人物をチームに加えたいか、メンバーにどのような文化を築いてほしいかを次のように表現する。「ハングリー精神と大きな野心に突き動かされて行動し、障害物に臆せず、つねに新しいものを創造しようとする文化が望ましいが、秩序と規律はあってほしい。さもないと、変革が軌道をはずれて制御不能に陥ってしまう」

ブレイルズフォードは、一九六〇年代によく知られていたドナルド・トスティの「エネルギー投資モデル」について教えてくれた。横軸に「エネルギー」、縦軸に「態度」を取ってグラフを描く。右に行くほどエネルギーが高くなり、上に行くほど態度が前向きになる。チームプレーヤーが属するのは、右上の「高エネルギー／好態度」の領域だ。左下の「低エネルギー／悪態度」の領域には、無気力型の人物が属する。左上の「低エネルギー／好態度」は傍観者、右下の「高エネルギー／悪態度」は悲観主義者だ。

左下の人たちは、ほとんど手の施しようがない。左上と右下の人たちは、適切に導き、コーチすれば、右上に移行させられる余地がある。それが成功しなければ、メトロバンクのドナルドソンが言うところの「ＦＩＦＯ（溶け込まなければ、出て行ってもらう）」を実行するしかない。ウッドワードは言う。「変革を推し進めるときは、全員にプレーヤーであってほしい。好ましい態度と高いエネルギーをもってもらいたい。その点、傍観者は変革を実行するためのアイデアがなく、悲観主義者は変革の実行を妨げる障害にばかり目を向ける」

多くの場合、傍観者より悲観主義者のほうが対処しやすいと、ウッドワードは言う。「変革に対して悲観的な人とは、話し合えばいい。リーダーシップが適切に機能すれば、この人たちは味方につけられる。傍観者のほうがもっと手ごわい。この人たちは、リーダーのやろうとしていることに関して自分の意見を述べない。『ああ、いいですね』と言うだけだ。一方、言うまでもなく、低エネルギー／悪態度の人たちは、完全に取り除くしかない。

ジャック・ウェルチは、低エネルギー／悪態度の人たちを「抵抗勢力」と呼ぶ。「この種の人間は、たいてい辞めてもらうしかない……変革をつぶしてしまう。早いうちに切り捨てるべきだ」

FSNPでチームを築く

私が好きなチーム理論の一つに、「タックマン理論」がある。教育心理学と集団力学を専門とするアメリカの心理学者、ブルース・タックマンが提唱したモデルだ。それによれば、チームの発展は、FSNPという略語であらわされる四つの段階を経るという。形成期（フォーミング＝F）、混乱期（ストーミング＝S）、統一期（ノーミング＝N）、機能期（パフォーミング＝P）である。

サッカーのマンチェスター・ユナイテッドの「九二年組」と呼ばれた若手プレーヤー六人は、この理論が当てはまる典型的な例だ。デーヴィッド・ベッカム、ニッキー・バット、ライアン・ギグス、ガリー・ネヴィル、フィリップ・ネヴィル、ポール・スコールズは、のちにユナイテッド史上屈指のチームの中核を形成するようになる。

「形成期」のチームでは、メンバーは不安をいだいていて、互いに対する警戒心が強い。新しい職場に出勤する初日は、誰だってそうだ。九二年組の場合も、ロンドンからやってきたベッカムに対して、ほかの五人が疑念をいだいていた。

やがて、メンバーが激しいプレッシャーのなかでチームに腰を落ち着かせはじめると、考え方の異なるメンバーが影響力とリーダーの寵愛をめぐり競い合うようになる。ユナイテッドの場合、そのリーダーとはユースチームのコーチ、エリック・ハリソンだった。この「混乱期」には、せっかちな人とじっくり構えたい人の対立が激化し、メンバー間に信頼関係を築くことの重要性が高まる。チームの目標と一人ひとりの役割が明確になっていないと、混乱と亀裂が拡大する。リーダーは、適材適所の人事をおこない、適切な人物が一緒に働くようにしなくてはならない。それにより、混乱期に生じかねない悪材料を打ち消し、創造性を刺激する活気ある環境でメンバーが溶け合えるようになる。ユナイテッドのユースチームでは、それが実現していた。

二〇一四年にサッカーのワールドカップ・ブラジル大会で優勝したドイツ代表チームも、その成功例と言える。ドイツの選手たちは、近代的なシステムの下で一緒に成長してきた。リオネル・メッシを擁するアルゼンチンと戦った決勝は、絵に描いたような「最高のプレーヤー対最高のチーム」の対決になった。この戦いに勝ったのは、世界最高のチームだった。

「統一期」には、メンバーが互いを深く知り、互いを受け入れ、いわばチームのOS（オペレーティングシステム）となる規範（＝ノーム）を築いていく。規範は、明文化される場合もあれば、暗黙の場合もある。トニー・ブレア党首の下で政権奪取を目指したイギリス労働党のチームは、「形成期」に愚かな失敗を犯し、実力者のジョン・プレスコット副党首を排除していくつかの重要な戦略上の会議をおこなっていた。問題に気づいた私たちは、新しい仕組みをつくった。「影の内閣」の閣議の前に、大物幹部の会議を開くようにしたのだ。出席するメンバーは、ブレアとプレスコット、ゴードン・ブラウンとロビン・クック。政治家以外では、私と、ときどきジョナサン・パウエルも同席した。しばしば意見が激しく対立したが、戦略上・政策上の議論を避けるのではなく、正面から主張をぶつけ合うように心がけた。影の内閣に話をもっていく前に、この四人がおおむね足並みをそろえるためだ。

最後の「機能期」の段階にいたると、相互理解と経験がチームと個々のメンバーにとって好ましい結果を生むようになる。「形成期」から「機能期」への移行を短時間で達成できるほど好ましい。この移行の過程は、チームシップをはぐくんでいくプロセスだ。二〇一二年ロンドン五輪を成功に導いたチームは、このプロセスをたびたび実践した。

チームづくりからチームシップへ

チームづくりを成功させる前提となるのは、チーム内の個人のパフォーマンスがほかのメンバーのパフォーマンスと切り離せない関係にあるという大原則を受け入れることだ。前出のサッカーチーム、バーンリーの練習場のロッカールームに掲げてある言葉を紹介しよう。「真のチームにおいては、成功したいという個人の欲求は、チームの目標を追求することを通じて実現する」

成功を手にするチームは、良質なリーダーシップ、強力な戦略と目標の共有、それを実行に移すための資源、一人ひとりの役割の明確化という要素を備えている。チームにこれらの要素をもたせていくこと、それがチームづくりである。

チームシップは、これとは似て非なる概念だ。これは、チームを一つにまとめる接着剤のようなものと思えばいい。具体的には、オープンな姿勢と創造性を重んじ、ものごとがうまくいっていないときに責任のなすり合いをせず、成長と適応と絶え間ない変化を後押しする組織文化をもつことを意味する。

チームづくりとチームシップの違いは、分化と統合の違いと説明できる。ここで言う「分化」とは、目標達成のために、課題ごとにメンバーや資源を割り振り、その相互の関係を明確化させることだ。要するに、チームが成功する確率を最大限高めるために、ものごとを切り分けるのである。一方、「統合」は、組織の活動の統一性を生み出すために、課題やメンバー、業務機能の間の調整をおこなうことだ。みんなが共通の認識をいだき、同じ方向を見ようとする。リーダーがこの両方をうまく実行できるかどうかがチームの成功と失敗をわける。

ブレア率いるニュー・レイバー（新しい労働党）は、チームづくりには成功したが、チームシップの醸成に成功したとはあまり言えない。分化はうまくいったが、統合はうまくいかなかったのだ。結局、ニュー・レイバーはメンバーの離反を起こし、浮き沈みを繰り返した。対照的に、アメリカの投資家ウォーレン・バフェットは八〇歳を越えた今日も、傘下の企業のCEOが辞めたことは一度もないと豪語している。

マンチェスター・ユナイテッドの「九二年組」――ガリー・ネヴィルは「バンド・オブ・ブラザーズ（絆で結ばれた兄弟たち）」と呼ぶ――も、チームシップを生み出すことに成功した。サッカー界では、スペインのバルセロナもその成功例と言えるだろう。長年バルセロナ一筋で活躍した看板選手のシャビに言わせれば、下部組織「ラ・マシア」では、プレーヤーを育てるだけでなく、人間も育てるのだという。「半分以上のメンバーはここの出身だ。プレーヤーだけではない。コーチやドクター、トレーナー、雑用係もそうだ。私たちはみんな、バルサのファン。私たちは一つのファミリーで、みんなが一致結束していて、チームを機

真のチームにおいては、成功したいという個人の欲求は、チームの目標を追求することを通じて実現する。

バーンリーの練習場のロッカールームに掲げてある言葉

能させるために格別の努力を払う」

では、チームを築いたあと、どのようにしてチームシップをはぐくめばいいのか？　少なくとも、メンバーに適切なモチベーションをもたせる必要がある。心理学の分野では、モチベーションとは、目標に向けた行動を引き出し、導き、持続させる要素のことを言う。喉の渇きを癒すために水をくむにせよ、選挙に勝つために重要な演説をするにせよ、私たちの行動を動かすのはモチベーションだ。モチベーションは、生物学的、情緒的、社会的、認知的要因が合わさって生まれる。しかし、日常会話で「モチベーション」と言うときは、「私たちがなにかをする理由」という程度の意味で用いることが多い。

成功できるチームを築き、チームが目標を達成する確率を最大限高めるためには、メンバー全員が同じ目標に向けてモチベーションをいだくことが不可欠だ。この点で、本書の1〜3章の内容は互いに密に結びついている。第1章で詳しく論じたOST（目標・戦略・戦術）が一貫したメッセージによってメンバー全員に伝達されなければ、最も重要な達成目標に向けたモチベーションをいだけない。そして、そのモチベーションは、第2章のリーダーシップと本章のチームシップによって生み出される。

デーブ・ブレイルズフォードが自転車競技に起こした革命はその好例だ。ブレイルズフォード率いる「チームスカイ」でパフォーマンスサポート部門の責任者を務めるティム・ケリソンによれば、このチームでは、「卓越を目指す組織文化」と「絶え間ない改善への情熱」があらゆる層に浸透しているという。

小売業界では、効率的でファンが多く、尊敬を集めている企業として、イギリスの百貨店チェーン、ジョン・ルイスの名前がしばしば挙がる。七万人の社員が全株式を共同所有する仕組みになっている同社では、チームシップが企業理念の核を成している。同社の広報動画のいくつかは、これまで私が見たなかでも有数の素晴らしいものだ。会社のことを語るスタッフの言葉からは、真の参加意識が伝わってくる。同社が追求する究極の高次の目的は「会社の共同所有者たちの幸せ」だと語るアンディ・ストリート社長の言葉は、紙の上で読むと薄っぺらな美辞麗句に思えるかもしれないが、同社の企業文化のなかで、つまりこの会社で働く人たちの姿を目の当たりにして聞くと、嘘偽りのないものに感じられる。

チームシップを築き、メンバーがチームプレーヤーになるよう背中を押すうえでなにが有効かを理解することも重要だが、なにが役に立たないかを知ることも重要だ。金銭は、効果がない要素のリストでかなり上位に位置する。人は、自分のスキルと能力を正しく評価してほしい。その評価の一つの形態が賃金であることは事実だが、それだけでは不十分だ。目的意識とダイナミズムもなくてはならない。こうした要素があってこそ、私たちは真の意欲と期待をいだいて毎朝起きられる。

金銭的な報酬だけでは、そうした意欲と期待を生み出すことは不可能に近い。もしチームのメンバーが金銭的な報酬だけを重んじているようなら、要注意だ。大きな成功を収めている人のなかに、金だけを目的に行動していると述べる人はほとんどいない（もっとも、皮肉屋なら、それは成功者たちがもう十分に金をもっているからだと言うかもしれないが）。

インターネット時代が到来し、歴史上有数の若き大富豪が何人か誕生した。そのなかで異彩を放っているのが、ウィキペディアの創設者であるジミー・ウェールズだ。ウェールズは、別に貧乏暮らしをしているわけではない。非営利のウィキペディアと並行して営利事業も営んでおり、講演活動で世界を飛び回ってたっぷり儲けている。

それでも、ウィキペディアがインターネットの歴史でグーグルやフェイスブックと肩を並べる存在になったいま、ウェールズが最もよく尋ねられるのは、おそらく次の問いだろう――グーグルやフェイスブックの創業者たちのような巨万の富を手にしていないことに、不満はないのか？　不満はないと語るウェールズの言葉には、説得力がある。

「正直言って、お金と結びつけて考えたことはない」と、ウェールズは私に言った。「オンライン百科事典をつくりたいと思っただけだった。そのアイデアを実現させるには、少し時間がかかった。スタートしたあとは、それをうまく機能させたいとだけ考えていた。もし私たちが金儲けのためのベンチャーのつもりで行動していたら、こんなにうまくいったか自信がない。確かに、五億五〇〇〇万人もの利用者がいれば、広告の手段としてとても有効だろう。でも、広告を載せたいと思ったことは一度もない……世界の人々が人類の知恵すべてに無料でアクセスする手助けをしようという場に、広告はふさわしくないと思う」

その一方で、大富豪になった起業家たちを擁護してもいる。金儲けを第一に考えて成功を収めた人物はほとんどいない、というのだ。ウェールズは、スイスのダボスで「オタクのランチ」というイベントに出席したことがある。フェイスブックとグーグルの創業者、大富豪のヘッジファンドマネジャーたち、それにアメリカの上院議員が一人か二人参加していたという。

「そのとき、私は（フェイスブックの）マーク・ザッカーバーグの隣に座っていた。金融関係者たちがどんな自家用ジェット機をもっているかという話題になったとき、マークに聞いてみた。『自家用ジェットはもっている？』。すると、こんな答えが返ってきた。『そんなものあっても意味がないよ』。マークのモチベーションは、世界を一つに結び、世界の平和を促進することなのだと思う。もちろん、フェイスブックは営利ビジネスだ。たくさんの金を儲けている。でも、金儲けの欲求に突き動かされて行動しているとは思えない。私自身も、誰かに指摘されないと、自分が大富豪になっていないことを忘れている。大富豪たちをうらやましいとも思わない。私たちは画期的なことを実行し、世界にとって非常に有益なことをしている。知を広げるために大きな貢献をし、未来の時代に残るようなことをしている。私にとっては、大富豪になることより、そのほうが大切だ」。確かに、金が唯一の目的になると人は幸せになれないし、チームのメンバーの満足感とモチベーションも高まらない。

アーセン・ヴェンゲルに言わせれば、選手補強で最も難しく、最も大切なことは、それぞれのプレーヤーのモチベーションの源を理解することだという。「学ぶことへの意欲と、自分を向上させることへの渇望感はあるか？　あらゆる行動の土台に、負けたくないという思いと勝利への欲求があるか？」という点を確認していると、前出の『ザ・マネージャー』の中で述べている。「選手たちはすぐに大金を手にする。金だけがモチベーションの人間が大金を獲得したら、あとはどうなるだろう？　その点、私たちは、昔ながらの価値観がすべての活動の土台を成すようにしている。仲間に敬意をいだくこと、困っている人に寄り添うこと、プレーヤーの家族を支えること、約束を守ることだ。古風な価値観をいまも大切にしている。だから、私たちのクラブに好ましい記憶をもっている人が多いのだろう」。団結、助け合い、価値観――これらは、好ましいチームシップに欠かせない要素だ。

ヴェンゲルは、チームの文化がもつ力について熱く語っている。「団結心がもつ力はとても大きい。それは、ゴルフのライダーカップ（アメリカ選抜とヨーロッパ選抜の対抗戦）のように、個人競技がたまにチーム競技として実施される場合に明確になる。競技の様相がまるで変わる。チームメートと一緒に過ごして強い感情をいだき、みんなで一つの目標を目指すことにより、なにかが加わる。チームで競技に臨むと、その途端に結果の重要性が増し、『私』ではなく『私たち』という発想をするようになる。人は、自分一人ではなにもできなくても、チームの一員としてなら大きなことを成し遂げられると、無意識に気づいている」

チームの力が見事に実証された例としては、二〇〇八年北京五輪における競泳のアメリカチームを挙げることができる。このオリンピックでは、アメリカのマイケル・フェルプスがマーク・スピッツの記録を塗り替えて、一大会で八つの金メダルを獲得した。

しかし、このうち、四×一〇〇メートル自由形リレーでアメリカに金メダルをもたらしたのは、フェルプスではない。アンカーを務めたジェイソン・レザックが当時の世界記録保持者であるフランスのアラン・ベルナールを抜いたおかげで、アメリカは優勝できた。水に飛び込んだときはベルナールに体一つ分リードされていたが、三二歳でチームの男子最年長だったレザックは、四六秒〇六という世界最高のラップタイムを叩き出し、トップでゴールした。ベルナールとの差は〇・〇八秒。オリンピック史上最も僅差の決着だった。アメリカとフランスはともに、このレースでそれまでの世界記録を約四秒縮めた。このとき、レザックは、チームメートのフェルプスが歴史に名を刻めるかどうかの瀬戸際だと承知していて、チームのために泳ぎ、自己ベストを二秒近く更新するタイムで泳ぎ切った。

一方、大きなことを成し遂げたチームでありながら、素晴らしいチームシップを生み出せないケースも珍しくない。マンチェスター・ユナイテッドの六人組がチームシップを通じて友情をはぐくんでいく過程は、『クラスオブ92』というドキュメンタリー映画に描かれた。この映画を手がけた独立系映画会社フルウェルは、イギリス労働党を政権奪回に導いたニュー・レイバーの主要メンバーに光を当てて、同様の映画をつくりたいと考えた。構想としては、トニー・ブレア、ゴードン・ブラウン、ピーター・マンデルソンと私に当時のことを語らせ、さらにジョン・プレスコットやビル・クリントンのような国内外の政治家やチームメンバーと対面させるという計画だった。

話を持ちかけられた私は、ブレアに話してみた。すると、ブラウンと一緒に心理セラピーを受けてはどうかと言ったとき以上に大声で笑われてしまった。そこで、私はフルウェル社に「諦めてくれ」と返事した。私たちが一緒に大きな成果を上げたことを考えると、悲しい話だ。あまりに残念と言うほかない。

スポーツの世界では、チームシップの考え方があらゆることの核にしっかり根を張っている。チームプレーヤーとして優れた人物とそうでない人物がいることは事実だが、誰もが少なくともチームの価値を理解している。対照的に、政治家は、チームという考え方に対する疑念が強いように思える。みんなで共通の目標を追求しようという発想が乏しい。政治家たちは、自分のやりたいことをチームの目標に据えることばかりを考えている。

確かに、民主主義体制の下では、自分の目標を追求するためには政党内の競争に勝つ必要がある。ときには、党内のライバルに勝っても自分

人は、自分一人ではなにもできなくても、チームの一員としてなら大きなことを成し遂げられると、無意識に気づいている。

アーセン・ヴェンゲル
（アーセナル監督）

の政策を推し進められないケースすらある。実際、イギリスのマーガレット・サッチャーとトニー・ブレアの両首相、アメリカのビル・クリントンとジョージ・W・ブッシュの両大統領は、政権内の派閥対立に足を引っ張られた。とはいえ、こうした側面はあるにせよ、チームシップを欠くチームがしばしば悲惨な結果に終わることも忘れてはならない。

二〇一三年、オーストラリアのジュリア・ギラード首相（当時）が同じ政党に属する前任首相のケヴィン・ラッドから反旗を翻されたとき、私はオーストラリアの首都キャンベラでギラードと面会した。ラッド派の攻撃は容赦ないものだった。ギラードは、自分が党内を掌握できなくなりつつあること、ラッド派の攻撃を抑え込めなくなっていることに気づいていた。強気をよそおってはいたが、党内クーデターで自分が党首と首相の座を追われる日が近いことも察していた。

このとき、私は思い出したことがあった。ブレア率いるイギリス労働党が選挙で地滑り的な勝利を収めた直後、親しくしていた保守党議員のアラン・クラーク（私がブレア政権時代の日記を刊行したように、サッチャー政権時代の詳細な日記を発表したことで知られている人物だ）が電話してきた。「私たちは救いようがない」と言う。私は、「こちらには好都合な話だけれど、なぜ？」と尋ねた。「私たちはきみたちのことを憎む以上に、内部で憎み合っている」というのがクラークの答えだった。

チームシップについて政治の世界から学ぶべき点があるとすれば、それは、この要素が欠けている状態がいかに危険かということだ。政治の世界とほかの世界では、出世のプロセスが違う。政界では、人材育成のためのトレーニングや人事管理はほとんどおこなわれない。人物評価や採用、昇進は行き当たりばったりで、たいていはきちんと言葉で説明できない。政界の人事は、厳密な評価の結果というより、ゴシップや誤解で決まる。ビジネス界やスポーツ界ならリーダーが取り除くような問題もそのまま放置されてしまう。「政治の世界はほかとは違う」という理屈がまかり通っているのだ。ジャック・ウェルチがビジネスで不可欠とみなしていた「率直で一貫性のあるフィードバック」は、政治の世界ではあまりに不足している。

イギリス労働党で私の同僚だったピーター・ハイマンは政治の世界を離れ、イギリスのフリースクールの草わけとなる学校を設立して校長に就任した。そのスクールは、教育監査局の監査で「あらゆる面で傑出している」という評価を得ている。

政治の世界には、手本にすべきことと反面教師にすべきことの両方があると、ハイマンは言う。見習うべきなのは、レジリエンス（逆境からのしなやかな回復力）があることと、ビジョンとストーリーを大切にすること。見習ってはならないのは、チームをマネジメントし、成長させるための適切なシステムが欠けていることだという。

「政治はほかの分野に比べて、ある種のことがとくに不得意だ。政治の世界には、きちんとしたマネジメント体制がない。これは、官僚機構と、大臣や特別顧問たちの両方に言えることだ。それでも多くのことを成し遂げ、とにもかくにも機能しているのは、優秀な人間が大勢集まっているからだ。知性とエネルギーの持ち主が十分いることに助けられている。とはいえ、一国の政府のように重要な組織を動かす方法がこんなものであってはならない」。ハイマンはとくに、アイデアを築くことより、他人の主張を打ち砕くことに傾斜しがちな政界の風土を厳しく批判している。

おそらく、政界の人間がチームづくりより他人との違いを際立たせることに熱心なのは、そもそも政治家になるというのがきわめて個人的な決断だからだろう。才能あるアスリートは、若いときから頭角をあらわす。そのため、大きな才能に恵まれていて莫大な富を手にしていても、親やコーチやエージェントなどの年長者に導かれ、育てられることにあまり抵抗を感じない。ビジネスを起こす人たちも、自分一人で起業するケースはまれだ。ビジネスのアイデアを見いだした起業家は、アイデアを実現するために資金と人材を集めなくてはならない。ビジネスが成長しはじめれば、さらに大きなチームを築く必要がある。

それに対し、政治家の場合、政党の活動に触発され、その価値観や政策に共鳴することはあっても、選挙に立候補するというのは人生を左右するきわめて個人的な決断だ。チームの重要性を知らないわけではないが、政治家として踏み出す初期のステップのいくつかでは、それは必要不可欠な要素ではない。政界の人間の多くは、周囲の人たちや「チーム」のほかのメンバーが自分の成功と失敗に大きな影響を及ぼすことに気づいていないのだろう。政治の世界で周囲の人たちを無視することは、サッカーのピッチやラグビーのフィールド、ツール・ド・フランスのコースに比べてはるかに容易なのだ。

成功のカギはチームの文化

トム・ピーターズとロバート・ウォーターマンは著書『エクセレント・カンパニー』の中で、ビジネスの世界で働く成人男性二〇〇〇人の調査結果を紹介している。その調査によると、「七〇％の人は、自分がリーダーシップの資質で上位二五％に属すると考えており、六〇％の人は、他人とうまくやっていく能力で上位一〇％に属すると考えている」という。

しかしその半面、ほとんどの管理職は、自分に対する評価は高いのに、自分が率いているチームのメンバーもそうだとは考えていなかった。好業績を上げていたIBMではセールスマンの七〇～八〇％が達成できる程度にノルマが設定されていたのに対し、（一部の製品が競合する）ほかのある企業では四〇％しか達成できない程度に設定されていたという。それがもたらす結果について、『エクセレント・カンパニー』ではこう書いている――「ある人に負け犬のレッテルを貼れば、その人は負け犬のように行動しはじめる」。

ピーターズとウォーターマンによれば、「ほとんどのマネジャーは、メンバーの行動を後押しすることの有効性をほとんど知らないようだ。そうした接し方に価値を見いだせなかったり、プライドが許さないとか、沽券に関わると感じたり、女々しいと思っていたりする人が多い」。しかし、ピーターズらの調査で明らかになったように、エクセレントな企業はその重要性を理解していて、それをうまく実践できている。ただし、やりすぎは禁物だ。すべての行動を褒めまくれば、相手はなにも感じなくなるだろう。

成功するチームを築くために、褒めるべきときに褒める必要があるとすれば、当然、他人の手柄を横取りすることは許されない。ハリー・トルーマン大統領が言ったように、誰の手柄になるかを誰も気にしないようになれば、チームの成果は高まる。

その点、アップルのデザイン責任者ジョナサン・アイブは、自分やほかのメンバーのアイデアや業績に関して、スティーブ・ジョブズが公の場で手柄を独り占めしていたことを悔しく感じていたに違いない。ジョブズとしては、素晴らしいアイデアとイノベーションのすべてを自分と結びつけることにより、大きな戦略上の目標を追求しているつもりだったのだろう。この点でジョブズを擁護できるとすれば、チームの一員という意識をけっして失わなかったアイブも同じくらい称賛に値する。なにしろ、同僚たちによれば、「明らかに自分が生みの親である場合も、新しい製品やデザインの話をするときは、『私』ではなく『私たち』という言葉を使う」のだ。この点は、もう一人のジョニーに通じるものがある。ジョニー・ウィルキンソンは、試合後のヒーローインタビューを誰よりも多く受けたラグビー選手かもしれない。私はそのインタビューをテレビで見ると、いつも笑みが浮かんできた。ウィルキンソンは、自分が全得点を上げた試合でも、自分のプレーについて語る前にチームを称えることを忘れなかった。

ジョブズとアイブに共通するのは、情熱をもって仕事に臨んでいたこと、そしてその情熱が全社に、ひいては顧客にも伝わっていたことだ。組織文化は、会社の価値観と信念を土台とし、それが明確に理解されて浸透していてはじめて形づくられる。

ジム・コリンズは著書『ビジョナリー・カンパニー2——飛躍の法則』でこう書いている。「偉大な企業への飛躍を果たした会社は、『よし、いまやっていることに情熱をいだこう!』などとは考えない。賢明なことに、それとは正反対のアプローチを実践している。情熱をいだけることだけやろうと考えるのだ」

コリンズは、飛躍を成し遂げた企業の一つとして、「ミニミル」(小型の電気炉製鋼工場)の草わけであるニューコア社を紹介している。コリンズが同社の取締役たちに話を聞いたところ、飛躍の最大の要因としてテクノロジーを挙げた取締役は、七人中一人だけ。ほとんどの人は、高い勤労倫理、シンプルな組織構造、官僚主義の拒絶、独創的な人材採用方法を挙げた。これらの要素が企業文化の形成を後押しし、それを軸にチームが築かれている。

文化は組織そのものだと考える人もいれば(私もその一人だ)、文化は組織がもっているものだと考える人もいる。いずれにせよ、成功を収めたいリーダーは、チームに新しい文化を築くつもりでいなくてはならない。メンバーに文化を共有させるために、さまざまなシンボルを用いるのも有効な方法だ。たとえば、スポーツチームのシンボルカラー、会社の制服、旗やロゴマーク、メンバーが活動する物理的な場や設備、チームの行動の規範やパターンなどを活用できる。あちこちの学校を訪れると、学校ごとに微妙な違いがある。それは文化の違いの産物だ。それぞれの学校の文化が建物の壁や階段や天井にしみ込んでいるのだ。文化は個人を超越し、チームの価値観を支える役割を果たすのである。

共通の目標を打ち立てることと同じくらい大事なのは、目標に到達するのを妨げる障害を取り除くことだ。ジョゼップ・グアルディオラはバルセロナの監督時代、カスティーリャ語（スペイン語）と地元のカタルーニャ語以外の使用を禁止し、食事の座席を決める際はチーム内に派閥が生まれないように気を配った。ルールを定め、罰金制度を設けたのは、コントロールが目的ではなく、団結を深め、メンバーに責任感をもたせることが目的だった。

グアルディオラは、一軍のメンバーが記者やファンに見られながら練習することを好ましくないと考えていた。部外者を締め出せる「要塞」のような練習場をつくったのはそのためだ。エリートのための場という雰囲気を残しつつも、選手が生身の個人に戻って、練習し、くつろぎ、食事し、休憩し、疲れを取れるようにしたのだ。

チームシップに関するエキサイティングでドラマチックな事例は、バン

ある人に負け犬のレッテルを
貼れば、その人は負け犬のように
行動しはじめる。

『エクセレント・カンパニー』より

ドの結成と解散がつきものの音楽の世界でよく見られる。ロックミュージシャンのボノは以前、みずからのバンド、U2のほかのメンバーへの思いを私に語ったことがある。U2のメンバーは誰もが強烈な自我の持ち主で、互いの間に摩擦が生じることもあるという。バンドのメインボーカルとして、さらには国際的な慈善活動家として脚光を浴びるボノに対して、ほかの三人が不満をいだいているように見えるときもある。それでもU2は真のチームだ。ステージに上がると「強力な化学反応が生まれる。私たちはそれを感じ、私たちがそれを感じていることをファンも感じ、それがショーの一部になる。実に素晴らしい体験だ」。

チームの構築が最もうまく、最も迅速に進むのは、一人ひとりがほかのメンバー——作戦司令室で隣にいる人物や、ステージで一緒に演奏している人物、同じピッチでプレーしている人物——から学び、その人たちを頼り、信じてもいいと思っているときだ。そのようなチームでは、前向きな感情がみなぎり、試練に立ち向かう際の力と自信がはぐくまれるだけではない。チームの「文化」も根づく。この点は、うまく機能している軍隊の兵士たちが互いの能力と人柄を信頼し合っているのと似ている。

相互の信頼と敬意、一人ひとりの役割の明確化——こうしたことの重要性は、テレビのサバイバル・冒険番組で世界的な人気を誇る冒険家のベア・グリルスが私に語ったことでもある。イギリス陸軍特殊空挺部隊（SAS）の隊員だったグリルスは、任務中の事故で背骨を折る大けがを負って除隊した。その後、懸命のリハビリを重ねて、夢だったエベレスト登頂を果たし、その経緯を書いた著書で脚光を浴びた。その結果、思いがけずテレビで活躍するようになったのだ。

「SASには、自立した個人が集まっている。実力主義が徹底されていて、どのような口の利き方をするかには関心が払われない」と、グリルスは言う。「重要なのは、SASのベレー帽を被っている人間かどうかだ。私は入隊したあと、SASファミリーの一員であることを誇りに思うようになった。メンバーのためなら、なんでもできると思っていた。メンバーの期待を裏切ることだけはしたくなかった」

これは、ラグビーのクライブ・ウッドワードが望むロッカールームの雰囲気にも通じる。「選手が周囲を見回したとき、目に入った人物すべてを信頼できなくてはならない」というのだ。オーストラリアン・フットボールのコーチであるリー・マシューズもこう述べている。「フットボールのチームが成功を収めるためには、戦闘に臨む軍隊と同じように、信頼と敬意、そして個人の役割を重んじる精神が骨格を成している必要がある」。その点は選挙運動も同じだ。しかし残念ながら、スポーツの世界とは異なり、この条件が満たされていないケースもしばしば目にする。

第4章 戦略家、ジョゼ・モウリーニョ

勝つことだけが重要だとは思わない。しかし、それが最も重要であることは間違いない。
——ジョゼ・モウリーニョ

人々の予想を裏切り、攪乱する

はっきり言えるのは、ジョゼ・モウリーニョがリーダーとして成功しており、チームづくりとメンバーのモチベーション向上を非常に得意とし、私の言葉で言えば素晴らしい戦略思考の持ち主だということだ。

本書のOST（目標・戦略・戦術）の視点から見ると、モウリーニョの目標は、つねに勝利することだと言えそうだ（それは、試合に勝つことだったり、トーナメントに勝つことだったり、選手の獲得競争に勝つこと、メディアとの戦いに勝つこと、心理戦に勝つこと、自分の評判を守るための戦いに勝つことだったりする）。戦略の根幹を成しているのは、みずからのチームのプレーヤーたちに、ひいては対戦相手に実践させたいと思うプレー・スタイルに合わせたチームを築くこと。そして戦術は、試合を有効に進めるために、対戦相手に合わせて適応し続けること。私は、モウリーニョについてこのように考えていた。

私は一人の戦略家として、そして熱烈なサッカーファンとして、この分析に絶対的な自信をもっ

ていた――本人と話して、ジョゼ・モウリーニョという人物とその哲学について突っ込んで意見を交わすまでは。

そのとき私は、それまで長年いだいていたモウリーニョ観とサッカー観、さらには戦略観を揺さぶられた。けれども、モウリーニョの主張に異を唱えることなどできるわけがない。なにしろ、相手は四カ国で監督として成功を収め、世界で最も多くの人に視聴されているスポーツで革新的なカリスマ指導者の代名詞となっている人物だ。

ポルトガルのスポルティング・リスボンとポルト、スペインのバルセロナでコーチを務めたのち、ポルトガルに戻ってベンフィカではじめて監督を務めたのは、二〇〇〇年。ベンフィカでは、短い在任期間ではあったが成功を収めた。二〇〇一年には、格下のウニオン・レイリアの監督に就任し、チーム史上最高順位でシーズンを終えた。その後、ポルトに監督として復帰した際に収めた成功により脚光を浴びることになる。二〇〇二年にポルトの監督に就任したモウリーニョは、最初のシーズンにポルトガル・リーグとポルトガル・カップ、さらにUEFAカップ（当時）を制覇。翌シーズンは欧州チャンピオンズリーグに優勝し、サッカー界に衝撃を与えた。

その後二〇一三年まで、イングランドのチェルシー、イタリアのインテル・ミラノ、スペインのレアル・マドリードの監督を務め、毎年なんらかの優勝トロフィーを獲得し続けるという偉業を達成する。四カ国でリーグ優勝を果たした監督は、それまでに三人しかいない（訳注／二〇一三年からは再びチェルシー、二〇一六年からはマンチェスター・ユナイテッドの監督を務めている）。

モウリーニョが輝かしい成功を収めてきたことは明白だ。では、どうやってそれを成し遂げたのか？　私は、アレックス・ファーガソン――モウリーニョも尊敬している指導者であり、屈指のライバルでもある――とは、たいてい戦略観が一致する。それなのに、どうしてモウリーニョとは意見がわかれるのか？

私が思うに、モウリーニョという人間を理解するうえで重要なのは、戦略家、リーダー、チーム建設者であるだけでなく、攪乱者でもあるという点だ。土台を成すサッカー観をもってはいるが、人々の予想を裏切り、安定した現状をひっくり返すことを好む面があるのだ。

私がサッカーにおける戦略と戦術の意味を尋ねたときも、モウリーニョは攪乱者ぶりを発揮しはじめた。私の問いに対して、口を開くまでにかなりの時間があった。その間、肩をすくめ、下唇を歪めて軽く前に突き出した。世界中の何百万人ものプレミアリーグ・ファンにはおなじみの仕草だ。私の前には、試合後のインタビューでの、表情豊かで自信満々、見る者をけっして退屈させないモウリーニョがいた。

「戦略と戦術に大きな違いはないと思う」。私が望んでいた、あるいは期待していた答えではなかった。それは、私の戸惑った表情から伝わったようだ。「私の考えでは、サッカーにおける戦略とは、特定の試合や、試合中の特定の局面に関わるもの。戦術というのは、時間をかけて発展させていくものだ。日々の練習を通じて浸透させるサッカーの基本原則、それが戦術だ」

「私の世界ではまったく逆だ」と、私は言った。「大きな方向性に関わるのが戦略、個別の局面に関わるのが戦術だ」

「私は違う」と、モウリーニョは切り返した。「戦術は、モデルもしくは原則だ。たとえば、チェルシーの監督に就任した初日、私はつねにプレスを徹底するチームをつくろうと考えた。高い位置でプレスをかけ、ブロックをつくる。そういうチームをつくりたいとする。基本的な戦術は、たとえば二〇の項目により構成される。キーパーがボールをもっているとき、長いボールを蹴り込むべきか、短いボールを蹴るべきか？　これが戦術だ。敵が中盤でボールをもっているとき、こちらのプレーヤーはどのようなポジションを取り、どう行動し、なにを狙うべきか？　あるエリアに進出したストライカーは、なにを目指し、どのように動こうとすべきか？　ほかのプレーヤーはどこに位置取り、なにを目指し、相手のディフェンダーに対してどのように動くべきか？　こうしたことは、戦術モデルの一部だ。それはチームのＤＮＡに組み込まれる。私たちがどのようなチームかを物語るものと言っていい」

それは、来る日も来る日も長時間の練習を重ね、行動と判断のパターンをトレーニングし、戦術プランを理解させ実践させることによって、プレーヤーたちに刷り込まれていくという。

「戦略とは、あるいは戦略的行動とは、特定の試合や、試合中の特定の局面で取る行動に関わるものだ。試合に臨む前にはかならず、対戦相手の分析をおこなう。徹底して掘り下げ、細部まで分析する。そのうえで相手の出方を予測し、『では、今日は戦術上のシステムに加えて、こういう戦略を実践しよう』と決める。アウェーでリヴァプールと戦うときは、ある要素を取り入れる。次に、ホームでハルシティを迎え撃つとすれば、またプレーの仕方を変える。このように、試合ごとの事情を考慮して戦略プランを立案し、それを戦術モデルにつけ加える。基礎となる戦術モデルはいつも変わらない。戦略は、状況に応じてそのときどきで変わる」

おそらくスポーツの世界全般に言えることだが、モウリーニョにとっては、戦術が勝敗をわけることが多い。そのため、目標は勝つこと、戦略は卓越した戦術をつくること、戦術は戦略を実践に移すこと、と位置づけているのではないか？　私はそう思った。強引に自分の枠組みに引きつけて考えすぎている可能性もあるが、この分析が正しいか本人に尋ねてみた。「まったくそのとおりだ」とモウリーニョは言い、言葉を切った。私にも理解しやすい実例を探していたようだ。私たちが話した前の晩、二〇一四年のワールドカップ・ブラジル大会でイングランドはウルグアイに二対一で敗れた。モウリーニョは明らかに、先制を許したあとのイングランドのプレーに感心していなかった。

「イングランドは追う展開になった。このまま敗れれば、決勝トーナメントに進めない。どうしてもゴールが欲しい。この一対〇でリードを許した状態で、イングランドは二枚の交代カードを切った。ロイ・ホジソン監督は、スターリングに替えてバークリーを、ウェルベックに替えてララーナを投入した。けれども、戦い方は変わらなかった。戦術モデルは変更されず、システムも同じままで戦い続けた。戦略の変更もなかった。言ってみれば、これ［と言って、自分の前のグラスを手に取った］を取り除き、代わりにこれ［と言って私のグラスを持ち上げた］をもってきただけ。その前のイタリア戦も同じだった。あるグラスを別のグラスに替えただけで終わった。ウルグアイ戦の終盤、二対一でリードを許して残り数分になったところでようやく、ミッドフィールダーを下げてフォワードのランバートを入れた。やっとグラスをボトルに替えた」

戦術は、モデルもしくは原則だ。
ジョゼ・モウリーニョ

モウリーニョは、思っていたほど陽気ではなかったが、イメージよりずっと率直で、ずっと思慮深い人物だった。イングランドの監督はどうすべきだったのかという私の次の質問にはすぐに答えず、私たちの戦略と戦術の定義が異なることを忘れたかのように、こう言った。「サッカーの戦略面の話題を振ってくれたことに感謝している。戦略の重要性は高まる一方だ。サッカーが成熟して発展し、テクノロジーも進歩した結果、すべてが変わった。誰もがほかのすべての人についてあらゆることを知っているようになった」。その結果、「相手の虚を衝くことが以前より難しくなった」というのだ。

ここで、私は話題を本筋に戻した。「ウルグアイ対イングランド戦については?」

「ウルグアイは、スアレスとカバーニのツートップで臨んでいた。それに対して、イングランドはディフェンダーを四人並べていた。ジョンソン、ケーヒル、ジャギエルカ、ベインズだ。一対〇でリードを許した展開では、悪くても同点に追いつきたい。イングランドは、ディフェンダーを一人減らして、中盤か攻撃の選手を一人増やすべきだった。それでも、敵のツートップに対して守備の選手が三人いる。相手のストライカー二人に対して、四人で対応しようとしても、結局は捕まえ切れない。ストライカーが動き回れば、ディフェンダーが引きずり回されて、守備網が切り裂かれてしまう。その点、三人で二人を見れば、二人にマンツーマンで敵のストライカーに対応させ、一人を余らせてカバーリングをさせられる。たとえば、ベインズを下げて、ケーヒルをスイーパーにし、ジョンソンとジャギエルカにマンツーマンでマークさせる。そして、中盤もしくは攻撃の選手を一人入れる。そうすれば、ウルグアイは戦い方を変えなくてはならなくなる」

監督の性格によってチームの戦い方は変わると、モウリーニョは言う。その例として挙げたのが、同じ大会でアルゼンチンの監督を務めたアレハンドロ・サベーラだった。ボスニア・ヘルツェゴビナ戦のサベーラは、イングランドのホジソン監督やスペインのビセンテ・デル・ボスケ監督よりも「戦略的」だったというのだ。近年、絶頂期を謳歌していたスペインは、この大会で惨敗した。グループリーグで敗退が決まった最初の国になってしまったのだ（そのすぐあとに、イングランドも敗退が決まった）。

アルゼンチンは、初戦で対戦したボスニア・ヘルツェゴビナに勝つと予想されていた。実際、一対〇でリードして前半を終えたが、試合内容は散々だった。「戦術モデルが思惑どおりに機能していなかった。そこでサベーラは、戦術変更に踏み切った。最初は、センターバックを三人並べ、さらに右サイドバックにマンチェスター・シティのサバレタ、左サイドバックにロホという守備陣でスタートした。つまり、ディフェンダーを五人そろえていたわけだが、前半の内容に満足できなかったサベーラは、ディフェンダーを一人減らして、ストライカーのイグアインを投入した」

モウリーニョのほほ笑みは、この選択を評価していることをあらわしていた。「よい戦略だった。優勢に試合を進めているときに戦略を変更したのがよかった。たいてい、誰かが戦略を考えて行動するのは、リスクが高まっているとき、ものごとがうまく運んでいないときだ。その点、サベーラは勝っているときに戦略を変えた」

一方、ホジソンとデル・ボスケは「もっと伝統的なやり方を選び、あまり大きな変化を起こさず、戦い方を変えようとしなかった。その結果、スペインはグループリーグの最初の二試合を立て続けに落としてしまった。このときスペインは、グラスを別のグラスに替えただけだった。リードを許している展開で、ストライカーのジエゴ・コスタを下げて、やはりストライカーのフェルナンド・トーレスに替えた。どうして、そんなことをするのか？　二人を同時にプレーさせるべきだった。現状を変える必要があるのだから。よく言われるように、スペインは独自のシステムと哲学をもっている。けれども、それが機能しなければ変えなくてはならない」

政治の世界で同じような実例はないかと考えて、私が思い出したのは――モウリーニョも賛同してくれるといいのだが――ベトナムのホー・チ・ミンだ。ベトナムで革命を主導し、社会主義政権を樹立して首相と国家主席を務めた人物である。ホー・チ・ミンは数々の救いようのない失態も犯したが（この点では、同時代で彼の右に出る者はいない）、適切な戦術を実行して、外部環境と敵対勢力を分析することにより戦いに勝つ点は、非常に見事だった。外交の舞台でもインドシナ半島の戦場でも、つねに現実主義を貫いた。いまだに、本当は共産主義者だったのかナショナリストだったのかという議論が続いていることは、状況に応じて戦略と戦術を臨機応変に修正するカメレオン的資質の持ち主だった証拠と言えるだろう。

モウリーニョは、美しいゲームを目指すタイプなのか、それとも耐えに耐えて一対〇で勝つことに喜びを見いだすタイプなのか？　実際には、この両方の側面をもっている。大きな成功を収めていてカリスマ性がある監督というイメージが強いために、前者の側面に光が当たりがちなだけだ。おそらく、そのような現実主義を実践しているからこそ、戦略と戦術をあまり区別せず、両者を切り離せないものと位置づけているのだろう。

この点を考えると、モウリーニョが試合後のインタビューでウエストハムのサム・アラダイス監督を「一九世紀のフットボール」と批判したことには苦笑せずにいられない。プレミアリーグでモウリーニョのチェルシーと対戦したとき、アラダイスは引き分けで試合を終わらせて勝ち点を一つもぎ取るために、〇対〇の

戦略の重要性は高まる一方だ。
サッカーが成熟して発展し、
テクノロジーも進歩した結果、
すべてが変わった。誰もがほかの
すべての人についてあらゆることを
知っているようになった。

ジョゼ・モウリーニョ

局面で超守備的な選手を送り込んだ。それが「一九世紀のフットボール」だというのだが、モウリーニョ自身も、そのような古い戦い方をしなければ勝てない試合があれば、そういう戦い方を選ぶはずだ。

「でも、アラダイスの戦い方は正しかった」と、私は言った。「勝ち点を取るために、あなたに好きなようにさせず、スコアレスドローに持ち込むしかないとすれば、そうすべきだ」

「もちろん、正しい戦い方だったと思う」

興味深いのは、戦略により戦術モデルを修正した実例としてプレミアリーグのリヴァプールの戦いぶりを挙げていることだ。というのも、二〇一四年にプレミアリーグ優勝に向けて歩んでいたリヴァプールの快進撃を止めたのは、モウリーニョ率いるチェルシーだったからだ。このとき、リヴァプールのホームであるアンフィールドで試合に臨んだチェルシーは、二七％のボール支配率にとどまったが、二対〇でリヴァプールを降した。リヴァプールのブレンダン・ロジャーズ監督はのちに、チェルシーがゴール前に「二階建てバスを二台」停めたと不満を述べた（一般に超守備的な戦い方をするチームを揶揄するときには、「ゴール前にバスを一台停める」という表現を使う）。

チェルシーの選手たちは、モウリーニョの考え方を支持していたようだ。それは、ミッドフィールダーのアンドレ・シュールレの言葉にもはっきり見て取れる。「試合の目的は勝つことだ。そして、私たちは勝った。それがすべてだ。私たちを批判する人は、要するに嫉妬しているんだ。それだけのこと」。ちなみに、シュールレは、二〇一四年のワールドカップ・ブラジル大会でドイツ代表として優勝を経験している。

近年、サッカー界では、選手として大成しなかった人物が監督として成功するケースが増えている。モウリーニョもその一人だ。しかし、そのことが選手との関係で問題になったことはないと、本人は言う。それはおそらく、みずからのキャリアについて非常に戦略的に――ここで言う「戦略的」というのは、私の定義のほうの意味だ――臨んできた賜物なのだろう。

自分が選手として成功できないと察したモウリーニョは、若い時期に早々と監督業に目を向けた。ただし、先を急ぐことはしなかった。多くのことを学ばなくてはならないと、よく理解していたからだ。そこで、いま対戦相手を分析するのと同じように、几帳面な方法で学びはじめた。ポルトガルのリスボンの大学でスポーツ科学を学んだことは、サッカーに特化したフィジカルトレーニングの斬新なアイデアにつながった。コーチになるために必要なことをすべて学ぶために、スコットランドでコーチングのコースも受講した。ポルトガルでは、体育教師をしながら、ユースチームの指導者としても活動した（教師時代の同僚たちによれば、当時のモウリーニョは、いまチームをマネジメントしているのと同じくらい細部を大切にしていたという）。

そして、イギリス人のボビー・ロブソンがスポルティング・リスボンの監督に就任したことをきっかけに、名監督から実地で学ぶチャンスが訪れる。五つの言語に堪能なモウリーニョは、ポルトガル語がわからないロブソンの通訳に採用された。そして、語学の才能だけでなく、練習と試合でサッカーに関する知識を選手に伝える技量を評価され、次第にコーチの役割も任されるようになった。ロブソンは、監督としてポルト、バルセロナと渡り歩く間もモウリーニョをそばに置き続けた。通訳、コーチから出発したモウリーニョは、最終的にアシスタントコーチにまで上り詰めた。ロブソンがバルセロナを去ると、一緒に退任するものと思われていたが、新監督のルイス・ファン・ハールもこの若きポルトガル人の能力を買い、アシスタントコーチとしてチームに残した。

モウリーニョは、ずっと監督になりたいと願い、自分がいずれ監督に、それも優秀な監督になると信じていた人物として知られているが、長い時間をかけて学んだことの数々がものを言ったと述べている。「ついに監督に就任することが決まったとき、技術面の準備はすべて整っていると思っていた。とくに重要だったのは、アカデミックな知識とフォーメーションに関する知識を得ていたことだ」。二〇一〇年の欧州チャンピオンズリーグの前に、当時チェルシーの監督だったカルロ・アンチェロッティから、トップレベルの選手経験がないことを馬鹿にされたときは、こう切り返した――アンチェロッティがプレーヤーとして過ごしていた期間、自分は監督になるために学んでいたのだ、と。

トップレベルの選手経験がない指導者の話をまじめに聞こうとしない選手がいれば、モウリーニョはただちに、持ち前のモチベーション喚起のスキルを駆使し、さらには、なによりも細部を徹底して重んじることにより、言うことを聞かせた。

試合の目的は勝つことだ。
そして、私たちは勝った。
それがすべてだ。
アンドレ・シュールレ
（ドイツのサッカー選手）

一九五四年のディエンビエンフーの戦いという一つの戦いのために、計画と準備に二年を費やしたホー・チ・ミンにはかなわないが、モウリーニョの下でプレーした経験をもつ選手たちに話を聞くと、彼の強みとして誰もがすぐに挙げるのが細部重視の姿勢だ。この資質は、プレーヤーがとくに関心を払う分野でことごとく発揮されている。それは、トレーニング、選手補強、対戦相手の分析だ。この三分野すべてで、モウリーニョは卓越している。

モウリーニョは、トレーニングに関しては近代化主義者だ。若い頃にスポーツ科学の学位を取得したたけのことはある。スポーツ科学の知識に価値を見いだし、それをトレーニングに反映させる方法を心得ている。よく知られているように、モウリーニョはサッカーに特化したフィジカルトレーニングを導入し、ボールなしで長時間のランニングや短距離ダッシュをおこなう旧来のやり方にはほとんど価値を認めていない。フィジカルコーチのルイ・ファリアがすべての練習の計画に深く関わっており、大半の有力クラブのフィジカルコーチより大きな発言力を与えられている。

私たちが会って話したのは、プレミアリーグの二〇一四～一五年シーズンの日程が決まった直後だった。チェルシーの開幕戦は、私の応援しているバーンリー（このシーズンからプレミアリーグに昇格した）とのアウェー戦だ。そこで私は、バーンリーをどう分析しているか尋ねてみた。モウリーニョの話によると、このようなケースでは、昇格が決まった時点でスカウティング担当がそのチームの分析を開始する。開幕戦での対戦が決まれば、監督自身が前シーズンの数試合分のビデオを見て、スタッフにはもっと多くの試合を見させる。それと並行して、モウリーニョはもっと大づかみな分析も独自におこなっていた。

「（下部リーグである）チャンピオンシップで上位だったチームも、プレミアリーグに昇格すれば最弱チームの一つだ。本来なら準備の仕方を変えるべきだが、監督は交代しておらず、基本的な戦い方は前年と変わらないだろう。資金力豊富なチームではないので、新しい選手を六人、七人と加えることもなさそうだ。基本的には、去年と同じチームだと思う。私が最低限すべきなのは、どういうプレーヤーがいるかを知ること。あとは、どこでシーズン前のトレーニングをし、どのようなフレンドリーマッチを組むかを調べ、スタッフを派遣してチェックさせる。オーストリアなど遠方の場合も、どこかのテレビ局が中継していればその映像を取り寄せ、たぶん私も見てみる。どの試合も事前にしっかり準備しなくてはならないが、開幕戦でバーンリーとは当たりたくなかった。(プレミアリーグに昇格して)勝者のような気持ちで試合に臨むだろうから。こっちとしては対戦経験のない相手だし、ファンも盛り上がっているはずだ。状況はトーナメント形式で戦うカップ戦に似ている。だから、徹底した分析をおこない、相手の弱点を見つけなくてはならない」

その後、開幕戦の日がやって来た。私はいつもどおり、バーンリーのホームスタジアムに足を運び、アウェーチームのベンチに近い席で観戦した。実際に会って話したあとだったので、モウリーニョを観察するのは楽しかった。選手が戦術モデルに沿わない行動を取ったときは、すぐに態度にあらわれた。選手がボールをうしろに運べば、ほぼ例外なく足を踏み鳴らし、口を尖らせ、腕を振り回す。そしてアシスタントたちに向かって、不満を述べる。バーンリーが先制すると、表情が固く、厳しくなった。

チェルシーが同点に追いついても、喜んだのはほんの一瞬だけ。すぐに、三分前に許したゴールについていくつか不満な点を指摘した。そのあと、チェルシーが美しい二点目を決めた。新たに獲得したセスク・ファブレガスの素晴らしいパスも含めて、いくつものパスをつないで決めたゴールだった。このときは、一点目より派手に喜び、誇らしげな態度を見せた。ハーフタイム前に三点目を決めると、ベンチの前を駆け抜け、控え選手全員とグータッチをしたり、ハグしたりした。

私がいちばん印象に残ったのは、勝利がほぼ確実な状態で試合終了の笛が吹かれる直前に、ジョン・テリーが足を滑らせ、ガリー・ケーヒルがバックパスをしたときのことだ。ボールを前に運ばせたかったモウリーニョは、やはり足を踏み鳴らし、どうして戦術モデルに従わなかったのかと不満をあらわにした。

私はハーフタイムと試合終了後、チェルシーのテクニカルディレクター、マイケル・エメナロと話をした。選手補強、取締役会との連絡、そのほかサッカー関連のすべてのことを助言する役割を担う人物だ。エメナロは満足げだった。なにより、獲得したばかりのファブレガスがうまくチームになじんでプレーできていたからだ。試合終盤にモウリーニョがケーヒルに怒鳴っていたことを指摘すると、こう言った──「ああ、そうですね。ジョゼはいつも多くを求め続ける。それが彼のやり方なのです」。

選手補強に関して、モウリーニョはこう述べている。「私がスカウト活動をするのは難しい。シーズン中は時間がないし、私が試合を見に行けば、たちまち大騒ぎになってしまう。すぐに、どの選手を見に来たのか、誰を獲得するつもりなのかという話になる。そこで、ほかの人たちに見てもらうほかない。あらゆる土地にスカウト担当者を置いている。私が獲得を要望したくなるのは、たいてい同じリーグでプレーしている、あるいはプレーしていた選手だ。ファブレガスのことはよく知っていた。プレミアリーグで二年、スペインで二年、同じリーグに所属していたから。リーグで対戦し、よく見ていた選手だったので、いろいろ知っていた。それに、テレビでも毎週、プレーを見ていた。たとえば、ロシアのCSKAモスクワにいい選手がいて、獲得候補に浮上したとする。プレーの映像は見られるし、気に入れば一度試合を見にも行けるだろう。けれども、その選手のことを十分に知っているとは言えないので、獲得はギャンブルになる。あの選手を信頼していいのか？　選手のまわりの人間は信頼できるのか？　チームにうまくフィット

ああ、そうですね。ジョゼはいつも多くを求め続ける。それが彼のやり方なのです。

マイケル・エメナロ

（チェルシーのテクニカルディレクター）

できるのか？　スカウト部門はいつも最良の情報を集めてくれるが、それだけでは不十分な場合もある」

ビジョンより知識を生かす

モウリーニョは、戦略観だけでなく、リーダーシップ観も私とは違う。サッカーの監督に必要なのは、ビジョンより知識だというのだ。「私が監督として成功するのを助けた要素を一つ挙げろと言われれば、それは仕事への準備ができていたこと、つまり監督という仕事に関する知識だ。昔は、性格やリーダーシップの振るい方が大切だと思われていた。そのような資質に恵まれているに越したことはないが、成功の土台を成すのは準備だ。性格だとか哲学だとかリーダーシップだとかは、すべて副次的な要素でしかない」

祖国のポルトガルでラグビーは盛んでないが、モウリーニョはラグビーが大好きだ。しかし、サッカーの監督としてのスキルをラグビーに応用することは不可能だと言う。「私がラグビーの指導者になっても成功しないだろう。試合の流れを見通せないし、それを感じ取ることも、嗅覚をはたらかすこともできない。トレーニングの組み立て方や選手の育て方もわからない。私が知っているのは、あくまでもサッカーのこと。ラグビーの世界では失敗する」。自信家モウリーニョ流の謙虚さというところだろう。

モウリーニョは、サッカー界の変化の潮流に誰よりも通じていなくてはならないと痛切に理解している。サッカーの世界は変化が速い。モウリーニョの下でプレーしているトップ選手たちはことごとく、出身国の代表選手だ。各国のトップ選手は、代表チームではほかのクラブに所属している選手たちと接し、ほかの監督の下でプレーする。その結果、日常的にほかのクラブの選手と情報交換したり、資料を見せ合ったりしている。しかも、サッカー選手には移籍がつきものだ。監督なら誰でも、有力なライバル監督が率いるクラブや、ライバル関係にあるクラブから移籍してきた選手の知識を活用したいと思うだろう。

サッカー界で情報が素早く広まることには、ほかの要因もある。「アシスタントマネジャーが監督に昇格する場合がある。私のアシスタントがほかのチームで監督になったりもする。そのとき、私たちがやってきたこと、いまやっていることに関する情報、そのほかのあらゆる情報を一緒にもっていく。こうして、新しい考え方はたちまちサッカー界に広まってしまう。だから、新しいアイデアを絶えず生み出し続けなくてはならない」

モウリーニョによれば、二〇一四年にワールドカップ・ブラジル大会で惨敗を喫したスペイン代表と、（それまでの圧倒的な強さを考えれば）精彩を欠くシーズンを送ったバルセロナは、ライバルが追いついてきているときに、その次を考え続けなければどうなるかという、わかりやすい例だ。「成功しているチームは徹底的に研究される。そのチームに失点しなかったチームがあれば、ほかのチームは映像を入手して検討する。どのようにプレーしたのか？　どのような戦術を実践したのか？　強いチームの戦い方を研究し、そこから学べることも探す。だから、成功したチームはつねに改善を続けなくてはならない。タイトルを獲得しても、私はけっして満足しない」

つねに向上しようという欲求を追い続ければ、そのために多くのことを犠牲にしなくてはならない。あまり休暇を取れず、せっかくの休暇もしばしば中断せざるをえない。サッカー以外に使える時間はほとんどない。それでも、「できるだけ長く」サッカーの監督でいたいと、モウリーニョは言う。「サッカーを離れたら、ほかになにをしろと言うのか?」

私のインタビューに対して、たった一度だけ言葉に詰まったように見えたのは、サッカー界以外の人物から影響を受けたことがあるかと尋ねたときだった。サッカー界以外に、お手本にしている人物はいるか? ほかの分野の人物から触発されたり、ものの考え方を変えられたりしたことは?

目の前の状況に該当しそうな名言の類いを見かけることはよくあるけれど、それはその言葉を発した人の状況にしか当てはまらないものだと、モウリーニョは言った。「ビル・ゲイツなり、ほかの誰かなりの言葉を読んだところで、私たちの世界とはだいぶ違う。サッカーの世界では、非常に過酷な日々が延々と続く。一週間に三試合戦えば、記者会見を週に六回しなくてはならない。私たちは試合を戦い、トレーニングに励み、対戦相手を分析し、メディアに対応するという具合に、厳しい日々を送っている。ほかの監督は知らないが、私はサッカー界以外の人を参考にしようとは思わない」

モウリーニョは、湿っぽく情緒的な面をもっていないように見える。マンチェスター・ユナイテッドの監督を三〇年近く務めたアレックス・ファーガソンが退任したことを寂しく思うか? そう尋ねると、肩をすくめてこう言った。「しょうがないよ」。ファーガソンの後任のデーヴィッド・モイーズが一シーズンで更迭されたのを気の毒に思うか? 「職を失った人がいれば、誰であれ気の毒に思う」。サッカーの監督は成功不能な仕事なのか? 「なぜ、成功不能だと思うのか?」

はじめて監督になって以来、つねにどこかのクラブで監督を務めてきたモウリーニョは、トップ

成功したチームはつねに
改善を続けなくてはならない。
タイトルを獲得しても、
私はけっして満足しない。

ジョゼ・モウリーニョ

レベルのクラブの監督をしていないと、どのように日々を過ごせばいいかわからないだろう。「私には、代表チームの監督は務まらない。試合の数が少なすぎるし、プレーヤーと過ごす時間も、トレーニングの時間も少なすぎる。密度が薄すぎる。そういう生き方は、私には合わない」

一九九六年にバルセロナでボビー・ロブソンの下でアシスタントコーチになった頃に比べて、サッカーの監督業のあり方は目を見張るほど変わったと言う。「すべてが変わった。それまで、サッカーは選手と監督がするものだった。それ以外は、誰も関係がなかった。いまは、選手とその取り巻き、家族、エージェント、父親、おじさん、ソーシャルメディアが関わってくる。まったく別世界になってしまった」

モウリーニョの見るところ、変化を突き動かしてきた大きな要因は選手のセレブ化だ。「選手本人との関係には問題がない。監督が経験と強さをもった真のリーダーで、選手たちもそれを感じていれば、問題は生じない。問題になるのは、近頃のサッカー選手であることについて回る数々の要素だ。『明日は試合だから、今日はCM撮影の類いはなしにしてくれ』と私が言ったとしても、選手のエージェントが、つまり選手を収益源にしている人間がもう決めてしまっていたりする。商品の宣伝やCM撮影の予定を入れていたり、メディアにインタビューを約束していたり。つねにこうした状況が続き、監督はいつも戦わなくてはならない。ありとあらゆる問題が持ち上がる。これがいまのサッカー界だ。監督は、目の前の問題のなかでどれが大きな問題かを、言い換えれば、どの戦いに集中すべきかを判断しなくてはならない」

ソーシャルメディアが普及しはじめたとき、大半のクラブと監督は選手たちに利用を禁止したいと思ったと、モウリーニョは言う。「心配は尽きなかった。選手たちが情報を漏らしはしないか?

ロッカールームの写真を投稿したりはしないか？　ロッカールームは神聖な空間なので、それはあってはならない。現実には、ソーシャルメディアは禁止できなかった。無理な話だった。最近は、ホテルの部屋や移動中のバスやロッカールームでツイッターに投稿するのが当たり前になった。試合の前後にも投稿する。相手チームの選手と仲良くハグしている写真を載せる選手までいるんだ！」

しかめ面を見るかぎり、こうした振る舞いを快く思ってはいないらしい。それでも、現実は認めざるをえない。「阻止できないのなら、それに適応するしかない。選手に投稿を禁止したところで、エージェントや兄弟やガールフレンドに話して、代わりに投稿させるだけだ」

もっとも、難しい状況を語って同情を誘おうとしたわけではなさそうだ。実際、モウリーニョ自身も、監督として世界で最も高額の報酬を受け取り、企業と大型の契約も結んでいる。大きなウブロの腕時計をはめているのは、たぶんこのスイスの腕時計メーカーの「アンバサダー」としての仕事の一環なのだろう。ほかにも同様の大型契約をいくつか結んでいる。

プレーヤーがリッチなセレブになり、ブランド化していることは、かならずしもチームを築く助けにはならない。しかし、モウリーニョに言わせれば、トッププレーヤーのほとんどは、金儲けがモチベーションの最大の源ではない。「契約が締結されれば、その時点でお金が手元に入ってくる。選手たちはみな金持ちになる。大富豪だ。それでも、モチベーションをもち続けられるのは、勝ちたい、うまくなりたいという思いがあるからだ」

私たちが会って話す前の晩、ワールドカップでイングランドがウルグアイ戦でひどい試合をした直後、イギリスでテレビ画面に真っ先に映し出されたのは、ゴールキーパーのジョー・ハートが登場するシャンプーのCMだった。そのあとは、ストライカーのダニエル・スタリッジがあらわれて、サブウェイのサンドイッチがなによりも好物だと訴えた。そして、再びハートが出てきて、今度はトルティーヤチップスのドリトスを宣伝した。すると、失望した何千人ものイングランド・ファンがソーシャルメディアに書き込んだ。選手たちがもっとサッカーに集中していれば、もっといいプレーができたのではないか、と。そうかもしれないし、そうではないかもしれない。

「監督にとっては、これも抵抗しようがないことだ」と、モウリーニョは言う。「選手たちは、そうやって金を稼いでいるのだから。昨日、ポルトガル代表チームの馬鹿げた光景を見た。ワールドカップでは、三日か四日おきに試合を戦う。その間に移動もある。だから、チーム全体で練習できる機会は一回か二回かもしれない。ところが昨日、ポルトガルの公開練習に一万二〇〇〇人が見学に押し寄せた。練習の様子はポルトガルでテレビ中継され、現場では一万二〇〇〇人が歓声を上げていたのだ。こんな環境でしっかり試合の準備などできるわけがない。そのうちに気がついたのだが、ポルトガル・サッカー連盟は、この日の公開練習の権利を二つの企業に売っていた。適切な練習をさせることより、金儲けを選んだわけだ。もし私がポルトガルの代表監督なら、連盟に抗議したかもしれない。もっとも、抗議したところで、監督としての報酬は払っている、おとなしく仕事をしろと言われるだけだった可能性もある。こうした点で、サッカー界は大きく変わってしまった」

そのような「上へのマネジメント」も、モウリーニョが監督として成功するために学ばなくてはならないことだった。なにしろ、チェルシーのオーナーは、剛腕ぶりで知られるロシアの大富豪ロマン・アブラモヴィッチだ。このほかに、選手やスタッフに対する「下へのマネジメント」（監督はこの人たちの行動に最終的な責任を負う）、そしてスポンサーやファン、メディアに対する「横へのマネジメント」も身につける必要があった。

メディアが試合に及ぼす影響は、究極的にはゼロだと、モウリーニョは言う。しかし、メディア対応が監督業の大きな要素になっていることも事実だ。プレミアリーグの上位チームの監督が能力を最大限発揮しようと思えば、リーダーとしてメディア対応のスキルは欠かせない。モウリーニョは言う。「避けて通れないことが二つある。一つは試合を戦うこと、もう一つは試合の前後に記者会見をすることだ。それ以外のことはやらないで済ませることもできるが、試合とメディア対応は避けられない」

新聞などはあまり読まず、評論家連中のことは軽蔑していると言う。「ああすべきだった、こうすべきだったという技術面の論評は読まないし、気にもしていない。それよりも気にかけるのは、クラブへの批判が組織立っておこなわれていないか、という点だ。批判する人たちがなんらかの意図をもって行動しているように見える場合は、対応しなくてはならない」

メディア対応に長けた監督というイメージの強いモウリーニョだが、メディアとの関係は、経営陣、選手、対戦相手、ファンなど、もっと重要な関係をうまく運ぶための手段にすぎないと、本人は位置づけている。サッカーをめぐるメディアの過熱報道がもたらす影響に早い時期に気づいて、みずからをメディアの注目の中心に置くよう意識しはじめた。それを好む性格だからという面もあるが、選手にのしかかるプレッシャーを減らしたいという計算もはたらいている。チェルシーの監督就任にあたり、自分のことを「スペシャル・ワン（特別な男）」と言ってのけたのは、傲慢な印象を与えたかもしれないが、メディアの注目を自分に引きつける狙いもあった。

メディアが試合の結果に影響を及ぼすことはないかもしれないが、モウリーニョはメディアを巧みに利用することにより、選手、ファン、経営陣の士気を高め、対戦相手を揺さぶり、そしてなにより勝利とチームシップの大切さを印象づけている。二〇〇六年にプレミアリーグで優勝したときには、優勝メダルを観客席に投げ込んだ（そのメダルはのちにオークションにかけられて、二万一六〇〇ポンドで落札された）。これも、自分は確かに「スペシャル」な存在だが、ピッチの上で結果を出したのはあくまでも選手たちだということ、そしてファンもチームの一員だということを強調する意図があった。優勝メダルを投げ込んだのは、場を盛り上げようというサービス精神というだけでなく、リーダーシップの一環でもあったのだ。

私がバーンリーのホームでチェルシー戦を観戦したときも、試合中にチェルシーのファンがモウリーニョの名前をチャントすると、ピッチ上を指さし、自分ではなく選手たちに声援を送るよう促していた。


「選手たちには、どう思ってもらいたい？」

「とても優秀な監督だと思ってほしい」

「尊敬されたいということ？」

「監督としての仕事の仕方に敬意をいだいてほしい」

「恐怖心をいだかせたい？」

「いや、そうは思わない。ときには、選手の目の前で怒鳴る必要があるときもある。でも、脅えさせるのはよくない」

「では、好かれたい？」

「それに越したことはないけれど、それ以上に、優秀な監督だと思われたい。それがいちばん大切なことだから」
アウェー戦に移動するチャーター機にビジネスクラスの席とエコノミークラスの席があるときは、ビジネスクラスを選手に譲ることが多いと、モウリーニョは言う。こうした振る舞いは、『孫子』の一節を思い出させる（この中国の古典は、勝つことを目指す人には必読書だ）。

兵士を赤ん坊のようにやさしく扱えば、兵士はどんなに深い谷にまであなたについてくる。兵士をわが子のように愛おしめば、兵士は死のときまであなたについてくる。

中国の軍人・思想家である呉起という人物に関して、こんな逸話も伝えられている。

最も待遇の悪い兵士と同じ服を着て、同じ食べ物を食べた。馬に乗って行軍することも、敷物の上に寝ることも拒んだ。自分の食料は包みに入れてみずから運び、兵士の苦労はすべて自分も共有した。ある兵士が化膿に苦しめられたときは、みずから口で毒素を吸い出した。

さすがのモウリーニョも毒素を吸い出すのはためらうだろうが、選手の体は「チームにとって誰の体よりも重要」だと語る。「試合のとき、私が腰痛に苦しんでいても別に問題ではない。けれども、選手の誰かが腰を痛めていれば問題だ。楽ができるように、監督用の椅子を譲る」
モウリーニョは、モチベーションをかき立てる才能が優れているとよく言われるが、本人はその能力を重く考えていない。「人間の性格を変えることはできない。せいぜい、細部に影響を及ぼすのが関の山だ」。だから、モチベーションを与えるより、適切な人物を起用することのほうが大事だという。

私たちが話した数日後、ウルグアイのストライカー、ルイス・スアレスがイタリア戦で相手選手に噛みつき、世界中で非難を浴びた。試合中にこのような行為に及ぶのは、プロ選手になって三回目だった。モウリーニョはこの事件を予言してはいなかったが、選手の性格を話題にしたとき、素晴らしい勝者のマインドセットの持ち主としてスアレスの名前を挙げていた。私たちが会う前夜、イングランド戦で二ゴールを上げ、イングランドの予選リーグ敗退を決定づけた選手だ。

この試合で途中交代して退いたあと、スアレスはチームメートと喜びをともにし、自分のゴールの意義を噛みしめていた。そこが気に入ったというのだ。「スアレスは、勝つためなら命を投げ出してもいいと思っている。そのためには手段を選ばない」。もちろん、これは褒め言葉だ。

スアレスのように、勝ちたいという強い意志をもっているプレーヤーは、ほかに誰がいるかと尋ねてみた。真っ先に挙がったのは、元コートジボワール代表のディディエ・ドログバだった。「礼儀正しい人物に見える。相手選手に噛みついたり［スアレスの行動を予期していたかのような言葉だ］、ひじ打ちを食わせたり、そのほかレッドカードをもらうような行為はしないだろう。それでも、ピッチに立つときは、一つのことしか目指していない。それは、その試合に勝つことだ」

最後に、いかにもモウリーニョらしい言葉を紹介しよう。「ときどき、選手たちにこう話す。試合を楽しんでこい、と。選手たちは私の真意を理解している。試合に負ければ楽しくない。勝てば楽しい。私が言いたいのは、要するにそういうことだ」

第5章　リーダー、アナ・ウィンター

リーダーシップとは、アイデアを考えついて、それを実行に移すこと。アイデアを思いつくだけでは、屑ほどの価値しかない。

——**アナ・ウィンター**（アメリカ版ヴォーグ編集長）

謎めいた雰囲気がもたらす勝利

最初に白状しておこう。私は仕事用の靴を三足しかもっていないような男だ（黒と茶とカジュアル）。ファッション界のことはまったく知らない。しかし、そんな私でも昔から知っていた名前がある。アナ・ウィンターだ。この女性編集者への関心は世代を越える。私の隣に住む若いファッションデザイナーは、彼女を「世界で最も重要な女性」と呼び、私と同世代の女性たちは口をそろえて「ファッションと文化のアイコン（崇拝の対象）」という言葉で彼女の絶大な影響力を表現する。

しかも、その関心は、大西洋を越えてイギリスとアメリカの両方に広がっている（これはある意味では意外でない。彼女の父親はイギリス人、母親はアメリカ人だからだ）。ロンドンの社交界の一員と見られている一方で、ファッション誌のアメリカ版ヴォーグの編集長を三〇年近く務め、アメリカのライフスタイル、アート、政治に大きな影響を及ぼすなど、アメリカ社会の一員と位置づけられてもいる。その名声が及ぶ範囲は、ファッション業界や雑誌業界だけにとどまらない。

私はウィンターと会う前に、いろいろな人に話を聞いて回った。その結果、ほかの人たちは明らかに知っているのに、私自身はまったく知らなかった事実を知った。それは、アナ・ウィンターという個人の名前が一種の「ブランド」になっているということだ。そんな人物はめったにいない。

その存在は、アメリカ版ヴォーグの編集長、発行元の雑誌大手コンデナスト社のアーティスティック・ディレクターといった立派な肩書きにも収まり切らない。目を見張るべきなのは、誰もが同じ言葉で彼女を評することだ——アイコン、トレンドリーダー、怖い、パワフル、小柄、エレガント、「あの目つき」。ここから判断すると、ファンもアンチも、尊敬する人も軽蔑する人も、基本的には同じイメージを共有していると言えそうだ。

けれども、魅力の一部は、真の人物像がはっきりしない点にあるのではないかと、私には思える。興味深いことに、謎めいた雰囲気が勝利をもたらす場合があるのだ。この点は、ソーシャルメディアの時代にはとくに際立つ。いまは、誰もが自分に関する情報を大量に発信する時代だ。個人についてほぼあらゆることが知られていて、想像にゆだねられる部分はほとんど残されていない。そのような時代にあって、ウィンターは、言ってみればファッション界におけるバンクシーのような存在と言える。世界的な人気を誇るグラフィティ・アーティストでありながら、素性を公表していないバンクシーと同じように、仕事ぶりは誰もが見ているが、人物像は謎に包まれている。それがウィンターにとって有利にはたらいている。彼女以上に秘密主義を徹底しているバンクシーがその恩恵に浴しているのと同様だ。

ニューヨークのタイムズスクエアに建つコンデナスト・ビルの一二階にあるオフィスにウィンターを訪ねたあと、私は同じ日にニューヨークのスポーツ関連のシンポジウムで講演した。会場に着いたときには、もうインタビューの噂が広まっていた。心底驚かされたのは、男女を問わず誰もが強い興味を示したことだ。「アナ・ウィンターにインタビューしたんですって？　本当はどんな人でした？」などと尋ねられた。

この「本当は」という言葉は意味深だ。この問いを私に尋ねた人たちは、ウィンターの人物像をそれなりに理解しているつもりだが、実際にどういう人物かは確信がもてずにいるのだ。こういうことは、ある人物に関して神話が形成されているときに起きる。その過程を経て、その人物は「興味深い人物」から「アイコン」に昇格するのだ。

私が事前に話を聞いた人たちによると、ウィンターは非常に冷たく、やや怖い人物というイメージをもたれているようだった。しかし、私はいずれの印象も受けなかった。確かに、あまり感情を表に出さないタイプではあるが、ユーモア精神や温かみを欠くことはまったくない。ただし、自分について語りたがる印象はなく、それがますます神秘性に拍車をかけている。私が連想したのは、ラグビーのイングランド代表で活躍したジョニー・ウィルキンソンだ（ラグビーシーズンが終わった直後にインタビューしたことも影響したのだろう）。彼女にみずからの長所を語らせようと意図して質問を投げかけても、すぐにチームに対する賛辞を述べはじめるのだ。怖くて、凄みがあって、それどころか部下をいじめるという噂とは、だいぶ話が違う。

ウィンターは、映画『ファッションが教えてくれること』を気に入ったという。これは、ヴォーグ史上最大のページ数となった特大号の制作に密着したドキュメンタリー映画だ。「グレースに好意的」なのが理由だという。ずっと一緒に仕事をしてきた右腕的な存在のクリエイティブ・ディレクター、グレース・コディントンのことだ。「グレースが天才的な創造性の持ち主だというのは、私はずっと知っていたけれど、みんなにも知ってもらえるのはうれしい」と言う。

コディントンの年齢は、このとき七三歳。現代のファッション界を牽引し、若い世代に絶大な影響力をもつ二人の女性、ウィンターとコディントンは、そろって年金受給年齢なのだ。ウィンターが最も評価しているファッションデザイナー、シャネルのクリエイティブ・ディレクターのカール・ラガーフェルドはさらに年長だ。ウィンターは言う。「高齢の話をするなら、（ラガーフェルドは）八〇代で何十億ドル規模の会社を運営し、絶え間なくイノベーションを続けている。苦境に陥っている会社の舵取り役になり、何度も何度も会社を刷新してきた。目が覚めるほど創造性に富んでいて、あらゆることに興味をもっている。いくつもの言語を操り、画家で作家でイラストレーターでデザイナーで映画監督で、そして文句なしのリーダーでもある……私たちの世界における文句なしのリーダーと言っていい」

本人にインタビューし、知人や元部下に話を聞いたかぎり、ウィンターがこれほど長期にわたり大きな成功を収められているのは、「文句なしのリーダー」だからだと思える（本人はけっして、自分についてこの言葉を使わないだろうが）。インタビューの前は、イノベーションについて実のある話を聞けるだろうと思っていた。なにしろ、ファッションの世界ではつねに新しいものを生み出さなくてはならないからだ。ところが、実際に話せば話すほど、ウィンターの真の強みは、「言葉ではなく行動で引っ張るリーダー」であることなのだと思えてきた。とても小柄な女性で、しかも概して内気なことを考えると、この点にはひときわ驚かされる。

インタビュー前夜、『ファッションが教えてくれること』を改めて見た。監督のR・J・カトラーのコメントも読んだ。「スティーブン・スピルバーグのような才能がなくてもハリウッドで映画を撮れるし、ビル・ゲイツのような才能がなくてもシリコンバレーでソフトウェアをつくれる。しかし、アナ・ウィンターのような才能がなければファッション界で成功できないことは、私の目にはきわめて明らかに思える」。非常に強力なリーダーと言っていい。では、その地位をどのように使っているのか？　変化の激しい時代に、その地位をどのように維持しているのか？

映画で最も印象的だったのは、ウィンターの名前が出るだけで、編集部の内外の人たちがにわかに活気づくように見えることだ。この「アナ効果」を軽く見てはならない。ここには、評判がもつ力がよくあらわれている。

ラグビーのウィルキンソンの場合もそうだ。どんなチームでも、相手チームのメンバーリストにジョニー・ウィルキンソンの名前を見た途端に守勢に立たされると、おそらく同時代で最高のスタンドオフであるニュージーランド代表のダン・カーターは述べている。サッカーのアレックス・ファーガソン監督が試合時間残り一〇分でテクニカルエリアに出てくるのを見た選手や、大物投資家のジョージ・ソロスが興味を示していると聞かされた政府や企業の関係者がどういう心理になるか想像してみればいい。

二〇一三年のヨットのアメリカズ・カップで、途中からアメリカチームに加わったベン・エインズリーの例もある。このとき、アメリカチームが史上屈指の大逆転を成し遂げられた一因は、それまでに多くの実績を上げてきたエインズリーの存在そのものにあった。勝利をつかもうと思えば、評判は強力な財産なのだ。ウィンターはその財産をたっぷりもっている。

もう一つ映画で印象に残ったのは、状況に素早く本能的に反応していることだった。それが可能なのは、なにを好ましいと考え、なにを好ましくないと考えるかがはっきりしているからだ。しかし、そうした強い姿勢を一皮めくると、かなりの弱さが潜んでいるように思えた。

直感的に即断即決する姿勢は、厳しくて怒りっぽいという印象を生み出している。それは本人の性格の一部でもあるが、若い頃に学んだ教訓の産物でもある。雑誌の世界に入って間もない頃、いまの自分とは正反対の弱々しい上司の下で働いたことがあったと、ウィンターは言う。その人物の実名を挙げることは避けたが、そのとき、リーダーがどのように振る舞ってはならないかを学んだとのことだ。

「彼女は信じ難いくらい優柔不断で、決断をくだすまでに長い時間を要した。しかも、あとになって方針を変更することもあった。そのときの経験により、いちばん大事なのは、きっぱり決断し、自分の決断に自信をもつこと、そしてその自信を部下に伝えることだと、私は学んだ。親と子の関係に似ている。親があやふやな態度を取っていると、子どもは不安になる。だから、方針を明確にし、自信をもたなくてはならない。たとえ自信がなくても、自信ありげに振る舞う。そうすれば、ほかのメンバーは方針をはっきり理解できる。ものごとをきっぱり言わない人があまりに多い。私は素早く決断することにしている。部下にとっては、そのほうがいいと思う。私たちの世界では、直感とスピードとテキパキとした対応が大切だから」

この日のインタビューで、リーダーシップがみずからの強みだという趣旨に最も近い発言を引き出せたのは、ウィンターが次のように述べたときだった。「私は几帳面な半面、人に仕事を任せるのが得意でもある。人は仕事を任されたときに、いい仕事ができる。だから、なにをすべきかを説明して、あとはその人に任せる。状況は把握しておくけれど、部下の仕事の再チェックや再々チェックはしない」

「部下にはとても有能な面々がそろっていて、私にはできないことができる。私は創造性をまったく持ち合わせていないから」とも言う。さすがに謙遜しすぎだと、私には思えた。時代の潮流を形づくる雑誌を二〇年以上もつくってきた人物が創造性を欠いているはずがないと、私は述べた。

しかし、ウィンターは譲らなかった。「私はなにもつくれない。ワンピースもつくれないし、写真の撮影もできない。映画の脚本を書けるわけでもない。それができる人のことは、本当に尊敬している。自分でやれと言われたら、どこから手をつけていいのか途方に暮れてしまう。私はいつもほかの人の才能に反応する形で仕事をしている。私自身は、才能の持ち主ではない」

「でも、あなたは雑誌のビジョンを描いている。それは創造的なプロセスなのでは？」

「それは、ものをつくる才能とはまるで違う。私は雑誌づくりについて勘がはたらく。どういう雑誌をつくりたいかというイメージがあって、雑誌にとって最善と思う決断をくだせる。けれども、雑誌をつくるために必要なことは、なに一つできない」

ウィンターはチームの大切さを強調する一方で、リーダーはときに孤独でなくてはならないという持論をもっている。私は、「チームのなかに本音を話せる人物はいるのか？　決断力のあるリーダーという仮面をかぶっているときにはけっして見せない内心の不安や疑念を、誰かに打ち明けたりしないのか？」と尋ねたとき、トニー・ブレアのことを思い浮かべていた。ブレアはチーム内の近しい面々の前では、不安な気持ちを見せることがあったのだ。

たとえ自信がなくても、自信ありげに振る舞う。そうすれば、ほかのメンバーは方針をはっきり理解できる。

アナ・ウィンター

しかし、ウィンターはまたしても即座に否定した。「それはない。そういう話を聞かされるのは、チームのメンバーの役割ではないと思う。ものごとを決めるのは、あくまでも私の責任。大勢の人と議論はするけれど、ほかの人に重荷を背負わせたくない。それは、メンバーではなく、私の仕事だから」

「いつも虚勢を張っているということ？」

「それは違う。メンバーとは長い間一緒に仕事をしていて、お互いのことがよくわかっている。だから、駆け引きはしない。さっきあなたが来る前、この部屋にグレース（・コディントン）がいた。いくつもの問題が重なり、雑誌の九月号が大混乱になっていて、二人で大笑いしていた。ほかにどうすればいいの？　精神安定剤でも飲む？」

ファッション界で絶大な影響力をもてている一因は、長く編集長を務めていることにあるが、チーム内で影響力を振るえていることには、別の要因も作用している。それは、メンバーの在職年数の長さだ。インタビューの日、私のパートナーのフィオナは、以前ウィンターの下で働いていた旧友を訪ねていた。その人物によると、編集部のスタッフは概して目を見張るほど忠実で、長く働いている人が多かったという。

メディアで伝えられるイメージとはまるで違う。ウィンターは、部下に厳しいと言われていて、「ニュークリアー・ウィンター（核の冬）」「ウィンター・オブ・ディスコンテント（不満の冬）」といった異名を取っている。映画『プラダを着た悪魔』でメリル・ストリープが演じた鬼編集長のモデルにもなった。そのイメージに合わせて、この映画の試写会にプラダの服を着て出席し、記者たちに「アシスタントたちは片端から殴って、食器棚に閉じ込め、給料は払わない」と言ってみせたこともある。

私はインタビューのあと、部下だった人物や一緒に働いたことがある人物に何人も話を聞いた。そのなかには、ウィンターのことを、やさしくて、周囲の人たちのやる気をかき立てるのがうまく、他人より自分に厳しい人物だと言う人たちもいた。その一方で、憎悪を隠し切れない人たちもいた。ある元部下は、編集部で働いていた頃、いつも軽んじられているように感じ、脅えていたと振り返る。「あるとき、電話を終えると、受話器を私の膝の上に放り投げたことがあった。『私は偉いから、受話器を戻したりはしないのよ』とでも言わんばかりだった」。それでも全般的には、『プラダを着た悪魔』のイメージとは反対に、好意的な意見のほうが多かった。

現在のスタッフ――そのなかには、バラク・オバマ陣営の資金集めを担当したことがあり、ヴォーグ誌のコミュニケーション・ディレクターを務めているヒルディ・クリクなどもいる――を見ると、スタッフと互いに忠誠心をいだいていることがわかる。しかし、スポーツの監督が「若さと経験」の融合を重んじるように、ウィンターは経験豊富なベテランと若い才能を組み合わせたチームを築きたいという欲求もいだいている。

それには実利的な理由がある。リーダーシップに関して、ウィンターは次のような現実主義的なことを述べている。「誰かが辞めると、私も悲しい。けれども、それをチャンスと考えるようにしている。これまでチームがもっていなかった要素をもたらし、私に新しいことを教えてくれるかもしれない人物を新たに招くチャンスだ、と。編集部の主要メンバーは長く在籍する傾向が強く、以

私はいつもほかの人の才能に
反応する形で仕事をしている。
私自身は、才能の持ち主ではない。
アナ・ウィンター

前のマネージング・エディターは一五年だか一六年だか在籍していた。でも、その彼女が辞めたとき、ニューヨーク誌の優秀な男性編集者を迎えることができた。私はいつも新しい才能をチームに加えたい」

刷新を続けなくてはならないチームを率いるリーダーにとって、過去を振り返らないというのは重要な資質の一つだ。これは政治指導者やスポーツの監督にも言えることだが、ウィンターは雑誌編集全般にその原則を適用している。

いつも次の号のことだけを考える

イギリス版ヴォーグの編集長を務めたビー・ミラーと、こんな会話を交わしたことがあるという。ウィンターはアメリカ版の編集長に就任する前、イギリス版の編集長を二年間務めており、そのときの前任者がミラーだった。「ずっと頭に残っている言葉がある。私はあるとき、(ミラーが)最新号に目を通してページを閉じたあと、『どうでした?』と尋ねた。すると、こう言われた。『アナ、いつも次の号のことだけ考えなさい』。私はこの精神に従って行動してきた。検視官のように、終わったあとであれこれ論じることはしない。前に進むだけ。最新号がよかったとか、悪かったとかという話は必要ない。そんなことは言われなくてもわかっている。だから、ひたすら前に進む」

過去を振り返らない姿勢は、データの扱い方にもあらわれている。読者がどういう人で、どういう内容を好むか、誰の写真を表紙に載せるとよく売れるかといった市場調査データのことだ。「確かに、データは参考になる。でも、最終的には、データより自分の勘を信じる。撮影された写真を見て、書き上げられた記事を読み、即座に判断をくだす。これはいい、これはダメ、これを載せる、これは載せない、これはやり直し、という具合に。雑誌のために最適だと思う決定をおこなう。読者がなにを望んでいるかはわかっている」

最後の言葉にとくに力がこもっていたとすれば、おそらく昔一度だけ解雇されたときの経験のせいだろう。一九七〇年代半ば、ハーパース・バザー誌のジュニア・ファッション・エディターをクビになったとき、上司からこう言われたのだ――「あなたには、アメリカ女性のことはけっして理解できない」。

ウィンターは、クビになったことを根にもってはいないようだ。「彼らの雑誌なのだから、自由に決める権利がある」と述べている。それでも、それをきっかけに、やる気を強くかき立てられたことは間違いない。「みんな、一度はクビになる経験をすべきだと思う。いやでも自分を見つめ直すことになるから。当時はそうは思えなかったけれど、いま考えると間違いなく好ましい出来事だった。多くのことを学べた。挫折を味わうのは大切なことだと思う。人生では、挫折を避けて通れない。すべてが思いどおりに運ぶ人生なんてない」

挫折を通じて学習と成長ができると信じていることも、リーダーシップの重要な要素の一つだ。「(アメリカ演劇界で最も権威がある)トニー賞の授賞式は見た?」と、ウィンターは私に尋ねた。私は見ていなかった。「司会は、私の友人でもあるヒュー・ジャックマンだった。私は電子メールで司会ぶりを称えたけれど、好意的とは言えない批評もされていた。『批判はフェアでないと思う』と私が述べると、こんな言葉が返ってきた。『いや、批判はありがたい。どうすればもっと上手にできたのかを考えるきっかけになる』。実は、私も同じような考え方をしている。『どうすればもっと上手になれるのか? どのようにものごとを変えればいいのか?』と、いつも考えている。だから、私はこの世界に向いているのだと思う。ファッションの世界は変化がすべて。前に進み続け、過去をけっして振り返らない。いつも次のことを考える」

アメリカ女性を理解できているかについては、「読者を理解している自信がある」と述べている。興味深いのは、このとき「読者（＝reader）」という言葉を使い、「読者たち（＝readers）」とは言っていないことだ。ヴォーグ誌の読者がどのような人物かという具体的なイメージが頭の中にあり、編集者として、どうすればその人物と結びつくことができるかを理解できているのだ。

ウィンターは言う。「微妙なさじ加減が求められる。読者と対話すべきだけれど、読者より先に行きすぎてもいけないし、遅れすぎてもいけない。読者との会話の中に身を置く必要がある。先鋭的になって読者から離れすぎれば、読者と断絶してしまう。一方、退屈になりすぎれば、やはり別の形で読者との断絶が生じる。（ファッションデザイナーの）ラルフ・ローレンがいつも言っていた言葉を思い出す。『熱すぎたり、冷たすぎたりしたくない。コカ・コーラやナイキのようなブランドでありたい』。私もヴォーグについて同じように考えている」

インタビューを通じて伝わってきたのは、ブランドとしての、そして一つの場としてのヴォーグ誌に対する偽りのない愛だ。「朝は毎日五時に起きる。昔から、朝は早いほうだから。いつも出勤するのが楽しみで仕方がない。ヴォーグの編集長という仕事のいちばんいい点は、創造性豊かな人たちと一緒に仕事をし、そのような人たちを称賛する機会を得られること。この仕事は、デスクの前だけではできない。外に出て、試

挫折を味わうのは大切なことだと思う。人生では、挫折を避けて通れない。すべてが思いどおりに運ぶ人生なんてない。

アナ・ウィンター

写会や舞台や展覧会など、いろいろなものを見なくてはならない。たくさん旅もする。どこかに出かけると、近くを散歩するだけでもアイデアがひらめく。オフィスに戻ると、『こんなものを見てきた。特集を組んだらどうだろう？　どう思う？』とみんなに尋ねる。そうやって、メンバーに意見を聞く。もっとも、みんなの意見に耳を傾けるのはとても大切だけれど、最後は編集長が決断をくださなくてはならない」

ウィンターは、編集長を長く務めていることが誇らしいようだ。発行元のコンデナスト社のS・I・ニューハウス会長が「仕事を任せてくれている」と熱っぽく語る。「（ニューハウスは）編集長の役割を信じ、必要な支援と資源をすべて用意してくれる。キャンバスを与えて、そこにどんな絵を描くかは決めさせてくれる」

アレックス・ファーガソンは、二〇一三年にマンチェスター・ユナイテッドの監督を退任する一〇年前に一度辞めたいと思ったことがあったが、ウィンターは編集長を辞めたいという衝動に駆られたことは一度もないと言う。「この仕事をしていると、途轍もなく刺激的な経験ができる。なにもかも知っていると思った矢先に、新鮮なものが新しくあらわれる。たとえば、ウェブの登場は、私たちの仕事の仕方を大きく変えた。最近は、ほかの雑誌の編集長と一緒に仕事をし、新しい視点をもらっている。（ニューヨークの）メトロポリタン美術館とも協力している。美術館に新しい要素をもたらせればいいと思う。オバマの選挙運動（の資金集め）にも二度参加した。新鮮で刺激的な体験だった」

オバマの選挙スタッフの一人は、私にこう述べている。「アナは猛烈に働いた。あらゆる課題に真剣に取り組んでいた。素晴らしい仕事ぶりだった。リーダーとしてのスキルがはっきり見て取れた。なかには、選挙運動に参加しても、選挙に勝つことより、自分のことが大事な人がいる。そういうものなのだろうと、私は諦めていた。ところが、アナは選挙運動に貢献したいという強い意思をもってやって来て、実際に大きな成果を上げた」

ウィンターの父親は昔、イブニング・スタンダード紙の編集者をしていて、あまりに腹が立つことがあったときは、その日の仕事はおしまいにしていたという。しかし、娘のアナは「腹が立つことはない」と言う。「仕事がとても楽しい」

アメリカ社会とイギリス社会の違いという点では、母国のイギリスよりも、階級社会の度合いが弱いアメリカのほうを好んでいる。「イギリスでは、居場所がないように感じることがあった。強い孤独感を味わって育った。家庭の問題ではない。イギリスが強烈な階級社会であるために、孤独を感じていた。ニューヨークのいいところは、階級や出身校や親の職業ですべてが決まらないこと。誰もがほかの町からやって来たという点が、とても好ましい影響をもたらしている。私は、ニューヨークのそういう点が気に入っている」

インタビューで返答に詰まったのは一度だけだった。自分のことをジャーナリストと考えているのかと尋ねたときだ。子ども時代に、新聞ジャーナリズムに近い場所で育ったウィンターは、新聞で働く経験をせずにここまで来たことを後悔していると言う。「私は記事を書かない。つまり、ライターではない。私は、時代に、文化に、目の前の状況に反応して行動している。それをジャーナリズムと呼ぶかは、私にはわからない」

ウィンターがもっているスキルの一つは、文化の潮流を先読みする力だ。それはおそらく、ファッションメディアで傑出した存在になり、業界全体の強力なリーダーという地位に立てている理由でもある。

たとえば、クリエイティブ・ディレクターのグレース・コディントンは、ウィンターがセレブ文化の興隆を予見していたことを称賛する。この点について、本人はこう述べている。「私が最初だったかはともかく、予想はできた。たとえば、ファッションモデルを取り巻く状況が変わってきていた。モデルへの注目が非常に高まり、モデル自身がセレブとして華々しく脚光を浴びるようになった。そして、モデルたちはセレブであることを楽しみ、旧来のセレブたちもモデルになりたがるようになった。それまで女優たちは軽く見られたくないと思っていて、汚いスニーカーとブルージーンズという服装が普通だった。ところが、モデルの女の子たちがもてはやされているのを目の当たりにして、姿勢を一変させた」

「その変化は一つのイノベーションだった？」

「そう思う。私たちは、新しいことを少しずつ始めた。表紙にセレブを載せたことには、批判も大きかった。最初はマドンナだったと思う。誰もがその表紙を気に入ったわけではなかった。ある男性にはこう言われた。『ヴォーグの表紙と言って思い出すのは、キャサリン・ヘプバーンだ。これは違う！』」

ウィンターはこの反応を見て、路線転換が間違っていないという思いを強くした。そこで、一九九三年にウィノナ・ライダーとシャロン・ストーン、翌年にジュリア・ロバーツ、翌々年にデミ・ムーアを表紙に起用し、一九九八年までにサンドラ・ブロック、クレア・デインズ、レニー・ゼルウィガー、エリザベス・ハーレー、オプラ・ウィンフリー（撮影前に少し減量することを約束させた）、ヒラリー・クリントン、そしてスパイス・ガールズ（これはやりすぎだったと、ウィンターは思っているようだ）を登場させた。

「セレブ文化は好ましいものだと思う？」

「避けられない現象だと思う。それは現に存在しており、それとまったく関わらない方法はない。好ましいかどうかはわからないけれど、それが存在しないことにはできない」

「自分のことをセレブだと思っている？」

「そういうことは考えていない。本当に考えない」

「でも、ファッションショーに姿をあらわすと、カメラマンがいっせいにあなたの名前を叫ぶ」

「それは私の役職が理由だと思う」

「『アナ・ウィンターであること』を楽しめている？」

「それも考えない、本当に。そのような質問は、弟（ガーディアン紙の政治ジャーナリスト、パトリック・ウィンター）に尋ねたほうがいいと思う。私は、仕事以外では派手な生活を送っていない。週末は郊外で子どもたちや犬と一緒に過ごし、テニスをするのが好き。オンとオフは、しっかり切り替えている。週末に都会で過ごすのは好きでない。庭を大切にしたいし、人目に触れない私生活を送りたいから。（編集長としての日々の）正反対の暮らしをしている」

ウィンターは、自分のロールモデル（お手本となる人物）として別のメディア界の女性リーダーの名前を挙げる。ワシントン・ポスト紙の元オーナー、キャサリン・グラハムだ。

では、自分が他人のロールモデルになっていると思うか？ ロールモデルを務めることは、リーダーシップの一つの要素だ。学校の卒業式で講演し、どうやっていまの地位に就いたのかと女の子たちから質問されるときは、ロールモデルとしての役割を実感すると言う。「でも、そういうときを別にすれば、そのことは考えない。朝ベッドから出たとき、『よし、今日もロールモデルらしい振る舞いをするぞ』とは思わない。最善を尽くして生きているだけ。雑誌と会社のために、そして私生活では家族のために、適切な判断をくだそうと努めている。意識的にロールモデルを務めてはいない」

うがった見方をすれば、みずからの資質や野望や評判よりも、チームを大切にするような発言をすることにより、好感度を高めようとしてきたと見えないこともない。その結果として、アメリカ人の生活に大きな影響を及ぼし、アメリカの文化（メトロポリタン美術館はファッションコーナーを「アナ・ウィンター・コスチューム・センター」に改称した）と、アメリカの政治（バラク・オバマの選挙資金集めで大きな役割を果たした）においても重要な存在に上り詰めた、というわけだ。

しかし、本人と実際に話し、一緒に働いてきた人たちの話を聞くと、ウィンターが成功できたのは、明確なリーダーシップを振るうことの重要性を直感的に理解しており、仕事に献身的に打ち込み、その結果としてもたらされるチャンスを大切にしているからなのだと思えてきた。

第1章で元プロテニスプレーヤーのマルチナ・ナブラチロワの言葉を紹介した。「好きなことをやり、やっていることを好きになること。そのほかは、すべて些細なことでしかない」と、ナブラチロワは言う。

これはウィンターの流儀でもあるようだ。ティーンエージャーの頃、書類に将来やりたいことを書き込もうとしていたとき、「ヴォーグ誌編集長」と書いたらいいと父親に言われた。明らかに、それが本人の将来「やりたいこと」に見えたからだ。一九八二年、ヴォーグ誌の採用面接を受けたときも、その野心を隠そうとはしなかった。面接した当時の編集長グレース・ミラベラは、どのような仕事が夢なのかと尋ね、返ってきた言葉に絶句した。「あなたの役職です」というのがその返事だったのだ。ミラベラは編集長の座を守り続けようと最善を尽くしたが、六年後、ヴォーグ誌の編集長の肩書きをもっていたのはウィンターだった。

野心満々？ 確かに。ときに血も涙もない？ その点に疑問の余地はない。必要とあれば鋼の意志を発揮できる？ そのとおり。これらの資質は、好むと好まざるとにかかわらず、リーダーに必要とされるものだ。

私が訪ねたオフィスは、いかにもオフィス然とした場ではなく、ゴージャスな自宅に設けた美しい仕事場のような雰囲気だった。飾られている写真にはたいてい、自分以外が写っている。

私がナブラチロワの言葉を思い出したのは、ウィンターがある人物のことを実に生き生きと語ったからだ。親しい友人でもあり、単なるロールモデルにとどまらず、明らかに真のヒーローとみなしている人物だ。その人物とは、テニスプレーヤーのロジャー・フェデラーである。「ロジャーは神のような存在」だというのだ。本当に？ ほかのテニスプレーヤーと比べて、そこまで特別な存在なのか？ 「あんなにエレガントなテニスプレーヤーはいない」と、ウィンターはほれぼれしたように言った。

「でも、本当に好きなのは、頂点に立ってもまだ自分を改善させる余地があり、もっと上手になれると、いつも考えていたこと。傑出した仕事ができる人のことは、本当に素晴らしいと思う。ロジャーは、テニスを心から愛している。それは、私が自分の世界に対していだく愛に通じるものがある。ロジャーは自分のことだけ考えるのではなく、テニスの歴史を学び、テニスの未来を築くためにも活動している。心から尊敬できる。テニスの試合を見ると、古代ローマの剣闘士の対決を連想する。テニスは見ていて本当に楽しい。一進一退の駆け引きを繰り広げたり、相手の力量を見極めたりといった心理戦の側面が面白い。(数日前の試合で)ラファエル・ナダルがノバク・ジョコヴィッチの心理を揺さぶったみたいに。こうした人間心理は興味深い。ロジャーは、この面では達人の域に達している。いつも冷静に、エレガントにプレーする。このことは、私がヴォーグの仕事を愛する理由の一つでもある。この雑誌をつくっているおかげで、デザイナーにせよ、俳優にせよ、テニスプレーヤーにせよ、素晴らしい才能の持ち主を称える機会を手にできる」

ウィンターが自分のことをリーダーとみなしているとすれば、それは単にヴォーグという雑誌のリーダーというだけでなく、ファッション業界の代表という意味だ。そのような姿勢が絶大な名声と影響力を生んでいる。

「私は、ヴォーグをファッション・コミュニティのためのものと考えている。これまで取り組んできたキャンペーンのいくつかは、そのような考え方に基づいている。キャンペーンはいつも本気でおこなってきた。ヴォーグを雑誌以上の存在と見てもらいたい。ヴォーグは人々を、とくにファッション・コミュニティの人々を助けるためにある。たとえば、9・11テロ後に設けたファッション基金。この基金により世に出た若いデザイナーたちは、いまアメリカのファッション界で重要な存在になっている。あのおぞましい経験を経て、私たち全員にとって真に素晴らしいもの、重要なものが生まれた。非常に意義深い取り組みだと思う。HIVの件もある。ファッション業界は、HIV問題でとくに大きな打撃を受けた。そこで一九九〇年代、ヴォーグが旗振り役になって、業界として啓蒙活動の資金集めをした。私たちは医学研究ができるわけではないけれど、すべての人に届けたいメッセージがあった。あの頃は、みんな脅えていた。そこで、私たちがリーダーシップを振るった。私にとって、そしてこの業界で働く人たちにとって大切なことだったから。社会運動の聖戦を戦っているようには思われたくないけれど、自分たちには人々を助ける責任があると感じていた。だから、その責任を果たした。一見すると、華やかで地に足がつかない活動に思えたかもしれない。そういう要素がまったくなかったわけではないけれど、その活動には多くの苦労がともなった。私たちはみな、真剣に打ち込む覚悟をもっていた。そうすべきだと確信していたから」

インタビューでの会話はほぼことごとく、リーダーシップとチームシップの話に行き着いた。そこで、リーダーシップとはどういうものだと思うかと尋ねてみた。「リーダーシップとは、アイデアを考えついて、それを実行に移すこと。アイデアを思いつくだけでは、屑ほどの価値しかない。重要なのは、それを実現する道筋。たとえば、美術館を支援したり、HIV関連の大規模なイベントを開催したりするときは、活動を厳選する。そして、それを実行に移し、間違いなく成果を生むようにする」

「つまり、リーダーシップとはものごとの優先順位を決めることだと？」

「そう、そして結果を出すことも大切だと思う。安易にいろいろなものに名前を貸すのではなく、適切な行動を取らなくてはならない」

ウィンターが経済的な影響力を発揮してきたことも見落とせない。HIV問題や9・11テロへの対応で業界の先頭に立ったように、二〇〇九年に世界経済危機で業界が大打撃を受けていたときも行動を起こした。当時のニューヨーク市長マイケル・ブルームバーグを説得し、夜遅くの買い物パーティーを実現することに同意させたのだ（「彼女に言われると、ノーとは言えない」と、ブルームバーグは言っている）。有力百貨店のメイシーズやブルーミングデールズなどは、最初はあまり乗り気でなかった。夜遅い時間の来店は、顧客の負担が大きすぎると思えたからだ。しかし、ノーという返答を受け入れるつもりはなかったウィンターは、セレブの友人たちの推薦を取りつけ、参加店を訪れて買い物をしてもらうなどした。

こうして始まったのがファッションの祭典「ファッションズ・ナイト・アウト（FNO）」だ。それは、謝肉祭のマルディグラのお祭りさながらの活況を呈したと、ある論者は評している。メイシーズやそのほかの大小の店舗は、売り上げが大きく跳ね上がった。ウィンターは翌年、このアイデアをアメリカと一六カ国の一〇〇以上の都市に拡大させた。これだけでなく、同様のアプローチにより、ほかにもみずからとヴォーグ誌が推進すべきだと考える慈善活動のために莫大な資金を集めてきた。

善行を褒められたいという甘ったるい発想だと感じた人もいるかもしれない。しかし、ウィンターは異論を呼び起こすことを恐れない人物でもある。これも強いリーダーには不可欠な要素だ。たとえば、ファッションにおける毛皮の利用を支持していることを理由に、動物権利活動家の批判の矢面に立たされ、物理的な攻撃や言葉による攻撃、イメージに対する攻撃を受けてきた。アメリカのジャーナリスト、ピーター・ブラウンスタイン（のちに州を越えた逃亡劇の末、別の女性に対する性的暴行で逮捕・収監された）には、大きなネズミがうようよしている地獄に落ちるぞと脅された。暑い地獄では毛皮を着る必要がないだろうと、ブラウンスタインは言った。モデルで女優のパメラ・アンダーソンにも、存命人物のなかで最も軽蔑する人と名指しされた。「若いデザイナーやモデルに圧力をかけ、毛皮を使用したり着用したりさせている」というのが理由だ。一方、エリート主義的だとの批判を浴びることも多い。こうした批判に動揺しているとしても、ウィンターはそれを表に見せていない。体型は痩せ形だが、神経は相当太いようだ。

一見すると、ウィンターのもっている資質はことごとく、ファッションに関わるものに思える。それが一般のイメージだろう。しかし、インタビューを通じて強く印象に残ったのは、決断力があり、進むべき方向を明確に示し、疑念があっても自信ありげに見せようという強い意志をもったリーダーの姿だ。

ウィンターは、リーダーに欠かせない重要な資質をもう一つもっている。それは、危機に思える展開でもブレない姿勢だ。「一九九七年は最悪だった。景気があまりに悪かった。それでも、私たちはどうにか前に進んだ。私たちはそれだけの強さと安定性をもっている。苦しい時期は過去にもあったし、この先もあるに違いない。そういうときにできることは、目の前の状況に向き合うことだけ。真の危機に陥ったと感じたことはまだない。ヴォーグには素晴らしい歴史がある。それに敬意を払うことが大切だと思う。新人の頃、私はクリエイティブ・ディレクターとしてアレックス・リーバーマンの下で働き、幸いにも彼がヴォーグを今日のような雑誌に変える過程に立ち合うことができた。浮世離れしたものだったファッションを、普通の人たちのものに変える橋渡しをした人物のそばで、私は多くの時間を過ごした。私はほかの誰よりも、彼から多くのことを学んだ」

ウィンターが目の前の問題に振り回されず、長い目で見て重要なことを見据える能力をもっていることは、別の質問への回答によって思いがけず浮き彫りになった。自分の能力について自信を失ったことはないのか？　それが私の質問だった。たとえば、一九八八年に編集長に着任した最初の日、編集長の仕事をやり遂げるのに必要な資質をすべてもっていると本当に思っていたのか？

このとき私は意図せずに、ウィンターの心の傷をつついていた。「初日は散々だった。悪夢以外の何物でもなかった。新聞に丸々一ページにわたるゴシップ記事が載り、私が編集長になれたのは上司と関係をもっていたからだと書かれた。まったくの事実無根だったけれど、編集長としての初日に暗い影が落ちた面はある。それでも、私は下を向かず、乗り切ろうと努めた」

長年望んでいた役職に就いたウィンターは、変革を起こそうと心に決めていた。スタッフに変化を促し、雑誌のスタイルも変えるつもりだった。変化は、編集長として担当した最初の号の表紙に早くもあらわれた。その一九八八年一一月号の表紙には、色の褪せた安物のジーンズをはいたモデルがクリスチャン・ラクロワの一万ドルのジャケットを着て映っていた。本人も認めるように、これはそれまでのヴォーグ誌の表紙に関する「ルールをことごとく破る」ものだった。モデルのミカエラ・ベルクはカメラのほうを見てもおらず、髪は風になびいていたのだ。

ウィンターがファッション界で大きな影響力をもつようになったいま、このような表紙を選択した理由についてさまざまな分析や仮説が唱えられている。しかし、本人にしてみれば、それはごく当然の選択だった。ウィンターは、ファッション界で「変化の風」が吹いていることを感じ取っていたのだ。最終的に選ばれた写真は、元々は表紙に使う予定のものではなかった。印刷会社もわざわざ電話してきて、本当にこれでいいのかと念押ししたほどだった。それでも、ほかに候補になった写真よりも好ましいと、ウィンターは直感的に思ったのだ。この選択は正しかった。

編集長就任の経緯にまつわるゴシップ以外にも数々のゴシップがささやかれてきたが、すべて黙殺してきた。たとえば、一九七〇年代にレゲエ・ミュージシャンのボブ・マーリーとホットな一週間を過ごしたという噂が広まっている。「ボブ・マーリーと会ったことは一度もない。たったの一回も」。でも、ウィキペディアにもそう書いてある。「どこから出た話か見当もつかない」。ある人物が謎めいた存在になり、やがては神秘的な存在になっていくと、どうしてもこういうことが起きる。

アナ・ウィンターの名前は、いまではファッション界の伝説の一部になっている。しかし、インタビューのあとニューヨークのヤンキースタジアムを訪れてイベントに参加し、みんなの質問攻めにあっていたとき、私がこの女性について印象に残っていたのは、洋服ではなく、卓越したリーダーシップだった。その印象は、イギリスに戻る間もずっと私の頭の中にあった。

私の親友で、イギリスで雑誌編集者として成功しているリンゼー・ニコルソン（最近はグッド・ハウスキーピング誌のエディトリアル・ディレクターを務めている）ですら、私が過ごした時間をうらやましがった。ウィンターの魅力について、彼女はこう語る。「雑誌業界のマネジメントのあり方を、さらには女性全般のリーダーシップのあり方を確立した。ほかの業界に比べて、今日の雑誌業界には高い地位に就いている女性が多い。それは彼女の貢献という部分が大きい」

「雑誌編集者は、アナ・ウィンターみたいになりたいと思うものなの？」と、私は尋ねた。すると、ニコルソンは言った。「私の世界では、誰もがアナ・ウィンターみたいになりたいと思っている」

第6章　チームプレーヤー、エディ・ラマ

スポーツから多くのことを学んだ。いま、それを政治に応用しようと心がけている。
——エディ・ラマ（アルバニア首相）

チームとしての強さを重んじる価値観

エディ・ラマは、二つの点で特異な存在だ。まず、一メートル九八センチという背の高さは、世界の指導者のなかで最も長身と言っていいだろう。そして、スポーツで国を代表してプレーした経験をもつ首相もそうはいないはずだ。この二つの点は互いに関連がある。ラマがプレーしていたスポーツは、バスケットボールだったのだ。背の低い選手は概して大成できない競技だ。

この国の名はアルバニア。ラマがナショナルチームでプレーした頃は共産主義政党の一党独裁体制だったが、いまはれっきとした民主主義国だ。二〇一三年の総選挙でアルバニア社会党が地滑り的勝利を上げ、党首のラマが首相に就任した。

私はこの人物のことをよく知っている。野党時代から政権奪取後の現在にいたるまでアドバイザーを務めているからだ。ラマはイギリスのトニー・ブレアと同様、勝者にふさわしい強い意志をもっていて、目標を達するために必要なチームを築こうとしてきた。

はじめて会うまでは、それほど強い印象のある人物ではなかった。元アーティストでもあり、首

都ティラナの市長時代に建物の壁をカラフルに塗って街に明るさを取り戻そうとしたことは、なんとなく知っていた。当時のティラナは、約四〇年間続いたエンヴェル・ホッジャの共産主義独裁体制の暗い影からまだ脱し切れていなかったのだ。市長続投を目指した市長選で、当時の国政与党である民主党の不正選挙により再選を阻まれたと、激しく抗議していたことも知っていた。しかし、私の知識はその程度だった。

ブレアから誘われたときもそうだったが、力を貸してくれと頼まれたとき、最初は断った。なにより、ほかの仕事で忙しかった。それに、コソボ紛争の和平プロセスに関わってアルバニアについて詳しくなり、この国に好感もいだいてはいたけれど、あまり情熱をかき立てられなかった。イギリスの政治を変える取り組みほど、強い意欲をいだけなかったのだ。それでも、結局はブレアのときと同じく、最後は説得を受け入れた。

ラマは、勝利に対する情熱と渇望感をいだいていて、アルバニアとバルカン諸国全体について前向きな未来図を描いていた。本人と側近たちにも好感がもてた。そして、ラマが私と同様、スポーツを愛していたことも背中を押す材料になった。なにしろ、私が応援しているサッカーチームのバーンリーのことも(ほんの少しだけれど)知っていて、アルバニア社会党のシンボルカラーを深紅から(バーンリーのイメージカラーの)ワインレッドに変更する案も了承してくれた。

ラマは、トニー・ブレアのことを深く尊敬している。コソボ和平でリーダーシップを振るったブレアは、アルバニアではヒーロー的な存在だ。それに、アルバニア社会党にとって「トニー(・ブレア)のニュー・レイバーと第三の道がお手本になりうる」と思っていたのだ。そこで、私たちは政権奪還に向けてアルバニア社会党のイメージチェンジに乗り出し、「ルネサンス(再生)」というスローガンを掲げ、とくに一九九七年と二〇〇一年のイギリス総選挙で労働党を大勝に導いた「ニュー・レイバー、ニュー・ブリテン」の政策とコミュニケーション戦略をなぞることを目指した。ただし、本書のテーマとの関係で注目すべきなのは、ラマがどのようにして勝利したかより、スポーツの経験からなにを学んだかという点だ。スポーツで学んだことは、どのように勝利を後押しし、政治の世界で活躍する準備になったのか?

最初に触れるべきなのは、背の高さだ。本人もこの点を自分の強みとして挙げている。「背の高さは、バスケットボールの世界では大きな武器になる」と、ラマはティラナのオフィス近くのレストランで私に言った。「ときには、政治の世界でもそれが強みになる」

はじめて議会を訪れたとき、政治論争における「身体的な要素」の重要性に驚かされたと言う。「テレビで政治ニュースを見るのは、テレビでサッカーの練習風景を見るようなもの。それを見てもなかなか興奮できない。というより、そこでなにが起きているかを理解するのも難しいだろう。議会審議をテレビで見ても、身体的な要素の重要性、つまり人の体の大きさが及ぼす影響はけっして伝わってこない。誰がいま台頭しつつあり、誰の力が弱まっているか、誰が自信をもっているか、誰が議論に勝ちそうかといったことを、政治家たちがどのようなグループを構成し、どのような身振り手振りをしているかによって判断できることも、テレビで見ている人にはわからない」

長身であることが必須とまでは言わない。背が低くても大きな成功を収めたリーダーは大勢いる。フランス皇帝ナポレオンは、身長が一メートル六八センチしかなかった。ロシア大統領のウラジーミル・プーチンもそれとほとんど変わらない。一メートル七〇センチだ(それでも、ドミトリー・メドベージェフ首相よりは八センチ高い)。

とはいえ、テキサス工科大学の研究チームによれば、人々に「リーダー」を絵に描くよう求めると、描かれるのはたいてい、長身でがっしりした人物だ。背が低くて痩せた人物ではない。歴代のフランス大統領でも、一メートル九六センチあったシャルル・ドゴールは、プーチン程度の身長のフランソワ・オランドより人気があると言っていいだろう。もちろん、身長が最大の理由だと言うつもりはまったくないし、オランドも前任者のニコラ・サルコジよりは数センチ背が高い。

いずれにせよ、ラマは、背が高くて目を引きやすいことがスポーツと政治の世界で大きな強みになると感じている。「バスケットボールの試合を戦うためにチームメートと一緒にコートにやって来て、闘志満々で試合開始を待つとき、あなたは相手チームの品定めをする。肉体的な強さと結束の固さ、心理と挙動をチェックする。スポーツほどではないにせよ、政治の世界でもこうしたことはある。同じ空間で過ごして観察するだけでも、相手の心理を読み取れる」

ラマは、自分がリーダーシップを身につける過程で、高いレベルのスポーツの試合を戦った経験が役に立ったと思っている。「スポーツの経験があるおかげで、私はチームの力学をより深く理解できている」というのだ。

ラマは、はじめて議会の議場に足を踏み入れたときのことを次のように振り返る。「バスケットボールのコートに入るときのような感覚にとらわれた。敵との緊張関係を瞬時に肌で感じる。誰もひとことも発しなくても、自分がどこに陣取り、誰と一緒にいて、互いにどういう視線を送り合うかによって、それを感じ取る。このとき、仲間との間に連帯感をつくり出そうとする。これはスポーツの世界とそっくりだ。私たちはチームの存在を感じ、チームを機能させることの重要性を誰もが認識する。チームメートと一緒に行動し、自分たちのチームが自信をいだき、相手の目にも自信満々に見えるようにしなくてはならない。リーダーである私の場合は、論戦でチームを導く必要もある。こんなことを感じる」

ラマはバスケットボール選手として、よいチームと悪いチームの両方に在籍し、その両方から学習した。スポーツの技術的な面だけの話ではない。戦略、リーダーシップ、そしてとくにチームシップについても学んだ。チームシップに関しては、自分のチーム以上に、自分たちを破ったチームからたくさん学んだという。多くのスポーツ選手が言うように、敗北はえてして勝利よりもよき教師なのだ。

「私はディナモというチームでプレーしていた。バスケットボールの世界では、アルバニアの強豪と言っていい。ところが、パルチザニというチームにはまったく勝てなかった。パルチザニは、まさに永遠のチャンピオンだった。それに対し、自分たちのことは、不本意ながら敗者と呼んでいた。ほかの多くのチームは破っても、パルチザニにはいつも歯が立たないように思えたからだ。パルチザニは永遠のチャンピオン、ディナモは永遠のナンバー2だった。サッカーのプレミアリーグで言えば、モウリーニョのチェルシーとヴェンゲルのアーセナルの関係に似ている。チームのレベルは拮抗しているように見えるのに、直接対決ではことごとくモウリーニョが勝っていた印象がある。私たちも悪いチームではなかったけれど、パルチザニには勝ち目がないように見えた」

敗戦を重ねるうちに、ラマはその理由がだんだんわかってきた。組織が勝つためには、戦略とリーダーシップとチームシップの密接な関係を理解しなくてはならないのだ。「永遠のチャンピオン

スポーツの経験があるおかげで、
私はチームの力学をより深く
理解できている。

エディ・ラマ

たちは、試合に対する戦略をもっていて、それを貫いていた」と、ラマは言う。「戦略を貫けたのは、自分の地位に自信をもったリーダーたちがいたからだ。そのようなリーダーたちは、プレッシャーにさらされているときも、というより、そういうときこそ自信をもって行動していた。リーダーが自分の能力と地位に自信をもっていて、チームメートとコーチに支えられていた結果、私たちにはない力が生まれていた」

ディナモに戦略がなかったわけではなく、戦略を実行に移す能力が足りなかったのだと、ラマは言う。「私たちは、どういう戦略で試合に臨むかを合意し、おそらく全員がその戦略を理解していた。問題は、戦略を貫けなかったことだ。リーダーたちが互いに親近感をいだいていなかったために、そのような結果を招いた。リーダーたちが結束していなかった。これでは、チームの面々は安心できない」

それに対し、パルチザニはもっと優れた組織文化をもっていたと、ラマは言う。それは、個人の能力に頼るのではなく、チームとして強さを発揮することを重んじる文化だ。「組織の文化は、価値観とリーダーシップによってつくり出される。永遠のチャンピオンたちは、勝利をすべてに優先させていた。勝つために必要なら、どんな役割を与えられても受け入れるというのが、メンバーの姿勢だった。もちろん、私たちだって勝利を大切にしていたけれど、それ以上に一人ひとりのパフォーマンスを重んじていた。これでは、チームとは言えない。だから、私たちは負けた。そして相手が勝った。向こうはチームになっていたから。単純な話だ」

ディナモの敗戦後の話し合いはまるでコントの一場面だった。それは、選挙に負けたあとの選対本部での仲間割れを思わせるものだったようだ。「どういうプランで戦うかは合意していたのに、試合が始まると一人ひとりが自分勝手に行動しはじめる。その結果、プランが崩壊してしまう。ところが、プランを貫くことに誰も責任をもたないだけでなく、プランが破綻したことにも誰も責任をもたない。一人の選手が『どうして、お前はあんなことをしたんだ？』と誰かに詰め寄ると、別の選手が『おい、待てよ。最初はお前があやったんだぞ』と指摘する。こうして非難合戦が延々と続く。私もまだ若かったし、ほかの選手も誰も本当のことを指摘しなかった。『いい加減にしろ。こういうことを繰り返しているのが負けた原因なんだ』と、誰かが言うべきだったのに」

パルチザニのほうが技術の優れた選手をそろえていたかもしれないが、ディナモがいつも勝てなかった原因は、選手の能力というより、戦略を貫けなかったことにあったと、ラマは考えている。そのような事態を招いた要因は、煎じ詰めればメンバーの性格にあった。個人主義的な傾向が強く、チームのために個人のエゴを抑えようとしなかったのだ。あえて言えば、その点はスポーツのチームというより、政界のチームのようだった。「たぶん、頭のいい人が多すぎたのだろう」と言って、ラマは笑みを浮かべた。

一つの戦略の下にチームを束ね、その戦略を貫く——現在それを基本指針に政府を運営しているラマは、戦略的思考の持ち主に魅力を感じるという。ガルリ・カスパロフが国際チェス連盟（FIDE）会長選の選挙運動（結果は落選）でアルバニアを訪れていたときに、私を引き合わせてくれたのもラマだった。「これまで会ったなかでも指折りの聡明な人物」だと、彼はカスパロフを評している。とくに、その戦略観を評価しているようだ。「私たちが格闘している問題のいくつかについて、素晴らしい考えをもっている」とのことだ。また、第1章で紹介したカスパロフの言葉と同趣旨のことも述べている。「戦略を変更していいのは、本当にその必要があるときだけ。状況が大きく変わったときはじめて、戦略を変えるべきだ」

ラマがプレーしていた頃のディナモでは、戦略が変わるのはそれが不可欠だからではなかった。基礎的な環境が大きく変わったから戦略を変更するのではなく、多くの選手がチームの勝利より自分の成績を重んじて行動することで戦略が変わってしまったり、試合の早い段階で劣勢に立たされたために方針変更に追い込まれたりするケースが多かった。

ラマは、バスケットボールを通じて学んだことを政治におけるチームづくりに応用してきた。ディナモでうまくいったこと、うまくいかなかったこと、ライバルのパルチザニでうまくいっていたこと、そしてとくにアルバニア代表チームで学んだことを生かそうとした。

ジョゼ・モウリーニョとアナ・ウィンターが偉大な上司を自分のお手本にしたように、ラマもアルバニア代表チームに加わったときの主将だったアギム・ファグから多くのことを学んだ。とくに、若い選手を引き立てて育てる方法を学習した。現在、ラマの政権は、世界の政府のなかでもとりわけ若い閣僚の数が多い。

「スポーツ選手なら誰でも、国の代表チームに選出されれば、当然誇らしく感じる。その半面、人間なら、いつもより不安に感じたり、神経質になったりするのが当然だ。そこで、チームのリーダーがそれにどのように対処するか、そして本人が対処するのをリーダーがどのように助けるかが重要になる。アギムは、若いプレーヤーとの接し方がとくに上手だった。ほかのベテラン選手たちに、若い選手がシュートを決めるのを助けるよう促していた。自分も若手にプレーのコツを教えていた。若手を信頼し、チームの重要なメンバーなのだと感じさせてやっていた」。のちに、アギム・ファグはアルバニアの駐英大使に就任し、スポーツで学んだスキルを外交に生かす一方、若いバスケットボール選手のトレーニングにも力を貸した。

「トップレベルのスポーツでの経験を通じて、年齢やキャリアによって選手の果たせる役割が変わってくることを知った。優れた人材が無尽蔵にいる分野などない。そこで、既存の人材を最大限有効に活用することが重要になる。キャリアの終盤に差しかかった年長の選手には、プレーヤーとしてだけでなく、教師兼リーダーの役割も担わせればいい。サッカーで言えば、私が好きなマンチェスター・ユナイテッドのライアン・ギグスや、ワールドカップで応援していたイタリア代表のアンドレア・ピルロのようなイメージだ。単にボールをパスさせるだけでなく、ベテランの経験を有効に活用したい。パルチザニには、ガズメンド・チャチがいた。素晴らしい選手であると同時に、バスケットボールの偉大な教師であり、リーダーでもあった。代表チームで一緒になったときに、私も多くのことを学んだ。なにより、自分が輝くだけでなく、勝利を手にすることに大きな喜びを見いだしている後輩思いの大スターのそばでプレーできることの楽しさを知った」

若さとベテランの知恵を適度に組み合わせたチームを築くことは、ラマが政治の世界でも目指してきたことの一つだ。「スポーツの監督やコーチは、エネルギー溢れる若手と知恵のあるベテランを組み合わせるのが理想のチームだとよく言う。同じことは、政治の世界にも言える。経験豊富な人物だけでなく、新しいことを成し遂げようとする人物、アイデアとエネルギーをもっている人物、大きな情熱を燃やし、理想主義の精神をいだいている人物も必要だ。年長者は若手を支援し、励ますだけでなく、若い人たちが自己主張できるようにしなくてはならない」

さらに、ラマは言う。「もう一つ、バスケットボールから学んだことがある。それは、自分の地位に不安がなく、精神的に落ち着いていて、スキルに自信をもっている人ほど、リーダーらしく振る舞えるということだ。地位を守るために戦わなくてはならないという不安から解放され、試合会場でスポットライトを楽しめる。そのような心理になれば、チームのメンバーに力をもたせたり、勝つための方法をメンバーに伝えたりしやすくなる」

これを教えてくれたのも、ロールモデルにしていたガズメンド・チャチだった。ありのままの自分に十分な自信をもっていたチャチは、自分の地位が脅かされるのではないかという恐怖を——根拠のある不安にせよ、単なる思い込みにせよ——感じておらず、チーム全体の、そして一人ひとりの同僚選手のパフォーマンスのことを気にかけられた。「チャチは天性の才能の持ち主で、完全に別格のプレーをしていた。もし当時のアルバニアが共産主義独裁国家でなく、自由に外国に渡航できていたら、ヨーロッパのどの有力チームでもやすやすとスター選手になれたと思う。アルバニア代表チームでは、チャチと別の主力選手の不仲についてよく噂を聞いた。互いに口も利かないとのことだった。ところが、試合になれば、その選手をアシストし、本人の過去最多得点を更新させた。二人はコート外では憎しみ合っていたけれど、コート内では勝ちたいという強い欲求を共有していた。私はそれに感銘を受けた」

さまざまな才能、スキル、性格をミックス

ラマは、このようなチームづくりを政治の世界でも実践したいと強く願っている。それは、お世辞にも控えめな目標とは言えない。なにしろ、アルバニアの政界における対立勢力間の争いは熾烈を極める。与野党の

優れた人材が無尽蔵にいる分野などない。そこで、既存の人材を最大限有効に活用することが重要になる。

エディ・ラマ

激しい反目は、アルバニアの欧州連合（ＥＵ）加盟の障害として欧州委員会（ＥＵの執行機関）からしばしば指摘されてきたほどだ（現在は加盟候補国として認められている）。

サリ・ベリシャ前首相は、政敵のラマが統合失調症を患っていると主張し、国営テレビでラマの母親にそれを認めるよう要求したことがある（母親は法的措置で対抗した）。ラマ内閣の若くて有能な閣僚であるエリオン・ヴェリアイが結婚を間近に控えていたときも、ベリシャは暴言を吐いた。議会の議場で婚約者の女性を売春婦と呼んだのだ。ヴェリアイは、ベリシャをくたびれた哀れな老人と批判することしかできなかった。議場でなにを言っても、議員特権で守られているからだ。とうてい愉快な世界とは言えない。政敵が繰り出す下劣な攻撃につき合わず、冷静に対応するのは簡単なことでない。

チームづくりに励むといっても、政治の世界では、自分が好んで選んだわけではない人物ともチームメートにならざるをえない。リーダーは、チームメートにすることを避けたい人たちとも上手にやっていく必要があるのだ。アルバニアのような小国ではそれがとくに重要だと、ラマは言う。自分たちの望みを実現するためには、他国との連携が必要な場合が多いからだ。

戦乱に引き裂かれたバルカン諸国同士の関係改善にせよ、アルバニアのＥＵ加盟承認にせよ、あるいは国際的なイメージが良好にはほど遠いアルバニアへの投資促進にせよ、いずれも自国の行動だけでは前に進まない。しかし、現実は厳しい。私がイギリスの人たちに、アルバニアで仕事をしていると話すと、人々の口に上るのは、マフィア、売春、それにアルバニアの人身売買組織が登場する映画『96時間』の話ばかり。改革への崇高な取り組みについて知る人はほとんどいない。そうした状況で成果を上げるためには、現実を変えること、そして新しい連携関係を築くことが不可欠だ。ドイツのアンゲラ・メルケル首相のように、激励と支援を寄せてくれるリーダーたちに加えて敵対する近隣諸国とも手を携える必要がある。

「好きでない人と一緒に仕事をしなくてはならない場合も多い。家に招いたり、バスケットボールの試合に連れていったりもする。リーダーがもつべき資質のなかには、チームを成功させるために、私怨を捨てて、顔も見たくないような人物の力を借りる能力も含まれる」。首相就任以来、対外関係の改善を最優先事項に掲げてきたラマは、「顔も見たくないような人物」の実名が本書で明らかにされることは望まないだろう。

ラマのチームづくり重視の姿勢は、二〇一三年の総選挙の前にもあらわれた。社会党と袂《たもと》をわかって「統合社会主義運動」という新政党を立ち上げていたイリール・メタ元首相と手を結ぶことを決めたのだ。敵とみなしてきた人物をチームに加えることの政治的なリスクは覚悟の上だった。二人が過去の対立を克服して合流したことも一因になって、社会党を中心とする政党連合が地滑り的圧勝を遂げ、ラマの首相就任が実現した。それ以来、メタの存在は、政権の成功に欠かせない要素になっている。この行動は、アルバニアの再生のために国内外の激しい対立を乗り越えようという、ラマのメッセージ全般とも共鳴するものだ。

チームシップを築くためには、ほかのチームに手を差し伸べ、チームにはさまざまな才能やスキルや性格の持ち主をミックスすべきだと理解しておく必要がある。リーダーは、チームのメンバーの能力を最大限引き出さなくてはならない。

戦略が強力な逆風を浴びているときは、基本戦略がチームの中核メンバーに支持されていることがことのほか重要だ。目指すべき大目標を知り、それを追求することの意義を理解していないチームは、苦境に立たされたときに分解する可能性が高い。ラマは正直な現状評価とさまざまな選択肢に関する率直な議論の必要性も理解しているが、基本戦略を貫くことの大切さを強調している。

戦略を貫き、チームを戦略に集中させることの難しさは、二〇一四年一〇月のセルビア対アルバニアのサッカーの試合で浮き彫りになった。スポーツと政治が奇妙に絡み合って、歓迎されざる結果がもたらされた事件だった。

アルバニアとセルビアは、スロボダン・ミロシェヴィッチ大統領時代のセルビアがコソボのアルバニア系住民の「民族浄化」を実行したことなどが原因で長年憎しみ合ってきた。それでも、ラマは関係改善を推し進め、セルビア側もそれに応えているように見えた。また、ドイツのメルケル首相がバルカン諸国の協力促進の旗振り役になり、アルバニアのEU加盟候補国承認も強力に後押ししてくれていた。そしてついに、ラマとセルビアのアレクサンダル・ヴチッチ首相がセルビアのベオグラードで会談することが決まった。両国の首脳会談は六八年ぶりだった。

ところが、首脳会談を目前に、サッカーの欧州選手権予選で両国が対戦したベオグラードのパルチザン・スタジアムで惨事が起きた。この日、一部のサッカー協会関係者と要人以外のアルバニア人をスタジアムから締め出し、会場の内外で厳重な警備を徹底していたにもかかわらず、何者かがスタジアム内で「大アルバニア主義」(アルバニア民族の居住地域すべてをアルバニア国家として統一することを目指す主張)の旗を掲げたドローン(小型無人機)を飛ばした。セルビアの選手たちが旗を撤去しようとすると、両チームの激しい乱闘に発展し、セルビア人の観客がアルバニアの選手たちに暴力を振るう事態になった。試合は途中で打ち切りになった。セルビアのメディアは、ドローンを操作していたのがラマの弟のオルシだったと、ただちに報じはじめた(アルバニア側は事実無根と主張)。

ニュースは世界に広がった。「大騒ぎになった。スポーツと政治は切り離すべきだと私はいつも言っているが、このときは非常に厳しい状況になった。この種の事件は、世界中に知れ渡ってしまう。首脳会談の開催も決まり、一世紀にわたる戦争と対立と被害妄想に終止符を打とうとしていた矢先だったことを考えると、タイミングは最悪だった」

セルビア側はアルバニア政府による挑発行為だと批判し、ラマはその指摘を真っ向から否定した。一方、アルバニアの人々は街頭に繰り出してオルシ・ラマを称賛し、英雄にまつり上げた(実際には、オルシはドローンを飛ばしたりはしていないのだが)。アルバニア系住民のお祝い騒ぎはコソボの首都プリシュティナとマケドニアの首都スコピエにも飛び火し、セルビア人はますます怒りを募らせ、ドローン事件が「大アルバニア主義」を政治的に訴えるために計画されたものだという疑念を深めていった。

それでも、ラマはセルビアのヴチッチ首相との首脳会談を予定どおり実行するという決意を貫いた(ヴチッチは、首脳会談を中止せよとの圧力に国内でさらされていた)。

「どんなに雑音が大きくても、戦略が揺るがないように最善を尽くすことが重要だった」と、ラマは言う。「(ドローン事件により)セルビアとの関係改善を目指すという目標が変わることはなかった。それは両国のためでもあり、地域全体のためでもあった。その目標に向けて進み続ける必要があった。カスパロフいわく、チェスとは、誰かに袖を引っ張られながら、絵画の大作を描き上げるようなものだという。その表現を借りれば、あのとき、私たちは袖を強く引っ張られていた。それでも、袖を引き裂かれることなく大きな絵を完成させ、戦略を貫かなくてはならなかった」

ラマと私はカスパロフと会ったとき、戦略に関する「最適・最大主義」で臨むことの重要性について も意見を交わした。そのような主義を貫く狙いは、順調なときに守りに入ることなく前進し続け、いっそう優位に立とうとする発想をチームに浸透させることにある。そうした姿勢を、私は「とどめを刺す本能」と呼び、ラマは「あらゆる局面を最大限利用すること」、カスパロフは「最大を追求するために手段を選ばない自由」と表現する。

カスパロフが好んで語るビジネス界の実例が、アップルの携帯音楽プレーヤー「iPod」だ。「スティーブ・ジョブズは、つねに最適を追求する人物だ。iPodの新モデルが発売されるたびに、それを買うために世界中が文字どおり列をつくっていた状況で、アップルは新製品のiPod miniを売り出した。これは、市場で圧倒的な強みをもっていた自社製品と競合する製品を発売したことになる。この決定に小売業者は衝撃を受け、消費者はいささか戸惑った。iPodという素晴らしい製品があるのに、どうしてわざわざ供給ラインを滞らせ、マーケティングキャンペーンを混乱させるような新製品を売り出すのか？　その理由は、ジョブズがいわば殺し屋だからだ。iPod miniはiPodと競合したが、ライバル企業の市場シェアをさらに奪った。この新製品は、アップルが最先端を独走していることを見せつけ、洗練された新しいブランドというイメージをいっそう確かなものにした。ジョブズにとっては、利益がいくらか減り、在庫が積み上がるという弊害があっても、トップに立ち続けるための戦略を追求することのほうが重要だった」

ラマが「とどめを刺す本能」を発揮した例のなかで私がいちばん気に入っているのは、二〇一三年のアルバニア総選挙の数カ月前に取った行動だ。私たちは世論調査で優位に立っていたので、リスクをともなう行動に対して否定的な声もチーム内にはあった。ミスを犯す危険は避けたほうがいい、というわけだ。それでも、私たちはこのとき、政治版の「最大の追求」を実行した。
私たちは党本部で会議をおこない、有権者とメディアのとりわけ厳しい批判の内容を検討した。辛辣な批判を延々と聞かされるのは、政治家にとって愉快なこととは言い難い。しかし、アーティストとスポーツマンの経験をもつラマは、政治と選挙運動の世界にしばしば欠けている創造性と大胆さの持ち主だ。アーティストとしてさまざまな展覧会に作品を出展してきたほか、書類の上に描いた落書きを集めた本も出版している。デスクの上にはビンにフェルトペンがたくさん差してあり、いつもそれでカラフルな落書きをしているのだ。オフィスの壁紙にも、みずからが描いた絵を使っている。

このような創造の本能は、政治の世界でも輝きを放った。党本部の会議で有権者やメディアの「マイナスの評価」について話し合ったとき、私が提案したのは、たいていの政治家なら即座にはねつけるようなアイデアだったが、ラマはすぐに同意した。

私のアイデアとは、党大会でのスピーチの際、人々が彼を支持する理由ではなく、支持しない理由を語った動画を上映するというものだった。撮影チームを送り出し、街頭で人々に声をかけ、ラマのことが嫌いな理由をラマ自身に向けて語りかけてもらった。「あなたもほかの政治家と同じだ。腐敗している」とある市民は言い、別のある市民は「発言のつじつまが合わない。あなたを信頼して政治を任せる気になれない」と言った。「好きになれない。あなたは傲慢だ」と言った人もいた。

党大会の出席者はショックを受けた。なにしろ、みんなで党の旗を振り、愛党精神を確認し合うイベントだと思っていたのに、反対派に土足で踏み込まれたのだから。聴衆の衝撃が落ち着くと、ラマは説明した。選挙に勝つためには、こうした人たちを説得しなくてはならないのだ、と。そのあと、指摘された批判や不満に一つひとつ答えていった。

これが選挙戦の大きな転換点になった。ラマへの支持のうねりが止まらなくなったのだ。批判的だった人の一部も支持に回り、好意的な報道が一挙に増えはじめた。選挙戦を優勢に進めていたことを考えれば、ここまでする必要はなかったのかもしれない。それでも、こうした行動がもつ潜在的な効果を見て取り、それを実行したのである。「最大を追求するために手段を選ばない」ことを実践したのだ。

ラマには、トニー・ブレアと共通点がある。二人ともテレビでサッカーの試合を見ることが多く、監督のインタビューを通じてさまざまな監督の戦略や人格に触れるのが好きだ。監督のインタビューは、現代サッカーという娯楽の重要な一部と言っていい。

「監督がメディアの目から解放されることはない。監督は世界で注目される存在になっている」と、ラマは言う。「監督の性格を研究すれば、チームの性格がかなり見えてくる。ファーガソンはいつもチームをコントロールしようとし、監督の権威を重んじるが、真の情熱と前向きな思考をもっている。グアルディオラはいつもエネルギーが満ちていて、つねに脳ミソがフル回転しているのがわかる。モウリーニョは文句なしに頭が切れる人物だ。そして、あの自信。内輪の場で選手たちに及ぼす効果の大きさを想像せずにいられない」

二〇一四年のサッカー・ワールドカップの期間中、私はアルバニアに滞在していて、（イングランドの敗退が決まった試合も含めて）数試合をラマと一緒にテレビ観戦した。そのとき、ラマは言った。「興味深いのは、どのチームが真のチームかがはっきり見えてくることだ。真のチームとは最も優れた選手を擁しているチームとは限らない。コロンビアやチリ、コスタリカの選手のほとんどは、ビッグクラブではプレーできないだろう。その点では、ビッグクラブの選手が名を連ねるスペインやイタリア、イングランドとは違う。けれども、チームとしては、コロンビアなどのほうが優れていた。世界のサッカー強国のなかでは、ドイツは、チーム全体の力が主要選手の力の総和より大きい国だ。この点で、サッカーのドイツ代表チームは、アンゲラ・メルケル率いるドイツと似ている。だからこそ、ドイツとメルケルはEUに君臨できているのだと思う」

メルケルが現代的なリーダーとして特筆すべき存在だという認識で、ラマと私は一致している。メルケルが注目すべきなのは、自分がもっている力をよく承知していることに加えて、自分が目指す目標を人々に正しく理解させることの重要性も理解している点だ。

ラマは言う。「それは、リーダーシップとは一人で実行するものではないという、私の持論とも関わってくる。成功を収めるためには、メンバーが戦略を自分のものにする必要がある。大切なのは、メンバーが責任感をもてるようにすること。疎外感をもたせてはならない。理由を示されずに指図だけされれば、メンバーは参加意識をもてないだろう。個人のエゴを排除することは難しいかもしれないが、そうしたエゴがチームにダメージを与えるのではなく、恩恵を及ぼすようにするべきだ。メルケルは、ヨーロッパで最強の存在であることをみずから口にしたり、それを見せつけたりする必要を感じていない。彼女は、味方をつくり、議論に勝つことが得意という以上に、想像できるなかで最も物静かにものごとを牽引できる指導者と言っていい」

ラマは、スポーツと政治の共通点をもう一つ指摘している。「政治もバスケットボールと同じで、準備の仕方次第で結果が大きく変わる。そして、私がバスケットボールの経験を通じて学んだように、準備の質は、戦略を立案する際にいだく心構えに左右される。一方、戦略を実行する際は、さまざまな要素や人物の影響が避けられない。協力してくれる人もいれば、協力するいわれがない人もいる。たとえば、敵は協力してくれない。そこで、自分の目標に対して相手がどのような態度を取るかによって、リーダーシップの振るい方を調整する必要が出てくる。私たちは、真空状態にいるわけではない。私たちのまわりではさまざまな要素が渦巻き、複雑に絡み合っている。そのなかには、自分でコントロールできるものもあるし、コントロールできるつもりでいるもの、まったくコントロールできないもののもある。大事なのは、コントロールできるものをコントロールし、コントロールできないものには適応すること。とくに、自分の戦略の枠内でそれを実践できればできるほど、成功の確率は高まる。もちろん、なにごとにも成功の保証はないけれど」

ラマは、選手時代より、政治家になってからのほうが大きな成功を収めていると認めている。しかし、「バスケットボールの経験は政治に役立っている」と言う。「勝利の経験からも学んだし、敗北の経験からも学んだ。昔の経験を生かし、そのとき学んだ教訓を大いに実践してきた。スポーツと政治には相違点も多いが、共通点もある。私はスポーツをプレーすることをとても楽しんでいたけれど、それ以上に、そのときの経験がいまの仕事に生きている」

成功を収めるためには、
メンバーが戦略を自分のものにする必要がある。

エディ・ラマ

第2部

重要なのは ものの考え方

第7章　適切なマインドセットをもつ

いちばん重要な筋肉は、左耳と右耳の間にあるやつだ。
——**ガイ・リーチ**（ライフセービング競技・アイアンマンレース元世界チャンピオン）

「勝ちたい気持ちが強いのは誰だ?」

第1部で述べたように、卓越した組織を築くためには、戦略の理解、ものごとを一つに束ね、前に進めるためのリーダーシップ、そして計画を実行に移すためのチームという三つの礎石が必要だ。しかし、この三つの要素だけあればいいわけではない。成功する人とそうでない人をわけるのは、脳ミソとハートでなにが起きているかだ。どのような感情と思考をいだき、それをどのように目標達成のための行動につなげるかがものを言う。最高の戦略と完璧なリーダーと素晴らしいチームがあっても、適切なマインドセットがなければ意味がない。

誤解がないように言っておくと、「適切なマインドセット」とは、特定のスキルや高い知性をもっているかどうかとは関係がない。ここで問われるのは、どのような姿勢で課題と向き合うかだ。自分のもっている資質をどのように最大限活用し、その資質をどのように成長させていくかという姿勢のことである。技術的なスキルだけで対応できることには限りがある。勝者になるために求められる資質——強固な精神、揺るぎない決意、レジリエンス（逆境からのしなやかな回復力）、失敗や重圧への対応力——の土台にあるのは、マインドセットだ。

スポーツのファンはしばしば、試合で活躍した選手が試合後のインタビューで「えーっと」や「あのー」や「うーん」を繰り返すと、「どうして、スポーツ選手はきちんと話せない人が多いのか?」とがっかりする。しかし、こうしたファンの反応は、勝者のマインドセットと高度な知性を混同している。スポーツ選手がアインシュタインのような知性の持ち主でなくても「天才」と呼ばれるのは、競技に関する高度なスキルをもっているからでもあるが、それだけではない。天才と呼ばれる選手は、試合の流れを変え、決定的なパスを成功させ、重要なゴールを決め、しかもそれを継続するためのマインドセットの築き方を知っている。本章では、スポーツ界の事例を多く取り上げる。スポーツほど、勝者のマインドセットが純粋な形であらわれる分野はないからだ。

野球のメジャーリーグでニューヨーク・ヤンキースなどの監督を務めたジョー・トーリは、こう述べている。「選手は、高い能力をもっていても成功できるとは限らない。輝かしい才能の持ち主なのに、まずまずの成績で満足し、平凡なプレーヤーに落ち着いてしまう選手を大勢見てきた。それに対し、(ヤンキースで二〇年間プレーした)デレク・ジーターは、世界一の才能の持ち主だったわけではなかったが、勝ちたいという意志、みんなを導きたいという意志は飛び抜けていた。この資質は目に見えず、数字では測れないが、このような精神面、すなわち、ものごとに臨む姿勢と思考様式が違いをわける。デレクが傑出した成績を上げられた要因は、実にわかりやすい。毎日練習に励んだこと、そしてつねにベストを尽くそうと心に決めていたこと。しかも、それを一日たりとも怠らなかった」

この点で、「勝ちたい気持ちが強いのは誰だ?」という問いが重要な意味をもつ。サッカーのイングランド代表で活躍したガリー・ネヴィルもジーターと同じく、自分が世界一のプレーヤーでないことは自覚していた。家族のなかでいちばん才能がある選手ですらないという。弟のフィルのほうが上だというのだ。けれども、ネヴィルは試合前の「儀式」の一つとして、トイレの個室にこもり、試合でマッチアップする相手を思い浮かべて、「あいつがぼくほど勝ちたいと思っているわけがない。ぼくほど速く走れるわけがない」と自分に言い聞かせていた。ジョゼ・モウリーニョが傑出した選手を描写するために使う表現を借りれば、ガリー・ネヴィルは「命がけで勝ちたい、是が非でも勝ちたい」と思っていたのだ。

二〇一四年一月、クリケットのオーストラリア代表チームのマイケル・クラーク主将は、イングランド代表との試合に勝ち、試合後の記者会見に臨もうとしていた。その前に記者会見したイングランドのアラスター・クック主将は、オーストラリアに八連敗を喫するという結果に打ちひしがれた様子で、主将を退くことを考えていると述べた。その後、記者会見したクラークは、クックに同情するかと尋ねられて一瞬沈黙した。人としての優しさと、リーダーとしての競争心が内面でせめぎ合っていたのだろう。結局、勝ったのは競争心だった。「イングランドの主将に同情心をいだくのは、正しい反応だと思わない」。それが答えだった。

「勝ちたい気持ちが強いのは誰だ？」という問いは、勝者のマインドセットのもう一つの側面にも光を当てる。勝利を手にするためには、成功したいと漠然と思うだけでなく、戦う対象を強く意識

前進し続けるためには、恐怖心と疑念をもっていなくてはならない。それがなければ、過去の世界に生き続け、すでに達成した結果で満足してしまう。

トニー・マッコイ
（イギリスの元競馬騎手）

しなくてはならないのだ。

オリンピックで歴代最多の金メダルを獲得したアメリカの競泳選手マイケル・フェルプスも、勝者のマインドセットの持ち主だ。フェルプスは、私にこう語っている――一五歳で初出場したシドニー五輪で一つもメダルを取れなかったから、四年後にかならず勝つために全身全霊を尽くそうと決意できた、と。「(シドニーでは)体調も万全だったのに、負けてしまった。本当に堪《こた》えた」

敗北への恐怖心ほど、フェルプスを強く突き動かすものはない。彼がオリンピック選手になれたのはそうしたマインドセットのおかげだと、競泳のアメリカ代表チームでヘッドコーチを務めたエディー・リースは言う。「水泳選手の八〇%は勝ちたいと考える。二〇%は負けたくないと考える。オリンピック代表選手の九五%は、負けたくないと考えるタイプの選手だ」

フェルプスが二〇〇〇年にシドニーでメダルを逃す四年前、イギリスのヨット競技選手ベン・エインズリーも、やはり一〇代で出場したアトランタ五輪で同様の経験をした。「銀メダルしか取れなかった」と振り返る。「打ちのめされた。オリンピックに出場できるチャンスはもう二度とないかもしれないと思っていたから。それくらい、イギリスのヨット競技のレベルは高い」

しかし、エインズリーは立ち直り、アトランタの教訓から学び、四年後の捲土重来を誓った。そして二〇〇〇年、いまや代名詞ともなっている激しい闘争本能を発揮し、ライバルたちを完膚なきまでに叩きのめして金メダルを獲得した。あまりに容赦ない戦いぶりは、往年の陸上競技のスター選手ロジャー・バニスターから批判されたほどだった。それでも、「ルールで禁じられておらず、勝つために役立つことなら、いっさい手加減しない」と、エインズリーは言う。その後、二〇一二年のロンドン五輪まで四大会連続で金メダルを獲得した。

勝利を追求するマインドセットと負けず嫌いの性格の原点は、子どもの頃にいじめられた経験にあると語るエインズリーは、つねにこのマインドセットの強みを生かそうとしている。みずからの圧倒的な強さが知れ渡ると、その評判を使って試合前に相手を威圧するようになった。「ずっと勝ち続けると、ほかの選手たちが最初から二位狙いで試合に臨むようになる。おかげで、まだ試合が始まらないうちに、早々と優位に立てる」

敗北を憎悪する考え方は、多くの勝者に共通する。「勝っても心から喜べない。次のレースが心配だから」と言うのは、パラリンピックの車椅子陸上競技で合計一一個の金メダルを獲得したタニ・グレイ=トンプソンだ。十種競技でオリンピック二大会連続の金メダルを獲得したデイリー・トンプソンも言う。「十種競技の世界記録を破られたとき、私は実に男らしく振る舞った。たったの一〇時間しか泣かなかったんだ」

ラグビーのウェールズ代表の主将としてシックス・ネイションズ（ヨーロッパの強豪六カ国対抗戦）で全勝優勝を達成したこともあるサム・ウォーバートンは、成功の一つの要因として、スポーツ心理学者のアンディ・マッカンの存在を挙げる。そのマッカンは、こう述べている。「頂点に立つ人間は、二つのマインドセットのいずれかをもっている。一つは、『目指す』思考。つまり、勝利を目指すことが最大の動機になるパターンだ。もう一つは、『避ける』思考。敗北を避けたいという恐怖心に突き動かされるパターンだ。どちらが正しいという話ではない。二種類の人がいるということだ」

NBA（プロバスケットボール）のマイケル・ジョーダンは、明らかに「避ける」思考の持ち主だ。「バスケットボール殿堂」入りを果たしたとき、スピーチで感謝の意を表した相手の多くは、勝つことを助けてくれた人たちではなかった。それは、敗北を恐れ、敗北を避けるために戦うきっかけをつくった人たちだった。

たとえば、リロイ・スミス。高校時代に、自分を差し置いて学校選抜チームに選ばれた選手だ。「私はそのとき、リロイ・スミスと自分自身に、そしてリロイを選んだコーチに思い知らせたいと思った。あんたの判断は間違いだったとね」と、ジョーダンは述べた。大学時代のルームメート、バズ・ピーターソンの名前も挙げた。お互い高校生だった頃、ジョーダンを退けてノースカロライナ州の年間最優秀選手に選出されたことが理由だ。「バズに落ち度はない。素晴らしい男だ。これは私の競争心の問題なんだ。バズが私より優れたプレーをできるとは思わないし、バスケットボール選手として私より上だとも思えない」

ジョーダンはさらに、自分より高い評価を受けた選手やビッグネームの選手たちにも感謝の言葉を述べた。負けじ魂に火をつけ、能力を実証したいと思わせてくれたからだ。彼のことを批判したり、才能を疑ったりしたジャーナリストたちにも感謝した。「厳しい報道のおかげで、一日たりとも休むことなく、バスケットボール選手として成長しようと努力し続けられた」。ジョーダンがいかに傑出した勝者のマインドセットをもっているかは、スピーチの締めくくりの言葉が浮き彫りにしている。「多くの場合、恐怖が幻想であるのと同じように、限界というのも幻想にすぎない」

勝ちたいという「意志」と勝ちたいという「願望」の違いは、ジョーダンの姿勢にはっきり見て取れる。誰だって勝ちたい。少なくとも、勝

十種競技の世界記録を破られたとき、私は実に男らしく振る舞った。たったの10時間しか泣かなかったんだ。

デイリー・トンプソン
（十種競技選手）

ちたいと口では言う。しかし、勝つために必要なことをする覚悟ができている人は、どれだけいるだろう?

トランプゲームのブリッジの愛好家だった私の母は、勝つことが大好きだった。死去する二日前には、なんとグランドスラムも達成した。人生最後の望みだと言い続けていたことをついにやってのけたのだ。しかし、母は負けたときもそれなりにハッピーだった。「ベストを尽くしたし、楽しめたから」というのだった。そういうとき、私はいつも「それは勝者のマインドセットではない」と言い、そのたびに母からたしなめられたものだ。

勝ちたいという意志は、勝ちたいという願望とは違う。勝ちたいという意志の持ち主は、勝たねばならないと切実に感じていて、勝者になるために必要な行動を取る。

大きな成功を収めている起業家は、競争心が強く、敗北を認めることを嫌い、ライバルを研究してみずからの闘争心に火をつけている。たとえば、ヴァージン航空を立ち上げたリチャード・ブランソンは、長年嫌悪してきた(そして嫌悪されてきた)ブリティッシュ・エアウェイズとの対決の構図をつくり上げた。イギリスの携帯電話販売会社カーフォン・ウェアハウスの創業者で、通信会社トーク・トークの会長であるチャールズ・ダンストンも同様だ。「ライバルを憎むのはいいことだ。私たちは(通信最大手の)BTを憎んでいる」と言う。闘争心は、ビジネス上の活動に強い情熱を吹き込めるのだ。

快適ゾーンに落ち着かない

快適ゾーンに身を置いていては、傑出した成果を上げるのは難しい。では、今日のイギリス政治はどうか？　内閣や影の内閣のメンバーは、毎朝起きたときに、「勝ちたい気持ちが強いのは誰だ？」と自問しているだろうか？　この問いに「自分たちだ」と胸を張って言えるだけの努力をしているだろうか？　肩の力を抜いてのんびり構えていて選挙に勝ち続けられるチームなど、私はお目にかかったことがない。しかし、少なくとも本書執筆時点で、イギリスの主要政党はいずれも一心不乱さと強い決意が見られない。政策と人事、選挙運動と組織づくりに関して、勝つために必要なことをすべてやろうという思いが伝わってこないのだ。

対照的なのは、二〇一四年のインド総選挙でインド人民党（ＢＪＰ）を大勝に導き、首相に就任したナレンドラ・モディ首相だ。この選挙では、長年にわたり最有力政党だった国民会議派が時代遅れになったというイメージに助けられた面もあっただろう。しかし、ＢＪＰの地滑り的勝利は、それだけでは説明がつかない。ほかの政党よりも勝ちたいという思いが強く、猛烈に選挙運動を展開し、充実した体制を築いたことも圧勝の一因だった。モディは、勝つために必要な決断をくだし、決めたことをやり通したのだ。

プレッシャーという言葉は、一般に悪い意味で使われる。スポーツの試合で敗れたチームの監督は、「プレッシャーに負けた」と言う。支持率が落ちたり、党内で攻撃されたりしている政治家も、株価が下落している企業の経営者も、「プレッシャーにさらされる」ことになる。プレッシャーがない世界はない。問題は、どうやってプレッシャーを完全になくすかではなく、どうやってそれを活用するかだ。

うまくつき合えば、プレッシャーは勝利を手にするための強い味方になる。肉体的、感情的、心理的な変化を生み出し、精神を研ぎ澄まさせ、肉体的なエネルギーを高め、パフォーマンスを改善する要因になりうるのだ。プレッシャーを歓迎しよう。「プレッシャーはチャンスをもたらす。人がプレッシャーを感じるのは、それが意味のあるものだからだ」と、前出のスポーツ心理学者、アンディ・マッカンは言っている。

プレッシャーから逃れようとすることの危険性は明らかだ。自己満足と停滞が待っている。世界有数のチェスプレーヤーであるガルリ・カスパロフは、二〇〇〇年にウラジーミル・クラムニクにタイトルを奪われたときのことを私にこう語っている。「私は絶好調で、自分を無敵と感じていた。その結果、自己満足に陥っていた。成長しなくても勝てていれば、成長しようと思わなくなるのは当然だった。ライバルを寄せつけずに勝てているのに、どうして心配する必要があるだろう?」。しかし、勝ち続けているときこそ、自分へのプレッシャーを強め続けるべきだったと言う。「新しいことに挑戦し続け、いつも自分に試練を課さなくてはならない。快適ゾーンに落ち着くべきではない」。カスパロフは、勝利がもたらす心地よいぬるま湯に浸かり、敗北を喫したのだ。

オーストラリアン・フットボールの元名選手であるリー・マシューズは一九九〇年、ヘッドコーチとしてコリンウッド・マグパイズを三二年ぶりのリーグ優勝に導いた。しかし翌年、「私たちはがむしゃらさを失い、自己満足に陥り、気持ちの入らないプレーをしてしまった」と悔やむ。サッカーのウルグアイ代表監督オスカル・タバレスは、こんな言葉を残している――「甘美な勝利は歯を溶かす」。

ルーマニアの元女子体操選手ナディア・コマネチは、一九七六年のモントリオール五輪でオリンピック史上初の一〇点満点で勝利し、完璧という評価も得た。そのあと、人はどこを目指せばいいのか? これより上はないと審判たちから認定されたあと、改善の余地はどこにあるのか?

コマネチは、万雷の拍手を一身に浴び、首に金メダルをかける経験を楽しみはしても、完璧という自己評価はいだいていなかった。二〇〇三年に私がインタビューしたときに、こう述べている。「完璧だとは思わなかった。練習のほうがうまくできていたと思う。とはいえ、他人の評価のほうが正しい場合もある。自分では完璧だったと思わないけれど、審判はそう思った。そして、審判の評価こそが意味をもつ。でも、おもしろいことがある。当時の得点ボードは、一〇点を表示するようにできていなかった。表示できたのは、一桁の数字と小数点以下を二桁だけ。最高で九・九九点までしか表示できず、一〇点を取ると一・〇〇と表示された。それが本当は一〇点という意味だと、みんなが知っていたけれど、ボード上の数字だけ見ると、ずいぶん低い点数に見えた」

モントリオール五輪でコマネチは七つの一〇点満点を叩き出し、三つの金メダルを獲得した。そして、その四年後のモスクワ五輪でさらに二つの金メダルを獲得できたのは、つねに進歩の余地があると信じていたからにほかならない。

私が思い出すのは、サッカーのマンチェスター・ユナイテッドのコーチ陣と一緒に練習風景を見ていたときの会話だ。当時のユナイテッドには、ウェイン・ルーニーとクリスティアーノ・ロナウドがそろって在籍していた。二人ともスター選手で、ファンにも愛されていた。二人は練習でも際立って見えると私が言うと、コーチがこう述べた。「ロナウドは世界一のプレーヤーになれるかもしれないが、ルーニーは無理だ」

コーチいわく、ロナウドはつねに自分がもっとうまくなれると思っている。それに対し、ルーニーは達成感を味わっているという。実際、ルーニーは、

甘美な勝利は歯を溶かす。

オスカル・タバレス

（サッカーのウルグアイ代表監督）

世の大半の人の基準に照らせば十分すぎるくらい成功していた。なにしろ、イングランド代表のキープレーヤーの名をほしいままにし、莫大な富も手にしていた。そのコーチは言った。「世界レベルの監督のなかに、ルーニーを世界のベストイレブンに選ぶ人はいないだろう。逆に、ロナウドを選ばない監督はいない」

カスパロフやルーニーほど極端ではないとしても、似たような経験をもつ人は多いだろう。ものごとに慣れて簡単にできるようになると、漫然と同じ行動を繰り返すようになりがちだ。

私も経験がある。多くの人は、人前でスピーチをすることを極度に嫌う。それは、ヘビやクモと同じくらい嫌われている。私自身は、スピーチや講演をすることには慣れていた。しかし、数年前の私は、自分に満足し、進歩を止めていた。私のスピーチは、悪くはなかった。依頼主の満足度も高かったし、地域の労働党組織や精神医学関係の団体からは続々と依頼が舞い込んでいた。しかし、私はやるべきことを機械的に繰り返すだけになっていた。要するに、快適ゾーンにどっぷり浸かっていたのだ。

その状態から抜け出し、自分にカツを入れるために、私は原稿を用意せず、当日に聴衆から質問を募り、その場でスピーチを組み立てることにした。こうして、計算できない要素を持ち込むことにより、私は緊張感をもち、聴衆に注意を払わざるをえなくなり、それまでよりも聴衆の聞きたいことを話せるようになった。そして、私自身も再びスピーチを楽しく感じはじめた。

ラグビーのイングランド代表ヘッドコーチを務めたスチュアート・ランカスターも、快適ゾーンにとどまることを恐れた。そこで、自転車競技のイギリス代表チームを指導したスポーツ科学者のマット・パーカーを代表チームに招聘した。パーカーはこう述べている。「上位一%のトップスポーツ選手のなかで、快適ゾーンに落ち着いている人は一人も知らない。(自転車競技のイギリス代表チームを率いた)デーブ(・ブレイルズフォード)は、快適ゾーンに浸ることをけっして許さなかった。ラグビーの世界でも、選手たちは大切にされているけれど、快適ゾーンにとどまっていては成果を上げられないと理解していると思う。卓越を目指す取り組みに手加減は許されない。どの分野でも、世界のトップに立つために必要とされる時間と努力の量を軽く見積もる人は多いが、ぬるま湯に浸かることは避けなくてはならない。現状に満足した瞬間、人は自分の限界に挑むことをやめ、進歩しなくなる」

ある程度のプレッシャーは、人が成功し続ける背中を押すだけでなく、はじめて成功を手にするための原動力にもなる。目覚ましい成功を収めたスポーツ選手のなかには、恵まれない子ども時代を送り、スポーツで身を立てようと決意して、過酷なトレーニングに打ち込んだ人も多い。ボクシングの世界でそのような選手が多いことは、よく知られている。

私が話を聞いたアフリカの陸上選手、ハイレ・ゲブレセラシェ(エチオピア)、ポール・テルガト(ケニア)、ヒシャム・エルゲルージ(モロッコ)の三人も、恵まれなかった子ども時代がモチベーションの最大の源だと述べている。ゲブレセラシェが一般的なエリート長距離選手のように左右対称に手足を動かさずに走るのは、子どもの頃の登下校時に、いつも同じほうの手に重たい鞄をもって片道一〇キロを走っていたためだという。

サッカーのブラジル代表で主将と監督を務めたドゥンガは子どもの頃、靴下を丸めてボール代わりにして練習していた。同じくサッカーのブラジル代表選手ダニエウ・アウヴェスは、幼い頃から、家計を助けるために朝五時にメロンの収穫をする日々を送っていた。やはりブラジル代表のダンテは、子どもの頃、母親がレジ係をしていたスーパーマーケットの駐車場でサッカーの技術を磨いた。二〇〇キロ離れた町のクラブから採用テストを受けに来いと誘われたときは、持ち物を売って旅費を捻出した。

もっと恵まれた環境で育った人のなかにも、早い時期から自分にプレッシャーをかけ続けた人たちはいる。ヴァージン・グループを創業したリチャード・ブランソンは、両親の後押しにより、幼い頃からリスクをともなう行動に挑んできた。そのせいで困った事態に陥ることがあれば、両親が支えてくれた。性病治療薬の広告を出したことや、ヴァージン・レコードを立ち上げた際に関税・物品税法に違反したことを理由に、警察沙汰になったときもそうだった。「子どもの頃、家族でドライブに行った帰りには、家から数キロ離れた場所で母が私を車から降ろし、『自分で家まで歩いて帰りなさい』と言うことがよくあった」と、ブランソンは私に言った。「他人に頼らないこと、逆境に押しつぶされないことを教えるためだったのだろう」

プレッシャーとストレスは似て非なるもの

ただし、プレッシャーとストレスを混同してはならない。私がここで指摘しているのは、プレッシャーの効用だ。プレッシャーは、人が卓越した成果を上げる背中を押す場合がある。それに対し、ストレスはきわめて悪い影響をもたらす。元イングランド代表ストライカーのガリー・リネカー（現在はBBCのキャスターとして活躍している）は、イングランドにおける子どもたちへのサッカー指導のあり方を論じた際に、ストレスの弊害を語っている。ストレスは、目標の達成を後押しするどころか、それを不可能に感じさせてしまうのだ。

リネカーに言わせれば、イングランド代表の不振の一因はここにある。「大切なのは、子どもたちが競技を好きになり、ボールに親しむこと。子どもたちにわざわざ恐怖心をもたせたい人はいないだろうが、コーチの指導の仕方や、『気合を入れろ！　負けるな！』と怒鳴る親の態度がそのような状況を生み出している。まったくのナンセンスだ。幼い子どもたちを追い詰めるのは馬鹿げている。子どもたちには、『さあ楽しんで。もし自分に向いていそうなら、一生懸命打ち込んでみよう』と言うだけでいい。勝利は、不安のない状態、自信をもっている状態がもたらす。スポーツにせよ、メディアにせよ、ビジネスにせよ、なにかでトップレベルに達するためには、その活動を楽しみ、愛さなくてはならない」

言い換えれば、怯えていなければ成功できないと思わせるような指導は間違いだ。ただし、プレッシャーと共存し、あわよくば、それを楽しめるようになる必要はある。トップレベルで成功するためには、それが不可欠だ。

卓越した成果を目指す以上は、プレッシャーを感じることが避けられない。ときには、それが生理的な面で恩恵をもたらす場合もある。プレッシャーはアドレナリンを噴き出させ、集中力を高め、エネルギーを増加させる。それに対し、ストレスは成果を生む足を引っ張る。スポーツ心理学者のアンディ・マッカンはこう言っている。「不安が募ってくると、心臓がドキドキし、脈拍が速まり、呼吸が浅くなる。体が震えたり、胸が苦しくなったりする。自分がコントロールを失いつつあるのではないかと心配になってくる」

イングランドの元クリケット選手ジェレミー・スネイプは、身をもってストレスの弊害を経験した。二〇〇二年にインドのコルカタ（カルカッタ）で試合に臨んだときのこと。一二万の大観衆を前にした試合で、イングランドはインドに大きくリードを許していた。そのとき、悲劇が起きた。スネイプのミスにより、イングランドのスタープレーヤー、アンドリュー・フリントフがアウトになってしまったのだ。インドの大観衆が沸くなか、フリントフが重い足取りでベンチに下がり、次の味方選手が打席に向かう。その間、スネイプは一人ぼっちでグラウンドに立っていた。

スネイプはこう振り返る。「インドとの点差を考えて、まだチャンスがあると冷静に判断するか、自分のミスをチームメートがどう思うだろうかと心配し、ファンやメディアがなにを言うかを気に病むかは、私次第だった。私はこの内面の戦いに負けた。次に打席に入ったとき、プレーしていたのは、私ではなく、私の内面のマイナスの感情だった。軽々とアウトになってしまった。ベンチに引き揚げるとき、自分がプレッシャーに負けたという事実を思い知らされた。私は集中力を失い、視野が狭まっていた」

要するに、微妙なバランスを取ることが求められるのだ。プレッシャーは必要だが、プレッシャーが生むストレスによりがんじがらめになることは避けたい。それでもはっきり言えるのは、プレッシャーを味わわずには済まないということだ。努力もなしに、成功を手にできるわけがない。天才が苦もなく成功したという類いの逸話は、すべて「神話」だと思ったほうがいい。リラックスした姿勢で成功したように見える人もたいていは、掘り下げて検討すると、そうではないことがわかる。

私の古い知り合いでもあるガリー・リネカーはその典型だ（私たちは、中部の都市レスターの同じ高校に通っていた）。リネカーは、同世代で最も才能に恵まれた選手とは言えなかった（一カ月年上にディエゴ・マラドーナがいた）。それに、いつも控えめな態度を見るかぎり、サッカー選手として成功するための強靱な精神もなさそうに思えた。しかし、二つの強力な思いに牽引されたマインドセットをもっていた。「一つは、あらゆることで誰よりも上手になりたいという思い。もう一つは、自分より素質のある人より強い意志をもち、頭を使わなくては成功できないという思いだ」。リネカーは、その哲学の下でサッカーに打ち込み、輝かしい成果を上げた。イングランド代表での得点は、ボビー・チャールトンに次ぐ歴代二位。一九八六年のワールドカップ・メキシコ大会では得点王になった。これは、イギリスの選手としては現時点で史上ただ一人の栄誉だ。

「そうは見えなかったかもしれないけれど、私は途方もなく強い意欲をもって競技に取り組んでいた」と、リネカーは振り返る。「ある試合で二得点を決めて、チームも勝ったことがあった。でも、試合後、チームメートは私が満足していないことを感じ取っていた。三点入れてハットトリックを決めたかったし、実際それができていても不思議でなかった。それなのに、簡単なシュートをはずしてしまった。子どもの頃から、いつも得点王でありたいと思い続けてきた。学校でも、その後に所属したすべてのチームでも、そしてイングランド代表でも、最高のプレーヤーでありたいと思っていた。ワールドカップで得点王になれたのは、素晴らしい経験だった。子ども時代から私の原動力になってきたのは、一生懸命打ち込めば世界最高の点取り屋になれるという思いだった。実際、私は頑張った。練習は好きじゃないけれど、それでも練習した。チームメートが遊びに行っているときに、来る日も来る日もトレーニングに励んだ」

つまり、大切なのは、どうやってプレッシャーを感じないかではなく、どのようにプレッシャーとつき合うかだ。一九九八年のワールドカップでイングランド代表監督を務めたグレン・ホドルが言うところの「恐怖ゾーン」に陥ることは避けなくてはならない。誰でも経験があるように、人は激しいプレッシャーにさらされると、気分が悪くなり、パニックになって、状況に対処できなくなる。弱気になり、自信を失い、判断を誤ってしまう。試験前にこの状態になる学生は多い。私自身、このせいで運転免許の試験に落ち続けた。教習所の教官は太鼓判を押してくれていたのに、五回も不合格を食らったのだ。

政治家や経営者は、答えに窮するような問いをぶつけられたときにその状態に陥った。イギリスのマイケル・ハワード元内相は、BBCのニュース番組『ニュースナイト』の司会者ジェレミー・パクスマンから執拗に同じ質問をされたとき、それを経験した。ゴードン・ブラウン元首相は、ラジオ司会者のジェレミー・ヴァインにより、遊説先での「失言」（マイクがオンになっているのに気づかず、野党支持の女性有権者のことを「偏屈」と吐き捨てた）の音声がスタジオで再生されたときにそうなった。二〇一〇年にメキシコ湾で原油流出事故を起こしたエネルギー大手BPのトニー・ヘイワードCEOが口を開くたびに失態を重ねたことも記憶に新しい。

サッカーの世界では、試合に決着をつけるためのPK戦でそういうことが起きる。PK戦のドラマチックな失敗は、普段ならあっさりPKを決められる選手がゴールマウスのはるか上にボールを蹴ってしまったり、キーパーがやすやすとキャッチできるような弱々しいボールを蹴ってしまったりすることで起きる。

元イングランド代表監督のグレン・ホドルは前出の書籍『ザ・マネージャー』のインタビューで、大会準備段階のプレッシャーにどう対処したかについて興味深い話をしている。「あのとき私にのしかかっていたプレッシャーは、イギリス首相以上だったと思う。なにしろ、首相まで私にプレッシャーをかけていたのだから」。チームのメンバーでミュージカルに行ったときのこと。サッカー代表チームの面々が来ているという噂がたちまち広まり、大勢に囲まれてしまった。「私は途方もない重圧を感じていた。劇場に行っただけでこの大騒ぎなんだから！」。それでも、ホドルは自分なりの解決策を見いだした。「プレッシャーに対して心からの感謝の気持ちをもてば、プレッシャーがすっと消えることに気づいた。二〇代のときにそれを知りたかった。いずれにせよ、激しいプレッシャーにさらされたとき、それに感謝すれば、その瞬間にプレッシャーは力を失い、消滅する……感謝の気持ちをもたなければ、プレッシャーはますます強まり、たちまち恐怖ゾーンに引きずり込まれてしまう」

ガリー・リネカーは、一九九〇年のワールドカップのカメルーン戦で、二対一とリードを許した局面でPKを蹴ることになった。「蹴る準備をするとき、私は思った。『私は何百万人もの人がうらやむ立場にいるんだ。怖がらずに、この瞬間を楽しもう。ここで爪痕を残そう』」。このとき、リネカーは恐怖心を感じていなかった。プレッシャーを感じ、それを楽しんでいた。この局面でPKを蹴れることがいかに「特別で誇らしい」ことかを再確認すると、自信が湧いてきた。練習どおりに、ゴールにボールを叩き込めばいいのだ、と。そして見事にPKを成功させた。その後、試合は延長に入り、終了間際に再びPKを蹴ったリネカーはこれも決めた。試合はイングランドの勝利に終わった。「最高の気分を味わえる。でも、恐怖心にとらわれていては、チャンスはない」

サッカー解説者は、PK戦は運試しの宝くじのようなものだとよく言う。しかし、リネカーに言わせれば、そうした主張はナンセンスだ。「私はPKが大好きだ。PKを蹴るのも好きだし、見るのも好きだ。プレーヤーがプレッシャーの下でどのくらいテクニックを発揮できるかを問う究極の試練だから」。ヨット競技のベン・エインズリーもこう言っている。「プレッシャーを愛することを覚えなくてはならない」

「実際は口で言うほど簡単ではない」と言いたくなるかもしれない。リネカーやエインズリーのようなアプローチを実践するためには、強固な自信がなくてはならない。極度のプレッシャーがかかっているときに、そんな自信をいだけない人も多いだろう。それでも、平静を保つのは無理だとしても、せめてパニックに陥らないために活用できる方法論はある。

ラグビーのイングランド代表チームのヘッドコーチを務めたクライブ・ウッドワードは、チームの面々と一緒にイギリス海兵隊の演習に参加したとき、その方法論を学んだ。海兵隊の准将が三人の若い隊員を紹介してこう言った。「この隊員たちは、死んでいたはずでした」。隊員たちは、ほとんど実戦経験がないなかで直面した絶体絶命の窮地を生々しい言葉で語った。

「『いったいどうやって、そんな状況を切り抜けられたのか?』と、私たちは思った」と、ウッドワードは振り返る。「その隊員たちは、教室や演習で同様の状況を繰り返し経験していたのだという。だから、現実にそれを経験したときも、演習どおりに行動し、窮地を切り抜けられた」。ウッドワードにとって、この海兵隊演習は大きな転機になった。「私たちはこの考え方を応用し、ラグビーでプレッシャーのかかる局面に備えるようにした。プレッシャーに対処する最善の方法は、起きることを予測して練習することなのかもしれない。予期できていれば、対処がしやすくなる」

ウッドワードは、「人生で最も怖かった経験」を聞かせてくれた。それは、この四日間の海兵隊演習でヘリコプターの不時着水訓練をしたときのことだった。「最初に、一九八〇年代の映像を見

プレッシャーを愛することを覚えなくてはならない。

ベン・エインズリー

(ヨット競技選手)

せられる。映像の中では、水中に落ちたヘリコプターを引き揚げると、乗っていた人は全員死んでいた。ヘリの外に脱出できなかったためだ。その出来事を教訓に、この訓練が始められたのだという。ヘリが不時着水したあと、中に閉じ込められずに脱出する訓練だ。そのために、巨大なプールをつくり、その上に大きな箱状のものを設置してある。これがヘリの代わりだ。水中に落ちたとき、どうやってここから脱出すればいいか？　どうすれば、たった一つの小さな穴から外に出られるのか？　どうすれば、チームの仲間とコミュニケーションを取り合い、全員が生還できるのか？　実際には、この訓練に危険はまったくない。箱の後部は開いているので、パニックに陥ったときはすぐにそこから出られる。とはいえ、プレッシャーは途轍もない。脈拍が速くなり、計り知れない不安に押しつぶされそうになる。水中に落とされた箱は、数回逆さまにひっくり返される。こうして、中にいる人間は方向感覚を奪われる。周囲は漆黒の闇。それでもパニックになってはならない。チームメートの失望を買ったり、緊張に負けて逃げ出してしまったりするのではないかと、激しい恐怖に駆られる。箱が着水すると、一人ずつ脱出する。自分の順番が一八番目だとすれば、水中で九〇秒間待たなくてはならない。その間、パニックになることは許されない。この様子はすべて録画されており、もし逃げ出せば、夜のミーティングでそれがみんなの前で上映される。わくわくするけれど、恐ろしい訓練だ」

ひとことで言えば、極限の状況と言っていい。しかし、それは、訓練すれば克服できるものだ。このときの経験は、「T－CUP」という言葉がウッドワードの合い言葉になる一つのきっかけになった。T－CUPとは、「Think Correctly Under Pressure（プレッシャーの下で正しく考える）」の略だ。ウッドワードは、メディア対応など、激しいストレスをともないかねない局面でこの精神を実践している。「まず、起こりうる最悪の事態を思い浮かべる。そして、その状況にどう対処すべきかを徹底的に考える。そうすれば、一〇回のうち九回は、そこまでひどいことは起こらない」

つねに訓練と準備に励むことにより、スキルを磨けるだけでなく、難しい局面でプレッシャーに対処しやすくなるのだ。私がこの前、公の場で話す際に心底緊張したのは、イラク戦争について検証する独立調査委員会（チルコット委員会）で証言したときだった（もっとも、当日よりも、それを待つ日々のほうが緊張していたのだが）。この証言の重要性はよく理解していた。委員会への召致を通告する電子メールが届いたあとは、ほとんどの予定をキャンセルし、準備に専念した。コンピュータには、ベンジャミン・フランクリンの有名な言葉を記した付箋を貼った。「準備をしないのは、失敗する準備をするのと同じこと」という言葉だ。

メディアの注目が集まることはわかっていた。私に注がれる目がもっぱら厳しいものになることも覚悟できていた。場合によっては、証言が重大な結果を招きかねないことも承知していた。そこで、長い時間をかけて資料を読み込んだ。何度も何度も読み直した。委員会で浴びせられそうな厳しい質問を洗い出し、すべてに答えられるように準備した。そして、「インクで考える」（第1章参照）の精神にのっとり、すべてを紙に書いた。同じことを繰り返し、繰り返し書いた。そうやって、すべてを頭に叩き込んだのだ。冷静な分析を得意とする友人たちに集まってもらい、徹底的に厳しい質問を考え、私を尋問してもらうこともした。そうやって、私は最悪の状況を想定した。攻撃的なジャーナリストたちが手ぐすね引いて待ち構え、私のペースを乱そうとしている――そんな状況をどうやって乗り切るかを考えた。

そして、ついにその日がやって来た。冷たい雪の日で、地面は凍っていた。足を滑らせないように、靴底のグリップが強く、履き慣れている靴を履いて出かけた。会場のQEⅡカンファレンス・センターに着くと、大勢のメディア関係者が詰めかけていた。実際には杞憂に終わったが、デモ隊にもみくちゃにされることも覚悟していた（別の機会にそのような経験をしたことが何度かあったが、前もって状況を思い描いておいたので、冷静さを失わず、過剰反応せずに、誰かが通路を整理してくれるのを待てた）。この日は、証言で最後まで話させてもらえない状況を想定し、対処法について検討に検討を重ねていた。リラックスしていたい半面、緊張感も保ち続けたいと思っていた。事前に、スポーツ心理学者のアンディ・マッカンと話し、「頭を正しい状態に置く」ようにした。

私たちはみな、極度のプレッシャーにより激しいストレスが生まれるような局面に対応するための自分なりの戦略を確立したほうがいい。私が昔やっていたのは、手のひらにクリップを強く押しつけるという方法だ。このやり方を教えてくれたのは、あるとき名誉棄損訴訟で私の代理人を務めてくれた弁護士だった。いわく、相手方が裁判に勝つためには、法廷で私に冷静さを失わせる以外にない。だから、私は感情をコントロールすることが重要だ、というのだった。クリップを用いる方法論は単純な転換戦略だと、弁護士は説明した。他人によって引き起こされる苛立ちの感情を、自分自身が生み出す痛みに転換するのである。

もう一つの方法は、マッカンが教えてくれた。両手の親指と親指、人差し指と人差し指をこすり合わせて、にっこり笑う、というものだ。この方法が有効なのは、どんなに小さなことでも、自分がもの

まず、起こりうる最悪の事態を思い浮かべる。そして、その状況にどう対処すべきかを徹底的に考える。そうすれば、10回のうち9回は、そこまでひどいことは起こらない。

クライブ・ウッドワード
（ラグビーの元イングランド代表ヘッドコーチ）

ごとをコントロールしていると感じられること、そして、自分の行動の意味を自分だけがわかっているという満足感を得られることが理由だ。

もちろん、準備をしても、不安がもたらす苦しみを完全になくせるとは限らない。史上屈指のパラリンピック選手であるタニ・グレイ＝トンプソンは、大きな試合の前はいつも気分が悪くなったという。そういう時期は、トーストを食べないようにしていた。「トーストを吐くのはことのほかつらい」からだ。ラグビー界の大スター、ジョニー・ウィルキンソンは七歳のときにはじめて、試合前に吐き気を感じたという。それ以降、ほぼすべての試合前に同じ経験をするようになった。とても不愉快だったという。それでも、二人とも事前に準備し、同様の経験を重ねるうちに、対処できるようになっていった。そして、見落としてはならない。この二人のアスリートを成功させた要因は、そうした不安の根源にあるプレッシャーだった。

やるべきことに集中する力

ここまでは、プレッシャーの弊害を払いのける手段という側面から、準備と集中について論じてきた。しかし、準備と集中は、勝者のマインドセットを積極的に形づくる主たる要素でもある。

いくら優れた才能をもっていても、取り組むべきことへの集中力を欠く人は成功できない。この点は、トップに上り詰めた人たちも口々に語っている。マンチェスター・ユナイテッドのユースチームを指導したエリック・ハリソンは、デーヴィッド・ベッカムやライアン・ギグスと同時代の一人の選手のことを語る。その選手の名は、ラファエル・バーク。途方もない才能の持ち主だったが、今日その名を覚えているファンは多くない。「いまでも残念で仕方ない」と、ハリソンは言う。「本当に才能豊かな選手だったのに、それを十分に生かせなかった」。バーク自身も、「私は才能があったけれど、ほかの選手たちのように犠牲を払って打ち込むことをしなかった」と言っている。才能だけで達成できることには限界があったのだ。バークは適切なマインドセットをもっていなかったため、成功できなかった。さまざまな面で素晴らしいものをもっていたのに、サッカーに対する姿勢が間違っていたのである。

対照的に、同時期にマンチェスター・ユナイテッドでプレーしたガリー・ネヴィルは、サッカーを第一に生きていた。リネカーと同じように、友達と遊びに行かないという意思もはっきり示していた。生活のリズムを確立し、土曜の試合に備えるために木曜と金曜は夜九時一五分にベッドに入ることにしていた。一六歳から二〇歳までは、ガールフレンドもつくらなかった。

その結果、マンチェスター・ユナイテッドでシーズン三冠を達成し、チームの主将も務めた。イングランド代表の常連にもなった。引退後は代表チームのコーチに就任し、テレビコメンテーターとしても成功している。ネヴィルの姿勢を見ていると、プロボクサーのモハメド・アリの言葉（数ある名言の一つだ）が思い起こされる。「練習は一瞬たりともやりたくなかった。でも、自分に言い聞かせた。『練習をやめるな。いま苦しんで、残りの人生をチャンピオンとして生きよう』」

ここで重要なのは、一般的な性質としての集中力をもっていることではなく、なんらかの具体的な対象に集中できることだ。その対象は、目前の課題の場合もあれば、遠くの大目標の場合もある。

私がいつも思い出すのは、社会活動家でもある二人のロックスター、ボノとボブ・ゲルドフがトニー・ブレア首相に陳情に訪れたときのことだ。ドイツでのG8サミットへの出席を前にしていたブレアに対し、二人のミュージシャンは第三世界の債務免除を求めた。さまざまな政治的な理由により、すべての要望には応えられないだろうと、ブレアが釘を刺すと、ゲルドフはいつものように癇癪を起こした。ブレアは、どうにかゲルドフを落ち着かせようとして説明した。主要八カ国が集まりはするけれど、国によって立場が違うので、ボノとゲルドフの主張を採用するのはエベレスト級に難しい、というのだ。すると、ボノが言った。「トニー、エベレストの前に立ったときは、それを見上げていては駄目だ。ひたすら登るしかないんだ」。これは、ボノがゲルドフから学んだ思考様式を見事に表現した言葉だった。何年もあとになって、ボノは私に言った。「ボブみたいな人はほかにいない。『ノー』という言葉を知らない男なんだ」

「集中」とはどういうものかを理解するには、それを最も徹底したアスリートの例を見るのがいちばんだろう。そのアスリートとは、プロゴルファーのタイガー・ウッズだ。元コーチのハンク・ヘイニーの著書『ザ・ビッグミス』に、ウッズがどのように練習していたかを記したくだりがある。ウッズは練習をときどき中断し、無言で立ったまま、あるいは腰を下ろして、それまでの二〇回ほどのショットを振り返っていたという。なにをしているのかというヘイニーの問いに対して、ウッズはこう説明した。「私たちがやったことについて考えていたんだ」

こうした行動は、苦手なことを練習しているときによく見られたという。自分の弱点にしっかり目を向けようという意図があったのだろう。単にみんなより上手にプレーしたいと漠然と思っていただけでなく、質の高い練習をしたいと思っていたのだ。「（ウッズにとって）これは教会に通うみたいに当たり前のことだった」と、ヘイニーは言っている。

精神の強靭さとは、
やりたくないことをやれることだ。

クレイグ・ベラミー

（オーストラリアの元13人制ラグビー選手）

この言葉は、誰もが胸に刻むべき真理を浮き彫りにしている。それは、シンプル（単純）とイージー（簡単）は違うということだ。ウッズはものごとをシンプルにしていたが、イージーな行動を取っているわけではなかった。ウッズの成功が天性の才能の賜物であることは間違いない。しかし、それは途方もない努力と訓練と集中があってこそ実現したものだったのだ。

「集中」は、並外れたレベルに達する場合もある。あるとき、練習に没頭しているウッズに、プロゴルファーのグラント・ウェイトが声をかけた。オートバイ競技のモトクロスの世界チャンピオン、ジェームズ・スチュワートが来ているけれど、話さないか、と。ウッズはスチュワートを知らなかったが、アフリカ系アメリカ人ではじめてモトクロスで大きな成功を収めた人物だと聞かされて、興味をそそられた。競技への姿勢や、プレッシャーのかかる状況での心の持ち方など、学べることがあるかもしれないと思ったのだ。

ウェイトの紹介でしばらく話したあと、ウッズは尋ねた。試合前はなにを食べているのか？「特別なものは食べていない。コーラとスニッカーズだよ」と、スチュアートは答えた。それを聞いたウッズは、相手がアスリートとしても勝者としても自分には遠く及ばない人物だと判断した。ただちにその場を立ち去り、また練習に戻ったという。

礼儀を欠いている？　そうかもしれない。視野が狭い？　それは間違いない。いささか変わり者と言わざるをえない？　そのとおり。けれども、このエピソードは、「集中」とはどういうことかをよくあらわしている。

私は以前、アンディ・マッカンに、スポーツにおける勝者のマインドセットの構成要素を尋ねたことがある。ことのほか利他的で親切な人物であるマッカンが真っ先に挙げた要素は、「利己主義」

だった。「完全に集中し、人生のその時点において最大限の成果を上げようという固い決意をもたなくてはならない。そうすれば、必要なことをおこない、勝つために不可欠な犠牲を払うはずだ」というのだ。

私はあるゴルフトーナメントで、ウッズに数ラウンドついて回ったことがある。大勢のギャラリーが詰めかけていた。ウッズはグリーンからティーへ移動するとき、ギャラリーのすぐそばを歩いた。ファンが声援を送り、大声を上げる人もいた。とくに至近距離にいた人たちは、振り向いてほしかったのだろう。ほんの少しだけでも視線を合わせ、声援が届いているとわからせてほしい、というわけだ。しかし、ウッズはパットが成功した際にときおりキャップのつばに手をやる以外は、ギャラリーになんの反応も示さなかった。つねにまっすぐ前を見据え、コースには自分とキャディーしか存在しないと思っていたかのようだった。

私が尊敬する人のなかには、この種の集中力の持ち主が少なくない。トニー・ブレアや元アメリカ大統領のビル・クリントンのような政治家は、難しいインタビューや討論の最中に沈黙して自分の世界に入り、ものごとを妥協なく考え抜くときがあった。クリケットの名選手だったイアン・ボザムは、目標を追求するためにとても利己的になるときがあると認めている。家族のことなど、それ以外の日々の用事はすべて脇に置いてしまうというのだ。

陸上競技のセバスチャン・コーとブレンダン・フォスターも、試合前の思考モードに入ると、友達や家族が目に入らなくなると打ち明けている。プロゴルファーのニック・ファルドは、ギャラリーの声援が力になるときもあると認めつつも、たいていはウッズのように、ギャラリーの存在は頭から締め出しているという。

ヨット競技のベン・エインズリーは、プレッシャーのかかる状況では「感情を消せること」が大きな強みになると指摘する。そして、この面で卓越している人物としてテニスのロジャー・フェデラーを挙げる。「順調なときにパフォーマンスが感情の影響を受ける場合、自信をもつことは悪くないが、うぬぼれるのはまずい。それに、感情が落ち込めば、自信を失い、それがパフォーマンスに悪影響を及ぼす。だから、余計なことを考えずに、プロセスそのものに神経を集中させることが大切になる。（自動車レースのF1で活躍したミハエル・）シューマッハもそれを実践していた」

水泳のマイケル・フェルプスは、コーチのボブ・ボウマンから「WIN」という言葉を教えられた。「What's Important Now（いま重要なことはなにか？）」の略である。フェルプスの自伝『ノー・リミッツ』によれば、ボウマンはこう述べている。「ほかの水泳選手がマイケルと違うのは、いい気分で試合に臨まないと、いい泳ぎができないという点だ。マイケルは違う。感情の状態に関係なく、パフォーマンスを発揮できる。長い間、そのための練習をしてきた。自分がなにを成し遂げたいかを正確に理解していて、ほかの問題の影響と切り離して重要なことに集中できる」

実践するのは難しいが、非常に重要なことだ。それに、すべての人に関係がある話でもある。あなたが重要な会議に向かっているとしよう。途中で、悪い知らせを告げる電話がかかってくる。あるいは、子どもについての心配事が持ち上がる。そうした問題を頭から払いのけるのは不可能に近い。しかし、なんとしても、会議中はそれを頭から振り払う必要がある。そうしないと、会議で最善のパフォーマンスを発揮できない。

有効なテクニックはある。ラグビーのニュージーランド代表チーム「オール・ブラックス」のメンバーが眉の上を手でこする仕草をするのは、額の汗をぬぐっているように見えるかもしれない。

しかし、これは集中力を高めるための一つのテクニックでもある。上を向いてスタジアムの屋根を見ることにも、同様の目的がある。ニック・ファルドは、ゴルフコース上で自分自身と会話するのが効果的だと言う。「ときどき、実際に言葉が口を突いて出てしまうこともある。思わず、『よし』などと言っている。『よし、いいぞ。この調子だ。集中しろ。手を返し、体を回転させてボールを叩くんだ』という具合に」

ゴルフのメジャー大会で六勝したファルドが最も憧れていたのは、ゴルファーではなく、テニス選手のビョルン・ボルグだという。「いつもお手本にしていた。あとで知ったのだけれど、ボルグは、ショットに失敗したり、審判のラインコールに不満があったりしたときは、その場にじっと立ち、ラケットを一度、二度と振る仕草をした。そうやって自分をリセットしていた。もちろん、卓越したテニスのテクニックがあったことは間違いない。けれども、決定的に重要だったのは、感情のコントロールができていたことだ。つねに自分のペースを乱さない姿勢には、惚れ惚れさせられた。周囲でなにが起きていようと、集中力を絶やさず、規律をもって行動し続けていた」

アンディ・マッカンは、ゴルファーがコース上で素振りをする理由を説明してくれた。「もちろん、ショットの練習という意味はある。でも、それだけではない。目の前のことに集中し、自分を落ち着かせるという目的もある。アドレナリンが噴き出すと、人は普段より速く行動してしまう。速くスウィングしすぎると、ショットをミスする。だから、集中力を切らさず、ゆっくり行動する必要がある。もう一つ、ボールを打つこと以外の雑念を頭の外に追い払う効果もある。ショットのときは、プラスの思考もマイナスの思考も、いっさいの余計な思考はもちたくない。重要なのは、ボールを打つプロセスに集中すること。感情に邪魔されることは避けたい」

では、集中力を失うと、どうなるのか？　二〇〇四年のアテネ五輪でアメリカの射撃選手マシュー・エモンズはそれを経験した。ライフル射撃三姿勢で、最後の一回の射撃を残して大差でトップに立ち、金メダルは目の前だった。しかし、その最後の一発を隣の選手の的に撃ち込んでしまい、この回の得点は〇点に終わった。結局、この種目でのメダルを逃す結果になった。本人の説明によると、そのとき、頭の中ではもう勝ったつもりになっていて、表彰台に立っている自分の姿を思い浮かべていたという。次の北京五輪でも、エモンズは三姿勢での勝利を目前にして、最後の一発を大きくはずしてしまった。四年前の記憶が射撃を狂わせたのだ。

このような派手な失敗をしでかしたあとは、レジリエンス（逆境からのしなやかな回復力）が必要だ。マッチョ指向の強いサッカーの世界で心理的幸福に関する手引書をまとめている点で、イングランドのリーグ監督協会（ＬＭＡ）は称賛に値する。その手引書は、スタンフォード大学の心理学者キャロル・ドゥエックの「成長思考」と「固定思考」の考え方を土台にしている。政治家も、その方法論を少し学んだほうがいい。

固定思考の持ち主は、試練に立ち向かわず、ものごとを諦める。そして批判を無視し、他人の成功を脅威と感じる。その結果、みずからの潜在的な可能性をすべて開花できない。それに対し、成長思考の持ち主は、試練に向き合い、障害に挑む。批判と失敗、それに他人の成功から学ぼうとする。そうやって、もっと大きな成果を上げることを目指し続ける。

偏執性という強み

成功を収めている人を観察すると、強い偏執性が見て取れる場合が多い。ラグビーのクライブ・

ウッドワードに、自分の最大の強みはなんだと思うかと尋ねたところ、躊躇なく答えが返ってきた。「私は偏執的なところがあるんだ」と。ウッドワードや自転車競技のデーブ・ブレイルズフォード、サッカーのアーセン・ヴェンゲルやアレックス・ファーガソン、ジョゼ・モウリーニョ、ジョゼップ・グアルディオラといった人たちの指導を受けたアスリートたちは、この面々のことを同じ言葉で評する。偏執的、思い入れが強い、やる気がある、細部にこだわる、次善の結果に満足しない、あらゆることに負けず嫌い、などの言葉だ。

これらの指導者たちは、大きなビジョンを示してリーダーシップを振るうスキル、言い換えれば、成功した姿を思い描かせて選手のやる気を高める手腕をもっている。しかし、彼らが目覚ましい成功を収められたのは、大きなビジョンだけでなく、偏執的なまでの集中力と細部へのこだわりがあったからだ。重要な戦いで勝ちたければ、勝利に執着し、勝つために必要な行動に執着し、目標に執着し、戦略と戦術に執着する必要がある。

「偏執的」という言葉は、好ましい意味で用いられる場合ばかりではない。しかし、ウッドワードに言わせれば、勝利を目指すうえでは、これを好ましい資質と考えるべきだという。

「私は偏執的という言葉が大好きだ」と、ウッドワードは言う。「多くの人がそうなることを避けようとするので、偏執的な人はほかの人たちと差別化ができる。誰かのことを偏執的と言う人はそれを問題だと思っているが、私は偏執的であることに誇りをもっている。偏執的とは、一つの思考なり行動なりが頭の中を占拠していることを言うのだと思う。自分が偏執的だという自覚はある。やると決めたら、すべてに勝ちたいタイプの人間だからだ。これは好ましい性質だと思う。心配すべき欠点ではない。そのような思考様式の持ち主でも、まったく問題なく正常な生活を送れる。偏執的とは、真夜中に電子メールを送り、頑張りをアピールするような態度のことではない。偏執的とは、勝つために必要なことを実行する、『なに』と『どのように』と『なぜ』の細部にまで徹底的にこだわる姿勢を意味する」

二〇〇五年にウッドワードのそばで仕事をしたとき、私がとくにうれしかったことの一つは、ジョニー・ウィルキンソンを間近で見られたことだった。練習と準備に関する姿勢が本当に素晴らしかった。私はウッドワードに、ウィルキンソンとほかの選手の違いはどこにあるのかと尋ねた。すると、こんな言葉が返ってきた。「練習に誰よりも早く姿をあらわし、帰るのはいちばんあとだ。そして、どんなに素晴らしいプレーをしても、自分を批判的に見ることができる」

試合のあとは、いつも自分のプレーを振り返ることにしていると、ウィルキンソンは言う。違う行動を取るべきだったと思える場面を洗い出し、何度も何度も頭の中で反芻するのだ。そうやって、「改善の余地があることを絶えず探し続け」ているのだ。

第8章　極端な思考

抜きん出た成果を上げられることと、いくらか、あるいは深刻なまでに人格がバランスを欠いていることの間には、間違いなく関連がある。

――**デーブ・ブレイルズフォード**（イギリスの自転車競技コーチ）

勝者が極端な思考をする理由

私は以前、アイルランドのダブリンでサッカー選手のロイ・キーンと一緒にテレビのトーク番組に出演したことがある。楽しい共演だった。キーンは愉快な人物だったし、歯に衣着せずにものを言った。それに、魅力的なエピソードをたくさんもっていて、自分の意見をしっかり述べた。しかし、怒りを爆発させる一歩手前のようにも見えた。

アレックス・ファーガソンとの不和は、いまではすっかり有名だが、この当時すでに対立が芽生えはじめていた。私とファーガソンが親しいことは、キーンも知っていたはずだ。同席していたミュージシャンのボブ・ゲルドフがときおり大げさに驚いて見せ、みんなが互いにジョークを言い、笑いが絶えなかったが、怒りがくすぶっていて、それがいつ爆発しても不思議でないように思えた。この偉大なサッカー選手は、選手人生を通じて一三枚のレッドカードを受けた男なのだと、私は改めて思い出した。

キーンはあるテレビ番組に出演したとき、「私の仕事はけがをさせることだ」と言ってのけたことがある。実際、ほかの選手にけがをさせてきた。有名なのは、二〇〇一年にマンチェスター・シティとのマンチェスター・ダービーで起きた出来事だ。キーンはシティのアルフ・インゲ・ハーランドの膝を蹴り、大けがを負わせたうえに、倒れ込んだハーランドをののしり続けた。数年前に二人がプレー中に接触し、キーンが大けがをしたことがあったが、ハーランドはそれをキーンの演技だと主張していた。このとき、キーンはその件でハーランドを激しく非難したのだ。しかし、これはキーンの「仕事」ではない。チームの中盤を牽引することが彼の仕事だった。勝ちたいという強烈な思いが度を越すと、成果を上げる足が引っ張られかねない。このマンチェスター・ダービーの一件のように、双方に大きな危険が生じる場合もある。

このような、バランスを欠いた人物が破滅する場合があるのは事実だが、「極端な思考」の持ち主がすべて失敗するわけではない。むしろ、その逆のケースが少なくない。

データ分析により大リーグのオークランド・アスレチックスに一大変革を起こしたビリー・ビーン（映画『マネーボール』では、ブラッド・ピットがビーン役を演じた）は、私にこう述べたことがある。「真に成功している人たちがみな少しイカれているのは、そうでないと自分の快適ゾーンの外に出られないからだ。成功に安住せず、つねに次の目標を探し、けっして快適ゾーンに腰を落ち着けないために、そのようなマインドセットが必要とされる」

「イカれて」いるというのは軽々しく用いるべき表現ではないが、ビーンの言葉は真理を突いている。成功したいと考える人、ものごとを少しでも前に進めたいと考えるような人はたいてい、一般に「正常」とみなされる範囲を逸脱した面がある。

イラン出身の精神医学者であるタフツ医療センターのナシア・ガミー教授は、双極性障害のエキスパートとして知られている（私は、ロンドンのナショナル・シアターで『リア王』の公演前におこなわれたシンポジウムで同席したことがある。ちなみに、シンポジウムのテーマは「力と狂気」だった）。ガミーによれば、いわゆる「正常」な人は、おのずと体制順応主義的な傾向があるという。学校でも仕事でも、前世代の規範の下で評価されて成功しようとするのだ。わが子を危険にさらしたくない、困らずに生きられるようにしたいと思う親の期待、生徒に標準テストを突破させたいと思う教師の期待に応えようとする。ガミーが言うには、そのように「正常」でなくてはならないと思い込むと、勝利を収めるために必要なスキルをはぐくむ足が引っ張られる。

> 真に成功している人たちが
> みな少しイカれているのは、
> そうでないと自分の快適ゾーンの
> 外に出られないからだ。
>
> **ビリー・ビーン**
> （オークランド・アスレチックスの元GM）

「正常」であることが悪いとか、非生産的だと言うつもりはない。しかし、「正常」であることが生産的なわけでもない。奇妙に聞こえるかもしれないが、私は精神病患者の権利を訴えるなかで、精神の安定をそこなうことには弊害とメリットの両方があると主張してきた。私自身、一九八六年にノイローゼになったことは人生で最高の出来事だったと思っている。人生を立て直すきっかけになったからだ。抑鬱による精神的苦痛を味わうと、好調でいられることのありがたさをかみしめられる。しかも、抑鬱の前後に訪れる躁状態のときには、活力と創造性がみなぎってくる。

もちろん、私の入院の原因になった精神病の発作をぜひ経験してみてほしいとは思わない。鬱の苦しみは、私も二度と味わいたくない。しかし、精神衛生上の「問題」と一般にみなされるような性質は、難局を乗り越えて勝利を収める原動力にもなりうるのだ。

ガミー教授も指摘するように、イノベーションと創造性は「明らかに躁状態の産物」だ。躁状態の人は、頭の回転が速くなり、肉体と精神の活動が活発になり、リスクをともなう活動に積極的になり、自信と自尊心が高まるからだ。

私も経験したように、これらの性質が度を過ぎれば危険だし、へたをすると命も危うくなる。しかし、うまくコントロールできれば、躁は計り知れない強みをもたらす。私はノイローゼになる前の若手ジャーナリスト時代と、回復後にもっと大きな試練に挑むようになってからの経験を通じて、そのことを知っている。一緒にトニー・ブレア首相に仕えたフィリップ・グールドによれば、私がスピーチライターとして書いた文章のなかでとくに優れたものは、躁状態のときや、不機嫌モードで苦しんでいるときに書いたものだったという。一〇代のアルコール依存症の女の子を主人公とする小説の第一稿は、一年間暗礁に乗り上げ、さんざん悩み続けた末に、わずか九日で一挙に書き上げた。しかも九日間のうちの一日はクリスマスだったが、創造性が溢れ出してくると、それを押しとどめることは不可能だった。軽度な躁状態が創造性を高めたのだ。

頭の回転が速くなり、肉体と精神の活動が活発になれば、より精力的に活動できる。だから、正しい方針の下で質の高い仕事がなされてさえいれば、躁状態の人は、より多くの成功を手にし、より多くの成果を上げられる。それに、そもそもまったく危険を負わずにイノベーションを実現することはできない。フランスの思想家ヴォルテールも、新しい思想を生み出すことに勝る大きな苦しみはなく、その苦しみの一要因が失敗への恐怖だと述べている。

デーブ・ブレイルズフォードに、どの異分野から最も多くのことを学んだかと尋ねたところ、

「間違いなく精神医学だ」と即答した。精神科医のスティーブ・ピーターズをスタッフに加えたことは、「私がこれまで実行したなかで最大のイノベーションと言えるかもしれない。それがイノベーションだったことは間違いない。スティーブは、段階的進歩にとどまらない、大きな貢献をしてくれたからだ」

自転車競技の成績には、エンジニアリング、空気力学、肉体面の調子、忍耐力、チームワーク、戦術、計画、食事など、さまざまな要素が互いに関係し合いながら影響を及ぼす。しかし、ブレイルズフォードは、これらのどの要素よりも選手自身のマインドセットが重要だと考えている。「支援体制やエンジニアリングの面では、チーム間の差はそのうちに埋まる。そうなると、選手のパフォーマンスが勝敗をわけることになる。そこで、試合に臨む選手を心理面と肉体面で最善の状態に置くために、コーチングとリーダーシップが重要になる」

スティーブ・ピーターズはブレイルズフォードと知り合ったとき、イギリスのノッティンガムにある精神科病院のランプトン高度保安病院でサイコパス（精神病質者）の治療を担当していた。「スティーブの知識の多くが自転車競技の選手たちの役に立つことに、私は気づいた。選手たちがサイコパスだとは言うつもりはないが、たいていの人とは異なるマインドセットをもっているおかげで特別な存在になれたことは間違いない。トップ選手は極端な人たちだ。極端な野心と、極端な才能と、極端なやる気と自尊心をもっている。ただし、本人にとってもチームにとってもリスクがある。これらの資質は、強さを生むと同時に、弱さも生むからだ。その点、スティーブは、強みの部分に磨きをかけ、弱みの部分を和らげることに卓越していた」

私は、ブレイルズフォード率いる自転車競技チーム「チーム・スカイ」のスポンサー向けにピーターズがおこなった講演を聞いたことがある。それによれば、私たちの脳には、理性的な部分（人間の側面）と、それより情緒的で制御のききにくい部分（チンパンジーの側面）があり、この両者がつねに戦っているのだという。ピーターズはスポーツのスター選手たちのために、そのチンパンジーの側面を抑え込むなり、せめて制御するなりして、害を生み出させず、できれば好ましいはたらきをさせようとしている。

脳のはたらきを熟知し、それをコントロールする方法を知っているピーターズは、多くのスター選手から感謝の言葉を述べられている。サッカーのスティーヴン・ジェラード、自転車競技のクリス・ホイとヴィクトリア・ペンドルトンなどがそうだ。

「不正常」な側面がもたらす成果

ピーターズが教えてくれたように、私たちの精神はつねに一定の状態にあるわけではない。人間の脳は、そのようにできていないのだ。目覚ましい業績がいくらかの躁状態によって生み出される場合があることを不安に感じたり、問題と考えたりする必要はない。歴史上の偉人のなかには、明らかに精神上の問題に苦しんでいた人たちもいた。

私は数年前、精神病患者の権利擁護を訴えるキャンペーン「タイム・トゥ・チェンジ」のために、歴史学者のナイジェル・ジョーンズと共著で小冊子をつくったことがある。その冊子で私たちは、五人の偉人にまつわる精神衛生上の問題を取り上げた。その五人とは、ウィンストン・チャーチル、エイブラハム・リンカーン、チャールズ・ダーウィン、フローレンス・ナイチンゲール、マリー・キュリーである。この人たちはすべて、今日の精神科医に診察されればなんらかの精神疾患と診断されるだろう。

小冊子の題名は、『この人たちがいなかった世界』。五人の偉人たちの精神的な問題が乗り越えられない障害とみなされて、能力を開花させられずに終わったとしたら、世界はどうなっていただろうと、私たちは読者に問いかけた。その場合、世界はいまとまったく違う場になっていただろう。五人の偉人たちは世界を大きく変えた。その延長線上に、私たちの生きている世界はある。たった一人で医療の常識を変え、「女性は医療に携われない」という固定観念も突き崩したナイチンゲール。彼女は、官僚たちに粘り強くはたらきかけ、男性優位主義者たちに食らいつき、圧倒的な人格の力で政府に圧力をかけ続けた。その過程で政治的手腕も身につけていった。そんな彼女は、今日なら双極性障害とされるような人格の持ち主でもあった。チャーチルとリンカーンも抑鬱に悩まされており、チャーチルの場合は躁状態になる時期もあった。

どうして、このような「不正常」な側面の持ち主が大きな成果を上げられるのか？　おそらく、多くの場合、これらの性質には、弊害を埋め合わせて余りある強みがあるのだろう。ガミー教授は、鬱と現実主義的思考の間に強い関連があると指摘する。その結果、試練や難局を迎えたときに有効なリーダーシップが発揮されやすくなる。抑鬱傾向のある人は、悪い結果も想定できるので、危機の際にリーダーシップを振るったり、危機を回避するための戦略を考案したりできるのかもしれない。「抑鬱傾向の持ち主は、最悪の事態を思い描き、それを避けようとする」と、ガミーは言う。「それに対し、楽観的な人は、危機が起きても乗り切れる、最後には万事うまくいくと考える」

第二次世界大戦前、イギリスのネヴィル・チェンバレン首相がヒトラーに対する宥和政策を実行していたとき、チャーチルはヒトラーの危険性を一貫して指摘し、もっと強い姿勢で臨むべきだと主張し続けた。チャーチルは、ラムゼイ・マクドナルド政権下の一九三〇年の時点で早くも、ドイツの再軍備がもつ潜在的脅威について警鐘を鳴らしていた。そして一九三四年には、議会でこう述べている。「ドイツは急速に軍備を増強している。それを止める者はどこにもいない。ドイツの統治者が大英帝国の心臓を脅かす手段を手中に収める日が訪れることを私は恐れている……私はそれを非常に恐れているが、その日は遠からずやって来るだろう」。マクドナルド、スタンリー・ボールドウィン、チェンバレンという三代の政権の間、チャーチルはこのような主張を続けた。チャーチルは抑鬱傾向ゆえにドイツの脅威を切実に理解でき、チェンバレンは楽観主義的な傾向が強かったために現実が目に入らなかったのだろうか？　ガミーは、そうだと考えている。

　ガミーによれば、抑鬱傾向の持ち主はレジリエンス（逆境からのしなやかな回復力）も強い。弁護士時代のリンカーンと法律事務所を共同経営していたウィリアム・ハーンドンいわく、リンカーンは「いつも憂鬱さを発散させているように」見えた半面、精神的な強さも備えていたという。「古いクルミの木の樹皮さながらに、ごつごつしていて固い部分があった。アメリカが南北戦争へと進むなか、率直な物言いのリンカーンに対する敵意も強まっていったが、まったく動じなかった。言ってみれば、壁に勢いよく放たれた立小便がそのままはね返されるような感じだった」

「躁病的」と言われかねない性質の持ち主をメンバーに加えることは、組織に大きなメリットをもたらす場合があると、ガミーは言う。そのような人たちは、たいてい自己評価が高く、イノベーションを目指す過程で失敗しても自信を失わず、逆境をはね返して目覚ましい成果を上げる。第3章で論じたように、この種の人たちはマネジメントするのが難しい場合もあるが、組織にきわめて大きな貢献をしてくれる。

一方、リーダーが躁病的な性質をもっている場合は、本人がそのことをよく自覚し、「正常」で強力なナンバー2やサポートチームを選ぶよう心がけるべきだ。組織のツートップがそのような組み合わせになっているケースは多い。マーガレット・サッチャーと、その下で副首相などを務めたウィリアム・ホワイトローのコンビはその典型だ。サッチャーは、「誰もがウィリーをもつべき」だと述べていた。躁病的な面がなく、トップに取って代わろうという野心もなく、安定した性格の持ち主で、堅実な助言をしてくれる人物をそばに置くべし、というわけだ（もっとも「ウィリー」という英語は、ウィリアムの愛称というだけでなく、男性のペニスを意味する俗語でもあるのだが……）。私も自分の精神的な傾向はわかっているので、ブレア政権の首相官邸でゴドリック・スミスを起用したときのように、ナンバー2選びは慎重におこなってきた。具体的には、創造性だけでなく、慎重さも求めるようにしている。

躁と鬱は「精神疾患」としてひとまとめに扱われることが多いが、ガミーは両者をはっきり区別する。「躁」と診断される人たちは、イノベーションを起こす能力が非常に高く、非体制順応的な面があり、一人で仕事をすることを好む傾向がある。それに対し、抑鬱傾向のある人たちは、チームリーダーとして優れた仕事をするのに適した資質をいくつも備えている。「躁病的な傾向の持ち主が他人に対する共感をもたないのに対し、鬱病的な傾向の持ち主は共感をいだきやすい。多くの場合は、みずからの経験がそうさせるようだ」と、ガミーは述べている。

マーチン・ルーサー・キング牧師は「躁鬱病」で（ガミーと私は「双極性障害」という新しい呼称より、「躁鬱病」という古い呼び名を好む）、強いエネルギーと高い自尊心をもっていた。それがカリスマ性（なんらかの運動を率いるリーダーにとって重要な資質だ）と未来思考（戦略立案に欠かせない）につながっていた。しかし、ガミーによれば、キングの場合は、躁的側面より鬱的側面のほうが強く出ていた（ガミーは、いまキングの「躁鬱病」をテーマにした著作を執筆している）。そして、鬱的側面にともなう資質、とくに他人の感情の痛みに敏感な面をもっていたおかげで、高い共感力を武器にリーダーとして目覚ましい成果を上げることができたという。

キングは、公民権運動の内部の意見対立に対処する必要があった。もっと暴力的な闘争を展開したほうが目的を達成できるのではないかという意見も多かったのだ。しかし、キングは、足並のそろわない個性的な面々を支配したり、力ずくで抑え込んだりしようとはしなかった。「すべての人に対する深い共感」の力によって、運動をまとめ上げた。

極端な思考が好ましい影響を生むケースはほかにもある。たとえば、不安が創造性の源になることは珍しくない。『この人たちがいなかった世界』で私たちが取り上げた一人であるチャールズ・ダーウィンは、パニック発作と精神的苦痛に悩まされ続け、大量の涙を流すことも多かった。強いストレスを感じると、動悸、皮膚炎、閉所恐怖症、激しい頭痛、耐え難い胃痙攣に苦しめられた。二五年の間に相談した医師は二〇人を超えたが、治療法はわからずじまいだった。モールバンやイルクリーなどの温泉療養地を訪れて「水療法」を試したり、ヤミ医者の治療を受けたりもした。病気に苦しめられたダーウィンだったが、治療法を探し続けることにより、飽くなき知的探究心をもつことができた。けっして現状に満足せず、つねに「もし……だったら、どうなるだろう？」と問うことを忘れなかったのだ。

躁傾向のメリットと弊害は、縦軸＝成果、横軸＝躁の程度というグラフを描いたと仮定し、釣鐘状の曲線をイメージして理解するのが正しいのだろう。つまり、大きな成果を上げるためには、躁傾向が強すぎるのも弱すぎるのも好ましくない。だから、極度の躁傾向がある人は、それをコントロールする訓練をすべきだ（投薬によりコントロールすべき場合もあるだろう）。しかし、自分に躁傾向がまったくないと思っている人は、もっと大きな成果を上げたければ、躁の好ましい側面をまねしてみるべきかもしれない。スポーツ心理学者のアンディ・マッカンが教えてくれた方法がある。いつも頭をもたげてくる思考や反応を一つ選び、「この考え方を変えるぞ」と言ってみる。考え方を変えることに抵抗を感じるかもしれない。それでも、少なくともいつもの考え方に疑問を投げかけることはできる。

躁傾向が強いことの弊害の一つは、成功しても幸せを感じられない場合があることだ。デーブ・ブレイルズフォードに率いられたチームのメンバーは、大きな勝利を収めたあとも喜ぶことが許されないという不満をいだく。元プロサーファーのレイン・ビーチリーも、はじめて世界選手権に優勝したとき、「ほっとしたけれど、喜びは感じなかった」と振り返る。「本当に喜べた優勝は、競技生活最後のものだけだった」というのだ。パラリンピックの車椅子陸上競技で活躍したタニ・グレイ＝トンプソンは、試合が終わると、いつも次の目標に向けて走りはじめたと言っている。

この人たちはみな、いまを楽しむのではなく、次の課題に目を向けずにいられない性格の持ち主なのだ。私もそういう面がある。私が仕えたトニー・ブレア率いるイギリス労働党は、総選挙に三度続けて勝利したが、当時はそれを喜べなかった。そのことは後悔せずにいられない。もっと言えば、そんな自分に腹が立つ。

こうした性格は「正常でない」と、グレイ＝トンプソンは認めている。「引退して改善したけれど、まったくバランスを欠いていたと思う。偏執的で、怒りっぽくて、病的な躁状態の一歩手前。

そんな感じだった。娘を出産したときも一週間しかトレーニングを休まなかった。生後二週間半の娘をトレーニング場に連れて行った。これが正常かと言われれば、答えに窮する」

精神が「正常でない」と言われかねない行動を取る人には、いまだに多くのマイナスの烙印が押されがちだ。しかし、そのせいで、多くの組織は勝者のマインドセットの持ち主をみすみす逃している。

トニー・ブレアが二〇一〇年に回想録を出版したとき、私はひとこと文句を言わずにいられなかった（反ブレア派がどう思っているかは知らないが、ブレアは「正常」が服を着て歩いているような人物だ。精神疾患と診断されるような兆候はまったく見当たらない）。回想録にこんなくだりがあった。「私の経験から言うと、正気でない人間には、二つのタイプがある。一つは、単に正気を逸していて、それゆえに危険な人物。もう一つは、それが創造性、力強さ、独創性、熱い気持ちにつながっている人物だ。アラスターは後者だった」。私が退任したあと、メディアの政権批判はいっそう常軌を逸したものになっていった。もしその政権末期に私が職にとどまっていたら、私は「頭のおかしい男が斧を振り回すみたいに」暴れ回ったに違いないと、ブレアは書いていた。

偏見丸出しの記述だ。私は精神病患者の権利擁護運動の仲間たちに背中を押されて、ブログに批判記事を書いた。私がブレアを批判するのは珍しいことだが、書かずにいられなかった。私たちは、こうした偏見を打破するために懸命に活動してきたのだ。

私は悲しく、残念でもあった。スポーツの世界では、成功するために心理学の知識が重要だと理解されるようになり、スティーブ・ピーターズやアンディ・マッカンのような精神科医や心理学者をスタッフに迎えるケースも増えている。しかし、スポーツ以外の世界はまだ遅れている。自分の精神が「正常」でないと認め、精神医学や心理学のアプローチを実践することは、潜在的に恥ずべきこととみなされているのだ。

私は数年前、自転車競技選手のグレアム・オブリーの故郷であるスコットランドのアーバインを訪ねて、一緒にサイクリングをしたことがある。オブリーは競技人生を通じて、一時間でどれだけの距離を走れるかという世界記録を樹立することを目指し続けた人物だ。その挑戦は、『トップ・ランナー』という映画にも描かれた。

オブリーは長い間、精神の問題に苦しめられ続けた。重度の鬱に悩まされて数度にわたり自殺を試み、セクシュアリティの問題でも苦悩していた。しかし、オブリーはこう述べている。「間違いなく言えるのは、トップに立つには偏執的でなくてはならない、ということだ。偏執的なまでにものごとに没頭し、偏執的なまでにやる気をいだく必要がある。私はそういう人間だった。人は、そういうタイプの人間と、そうではない人間にわかれるが、私はそういうタイプだった」

ついに世界新記録を打ち立てたとき、観衆はわずかだった。前日に失敗し、翌朝もう一度挑戦しようと急遽決めたからだ。「生きるか死ぬかという思いだった。本当にそう感じていた。周囲のことはまったく目に入らなかった。観衆のことも、メディアのことも、ほかのあらゆることも。私に見えていたのは、コースに引かれた黒い線だけだった。偏執的だったと言ってもいいだろう。それは、病気のせいだったのかもしれない。いまは病気がだいぶよくなり、あの頃ほど偏執的でなくなった。あんなことはもうできない。要するに、そういうことだ」

アスリートにとって、精神の状態は肉体の状態と同等、もしくはそれ以上に重要だ。しかも、両者は切っても切れない関係にある。この点は、スポーツ界で広く認識されるようになった。「競技場で寝ころび、ヘッドフォンをつけて、精神を落ち着かせてくれる音楽を聞けば、強い精神を呼び覚ませると考える選手もいる。でも、本当に強い精神を生み出すのは、究極の好調な肉体だ」と、元陸上中距離選手のセバスチャン・コーは言う。元ラグビー選手のブライアン・オドリスコールも言っている。「強い肉体なしに、強い精神はありえない。肉体に力が残っていなければ、精神ができることはほとんどない。そして、精神に力が残っていないとき、肉体ができることもほとんどない」

当然、スポーツでは肉体面の要素が圧倒的に重要だが、きちんとした精神科医や心理学者の支援を受けることは当たり前になっている。それに対し、政治やビジネスの世界では、肉体面よりも精神面が問われるにもかかわらず、スポーツ界のような潮流はまだ生まれていない。これは途方もない誤りだ。その背景には、属性や思想、目標や野望などが異なる人たちへの恐怖心がある。また、精神的な緊張に苦しんでいると認めることは、弱さを認めることを意味するという思い込みもあるのだろう。

政界とビジネス界のリーダーたちは、激しいストレスにさらされている。仕事は長時間に及び、大量の難題に対処しなくてはならない。家族と過ごせる時間は少なく、地位を失えば精神的なダメージは計り知れない。こうした要素はすべて、心理に悪影響を及ぼす可能性が高い。この点を認めて、それに対処したほうがずっといい。ところが、ほとんどのリーダーは、ただひたすら耐えようとする。「トップアスリートの九〇～九五%がしかるべき心理学専門家のサポートを受けているのに、途轍

強い肉体なしに、強い精神はありえない。肉体に力が残っていなければ、精神ができることはほとんどない。

ブライアン・オドリスコール
（元ラグビー選手）

もない重圧を受けている政治家たちは、その種のサポートを受けずにやっていけると思っているらしい。驚きと言うほかない」と、アンディ・マッカンは言う。

この章の締めくくりには、スポーツ、政治、ビジネスの三つの世界を知るセバスチャン・コーの言葉がふさわしいだろう。一九八〇年のモスクワ五輪で金メダルを獲得するためにトレーニングを重ねていたコーに、あるスポーツ心理学者がアドバイスを送り、「普通」の環境をつくる方法を教えようとした。すると、普段は温厚な男がきっぱり拒絶の意思を示した。「私が普通だとでも思っているのですか？　私がやっていることが普通だとでも？　一日に三回走り、週に一五〇〇キロ走るのが普通だと？　私はそう思わない。普通だと言われたくありません。私は普通ではない。このチームに、普通の人間なんて一人もいない。私たちはみな、どうしようもなくイカれているんだ」

第9章 ビジュアル化の効用

人は言葉で考える以上に、絵で考える。

——ニック・ファルド（プロゴルファー）

成功した自分を思い描く

俳優でコメディアンのジム・キャリーは無名時代の一九八三年、いつか大成功できると強く信じ、一〇年後の日付で自分宛てに一〇〇〇万ドルの小切手を切った。当時はまだ映画やテレビへの出演経験がほぼゼロだったが、一〇年後はそれだけの大金を手にしているはず、というわけだ。このあと、少しずつ端役の仕事が入るようになり、次第に大きな役も演じはじめた。仕事が殺到し、断ることも多くなった。一九九四年に父親が亡くなったときには、一〇〇〇万ドルを超す資産を保有するようになっていた。小切手は父と一緒に埋葬したという。

これが「ビジュアル化」の効果だ。成功した自分を思い描き、それをありありと実感し、あとはそれに向けて突き進む。拍子抜けするくらいシンプルな方法だが、効果は大きい。

私がビジュアル化の信奉者になったきっかけは、意外に感じるかもしれないが、サッカーのチャリティー試合だった。チャリティーと言っても、ちゃちなイベントではない。マンチェスター・ユナイテッドのホームであるオールド・トラッフォード・スタジアムを舞台に、七万二〇〇〇人の観客を集めておこなわれた。それはプロアマ試合で、サッカー界のスターたちが大勢参加していた。サッカー史上最高の選手と言っても過言でないディエゴ・マラドーナもいた。これ以降、私は毎日誰かに向かって、「私はディエゴ・マラドーナとプレーしたんだ」と自慢している。

私が二〇〇六年の第一回ユニセフ「サッカーエイド」に招かれたのは、サッカー好きだったというだけでなく、ブレア政権時代のことで批判を浴びていた話題の人物だったからだろう。イベントには、ポップスターのロビー・ウィリアムス、ニッキー・バーン、映画スターのダミアン・ルイス、アレッサンドロ・ニヴォラ、セレブシェフのゴードン・ラムゼイといった顔ぶれも集まっていた。私たちは一週間かけて一緒に練習し、みんなで食事をしたり酒を飲んだり、遊んだり冗談を言い合ったりして過ごした。

そして、試合前夜、コーチのルート・フリットとアシスタントコーチのグスタボ・ポジェからスタメンが発表された。私は四九歳になっていたが、練習でしっかりプレーしていたのでスタメンで起用すると言われた。ポジションは左のウイングバック。隣を守るセンターバックは、ワールドカップの優勝経験をもつマルセル・デサイーとローター・マテウス、私の前の位置でプレーするのは、セントラルミッドフィールダーのマラドーナだった。もちろん、マラドーナもワールドカップ優勝経験者だ。

試合の朝、私は興奮のあまり早く目が覚めてしまい、寝ることをあきらめて朝五時に散歩に出かけた。運河沿いを歩いてスタジアムまで足を延ばすと、まったく人の気配がなく、動くものは風に舞うゴミと空を飛び交うカモメだけだった。ホテルに戻ると、マラドーナと一緒に来ていたリチャード・ウィルモットとばったり出くわした。アルゼンチンのサッカークラブ、ボカ・ジュニオールズの副社長を務めていた人物だ。

私は、時差ボケで早く起きていたウィルモットと一緒に朝食をとり、おしゃべりした。夜の試合開始までマラドーナはどう過ごすのかと、私は尋ねた。「眠れないらしいよ」と、ウィルモットは言った。「さっきメールしてきて、スタジアムでボールを蹴りたいと言っている。あなたも一緒にやらない?」。私が断るはずがない。一〇代の男の子にジェシカ・アルバとデートしたくないかと誘えば、誰も断らないだろう。それと同じことだ。

私は部屋に戻って道具を用意すると、マラドーナたちと一緒に車でスタジアムに向かった。そこにはほとんど誰もおらず、ひっそり静まり返っていた。それでも、私たちが服を着替え終わった頃には、五〇人くらいの見物客が集まっていた。私たちがピッチに入ろうとすると、問題が持ち上がった。芝がまだ刈られておらず、整備係は、ピッチを荒らされることを嫌ったのだ。しばらく押し問答があったあと、私は人生でも指折りの素晴らしい言葉を聞くこととなった。整備係がこう言ったのだ。「わかりました。でも、入っていいのはマラドーナとアラスターだけです。ほかの人は外に出ていてください」

マラドーナがゆっくりした足取りでピッチに入り、私があとに続いた。彼は胸いっぱいに息を吸い込むと、なんとも説明し難い大きな声を発した。強いて言えば、いくさに臨む兵士の雄叫びと、子どもの喜びの歓声を足して二で割ったような声だった。「ウォーーーーーアーーーヤーーーーー!」。そのあと声を上げて笑い、説明してくれた。「試合を思い描き、どんな戦いになるか、自分がどんなふうにプレーするかをイメージしていたんだ」。言葉はスペイン語だったが、サッカーが大好きだという思いはたっぷり伝わってきた。それは、妻や恋人に対する男性の愛、親に対する子どもの愛に似たものに思えた。彼はサッカーをするのが楽しかった。自分がプレーすれば、みんなを楽しませられると知っていたからだ。

私たちは、まずピッチを端から端まで歩いた。その間、彼はときどき周囲を見回した。ピッチ内に目をやり、スタンドにも目をやった。夜の試合にはどれくらいの観客が来るのかと、私に尋ねた。「七万人ほどです」と私が答えると、目を輝かせた。周囲を指さして、「満員、満員、満員。お客さんだらけだ」。私がまねして深呼吸すると、「よしよし」と言うようにうなずいた。

ピッチにいくつかのボールが投げ込まれていた。私たちは小走りでそっちに向かった。マラドーナは膝の具合が悪く、両脚は傷痕が目についた。最初は恐る恐る動いているように見えたが、私がボールをパスすると一変した。足元もおぼつかない様子だったのに、アスリートらしい、さながらバレエダンサーのような身のこなしになったのだ。足のアウトサイドでボールに触れると、次の瞬間、ボールはすねをつたって太ももの上へ（すねには、彼にとって友人で英雄でもあるキューバ革命指導者フィデル・カストロの入れ墨が入っていた）。そのまま彼はボールを宙に浮かせ、体を九〇度反転させると、ゴールに向けてボレーシュートを放った。

私が次のボールをパスすると、パスが短くなってしまったが、マラドーナはボールに駆け寄り、それを宙に浮かせ、ヘディングを繰り返した。やがて、ボールは背中の上でぴたりと止まった。そのまま数秒。その後、ボールは背中をつたって下に向かい、太ももを経て、足の上へ。彼はボールをそのまま一秒か二秒静止させたのち、再び宙に浮かせ、私に蹴り返した。数十メートル離れていたのに、私の足元にぴたりとコントロールされたパスだった。

これを数分おこなったあと、マラドーナはシュート練習をしたいと言った。ボールが四つあったので、それを一つずつ順番にパスしてほしいとのことだった。一つ目のボールは、二〇メートルほどの距離からゴールネットの隅に蹴り込んだ。シュートが決まると、ピッチを走り回って喜びを表現した。サッカー選手のゴールパフォーマンスそのものだった。子どもがサッカーボールを使って公園で遊んでいるときに、ゴール後のリオネル・メッシのまねをするのとはわけが違う。ワールドカップ決勝戦で勝利を決定づけるシュートを決めたときのディエゴ・マラドーナそのものだった。走りながら自分の胸を叩き、想像の中の大観衆に向かってなにごとか叫んでいた。見物客はその頃には七五人くらいに増えていて、楽しみつつも、圧倒されて見ていた。

パフォーマンスが終わると、マラドーナはさらに練習を続けた。今度は、ゴール上部のクロスバーにわざと当てようというのだ。一球目は失敗。次も失敗。三球目で成功。そのあと、失敗、成功、成功と続いた。マラドーナはこれで飽き足らず、もっと難しい課題に挑むと宣言した。ゴールマウスの角に当てるというのだ。すると、最初の挑戦で見事に成功した。再び派手なゴールパフォーマンス。見物客はこの頃にはもう慣れていて、歓声で応える。マラドーナは幸せそうに見えた。

引き揚げるとき、マラドーナはファンに囲まれて、大人になってから毎日繰り返してきたことをした。サインをしたり、記念撮影のためにポーズを取ったりするなど、サッカー界の伝説ディエゴ・マラドーナとして行動した。ロッカールームに戻り、シャワーを浴び、身支度を整えたあと、私に言った。「素晴らしい試合になるよ。今晩は最高の試合になる」

ウィルモットが再び合流したので、質問をスペイン語に通訳してもらった。誰も守っていないゴールにシュートを決めたあと、ゴールパフォーマンスをしながら、なにをしていたのか？　こんな答えが返ってきた。「勝利を収めた自分をビジュアル化するんだ」

スポーツ心理学者のアンディ・マッカンによれば、一見すると突飛なマラドーナの行動には、専門的に見て理屈にかなった点が多いという。「プレーを思い描くと、強力な効果がある。頭の中でプレーしているだけなのに、実際に体を動かしているかのように全身が感じる。脳は、頭の中でビジュアル化した経験と実際の経験を区別できない。脳の神経回路における表現のされ方は、両方とも同じなのだ。MRI（磁気共鳴画像）で脳内の血流を調べると、いずれの場合も脳の同じ部位が活性化される。だから、ビジュアル化を繰り返すことにより、自分が経験する状況を予期できるようになればなるほど、それが現実になったときにうまく対処できる」

この話をしたあと、マッカンがサイエンティフィック・アメリカン・マインド誌の最新号を送ってくれた。そこに掲載されていたオスロ大学の研究によると、頭の中でビジュアル化をおこなうと、脳の血流だけでなく、体にも影響があるという。たとえば、部屋が暗いと想像すると、実際に部屋の照明を落としたときと同じように、目の瞳孔が広がる（レーザーで測定した）。こうしたことを考えると、本書に登場したスポーツ選手のほぼ全員がなんらかの形でビジュアル化を実践していることは意外でない。大半のアスリートは、ビジュアル化が勝者のマインドセットの重要な一部だと考えている。マラドーナにいたっては、チャリティー試合のためにもそれを欠かさなかったのだ。

成功した自分の姿を思い描くだけでも、目を見張る心理的効果が生まれる場合がある。たとえば、ドイツのボルシア・ドルトムントの監督を務めたユルゲン・クロップは、予算の制約のなかで世界屈指の強豪サッカーチームを築いた。そのクロップによれば、ライバルチームの恐ろしいくらい素晴らしいプレーの動画を見せるのと同じくらい、自分たちのゴールパフォーマンスの動画を見せることが有効だったという。

プロゴルファーのニック・ファルドも、「過去の成功」に「未来の希望」を牽引させている。メジャー大会に勝つのはもちろんうれしいが、「ゴルフ人生でいちばんうれしかった」のは、一九七五年五月にバークシャー・トロフィーというアマチュアの大会に優勝したときだったという。「あんなにうれしかったことはない。花瓶のような大きなトロフィーをもらった。家に帰る途中、喜びのあまり、車の窓を開けて大声で叫び続けた。そう、文字どおり叫び声を上げた。家に着くまでずっと。そのあと、家でも大興奮だった。世界を制したような気分だった」

ファルドはこの勝利の感覚を忘れず、モチベーションを高めるために、その記憶をたびたび呼び起こした。若いゴルファーには、次のような助言を送っている。「トーナメントで優勝するまでには、惨敗も経験する。必死に自己分析をし、学習しなくてはならない。その際に重要なのは、うまくいった経験だけ覚えておき、失敗した経験は忘れてしまうことだ。成功したことだけ記憶しておいて、同じ課題にぶつかったときに思い出せばいい」

成功のビジュアル化には、過去の成功を思い出すパターンだけでなく、実現させたい成功を思い描くパターンもある。プロサーファーのレイン・ビーチリーのコーチだったロブ・ローランド゠スミスは、ビーチリーに、表彰台に立つ自分を思い描かせた。「そうだ、レイン」と、いつも言っていた。「大会に優勝したと思え。世界チャンピオンになったと想像しろ。ベッドで天井を見上げるとき、試合で能力をすべて発揮して最高のパフォーマンスを見せ、表彰台でトロフィーを高く掲げる自分の姿を思い浮かべるんだ」

脳は、頭の中でビジュアル化した経験と実際の経験を区別できない。

アンディ・マッカン
（スポーツ心理学者）

肉体的なトレーニングに負けず劣らず、こうした心理面の後押しが有効だったと、ローランド＝スミスは言う。「最近のアスリートは、いちばん大切な筋肉を鍛えていないせいで能力を発揮できない場合が非常に多い。その筋肉とは、頭の中にある筋肉のことだ」

ビジュアル化は、ペースダウンして落ち着きを取り戻す手段にもなりうる。オーストラリアン・フットボールのコーチ、デーヴィッド・パーキンは、重要な試合の直前にチーム全員を集めて、ロッカールームの床に寝させる。そして、目を閉じ、試合ですべきことを思い描くよう指示する。狙いは、試合に向けて闘志をかき立てることより、精神を落ち着かせることだ。

スポーツ選手でなくても、ビジュアル化のテクニックを身につけることには意味がある。ヴァージン航空を創業したリチャード・ブランソンによれば、この会社はイメージを土台に設立した企業だという。「私がイメージしたのは、聡明でにこやかな乗務員に迎えられ、快適な座席でおいしい食事と上質な娯楽を提供される利用客の姿だった。そのとき、空の旅がどれほど素晴らしい経験になるかを想像してみた。すると、そのようなサービスの提供に尽くす航空会社がいかに大きな成功を収められるかが目に浮かんだ」

メトロバンクのクレイグ・ドナルドソンCEOは、次のような未来を思い描いている。いま幼い息子が成長して大学生になり、メトロバンクのATMからお金を引き出す。そのとき、一緒にいた親友が「ぼくもメトロバンクに預金しているよ。とてもいい銀行だよね」と言う。すると、息子が誇らしげに言う。「ぼくの父さんがつくった銀行なんだ」。ドナルドソンは私に言った。「プレッシャーを感じ、自分がやっている仕事の意味がわからなくなったときでも、未来の息子の姿が脳裏に浮かび、前に進み続けることができる」

ビジュアル化は、みずからの人生の道筋を思い描くという形を取るパターンもある。ニック・ファルドや元クリケット選手のイアン・ボザムは、ティーンエージャーの頃に進路指導を受けたとき、スポーツの道ではなく、もっと「ちゃんとした」仕事に就くよう勧められたことがある。ファルドは、一五歳のときにこう言われたという。「きみは手先がとても器用だ。工場の生産ラインの仕事を見つけてあげよう」。しかし、ファルドが思い描く未来は違った。「私はこう答えた。『ぼくにとっての生産ラインはゴルフコースです。ぼくはプロゴルファーになるのですから』」。このようなイメージを脳内にもっていたおかげで、究極の目標をはっきり意識でき、ほかの道が気になったり、反対意見に惑わされたりせずに済んだ。

私自身、ビジュアル化の効果を経験したことがある。ジャーナリズムの仕事をしていた一九九四年、イギリス労働党の党首に就任したトニー・ブレアの誘いを受けて広報担当に就任すべきか迷っていた。そのとき、未来の自分について脳裏をよぎったイメージが三つあった。

一つは、自分がまだジャーナリストをしていて、次の総選挙で保守党が勝ってジョン・メージャー首相の政権が続くのを目の当たりにし、「私が協力していれば、政権交代が起きていたかもしれない」と思うパターン。もう一つは、次の総選挙のあと労働党が勝ってブレアが首相官邸に入り、それをジャーナリストとして取材しながら、「もしかしたら、私もあの中にいたかもしれない」と思うパターン。そしてもう一つは、選挙結果を受けて、ブレアのあとについて首相官邸に入るパターンだ。結局、私の頭の中を支配しはじめたのは第三のイメージだった。それに突き動かされて、私は決断をくだすことができた。

ビジュアル化は、難しい局面を乗り切ったり、苦しい状況を大きな文脈の中に位置づけて考えたりするうえでも役に立つ。これは、私が長い経験を通じて学んだことだ。過去のさまざまな出来事を思い浮かべることにより、視野狭窄を抜け出し、いわば平衡感覚を取り戻せるのだ。

イギリスのイラク戦争を検証したチルコット委員会とハットン委員会で重要な証言をする準備をしていたとき、私は過去に克服した試練の数々を思い出すようにした。大きな試練もあれば、小さな試練もあった。ブレア陣営の一員として臨んだ選挙戦、自分のノイローゼ、友人や家族の死、ひいては勇気を振り絞って歯医者に行ったことも思い返した。歯医者に関しては、麻酔が覚めたあと、最初に口にした料理や温かい飲み物の記憶まで呼び起こした。

本の執筆というまったく別のタイプの試練に対しても、私はこれと同様のアプローチで臨んだ。本が完成したイメージを、印刷されてカバーをかけられた本の姿を、頭の中に描いたのだ。本の構成をイメージし、執筆開始から完成までの間に起きる可能性のある問題もすべて洗い出した。「どうして、こんな苦労をしなくちゃいけないんだ？　どうせ誰も読みやしないよ」という思いが頭をよぎったときは、これまで執筆してきた本のことを思い出すようにした。原稿が完成したとき、カバーのデザインが決まったとき、出来上がった本が手元に届いたときの記憶をありありと思い起こしたのだ。そしてなにより、読んでくれる人たちのことを思い描いた。自宅の書斎で、ベッドの中で、通勤電車の中で私の本を読む人の姿をビジュアル化した。こうしたことは、自分を前に進ませ続けるためであると同時に、この先に待ち受けている試練を予測するためという意味もあった。

ツイッター社の共同創業者であるビズ・ストーン――私が知り合ったなかでも、彼ほど陽気で風変りな人物は珍しい――は、ビジュアル化の意義を明確に語っている。

向こう二年間で成し遂げたいことをはっきり思い描こう……すぐに問題を解決することが目的ではない。アイデアを頭の中にしっかりもっておけば、人は無意識のうちに、その目標に向けた行動を取りはじめる。このやり方には効果がある。私はそれでうまくいった。

ビジュアル化が試合のパフォーマンスを高める

水泳のマイケル・フェルプスは、プールに入る前に、何時間もかけて試合をビジュアル化した。夢の中で泳ぐようになるための訓練までした。ビジュアル化をするときは、すべてがうまくいっている状況も思い描く。腕のストロークも、折り返しのターンも、足のキックもすべて完璧に運び、最後にまた一つ勝利を重ねるところをイメージする。

しかし、それだけではない。うまくいかないパターンもビジュアル化する。ゴーグルの中に水が入って目が見えなくなる、ほかの選手が予想以上に速く泳ぐ、ターンに失敗してスピードが落ちる、ストロークの回数が途中でわからなくなる、といったケースだ。こうした局面をビジュアル化する際は、苦しい状況にどのように対処し、切り抜けるかも頭の中に描くようにした。要するに、プレッシャーのかかる状況で正しい思考をする訓練をしていたのだ。

こうした取り組みは、二〇〇八年北京五輪の二〇〇メートル・バタフライ決勝で実を結んだ。まだ五〇メートル残っているところでゴーグルに水が入り、前が見えなくなった。しかし、これはさんざんビジュアル化していたシナリオだった。一〇〇メートル泳いでターンした段階ですでにゴーグルの異変を予期していたフェルプスは、その後の五〇メートルを泳ぐ間、自分のストローク数をしっかり数えていた。そして最後のターンを完璧に決めると、残り五〇メートルを予定どおり二〇ストロークで泳ぎ切り、トップでゴールした。タイムは世界新記録。北京五輪だけで四つ目の金メダルだった。

このように、ビジュアル化の対象は単一の行動や目標とは限らない。フェルプスは試合前に、スタートからフィニッシュまでのプロセスすべてを思い描き、その過程で浮上する可能性がある問題をことごとく洗い出した。ゴルファーも一回のショットだけでなく、特定のコースにどう挑むかをホール単位で思い描く。

私はマラソン挑戦を決意し、元陸上選手のセバスチャン・コーとブレンダン・フォスターに相談したとき、日々のトレーニングをビジュアル化することの重要性を知った。具体的には、朝、目が覚めたときにまず、その日のトレーニングメニューを頭の中で考えるようにした。どのルートで、どれくらいの距離を走るかをビジュアル化したのだ。そして、頭の中でコースを走ってみる。そのあとでようやくベッドから起きて、実際に走る。

日によっては、私の精神が肉体に対して、その日予定していたコースはよくないと伝えることもある。距離が長すぎるとか短すぎるとか、勾配が急すぎるとか平坦すぎるといった具合だ。そういうときは、コース変更を考える。逆に、肉体が精神に対して、トレーニング内容を欲張りすぎだと伝える日もある。そのときは、距離を短縮したりする。

ニック・ファルドは、こんな方法を紹介している。「私は、自分のプレーを徹底的に厳しい目で見ることにしている。いいプレーができても、すぐに自分で釘を刺す。『第七ホールのショットはひどかったぞ。ピンは左側にあったのに、はるか右に打ってしまった。最悪だ。次は失敗するなよ』。そしてそのあとは、その記憶を脳内のゴミ箱に捨てるところを思い描く。プレッシャーがことのほか激しいときは、これは試合ではなくて練習だと、自分に言い聞かせることもある。そうすると、少しだけリラックスできる。こうしたことはすべて頭の中でできる。感じ方を変えることにより、パフォーマンスを向上させられる。もし、自分が勢い込みすぎだと思えば、この方法でペースを緩めることもできる」。ビジュアル化は、このように心の中で自分に語りかける「セルフ・トーク」をともなうことにより効果を発揮するのだ。

以上の話が漠然としていて根拠がなく、説得力を欠くと思う人もいるかもしれない。しかし、ビジュアル化がパフォーマンス向上に有効だという仮説を裏づける研究は多い。たとえば、前出のオスロ大学の研究は、ビジュアル化が肉体の反応に影響を及ぼすと結論づけるものだった。アメリカのバスケットボール選手を対象にした別の研究によれば、ビジュアル化をおこなうことにより、実際に選手のパフォーマンスが向上することがわかっている。

その研究では、シーズン前のトレーニングのとき、チームのメンバーを三つのグループにわけた。一つ目のグループは、その後三〇日間、一日一時間のシュート練習をした。二つ目のグループは、シュート練習をする代わりに、静かな場所で横になり、自分がシュートする場面をビジュアル化した。シュートの準備をし、ボールを放って見事にシュートを決める姿を繰り返し思い描く。三つ目のグループは、どこでも好きな場所に行っていい。要するに、実質的に休暇をもらえたのだ。三〇日経ったあと、全員を再び集めてシュートをさせ、三〇日前に比べてどのくらい上達したかを調べた。すると、三つ目のグループはまったく変化がなかった。一つ目のグループは、二四%の改善が見られた。これは意外でない。一方、二つ目のグループも二三%の改善が見られた。ビジュアル化を実践しただけで、毎日練習をしたグループと同じくらい上達したのだ。

ビジュアル化は、パフォーマンスを向上させるだけでなく、精神の落ち込みを避ける手立てにもなる。アンディ・マッカンは、ラグビー選手のリース・プリーストランドが激しいプレッシャーを乗り切るのを助けるためにこの手法を活用した。

プリーストランドは、試合でまずいプレーをしたあと、ソーシャルメディアで叩かれていた。「ソーシャルメディアは深刻な脅威だ。選手たちは暇な時間にツイッターを見すぎる」と、マッカンは言う。「リースはそれを読んで、深く傷ついていた。私は、ラグビー選手というより一人の人間としてのリースに語りかけた。『ラグビーはあくまでもきみの仕事であって、きみという人間そのものではない。きみの真価はこの前の試合ではなくて、次の試合で決まるんだ』。そして、過去に素晴らしいプレーをしたときの動画も見せた。わかってきたのは、リースがフィールドで優柔不断だという自己評価をしていて、その問題を解決する必要があるということだった。そこでリースは、そのための取り組みを始めた」

それと並行して、ソーシャルメディアで誹謗中傷してくるのがどういう人たちかを思い描くこともさせた。「画面上の文字を見ると、すべての言葉が同じ重みをもっているように感じがちだ。でも、思い浮かべてみるといい。ボールを蹴るどころか抱えることもおぼつかない男が、たぶん一人暮らしの恐ろしく不潔な部屋で、いかにも陰気で不機嫌そうな顔つきでネットに書き込んでいる姿を想像してみよう。そんな連中の書き込みなんて、恐れる必要がどこにあるだろう？　自分のプレーの評価は、自分自身とコーチの基準で判断しよう。そんな人たちの基準で考える必要はない」

私はマッカンと話した翌日、デーブ・ブレイルズフォードとクリス・フルームと会った。二〇一四年のその日、フルームは、ブレイルズフォード率いる自転車ロードレースチームの一員としてツール・ド・フランスの開幕に向けて準備していた。フルームはこのとき、ソーシャルメディアでかなり叩かれていると打ち明けた。そこで私は、前日にマッカンから聞いた話を紹介し、ツイッター全体を紙の新聞に凝縮すれば、フルームを中傷している書き込みをすべて合計しても、新聞の半行にもならないだろうと話した。それに、書き込んでいる人たちは自転車に乗ることなどできない。ましてや、自転車で山登りなどできないのだ。

ラグビー選手たちが試合前にやっていること

アスリートにじっくりビジュアル化を実践させるとは、具体的にどういうことをするのか？ アンディ・マッカンは、サム・ウォーバートンやリー・ハーフペニーなど、ウェールズのラグビー界のスターたちにどのような試合前の準備をさせているかを詳しく説明してくれた。

まず、起立させ、呼吸をコントロールして精神統一するよう指示する。「すると、変化があらわれはじめる。自分がプレーしているところを、試合で戦っているところを頭の中で思い描けていれば、はっきりわかる」。ここにはボールもなければ、観客もいない。部屋にはほかに誰もいない。それでも、この試合前の時間は、緊張を和らげるうえで非常に大きな効果がある。

ハーフペニーにゴールキックをビジュアル化させるときは、まず左に一歩移動させ、大成功だったと思う過去のキックを思い起こすよう指示する。「難しいキックを成功させたときを思い返すことが多い」。これにより、記憶がしっかり定着する。それが済むと、元の位置に戻るように言い、再び呼吸をコントロールして精神統一させる。そして、いま思い出したばかりのキックを再現するよう命じる。ボールはないけれど、実際に体を動かしてキックさせるのだ。蹴るときの動作を一つも漏らさずに再現する。具体的には、一分近くかけて肉体と精神を整えたあと、数歩移動し、深呼吸をして、いつものようにあらかじめ決めてある一連の動作をする。実際のキックの場面そのものだ。助走をつけ、想像上のボールを蹴る。「うまくいった?」と、マッカンはひとことだけ尋ねる。もし成功なら、すぐにもう一度繰り返す。今度は、その日の試合で経験する可能性のある場面を思い描く。

「技術面についてはなにも言わない」と、マッカンは言う。「私が話すのは精神面だけだ」。マッカンによれば、あるときハーフペニーがホテルの部屋で頭の中でゴールキックを蹴る前の準備に費やした時間は、その日に六万人の観客の前で実際にキックを決める前の準備時間と三秒しか違わなかったという。

ハーフペニーはいつも、試合終了間際に勝利を決めるゴールキックを蹴る状況を脳内でリハーサルしたがる。その一因は、過去の経験にある。ワールドカップの準決勝でフランスと対戦したときのこと。ウェールズは一人退場して一四人で戦っていたが、終了間際にペナルティキックを獲得した。これを決めれば、試合に勝てる。しかし、ハーフペニーはキックをはずしてしまった。

マッカンは、そのときのことをこう振り返っている。「彼の名誉のために言うと、普段より距離が遠く、難しいキックだったのだが、試合後は落ち込んでいた。私はロッカールームで言った。『いまは絶望的な気分だろう。でも、また同じような機会があったら、蹴る?』。もちろんだという答えが返ってきた。『そのことを忘れるなよ』と、私は言った」。実際、その機会はやってきた。二〇一二年の対アイルランド戦。ウェールズが二〇対二一でリードを許したまま、試合は残り三〇秒に。この土壇場でウェールズがペナルティキックを獲得し、ハーフペニーは難しいキックを成功させてチームの勝利を決めた。

マッカンがスポーツ選手にさせる活動の核を成すのは、アイデンティティの表明だ。自分が競技の場でどのような人間かを簡潔に表現させる。「それは、利己主義的な内容であることが好ましい。いくらかの傲慢さがあったほうがいい。そして、『私』を主語に、現在形で語ってほしい。『私は優れたアスリートです』というのでは意味がない。『私は、このフィールド上でいちばん優れたアスリートです』なら、悪くない。でも、なにを根拠にそう言えるのか？　それを具体的な指標で示す必要がある。サム・ウォーバートンとの取り組みも、そのような方向に進化していった。彼はフィールドでベストの選手でありたいと思っていた。それなら、それをもっと具体的に表現すべきだ。そこで私たちは、『私は身体能力の高いフランカーだ。それを実証するために、このようなボールキャリー数とタックル数を達成する』というところから出発した」

「やがて、それは、『私は世界トップクラスのフランカーだ』という表現に変わっていった。この考え方で試合に臨めば、自信をもって前向きな気持ちでいられる。そこで、自分にそう言い聞かせるために、いつでもタブレット型端末やスマートフォンで見られる言葉と写真を準備した。試合前日は、友達や家族など、『この人のために結果を出したい』と思える人の写真を見てもいいが、試合当日は自分自身と試合のことだけ考えてほしい。試合に出ていこうとする選手にかける最後の言葉は、『私の目を見て、いま自分がいたい場所はここだけだと言いなさい』というものだ」

二二歳の若さでウェールズ代表の主将に就任し、「ブリティッシュ・アンド・アイリッシュ・ライオンズ」（イングランド、スコットランド、ウェールズ、アイルランドの代表で構成するラグビーの特別チーム）の主将も務めたウォーバートンは、とりわけ大きな影響を受けた人物の一人としてマッカンを挙げている。「肉体を強くするために膨大な量の努力をするだけでなく、精神も最大限強化すべきだという主張には納得できた。強いストレスを感じているときにリラックスさせてくれたり、ビジュアル化を通じて、フィールドでのトレーニングとはまったく別の形で試合の準備をさせてくれたり、私という人間と私の精神のパターンを知っていて、私が自信をなくしているときに気づいてくれたり……私が成功を収めたときは、いつも彼の役割が大きかった」

ウォーバートンが栄誉あるライオンズの主将に指名されたとき、真っ先に電話した一人がマッカンだった。「大きなステップアップだったので、力を借りたいと思った。実際、彼は私を一段上のレベルに引き上げてくれた。アイデンティティの表明はすでにおこなっていたが、今度は、彼が言うところのリーダーシップの羅針盤を作成した。自分が進むべき方向をはっきり認識し、それを力に変えようというのだ。私が目指したのは、プロフェッショナルらしい態度をもつこと、前向きな姿勢をはぐくむこと、選手たちとの関係を築くこと、そしてなにより、フィールドの内外で模範を示すことによりリーダーシップを実践すること。あらゆる行動がこの四つの指針の一つ以上に沿うようにしたいと考えた」

ウォーバートンはマッカンとともに、この四要素を盛り込んだ羅針盤を実際につくり、スマートフォンに保存した。そして、たいていのスポーツ選手がツイッターを見るのと同じくらいの頻度でそれを見るようにした。二人は、独自の行動マニュアルもつくった。題して『ウォービーズ・ウィニング・ウェイズ（ウォーバートンの勝利のマニュアル）』だ。

「私は優れたアスリートです」というのでは意味がない。「私は、このフィールド上でいちばん優れたアスリートです」なら、悪くない。

アンディ・マッカン
（スポーツ心理学者）

マッカンによれば、こうしたテクニックが効果を発揮するためには、選手自身がそれをやりたいと思う必要がある。その点、ウォーバートンのようなトップアスリートは、パフォーマンスの向上につながることはなんでも実行したいと思うものだという。

マッカンが誇らしく感じた瞬間の一つは、二〇一三年のシックス・ネイションズ（ラグビーのヨーロッパ強豪六カ国の対抗戦）の対スコットランド戦でウォーバートンが「マン・オブ・ザ・マッチ」に選ばれたときだった。ライオンズの主将に選ばれる少し前のことだ。「その頃、彼はずっと苦しんでいた。重いプレッシャーを感じていて、自信をもてずにいた」と、マッカンは振り返る。ウォーバートン自身はこう述べている。「自信は粉々に砕け散っていた。好調なときとはまるで別人だった。そのとき、頼ったのがアンディだった。彼と話をすると、精神の状態が好ましい方向にゆっくり変わっていった。結局、試合には二八対一八で勝った。試合が終わり、ロッカールームに引き揚げると、最初にアンディを探し、熱い抱擁を交わして、お礼を言った」

スポーツ界以外でも使えるテクニック

ここまでは、もっぱらスポーツ界の話をしてきた。ビジュアル化の効果を信じ、それを実践している人は、高いレベルでプレーしているアスリートにとりわけ多いからだ。しかし、あらゆる分野の大半の課題は、前もってビジュアル化することで対処しやすくなる。たとえば、経営者のなかには、解雇の言い渡しという、つらいけれど、ときとして避けて通れない課題に向けて、脳内で事前に会話を思い描く人は多い。

ゼネラル・エレクトリック（ＧＥ）のＣＥＯを務めたジャック・ウェルチも、会話の展開を予想してビジュアル化していた。それにより解雇の言い渡しから腰が引けるようなことはなかった(「1-800-フラワーズ」社の創業者であるジム・マッキャンは、ウェルチに服の襟をつかんで引き寄せられて、重要なアドバイスを送られたことがある。「経営者が『あいつをクビにするのをあと半年待てばよかった』と後悔するのを聞いたことが一度でもあるか?」と言われたのだ)。前もって状況を頭の中で体験しておけば、ただでさえ厳しい会話を余計に険しいものにすることは避けられると考えていたのだ。ときには、頭の中でビジュアル化するだけでなく、兄弟のクリスに「犠牲者」役を務めてもらい、会話を実演することもあった。

サッカーのイングランド代表監督を務めたグレン・ホドルは、選手に代表落ちを言い渡す前に同様のことをしていた。事前にコーチを選手に見立ててリハーサルをした。選手役のコーチには、傷心、憤怒、沈黙など、選手が示す可能性がある反応をすべて演じてもらう。全部とは言わないまでもほとんどの場合、実際の会話は予行演習どおりに進んだという。

スピーチをするときも、同様のアプローチが有効だ。まず頭の中で本番をビジュアル化し、そのあとでリハーサルをする。そうすれば、気持ちを落ち着かせ、不測の事態を事前に想定し、パフォーマンスを改善できる。ある有名なコンサート・ピアニストがステージで極度の緊張に悩まされるようになった。そのピアニストに、スポーツ心理学者がアドバイスを送った。家で演奏の練習をするとき、ステージで着るのと同じ衣装を身につけ、強力なスポットライトを自分に当てるようにすればいい、と。それを実践すると、ほどなくピアニストはステージでパニックに襲われなくなった。

政界やビジネス界の大物ともなれば、それこそ数え切れないくらいスピーチをする。しかし、本当に重要なものは年に数回程度だ。そういうスピーチの前には、じっくり時間を割いて準備するべきだろう。そのとき、実際の場面をビジュアル化することを忘れてはならない。たとえば、敵対的な聴衆の前で話すときは――イギリス労働組合会議（ＴＵＣ）で演説するトニー・ブレアがそうだった――聴衆がスピーチを楽しみにしているときとは違う話し方が必要だ。スピーチの難所で聴衆がどのような反応を示すかを思い描くこと。そして、重要な点を強調したり、話のリズムを変えたりするために、どこで聴衆に拍手させたいかも考えておくこと。

素晴らしいスピーチは、聞き手の脳裏にイメージをビジュアル化させることによって生まれる。ビル・クリントン元アメリカ大統領は、未来、新しい雇用、新しい連携、古い課題の新しい解決策をイメージさせる達人だった。一九九二年のアメリカ大統領選の選挙運動でテーマソングのように用いたのは、フリートウッド・マックの「ドント・ストップ」。「明日のことを考えるのをやめないで」という歌詞が印象的な曲だ。一九九七年の総選挙に臨んだイギリス労働党は、変革への支持を高めるために未来をイメージさせたいと考えて、Ｄ：Ｒｅａｍの「シングス・キャン・オンリー・ゲット・ベター（ものごとはよくなるだけ）」をテーマソングに選んだ。これはきわめて有効な選択だった。

マラドーナが実践した「逆ビジュアル化」

ビジュアル化は、みずからのパフォーマンスを高めるだけでなく、逆方向にも活用できる。ほかの人たちの自分に対するイメージを操作し、それを武器にすることもできるのだ。

一九八六年、サッカーのワールドカップ・メキシコ大会で準々決勝に進出したアルゼンチンは、ほぼマラドーナ個人の力でイングランドを降した。マラドーナの「神の手ゴール」で語り継がれている試合だ。あれは選手人生でも有数のお気に入りのゴールだと、本人も私に語っている。しかし、この試合で決めたもう一つのゴールもまさに芸術品だった。マラドーナがゴールに向けてドリブルすると、相手のディフェンダーが次々と置き去りにされる。ぜひ、ユーチューブで動画を探して見てみることをお勧めしたい。

このとき、マラドーナはほぼ一直線にドリブルしている。自分がディフェンダーを交わそうとして右へ左へと進むだろうと、ディフェンダーたちは予想しているに違いない——そう読み切ったうえで、その裏をかいてまっすぐに突き進んだのだ。ディフェンダーたちは、マラドーナのプレーをビジュアル化していた。それに対し、マラドーナは、ディフェンダーたちがどのようにビジュアル化しているかに基づいて自分の行動を決めたのである。

この試合で敗れたイングランド代表の一員であるピーター・リードは、私に言った。「私たちは、ある意味で彼の名声に負けた」。クリケットの強打者として鳴らしたサチン・テンドルカールも、世界屈指の打者という名声を確立すると、打席に向かうとき、対戦チーム、とりわけ投手が脅えていると感じることがあったという。相手チームの選手たちはテンドルカールに叩きのめされる状況を想像しており、それが彼の有利にはたらいたのだ。

この点に関連して、マイナスのビジュアル化の弊害も指摘しておく必要がある。車椅子陸上競技のタニ・グレイ=トンプソンは、「競技人生最悪のレース」について語ってくれた。それは、アテネ・パラリンピックの車椅子八〇〇メートルの決勝だった。いちばん遅い選手のうしろに位置取ってしまい、その場所から抜け出せなかったのだ。

そのときのことを振り返ると、レースの直前、いつもより自信を失っていたことに思い当たった。グレイ=トンプソンは言う。「レースがうまくいく状況をイメージするのではなく、うまくいかない状況を思い浮かべはじめていた。その影響は如実にあらわれた。私は自信を失った。たいていは、レースが近づくにつれて頭の中が空っぽになっていくものだが、この日は、もしこうなったら、あなったら、と考えていた。スタートで出遅れたら、どうなるだろう、と。そして、なんと実際にスタートを失敗してしまった。このとき、私は自分の思考に足を引っ張られた。あんなにひどいことが起きたのは、あのときだけだった。私は疲れていた。政治にうんざりしていた。トレーニングにも飽き飽きしていた。子どもを産んだばかりだった。育児に疲れ切っていた。でも、失敗の原因は自分の思考だった。間違いない」

こうした実例は、スポーツの戦い、ひいては人生のあらゆる戦いの勝敗が頭の中で決まることを浮き彫りにしている。私が思い出すのは、ウィリアム・ヘイグがイギリス保守党の党首を務めたときのことだ。当時、政権に就いていた私たちは、野党リーダーとしてのヘイグを少し恐れていた。議会の党首討論でいつもブレアと互角に渡り合い、ときには優位に立っていたからだ。ヘイグの強みは、気の利いた言葉を繰り出す才覚だった。討論では、次々と見事な言葉を発し、回を重ねるたびに、堂々とした振る舞いが身についていった。私たちは、それにストップをかける必要があった。

そこで、入念に検討を重ねた末、ヘイグのパフォーマンスの土台を突き崩す言葉を用意した。ブレアはその後数週間、「(ヘイグは)ジョークばかりで、ものごとを判断できない」という決めセリフを繰り出し続けた。GEのジャック・ウェルチさながらに、必要なメッセージをしっかり伝えることに徹したのだ。すると、二つの効果があった。まず、ヘイグが判断をくだせずに誤った政策上の選択をしているという印象を生み出すことができた。そして、守勢に立たされたヘイグは、おもしろいことを言わなくなった。自信を失いはじめたのだ。

言葉で表現することの絶大な効果

頭の中でビジュアル化をおこなうだけでなく、脳内に思い描いたイメージに実体を与えることも有効だ。第1章で、戦略に関して「インクで考える」というマリリン・モンローの言葉を紹介した。その精神をここでも実践すればいい。

この手法の効果は、ドミニカン大学（カリフォルニア州）の実験を見ればよくわかる。実験では、あらゆる年齢層から構成される一五〇人の成人を五つのグループにわけ、翌月に達成したいビジネス上の目標を考えてもらった。第一のグループには、目標を考えることだけを求めた。第二のグループには、一歩進めて目標を紙に書くよう求めた。第三のグループには、目標を紙に書いたうえで、それを達成するためになにをするつもりかを説明させた。第四のグループには、第三のグループと同じことをさせ、さらに自分の目標と計画を友人に披露させた。第五のグループには、さらにその友人に毎週進捗状況をレポートの形で提出させた。

目標の達成状況はどうだったか？　実験終了段階で第一のグループは四三%、第二のグループは六一%、第三のグループは五一%、第四のグループは六四%、第五のグループは七六%だった。ほかのグループよりはるかに高い成果を上げた第五のグループは、目標と計画をすべて書き出し、それをほかの人たちに表明し、進捗状況を文章で報告したことが強力な後押しになったのである。

ビジュアル化に最大の効果を発揮させるためには、勝者のマインドセットを構成するすべての行動パターンや価値観、テクニックと組み合わせて実践する必要があるのだ。これはほかの要素にも言えることだが、ビジュアル化は、戦略的に取り組むことでいっそう有効性が増すのである。

第10章 無敗王者のマインドセット——フロイド・メイウェザー

負けることなんて考えもしない。

——フロイド・メイウェザー（ボクシングの元五階級制覇チャンピオン）

マイナスをプラスに変える思考

私はスポーツの勝者やその他の成功者たちと大勢話してきたが、プロボクシングのフロイド・メイウェザーは特別だ。なにしろ、敗北の経験が一度もない。「最も偉大」なボクサーと名乗り、多くの人からそう思われているモハメド・アリですら、プロの六一戦で五回敗れている。それに対し、メイウェザーは戦った試合すべてに勝利し、その半分以上がKO勝利だ。五階級で一〇の世界タイトルを獲得し、四〇歳に近づいても強さを失わなかった。

輝かしいのは戦績だけではない。自前の興行会社を所有し、テレビ収入の取り分をどのボクサーよりも多く受け取っていたため、地球上で最もリッチな、そして歴史上で最もリッチなアスリートでもあった。キャリア終盤の数試合では、リング上に一分いるごとに一〇〇万ドル近くを得ていた。地元のラスベガスでは、メイウェザーが大きな試合を戦えば、地域経済に一〇億ドル近くの金が流れ込むと言う人もいた。そして、その金の多くの割合を彼自身が手にしていたのである。

メイウェザーは、勝者になるための条件のどれを満たしていたのか？　質の高い戦略をもち、達成したい目標をはっきり意識し、それを実現するための方法を明確にしていなければ、ボクシングで大成功することも、有利な契約を結ぶこともできなかっただろう。ボクシングはボクサー同士が対峙する究極の個人スポーツかもしれないが、メイウェザーは強力なチームを築き、チームづくりとリーダーシップの面でも傑出していた（そのチームのことを「マネー・チーム」と呼んでいた。彼は金の話が好きで、自分がどれだけ稼いでいるかをよく話題にする）。

メイウェザーはイノベーターとしても優れていた。デビュー当初から「エンターテイナー」を自任し、「チケットを売ること」が自分の仕事だと考えていたが、売り上げのうち自分以外の人たちの取り分が多すぎると不満を感じていた。そこで、プロモーターのボブ・アラムと袂をわかったあと、興行を自分で取り仕切るようになると、高度なマーケティング能力とコミュニケーション能力を駆使してボクシング興行のあり方にイノベーションを起こした。一方、本人も認めているように、子ども時代はどん底と言ってもいいくらい過酷な日々を送った。その点を考えると、レジリエンス（逆境からのしなやかな回復力）の面でも卓越していたのかもしれない。

「メイウェザー伝説」をよく知らない人のために（アリほどの世界的な知名度がない理由はあとで論じる）、差し当たり以下の事実を紹介しておこう。母デボラは、彼が子どもの頃、麻薬常用者だった。おばの一人も麻薬常用者で、エイズにより死亡した。父フロイド・シニアは有名なシュガー・レイ・レナードと対戦した経験をもつ元プロボクサーで、彼にボクシングを教えてくれたが、コカイン密売の罪で合計三年半、刑務所に入っている。息子がプロデビュー戦を戦ったときも、刑務所の中だった。

メイウェザーの少年時代は厳しい日々だった。狭いアパートや家の裏には、麻薬の注射針が落ちていることも珍しくなかった。父親は母親に麻薬を売り、息子にたびたび暴力を振るった。父親の麻薬密売業に巻き込まれることも多かった。私のインタビューで、メイウェザーが答えを拒んだ問いが一つだけあった。それは、幼い頃、男に銃を向けられた父親に「人間の盾」にされたことを、どう感じたかという問いだった。相手の男、トニー・シンクレア（あだ名は「ヒヒ」）は母デボラの兄弟で、「商売」をめぐる対立が修羅場の原因だった。

この出来事は、父フロイド・シニアもロサンゼルス・タイムズ紙の取材で認めている。当時一歳の息子の足首をつかんで、自分の前に逆さ吊りにぶら下げ、その小さな体で自分の身を守ろうとしたのだ。「俺を撃てば赤ん坊が死ぬぞ」。デボラが悲鳴を上げた。「その子をこっちに寄越して！」。フロイド・シニアは応じなかった。「子どもを放せば、俺は撃たれる。ぜったいに放すわけにいかなかった。死にたくなかったからね。別に、息子を銃弾にさらしたわけではない。（シンクレアが）あの子を撃たないことはわかっていた。実際、私の顔に向けていた銃口を下げ、脚に向けて撃った」。ふくらはぎを撃たれたフロイド・シニアはこれ以降、ボクサーとして怪我前の戦いぶりを取り戻すことは二度となかった。

メイウェザーは、公の場でたびたび父親と言葉の応酬を交わしてきた。父子の関係は明らかに問題を抱えており、親密なときもあったが、たいていは険悪だった。ただし、一部は試合の宣伝目的の話題づくりという面もあり、どれが本気で、どれがカメラを意識した演技なのかを判断するのは難しい。

それでも、正真正銘の険悪な雰囲気に見えたときがあったことは確かだ。たとえば、フロイド・シニアがジムに押しかけてきて、息子を成功させたのは、トレーナーを務めていた弟のロジャー

（つまりメイウェザーにとってはおじ）ではなく、自分だと言い張ったときのこと。息子は、ボクシングで成功できなかった父親を侮辱し、子どもの頃の虐待を非難した。そして、「お前はここにはいらない」と言い放つと、マネー・チームの面々に向かって「このくそったれを叩き出してくれ！」と怒鳴った。「メイウェザー家の人間で重要人物は二人だけだ。ロジャーが一家の名を上げ、俺がその名声をもっと高めたんだ」

フロイド・シニアは、息子の成功に関して自分の功績がもっと認められるべきだと思っている。最初にボクシングの手ほどきをしたのは自分だ、というわけだ（彼が刑務所に入ったあと、ロジャーがコーチ役を引き継いだ）。それに、麻薬の密売に手を染めはしたが、息子のために最善を尽くしたという思いもあった。麻薬密売人になったのは、「一家の食卓に食べ物が並び、家族が服を着られるように」するためでもあったというのだ。

メイウェザーも父親にボクシングを教わったことは認めているが、父親が自分にしてくれたことはそれくらいだという。基本的に自力で成長したと公言し、面倒を見てくれたのは祖母だったと述べている。「おばあちゃんがいなければ、私はいまいないなかった」と言い、「おばあちゃんが私に怒り狂っている」ときだけ、母親の家に戻ったと述べている。

しかし、両親が与えてくれた人生については、なるべく前向きに語ろうとしているようだ。「私にとっていちばん大切なもの、成功や富や名声よりも大切なもの、それは家族だ。おやじとおふくろ、四人の子どもたち、それにマネー・チームのファミリーたち。互いに支え合える健全な関係をつくることがなによりも大事だ。いつもお互いのためにそばにいられる関係をつくりたい。そして、家族の未来を守り、日々の生活に必要なものを与え、快適で幸せに生きさせてやりたい。子どもたちは、私とはまるで違う人生を生きている。私がそれを望んでいるからだ。子どもたちは私のすべてだ。私がいま成功するために懸命に頑張っているのは、子どもたちのためだ」

家、自動車、休暇、洋服などに関して、家族だけでなく、大勢の人たちの面倒を見ているようだ。ほぼつねに大量の札束を持ち歩いていて、結構な金額のお金を配っている。週末は、家族やマネー・チームのメンバー、周辺の人たちを自宅に招待してもてなしている。たくさんの友達と食事に行くのが好きで、自分は酒を飲まないのに、みんなが思う存分飲めるようにどっさり注文する。ときには、典型的なマッチョなボクサーのイメージどおりの行動を取ることもある。「マネー・チームの大半が男なのとバランスを取る」ために、大勢の女性を回りにはべらせているのだ。女性は少し車と似ているとも述べている。「一人でなく二〇人獲得できるのなら、そうしない手はない」

子どもたちには、自分が子どもの頃に経験したことがないような、そして世界の大半の子どもが経験しないような生活をさせている。誕生日のパーティーに人気歌手のジャスティン・ビーバーを招いたり、大物ラッパーのドレイクと食事に行ったりしている。

過去にいさかいがあったとはいえ、両親に対して敵対的と見られかねない言動はしないと心に決めているようだ。母親はもう長いこと薬物に手を出しておらず、母親との関係は昔よりずっと親密になっている。いまでは、母デボラがメイウェザーに背後で大きな影響力を振るっているらしい。

「家庭の混乱と試練が原因で刺々しい関係だった時期もあった。その頃のことは、あちこちで書かれているとおりだ。家族の関係はお世辞にも良好とは言えなかったし、両親はそれぞれ問題を抱えていたけれど、いま振り返ると、いつも誰かに愛されていると感じて生きてこられた。愛情を注いでくれるのは、おやじだったり、おふくろだったりした。でも、私という人間を形づくり、軌道をはずれないようにしてくれたのは、おばあちゃんのバーニスだった。両親に代わって私を育て、善悪の違いを教えてくれた。本当に大きな影響を受けた。不可能などということはないと思うようになったのも、おばあちゃんの影響だ。自分が成功できると信じ続けられたのは、そう言ってくれる人がいたおかげという面が大きかった」

祖母のバーニス——息子であるフロイド・シニアとロジャー、それにジェフの三兄弟はすべてボクサーになった——はメイウェザーに、お前は成功すると言い続けた。ボクシングで身を立てるようになると思っていたのだ。彼が弱気になり、手に職をつけたほうがいいかもしれないという思いが頭をよぎったときは、いつもノー、ノー、ノーと言い続け、お前はボクサーになるんだ、それも最高のボクサーになれるんだと説いた。

フロイド・シニアの息子だけあって、メイウェザーは高校を中退し、ボクシングに専念した。成功すれば大金を手にできると思ったからだ。かなり早い時期から一家の大黒柱という自覚をもっていて、母親やほかの家族を守りたいと考えていた。

父親だけでなく、メイウェザー自身も刑務所生活の経験がある。まるでマンガに描かれたようなボクサーの人生だ。三五歳のとき、恋人のジョージー・ハリス（彼の四人の子どものうちの三人の母親）に対するドメスティック・バイオレンス（ＤＶ）で有罪判決を受けたのだ。この際、一部の罪を認める答弁取引をおこない、減刑を受けたが、本人はいまも潔白を主張している。答弁取引に応じたのは、両親が裁判で争うという苦痛を子どもたちに味わわせたくなかったからだと説明している。このとき、八七日間の刑を言い渡され、実際は二カ月の刑務所生活のあとで出所を許された。刑務所では、ほとんどの時期を独居房で過ごした。また、それとは別に一〇〇日間の地域奉仕も命じられた。「黒人で、金持ちで、歯に衣着せない」という三要素がそろった自分は、処罰すべき対象とみなされたのだろうと、本人は言っている。

金持ちで歯に衣着せないというのは、そのとおりだ。本人もそれを隠すつもりはない。私がインタビューしたあとほどなく、小切手二枚、合計七〇〇〇万ドルの写真をツイッターに投稿している。ミシガン州グランラピッズでの子ども時代が過酷だったこと、そしてそこから身を立てたことは間違いない。しかし、スラム地区から這い上がった成功物語という、ボクシング界にありがちなストーリーと一緒にしてほしくないと思っている。自分は最初から成功が約束されていた、というわけだ。

ここまでの話だけ聞くと、いかにも傲慢な男に思えるだろう。しかし、メイウェザーはこう付け加えることも忘れない。いくら才能に恵まれていても、勤勉にボクシングに取り組み、敗北の可能性をみじんも考えないマインドセットをいだいていなければ、これほどの成功は手にできなかっただろうというのだ。一九九六年にプロになって以来、負けるかもしれないと思ったことは一度もないという。

問題の多い人物ではあっても、私がこのボクシング王者の思考に魅了されたのは、敗北を想定することすら拒む姿勢が理由だったのだろう。メイウェザーが特別だったのは、プロボクサーとして一回も負けなかった点だけではない。敗北の恐怖に対する考え方がほかの誰とも違っていた。本書で見てきたように、大きな成功を収めた人の多くは、敗北への恐怖に突き動かされて行動している。しかし、メイウェザーはそのさらに上を行き、そうした恐怖心が存在すること自体を許さない。友人でバスケットボールのスターであるコービー・ブライアントは、メイウェザーが成功できた最大の要因として「半ば強迫的なまでの前進力」を挙げている。

「神様に才能という贈り物をもらったと思っている。偉大なボクサーになることは、私に与えられた運命だった」と、メイウェザーは言う（アメリカのスポーツ選手のなかには、このように才能を神に感謝する人が多い）。「でも、その運命を現実にするために、長年にわたって膨大な時間を捧げていなければ、ここまで成功できなかっただろう」

人生は、もって生まれたものと自分で生み出すもの、つまり「運命と自由」の組み合わせだと、メイウェザーは考えている。人生の出発点は運命によって決まる。家庭、生育環境、性格、才能、遺伝的性質などのことだ。しかし、そうした資質をどのように活用し、人生の困難や試練にどのように向き合うかは、自分で選択できる。「運命と自由は、車の両輪のようなもの。私はその両方を最大限活用してきた」

DVでの刑務所行きに関しても、「マイナスをプラスに変えた」と言う。刑務所生活に関するテレビ・ドキュメンタリーを制作する一方、それまで経験した過酷な日々を思い返すことにより毎日を乗り切ろうとした。もちろん憤慨してはいたが、出所後の計画に意識を集中させた。そして、当時の史上最高額である三二〇〇万ドルのファイトマネーで出所後最初の試合の契約を結んだ（のちにこの三倍以上のファイトマネーを稼ぐようになる）。「厳《タフ》しい時間は、永遠には続かない。生き残るのは、強《タフな》い人間だ」と言っている。

要するに、メイウェザーは、子ども時代や若者時代の境遇がその後の成功をもたらしたという考え方を受け入れていない。成功できたのは、才能があったこと、努力を続けたこと、適切なタイミングで適切な人たちの支援を受けられたこと、そして、自分には能力があり、成功を約束されているという揺るぎない信念をもち続けたことの結果だったと思っている。

自分がいちばんすごいと信じて懸命に努力すれば、成功を手にできる——大半の人は、このような考え方を自分に縁のない話と感じるだろう。自分が置かれた状況と与えられたチャンスについて考えると現実味を感じられず、メイウェザーが勝利を収めた方法はほかの人には使えないと思うかもしれない。しかし、メイウェザーも実践していたように、「いま取り組んでいることで最善を目指す」なら、けっして無理難題ではない。多くの人は、学校の試験や運転免許の試験、就職の面接などでそれを実践した経験があるはずだ。

なんらかの分野で頂点を極めた人はたいていそうだが、メイウェザーは、ファンから熱烈に称賛される一方で、アンチからは激しい憎悪をぶつけられてきた。とくに、ソーシャルメディアでは猛烈に叩かれることが多い。メイウェザーはソーシャルメディアで重要な告知をしたり、誰との試合を見たいかをファンに尋ねたり、自分の写真を投稿したりしている。投稿写真は、稼ぎの多さを見せびらかすなど、わざわざ反感を買おうとしているかのように見えるものも珍しくない。本人はこう述べている。「世界にはあまりに憎悪が多い。私は前向きな人間だ。前向きな反応しか見ない。前向きなことを言う人としかつき合わない」

もっとも、興行会社メイウェザー・プロモーションズのレナード・エラーブCEOによれば、物議を醸す言動は意識的な戦略らしい。「(以前のプロモーターである)ボブ・アラムには、オスカー・デ・ラ・ホーヤに次ぐ二番手として扱われていた。そこで、アラムのもとを離れて独立すると、試合を宣

厳しい《タフな》時間は、永遠には続かない。

生き残るのは、強い《タフな》人間だ。

フロイド・メイウェザー

伝する方法を新たに編み出し、自分を悪役として売り込むことをいとわなかった」。試合の観客や有料テレビの視聴者が自分の敗北を見たくて金を払おうと、勝利を見たくて金を払おうと、どっちでも満足だと、メイウェザー自身も言っている。「私はみんなの期待に応えたい。みんなが私に望むのはド派手にやることだ」

二〇〇七年のデ・ラ・ホーヤ戦は、自社制作のリアリティ・テレビ番組で宣伝した最初の試合だった。この一戦は一億二〇〇〇万ドルという史上最高額の興行収入を稼ぎ出し、有料テレビの視聴件数も二四〇万件に達した。二人の選手も莫大なファイトマネーを手にした。デ・ラ・ホーヤは、ボクシング史に残る試合に出場できたことを誇りに思うと述べており、巨額の儲けも得たが、アメリカのドキュメンタリー作家にこうも語っている。「いくつかの面でボクシング史上最大のイベントだったことは確かだが、私はその試合に負けた。死ぬまでその経験を抱えて生きなくてはならない」

自分が「勝つ」と信じる能力

デ・ラ・ホーヤは、メイウェザーに「頭の中に入り込まれた」と振り返っている。この偉大なボクサーにそこまで言わしめたことは、メイウェザーのマインドセットと心理戦を戦う能力に関してなにを物語っているのか?

ボクシングの歴史とイメージに合うのは「貧乏から金持ちへ、スラムから成功者へ」というストーリーだが、メイウェザーはみずからの人生と成功の過程をそのような図式で見ていない。飛び抜けて前向きなマインドセットと、そうした思考様式にともなう数々の要素(目標への集中、決意、レジリエンス、自信、心の強さなど）が成功をもたらしたと分析している。こうした要素のおかげで、レイ・ロビンソン、モハメド・アリ、シュガー・レイ・レナードと肩を並べるボクサーになれた。いや、これらの面々より一段上と言ってもいいかもしれない。敗北を一度も経験しなかったばかりか、敗北の可能性を考えることすら自分に許さなかったボクサーは、おそらくほかにいないだろう。

「勝者のマインドセットの核を成すのは、自分が勝つと信じる能力だ」と、メイウェザーは二〇一四年九月のマルコス・マイダナ戦に向けて準備していた時期に語っている。「プロボクサーになったばかりの頃から、自分が偉大なボクサーになると信じて疑わず、そうなるために必要なことはすべてやってきた。できるという確信さえあれば、人はおのずと取るべき行動を取る」。ほとんどの人にはまねできないような厳しいトレーニングに励み、ボクシングに打ち込んだ。試合の準備をするときは、対戦相手を上回る戦いをするだけでなく、前の試合の自分と少し違う戦いを、それより少し優れた戦いをすることを目指した。

あなたを激しく駆り立てるのは、勝つことへの愛なのか、それとも負けることへの恐怖や憎悪なのか？――私が多くのスポーツ選手たちに投げかけてきた問いをぶつけたとき、メイウェザーだけがこう答えた。「負けることなんて考えたくない」。そして、私の問いがいささか愚問だと言わんばかりに続けた。「そんなことを考えたい人なんてどこにいる？」。実際には、ほぼすべての人が負けることを考えている。その点では、彼が勝者とみなしている選手たちも例外でない。しかし、彼の考え方は違う。自分が勝つと思っていれば、勝つために必要なことをすべて実践する原動力になるが、負けるかもしれないと思えばそれが妨げられると、心から信じているようだ。

「負けるのではないかという恐怖は感じていない。だから、その恐怖心に駆り立てられて行動することもない。私を駆り立てるのは、歴史に名を刻みたいという思いだ。ボクシングのために途方もない時間とエネルギーをつぎ込み、徹底した準備をしてきた。私の成功が終わりを迎えたあと、人々に覚えておいてほしいのはこの点だ。私が大切にしているのは、完璧なボクサーであること、そして、もっている能力を最大限発揮するために技術を磨くこと。それができれば、成功はついてくる」

一度も負けたことがないから言えるのかもしれないが、メイウェザーは、もし一度や二度負けてもかまわなかったと述べている。この発言は、金持ちになりたいと思ったことは一度もない、と言う大富豪を思わせる言葉だ。「プロボクサーとして負けたことは一度もないが、勝ち負けばかり考えてきたわけではない。大事なのは、成功するために必要なことをすべて実行するかどうかだ」。彼はそのように行動した結果、一度も敗北を味わわなかったのだ。

メイウェザーは饒舌な男だ（その点は、ユーチューブで彼のリアリティ・テレビ番組を見れば明らかだ）。その彼がインタビューで最も短い答えを返したのは、次の問いだった。私の問いは三問でワンセットだったが、一問目に対するひとことの返答により、二問目と三問目はただちに意味を失った。

私が尋ねた問いはこうだ。「リングの上で、負けるかもしれないと思ったことがありますか？もしあれば、それをどのように乗り切ったのですか？　もしなければ、それに最も近い経験はどの

できるという確信さえあれば、
人はおのずと取るべき行動を取る。
フロイド・メイウェザー

ようなものでしたか?」

この問いに対して、メイウェザーは言った。「一度もない」。これがすべてだった。

私は、シュガー・レイ・レナードが最近述べた言葉に触れた。「私が戦っていれば、メイウェザーをコテンパンにしていただろうと、いつも思っていた。でも、最近は自信がなくなってきた。私のことを誰よりも応援してくれている兄弟が、私には勝ち目がなかったと言うんだ」という言葉だ。

「どう思いますか?」と、私は尋ねた。

「レイと私なら、きっと激しい死闘になっただろうね。でも、勝つのは、TBE(史上最高の選手《ザ・ベスト・エバー》)の私だ」

メイウェザーの魅力の一つは、華やかさと機転の利いた言葉だ。この点が大半のプロスポーツ選手と違う。あるときは、試合中のリングからロープ越しに身を乗り出し、リングサイドのテレビコメンテーターの発言を訂正した。ある新しいスタイルについて、「これを用いるのは二回目ですね」と述べたコメンテーターに対し、「三回目だ!」と、パンチを繰り出す合間に怒鳴ったのだ。

また、すべての勝利をKOで勝っていた南アフリカのボクサー、フィリップ・ヌドゥと対戦したときのこと。ほかならぬネルソン・マンデラが、南アフリカでは国を挙げてヌドゥを応援していると言い、メイウェザーを倒す方法まで助言した。それを伝え聞いたメイウェザーはこう言った。「ネルソン・マンデラは偉大な人物だ。アメリカでも大きな尊敬を集めている。でも、アメリカにやって来て、自分が代わりに戦えるわけではない」。そして、試合ではヌドゥをKOで降した。

メイウェザーは、「過去の人にならない」ということをよく話題にする。この点には、メイウェザーに大きな影響を及ぼしてきたPRコンサルタントのケリー・スワンソン(「ボクシング界で最も影響力のある女性」としばしば呼ばれる人物だ）も思いを巡らせていた。メイウェザーとのインタビューを設定してくれる前にニューヨークで会ったとき、スワンソンはこう述べていた。「あることを長い間続けて大きな成功を収めてきた人は、それをやめたあとに生じる空白をどのように埋めればいいのだろう？　彼のように成功していても、いつかは終わりが来る。そのあと、どのように人生を送ればいいのだろう？」

この問いの答えは、これから明らかになっていく。おそらく、ドキュメンタリー番組の制作スタッフが事細かに記録することになるだろう。それでも、私はいまの時点でかなりの確信がある。メイウェザーとチームの面々はこの課題にうまく対処し、華やかであることをやめず、「マネー」という愛称で呼ばれるのにふさわしい存在であり続けるに違いない。そして、ボクサー時代の名声を守るのだろう。

子どもの頃の写真を見ると、かわいい男の子だったが、今日のような存在になることをうかがわせる要素はまったく見当たらない。いまでは、自家用ジェット機と立派な家を所有し、行く先々で大騒ぎされる。しかし、本人はいまの暮らしを異常とは考えていない。「白のロールス・ロイスやベントレーを乗り回すのは、普通のことだと思っている。こんなに金を稼ぎ、名声を得るのも、変なことだとは思わない。いずれこういう人生を送るんだと、ずっと思ってきた」

そのような成功をもたらした要素として、メイウェザーは体の三つの場所を挙げている。「脳、あご、ハート」だ。ボクサー以外の人にとって、あごはそれほど重要でないかもしれないが、脳とハートは、マインドセットを形づくる場所として誰にとっても重要だ。メイウェザーの三つの要素は、彼に敗北の苦汁を味わわされた対戦相手たちよりも、あらゆる面でうまく機能していた。「たぶん、彼らはリングに上がる前に、もう負けることを考えていたのかもしれない。そうだとすれば、その時点ですでに負けていた」と、メイウェザーは言う。

プロボクシング界は、ファンの関心を引きつけるために、個性豊富なキャラクターや話題づくりの達人たちをつねに必要としてきた。メイウェザーも、聡明でカリスマ性があり、たびたび物議を醸し、ハンサムで、飛び抜けた才能をもったボクサーだ。その端正な顔を傷つけた選手が一人もいないという事実を考えると、彼こそが「ＴＢＥ（史上最高の選手《ザ・ベスト・エバー》）」であり、ボクシング史に名を残すボクサーだと思わずにいられない。

しかし、内省的なときのメイウェザーは、「ＴＢＥ」という称号を忘れているように見える。世界でいちばんリッチなスポーツ選手だからといって、ゴルフのタイガー・ウッズやテニスのロジャー・フェデラー、そして個人的に親交のあるバスケットボール選手たちより自分が優れていると主張するつもりはないと言う。

「自分をほかの人と比べたりはしない。まったくの時間の無駄だ。私には、ほかの競技の友人が大勢いる。コービー・ブライアント、ポール・ジョージ、レブロン・ジェームズのように、バスケットボール界にはとくに友人が多い。こうした人たちは、それぞれの競技で指折りの選手たちだ。私たちは互いに敬意をもっているように思う。一番を目指し、自分が一番だと実証するために打ち込んでいる同志だから、尊敬し合えるのだろう。尊敬しているアスリート全員の名前を挙げることはできないけれど、懸命に努力して才能を開花させている人たちには最大限の賛辞を送りたい。手を抜いたり、ズルをしたり、他人の力を借りたりせずに成功を手にした人は、尊敬に値する。偉大なアスリート、俳優、医師、弁護士、作家、そのほかそれぞれの分野で偉大と言える人は大勢いる。

私は自分のことをTBEと呼び、実際にそうだと思っている。あくまでも私がそう信じているということだが、私はそれが間違っていないと思っている」

モハメド・アリが「最も偉大」なボクサーという称号を独占していることへの不満は「一切ない」と言う。ただし、アリに言及する言葉が「過去形」であることに、彼の強い自負がにじみ出ているのかもしれない。「アリは、最も偉大で、最も素晴らしいボクサーだった。その業績は、きちんと評価され、称賛されなくてはならない。私も深く尊敬しているし、若い頃は憧れていた。ボクシング史上の巨人たちのことは、みんな尊敬している。ボクシングというスポーツに計り知れない貢献をしてくれたのだから」

気の利いた言葉、抜群のカリスマ性、数々の詩、大言壮語、ピリッとしたジョーク、そして格闘家というより映画スターやポップスターのような容貌で知られたアリは、エンターテイナーとしてのスポーツ選手のあり方を確立した人物と言っていい。しかし、メイウェザーと同じく、こうした要素が輝いたのは、天性の才能と努力があったからだった。

二人の大きな違いは、メイウェザーがきわめて意識的に、アメリカンドリームの一側面だけを追求したという点にある。勝利を重ねる間、ひたすら金にこだわり続けたのだ。一方のアリは、かなり早い時期から、自分が大きな政治的影響力をもち、重要な象徴的存在になりうることを意識していた。アリはボクシングでの業績と同じくらい、人種と平等のメッセージ、ベトナム戦争での徴兵の拒否、イスラム教への改宗で記憶されている。その点が、世界を変えようとは考えず、格闘家に徹してきたメイウェザーとの違いだ。

アメリカ社会では、自分が最強だと実証する方法は二つしかない。一つは、最も高い勝率を記録すること（メイウェザーは一〇〇％）。もう一つは、誰よりも多くの富を得ることだ（メイウェザーは史上最もリッチなスポーツ選手になった）。自分と家族、それに友人たちが一生裕福な暮らしをするために必要な金は、とっくに稼いでいた。それでも、自分が勝者であることを示すために、勝ち続ける必要があったのだ。

それぞれの世代で最も偉大なボクサーであるアリとメイウェザーの違いは、両世代の違いをくっきり映し出しているのかもしれない。アリの世代は、過激で、政治に関わることに積極的、悪を正そうという強い意志をもっている。それに対し、メイウェザーの世代は、物質主義的な傾向が強く、富と名声、純粋な娯楽を追求する。

アリの名声と業績は、それこそ地球上のほぼすべての人に知られている。アリが死ねば、世界中が偉大なリーダーの訃報に接したときのような反応を示すだろう（訳注／アリは原書刊行後の二〇一六年六月に死去した）。それに対し、メイウェザーはスポーツに関心がある人にこそ知られているが、驚いたことに、彼の名前すら知らない人が少なからずいる。

それでも、スポーツの世界でＯＳＴ（目標・戦略・戦術）を実践するのに適したマインドセットをもち、一度も負けたことがないメイウェザーは、アリに劣らない偉大なボクサーだ。また、ボクサーとしての戦い方のスタイルと、みずからの心身への気配りにより、アリを長年苦しめたような病気を避けられるかもしれない。もしそうなら、それも一つの大きな成功と言っていいだろう。

第3部

その他大勢から抜け出す

第11章 大胆さ

大胆に行動しなければ、何事も成し遂げられない。
——**リチャード・ブランソン**（ヴァージン・グループ創業者）

傍観者ではなく、実行者となる

リチャード・ブランソンは、大胆を絵に描いたような男だ。一七歳のときに学生向けの新聞を創刊し、二一歳でレコード販売事業に進出、その後、音楽レーベルを立ち上げた。ブランソン率いるヴァージン・グループは、いまではクルーズ船やホテルなど、幅広い事業を傘下に加えている。

「ヴァージン」という名前は、非常に大きな存在になっている。そこで私は、最初にレコード販売を始めたとき、どうして「ヴァージン」という社名を選んだのかと尋ねてみた。すると、実はブランソンのアイデアではないのだと言う。最初は、「スリップト・ディスク・レコード」という名前を考えていた。もし「スリップト（滑り落ちた）」になっていたら、のちに旅客航空や宇宙旅行のビジネスに乗り出す際に困っただろう。「ヴァージン」を提案したのは、ある若い女性メンバーだった。「ヴァージンはどう？　私たちはみんな、ビジネスは未体験なんだし」。全員がこのアイデアを気に入り、ヴァージン・レコードが誕生した。

「どうして、著書の中でその女性の名前を一度も挙げていないんですか？」と、私は尋ねた。

「忘れてしまったんだ」と、ブランソンは答えた。

自分が成功を収めるうえで重要な役割を果たした人物なのに、名前を忘れたとは驚きだと、私は疑問を投げかけた。

「そんな昔に誰と寝たか覚えている？　ましてや一緒に働いただけの人のことなんて？」と、ブランソンは切り返した。「あのとき、当局は三年もの間、社名の登録を認めなかった。下品だというのが理由だった。そこで私は当局に書簡を送り、オックスフォード英語辞典を引用して、ヴァージンという英語は『純粋で手つかず、汚れていない』という意味だと説明し、そのどこが下品なのかと尋ねた。これでようやく認めてもらえた」

ヴァージンという名前は、自信満々の新参者というブランソンのイメージをうまく言いあらわしていた。そのイメージは、年金を受け取れる年齢になった今日も失われていない。ブランソンは、つねに挑戦者のイメージを身にまとってきた。業界の常識を覆すような事業を相次いで立ち上げ、経験不足という足枷にとらわれずに起業家精神を発揮してきたのだ。とくに、これまでの起業家人生で最も勇気ある新規事業だったヴァージン航空を創業する背中を押したのは、飛び抜けた自信の強さだったようだ。航空業界は、彼にとってほとんど知識のない世界だったし、競争が激しいことで知られており、一握りの大手に牛耳られていた。「仕事仲間や友人たちには、頭がおかしくなったと思われた」と、ブランソンは当時を振り返っている。

どうして、まったく未知の分野に進出したのか？「ひとことで言えば、退屈だったからだ」と、本人は説明する。大胆であるとは、世界をどのように変えたいかを明確に意識し、その変化を実現したいという意欲をいだくことだと、ブランソンは言う。それが傍観者と実行者の違いだというのだ。

現状が好ましくないと思ったとき、不平を言うだけの人もいれば、行動を起こす人もいる。ブランソンは後者のグループに属する。レコード販売を始めたのは、既存のレコード店の退屈さと画一性に満足できなかったからだ。音楽レーベルを立ち上げたのは、音楽の才能の持ち主がデビューできる場が少なすぎると思ったからだった。

航空会社をつくろうと思ったのも、強い不満がきっかけだった。プエルトリコからヴァージン諸島に向かおうとしたときのこと。「オーバーブッキングで予約がキャンセルされてしまった。そこで、移動のために飛行機を一機借り上げ、余った座席を販売した。難しい話ではなかった」

既存の航空会社が快適な空の旅を提供できていないという思いも、航空ビジネスへの進出を強く後押しした。「当時の航空会社はひどかった。たいていが国営で、大半の利用者が不快な思いをしていた。自分がどういう航空会社をつくりたいかはわかっていた。業界経験がないことは、障害だとは思わなかった、むしろ、既存の航空会社の体たらくを考えれば、経験がないことが強みになるのではないかと思ったくらいだ。上質な空の旅を提供できる航空会社をつくろうと、私は思った。

これまで私が取った大胆な行動の大半は、このように個人的な不満が出発点になっている」

ブランソンは、自分がどのような勇気ある行動を取っているかを、わかりやすい事例で教えてくれた。勇気をもって行動すれば、小さな戦術上のアイデアが巨大な戦略上のチャンスを生み出せる――そんな逸話だ。

ときは一九九二年。景気は冷え込んでいて、航空業界は利用客の減少により大きな痛手をこうむっていた。しかし、ヴァージンはこのとき、新しいイノベーションを実行に移すために一〇〇〇万ポンドを調達しようとした。座席ごとにスクリーンを設置しようというのだ。いまの若い世代は、そうした設備を当たり前と思っているかもしれないが、大胆なアイデアの多くがそうであるように、最初は違った。あまりに突飛だと考えられて、ヴァージンはそのための資金を調達できずにいた。さすがのブランソンも諦めかけたが、あるアイデアがひらめいた。この戦術を、景気後退期における事業拡大という大戦略の中に組み込んではどうかと考えたのだ。これは、大物投資家のウォーレン・バフェットが言う「みんなが脅えているときこそ、貪欲に行動せよ」という考え方と軌を一にするものだ。

ブランソンは、航空機メーカー、ボーイングのフィル・コンディットCEOに電話した。座席ごとのスクリーンを無償で追加してくれるなら、ボーイング747－400を一〇機購入しようと持ちかけたのだ。深刻な景気後退期に航空機を購入する企業があることに驚いたコンディットは、ただちに同意した。ブランソンは同様の提案をエアバス社にも持ち込み、さらに八機を購入した。「座席ごとにスクリーンを設置するために一〇〇〇万ポンドを融資してもらうより、一八機の新しい航空機を購入するために四〇億ポンドの融資を受けるほうが簡単だった」。ブランソンは、既存の航空会社に挑むこと、そして景気後退期に事業を拡大することという目標を追求しながら、障害を迂回し、重要な戦術上の強みを手にできたのだ。

「大胆」であるとはどういうことか？

ここまで読んでくれれば、大胆さがブランソンという人間の本質だと結論づけたくなる。しかし、実際はそう単純ではない。そもそもブランソンは、準備せずにいきなり新事業に飛び込むほど馬鹿ではない。航空会社を始めたいと思ったときも、航空機のリースに関して知っておくべきことをリストアップした。また、当時アメリカとヨーロッパの間で安価な航空便を運航させていた唯一の航空会社、ピープル・エキスプレスに電話し、同社がどのようにビジネスをおこなっているかを知ろうとした（同社の路線がずっと維持されそうだと知り、ブランソンは安心した。これなら、もう一社参入しても大丈夫だと思えたからだ）。そして、自前の航空会社を設立し、のちに破綻に追い込まれたフレディ・レイカーにも電話した。なぜ失敗したと思うか、どのようなチャンスがあると思うかを尋ねたのだ。

ブランソンは、誰よりも大胆でスケールの大きなアイデアをもっているが、ほかの人たちの助けがなければアイデアを現実に変えられないとよく理解している。「実務に通じた人の力を借りるようにいつも注意を払っている」と、ブランソンは言う。

「私は早い時期に学校をやめて、自分の新聞を始めた。現場に身を投じ、生き延び方を自力で学んでいった。一般に無理だと思われていることも、やればできるのだと思うようになった。一度成功すると、自信が出てきて何度も挑戦するようになる。挑む課題も次第に難しいものになっていく。私には、失読症という制約がある。自分より優れた人の力を借りる必要があることもわかっている。だから、自分の意見を押し通そうとばかりせず、ほかの人の言葉によく耳を傾け、人々の力を最大限発揮させようと努めている。そうしたことを続けてきた。アイデアを思いつき、助けてくれる人を見つけ、また新しいアイデアを思いつき、新しい課題を設定する。その際、できるだけ前回よりも大きな目標を目指すようにしてきた」

旅客航空ビジネスに関してブランソンが大胆に振る舞ったのは、アイデアのプロセスの最初ではなく、最後の段階だった。ブランソンは、直感的に新しいビジネスのアイデアを思いつくと、まずデータを集めて現状を把握し、有益な問いを投げかけた。そして、そのあとではじめて大胆さを発揮し、どのような変化を生み出すべきか、どのようなイノベーションを起こすべきか、それを実現するためのチームをどのように築けばいいかを思い描いた。

ブランソンの航空会社設立と似たようなストーリーを、俳優のケヴィン・スペイシーから教えてもらったことがある。あるビジネスマンの不満がイノベーションにつながった逸話だ。その人物は、レンタルDVDの返却が遅れて延滞料金を支払わされることに不満を感じていた。その苛立ちがエンターテインメント消費のあり方を大きく様変わりさせることになったのだ。「その人物の名はリード・ヘイスティングス。のちにネットフリックスを創業した人物だ。合理的な金額の利用料と引き換えに、DVDをいつまでも何回でも見られるようにはできないのか？　ネットフリックスの構想は、彼がこのように考えたことから始まった」と、スペイシーは説明する。

ネットフリックスの大胆な思考様式は、別の機会にも発揮された。スペイシーが映画監督のデーヴィッド・フィンチャーとともに、テレビ局にドラマの企画を売り込んだときのことだ。「どのテレビ局も、採否を判断する前にパイロット版を要求した。でも、私たちはパイロット版をつくりたくなかった。実際の作品づくりの手足が縛られてしまうからだ。その点、ネットフリックスは、まだ一シーンも撮影していないときに二シーズンの権利を買ってくれた。二つの脚本と一つのあらすじだけで判断してくれた。前例のない大胆な決断だった。その決断は報われた。そのドラマ、『ハウス・オブ・カード』は、ネットフリックスが動画配信をおこなっている国すべてで最大のヒット作になった」

その成功をもたらした大きな要因の一つとして、同社によるもう一つの大胆な決断を挙げることができる。連続ドラマのすべての回の動画を同時に配信開始したのだ。こうすれば、テレビドラマと違って、視聴者が好きな時間にドラマを見ることができる。「私たちは音楽業界の失敗から学んだ」と、スペイシーは言う。「ユーザーが望むタイミングで合理的な価格でコンテンツを提供すれば、ユーザーは海賊版に走らず、金を払ってくれる」

トニー・ブレア率いるイギリス労働党が上げた成果も、多くはブランソン流のアプローチの賜物だった。反対派がどう言おうと、当時のニュー・レイバー（新しい労働党）が数々の成果を上げたことは間違いない。そして、ブレアが大胆だったという点では、支持者も反対派もおそらく異論がないだろう。ブレア自身も、「（ニュー・レイバーは）最も大胆に行動するときに最も輝ける」という素晴らしい演説をしたことがある。

その大胆さは、労働党の党首になって早々に発揮された。前述したように、新しい党首として迎えた一九九四年の党大会で、党綱領第四条の撤廃を打ち出したのだ。すべての民間企業を国有化するという条項である。党内の伝統的な社会主義者たちにとって、これは重要な主張だった。ブレアの提案に対し、社会主義思想の熱心な信奉者たちは、第四条をいじるべきではないと主張した。一方、党内の現実主義派も、わざわざ改正する必要はないと思っていた。このまま空文化させておけばいい、というわけだ。

しかし、ブレアの考えは違った。この条項を廃止して、目立つ形で改正案を議論すれば、ニュー・レイバーの近代化路線をアピールし、党の新しい基本戦略を印象づけられると考えたのだ。これは、リスクをともなう選択だった。党内に亀裂を生む危険があったからだ。内輪もめをしている政党は、有権者に支持されない。その点は、ブレアもわかっていた。それでも、じっくり検討した末、計算に基づいてリスクを取ったのである。党員が党のイメージを変えたいと思っていなければ、自分を大差で党首に選出したりはしなかったはず、と思っていたからだ。

これよりさらに大胆だったのは、北アイルランド問題とコソボ問題への関わり方だ。いずれの場合も、計算に基づいてリスクを取った。コソボ問題では、私は当時、ウェズリー・クラーク欧州連合軍最高司令官（アメリカの陸軍大将）から、ブレアが危ない橋を渡っていると警告されたことがある。空爆を継続するだけでなく、地上部隊の投入までちらつかせ、それを実行に移す構えを見せていたからだ。このアプローチは、とくにアメリカのビル・クリントン大統領との緊張を高めた。しかし今日では、それが道義的にも戦略的にも正しい選択だったと一般に考えられている。このときブレアは、情報を集めて状況を判断し、リスクが許容できる範囲内かを見極めた。判断の土台には一貫して、自分がなにを成し遂げるべきかという明確な意識があった。

こうしたブランソン流の大胆さが功を奏した例はいたるところにある。アマゾンの創業者ジェフ・ベゾスは、「なんでも売っている店」というアイデアを思いつき、インターネットを使えばそれを実現できると考えた。大胆な想像が大きな野望を生み出したのだ。その後、アマゾンが私たちの生活を大きく様変わりさせたことは知ってのとおりだ。

ペイパル、スペースX、ソーラーシティを創業したイーロン・マスクは、石油燃料に依存する自動車から電気自動車への移行を実現することを人生の真の目標と位置づけ、テスラモーターズの設立を主導した。同社の株式

慎重さは、選挙で勝利をもたらさない。
勝利をもたらすのは、大胆さだ。

トニー・ブレア
（元イギリス首相）

時価総額は、たちまち既存の大手自動車メーカーに肩を並べた。注目すべきなのは、この会社が特許をすべて公開していることだ。誰もが電気自動車の開発競争に参加できるようにしたいと考えているのだ（もっとも、その競争には自分たちが勝つつもりでいる）。特許を「運が悪ければ訴訟を引き寄せかねない」ものとみなし、特許の独占にこだわらないというのは、相当に大胆なアプローチだ。

スポーツ界に目を転じると、デーブ・ブレイルズフォードは、イギリスの自転車競技が目覚ましい躍進を遂げる先頭に立ってきた。自分の仕事のやり方をひとことで言うとどうなるかという問いに対しては、「野心だ。大きくて大胆な野心だ」と回答している。

ブランソンを思わせる発言もしている。「私を奮い立たせるもの、それは大きくて大胆な思考だ。たとえば、『ツール・ド・フランスで優勝したイギリス人はこれまでいない。なぜ、イギリス人は勝てないのか?』と考える。私は、そう簡単にはものごとを手ごわいと思わない。よほど掘り下げて検討するよう求められないかぎり、目標を妨げる障害があるとは考えない。ある種の躁状態になって、できないことなんて一つもないと思うときもある。適切な人材を集めれば、できないことはない、と考える。なんでもできるのなら、本当に胸躍らされることに挑めばいい。そうすれば、やがてそれをやり遂げて、『マジかよ。本当に成功したんだ!』と言えるときが来る。だから、まずは野心的すぎるくらいの目標を掲げるべきだ。そういう目標のほうが興奮できる。失敗するのではないかと心配するのは、あとでいい。このサイクルを繰り返す。はじめから、すべてのステップを考えておく必要はない。最初の大きなステップは、大きな野心をはっきり述べること。実現する方法はあとで考える」

このような人たちは、現状に不満を感じ、いてもたってもいられない思いをいだいている。そして問題の解決策をひらめき、そのアイデアに基づいて行動しようと決意する。しかし、本人にはコントロールできない要素の影響も受ける。そうした要素の一つがタイミングだ。

一九七〇年代半ばに米英間の格安航空路線「スカイトレイン」を立ち上げたレイカー航空のフレディ・レイカーは、苦戦を強いられた。一因は、中東紛争によるエネルギー価格の高騰だった。一九七〇年代後半から八〇年代前半にかけて事業を急拡大させすぎた面もあったかもしれないが、イギリスの景気後退も悪材料になったし、イギリスの通貨ポンドの下落により債務の返済負担が増したことも痛手だった。結局、レイカー航空は一九八二年に破産した。それに対し、ブランソンが航空会社をつくったのは、景気後退の最悪の時期を脱したあとだった。その後、ヴァージン航空は好景気のなかで事業を拡大させていった。

運の影響も受ける。レイカーは才能ある実業家だったが、運に恵まれないケースが多かった。一方、ブランソンはきわめて高いスキルをもっていただけでなく、運に恵まれていたときもあった。たとえば、最初の飛行機「メイデン・ボイジャー」号のテスト飛行のときのこと。エンジンが鳥を吸い込み、故障してしまった。珍しい事故ではないが、安全が重んじられる航空ビジネスの世界では、新しい航空会社の初飛行で問題が生じれば命取りになりかねない。ブランソンにとって幸いだったのは、取材に来ていた唯一のカメラマンが事故の写真を載せないと決めたことだった。そのフィナンシャル・タイムズ紙のカメラマンは、「私たちはそういうタイプの新聞ではない」と言ったという。ブランソンは、のちにこう述べている。「あの写真が新聞に掲載されていたら、ヴァージン航空は就航する前に終わりを迎えていただろう」

もちろん、ブランソンも逆境や不運は経験している。私のインタビューを受けてほどなく、傘下の宇宙旅行ビジネス会社、ヴァージン・ギャラクティックの宇宙船が試験飛行で爆発して墜落した。操縦士一人が死亡し、この最新の野心的なプロジェクトの進捗がさらに遅れることになった。

インタビューで、私は尋ねた。「大きくて大胆なアイデアのなかで実を結ばなかったものは?」。すると、ブランソンはわざとらしくしかめ面をつくって見せて、即座に「ヴァージン・コーラ」と答えた。「イギリスではうまくいった。その後、ニューヨークの街に戦車を走らせるなどして鳴物入りでアメリカに進出し、コカ・コーラに挑むと宣言した。最初、コカ・コーラは私たちを無視しようとした。けれども、そういうわけにいかない可能性があると気づくと、あらゆる手段を尽くして私たちを葬り去ろうとした。そして、実際にそのとおりの結果になった」

ブランソンは失敗よりも多くの成功を手にしてきたが、一般に成功するためには、大胆さだけでなく、運とタイミングにも恵まれなくてはならない。

ただし、忘れてはならないのは、人生全体を通して誰もがある程度の幸運と不運を経験するということだ。幸運だけ経験する人や不運だけ経験する人はまずいない。経営思想家のジム・コリンズが著書『ビジョナリー・カンパニー4――自分の意志で偉大になる』で科学的に示したように、成功している企業も成功していない企業も、経験する幸運と不運の量は変わらない。成功と失敗をわけるのは、幸運な状況と不運な状況でどのように行動するかだ。大胆で洞察力のある人物は、幸運の恩恵に最大限浴しようとし、不運に見舞われたときは悪材料より好材料を探す。

「私たちの挑戦がしばしば派手に失敗するのは、いいことだと思っている。人々は、窮地に追い込まれた人間の逆襲劇が大好きだから」と、ブランソンは言う。「それに、たとえば船や熱気球での冒険に失敗しても、その船や熱気球にデカデカと描かれた『ヴァージン』というロゴがメディアを通じて人々の目に触れる。私たちが船による大西洋横断の最速記録を更新したとき、テレビ局はサッカーのワールドカップ中継を中断して報じた。どんなに金を積んでも、こんなに大きく取り上げてはもらえない」

ブランソンのツイッターのプロフィールは、こうした人となりをうまく表現している。「引き分けが嫌いな冒険家。スリルが大好き。アイデアを現実に変えられると信じている。別名ドクター・イエス」

このような心構えは、多くの組織に、とりわけ今日の政治の世界に欠けているものだ。まず、悪材料に目を向ける傾向があまりに強い。私は職業人生を通じて、ある言葉を打ち合わせや会議で撲滅しようとしてきた。それは、「問題は……」という言葉だ。問題から目を背けて生きろというのではない。私の経験上、この言葉は、問題を徹底的に考えないことの言い訳になったり、問題をじっくり考え抜く意思や能力の不足を隠す手段になったりする場合が多いからだ。ぶ厚い壁をつくり出し、大胆な思考や独創的な思考を締め出してしまう。

イギリスの首相を務めたマーガレット・サッチャーは、ヤング卿という閣僚を気に入っていた理由として、「問題ではなく、解決策をもってくる」から、と述べたことがある。あまりに有名な逸話だが、いまもこの例が紹介され続けているのは、こうした思考の実践例が少ないからなのだろう。それでも、スーパーマーケットチェーン、セインズベリーズのCEOを務めたジャ

私は、肉体はひ弱だけれど、
精神は大胆だ。

ジェフ・ベゾス
（アマゾン創業者）

スティン・キングや、イギリスのフリースクール運動の草わけの一人であるピーター・ハイマンのように、提案や分析に対して否定的なことを述べる前に、まず肯定的なことを言うよう部下に求めている人たちもいる。

前向きな精神は、ブランソン的な人たちに大きな野望をもたせ、快適ゾーンの外に踏み出すよう背中を押す。そして、成功のために思い切った行動を取らせ、勝利を望みつつも挫折を受け入れられるようにする。大胆な思考の持ち主は、失敗はつきものだと知っている。イーロン・マスクは、テスラを立ち上げたとき、成功の可能性は「五〇%未満」と考えていた。

イギリスの起業家マーサ・レーン・フォックスも、「成功したければ、失敗を覚悟しておかなくてはならない」と言っている。「私はいつも、あまりに途方もない野望、現実離れした野望をいだくようにしてきた。そうすれば、目標には到達できなくても、十分に成果を上げられる」。ブレント・ホーバーマンとともにオンライン旅行会社のラストミニットドットコムを設立したのは一九九八年。そのとき、「イギリスで最大の商用サイトになること、さらには、ジャンルを問わず世界で最大のサイトになること」という野望をもっていたという。

「アマゾンになりたかったということ？」と、私は尋ねた。

「そう言っていいと思う。私たちは成功し、成果を上げてきた。最初の野望ほど大きな成功を手にできていないだけのこと。私はおおむね楽観的にものを考えるタイプで、難しい課題にやる気をかき立てられ、挑戦せずにいられない。あなたが大胆にならなければ、ほかの人たちがあなたのために大胆になってくれるはずがない。詩人のゲーテが言ったように、『大胆さは、力と独創性と魔法をもたらす』」。私は自分の大胆な試みがどのくらい成功したかを判断する際、世界がどのくらい変わったかを基準にしている。私は大勢の人の思考を変えたい」

大胆さはその本人だけでなく、チームや組織にも好ましい影響を及ぼす。大胆な姿勢には、波及効果があるのだ。誰かが前向きな姿勢で行動しているのを見ると、人は自分もやる気をかき立てられる。活力と情熱が湧いてくるのだ。携帯電話販売会社のカーフォン・ウェアハウスと通信会社のトーク・トークを立ち上げたチャールズ・ダンストンは、イノベーションと大胆さの面でブランソンやブレアのようなアプローチを社内で模倣しようとしてきた。「あらゆることに前向きに取り組み、形式にこだわらず、きっとうまくいくと信じる。彼らのそのような姿勢が好きだ。とても新鮮に感じた。真に大胆な行動を取り、どのような課題にも臆せず挑んだ人たちの存在により、私のような人間にとって非常に好ましい雰囲気が生まれた」

大胆さと無鉄砲の違い

ここまでの話により、大胆であることの重要性は理解してもらえただろう。しかし、どういう場合に、大胆が無鉄砲に転じるリスクが生まれるのか？　斜に構えた解答だと思う人もいるかもしれないが、正直に答えると、その賭けが結果として成功したかどうかで判断するしかない。

たとえば、二〇一四年にサッカーのワールドカップ・ブラジル大会でオランダ代表を率いたルイス・ファン・ハール監督は、準々決勝のＰＫ戦入り直前にゴールキーパーを交代させた。スポーツ史に残る無謀な行為として記憶されても不思議でなかった――もし、新たに投入されたゴールキーパーの活躍でＰＫ戦を制していなかったら。一方、イギリスの金融大手ロイヤル・バンク・オブ・スコットランドのＣＥＯを務めたフレッド・グッドウィンは、金融危機のさなかにオランダの金融大手ABNアムロの買収を完了し、金融業界の強欲さの象徴のように言われた。もし、もっと平穏な時期に買収していたら、いまも金融の天才として持ち上げられていただろう。そういう意味では、禁止薬物を使って国際大会でメダルを獲得し、ドーピングが露見していない選手は（そのような選手が何人いるかは誰も知らない）、「してやったり」と思っているに違いない。

しかし、「どういう場合に、大胆が無鉄砲に転じるリスクが生まれるのか？」という問いにもっと丁寧に答えるとすれば、その行動にどのようなリスクがともなうかという話になる。大胆な決断が実を結ばなかったとしても、そのこと自体は問題ない。「スポーツの世界では、大胆な行動とは馬鹿げた振る舞いのことではない。自分を信じて行動することだ」と、アイルランドの元ラグビー選手ブライアン・オドリスコールは言う。「大胆に行動するとは、みずからの経験と思考様式の力により成功できる可能性が高いと考え、もし裏目に出ても次の機会にも同様の行動を取るという意思をもって、リスクをともなう行動をとっさに取ることを意味する。試合は、あるとき一挙に加速する。その瞬間を逃してはならない。リスクは大きいけれど、成功した場合に得るものも大きい。そのことはいつも頭の中にあった」

ブランソンがヴァージン・コーラの事業に乗り出したことは、ビジネスとしては間違いだった。この事業は失敗に終わったからだ。しかし、その経験を通じて重要な教訓を学ぶことができた。ブランソンのように前向きな思考の持ち主は、教訓を学べれば、手痛い失敗も価値あるものにできる。このとき、ブランソンが学んだ教訓の一つは、既存のブランドに挑む際は差別化が重要だというものだ。「ヴァージン・コーラは素晴らしい商品だったが、結局のところコカ・コーラとの違いがはっきりしなかった。これでは、企業規模が大きく、ブランドが浸透しているコカ・コーラにコテンパンにされてしまう。この点は、航空業界に進出したときとは大違いだった。航空ビジネスでは、私たちはつねに、ほかの航空会社より優れたサービスを提供してきた。だから、ブリティッシュ・エアウェイズが徹底的に攻勢をかけてきても生き延びられている」

ブランソンが学んだもう一つの教訓は、リスクの大きさを調整することが重要だというものだ。たとえヴァージン・コーラが失敗しても、ヴァージン・グループが破滅する心配はなかった。会社の規模に比べれば、この新事業について回るリスクはごく小さなものだったからだ。だから、この失敗のあとも、ブランソンは大胆な挑戦を続けられているのだ。

大胆を通り越して無鉄砲になっている人は、往々にして不健康な自己意識が目につく。自信は成功するために欠かせない資質だが、その資質をどのような目的のために用いるかが重要になる。

私は以前、デイリー・ミラー紙などを発行する新聞社の総帥、ロバート・マクスウェルの下で数年間働いたことがある。マクスウェルが大胆な思考の持ち主だったことは間違いない。しかし、自分を大きな存在と考えすぎる傾向が強く、助言や批判を受け入れず、自分の立場でしかものを見られなかった。それが原因で重ねた失敗は数知れない。おそらく、最後に水死したのは、あまりに大きな過ちのせいで自殺に追い込まれたのだろう。

マクスウェルは、臆面もなく自己宣伝にいそしんだ。これも、肥大化した自己意識が生む典型的な症状の一つだ。ブランソンも似たようなものだと思うかもしれないが、二人はまったく違う。ブランソンは、あくまでもビジネスを成功させるためにみずからのイメージを利用している。「目立ちたがり屋」と揶揄する人は、彼の意図を正しく理解していない。

ブランソンは、自分のイメージと知名度をヴァージン・ブランドの一部にしようと決意し、ブランドの知名度を高めるために自分に注目を集めようとしてきた。熱気球の冒険もそうだった。命の危険を顧みない大胆な挑戦だったが、莫大な広告・マーケティング予算をもつ大手航空会社の向こうを張り、小さな航空会社の知名度を高めることも目的にしていた。船による大西洋横断の最速記録を目指した冒険にも同じことが言える。

一九九一年の湾岸戦争の前にイラク情勢が緊迫していたとき、イギリスのエドワード・ヒース元首相とともにヴァージン航空の飛行機でイラク入りし、独裁者サダム・フセインにより人質に取られていた人たちを連れ帰ったこともあった。この出来事を機に、ブリティッシュ・エアウェイズのジョン・キング会長は、ブランソンを単に目障りな存在ではなく、脅威と認識するようになった。

ブリティッシュ・エアウェイズは、ヴァージンを妨害するためにさまざまな「汚い工作」を始めた。それに対し、ブランソンはまたしても大胆な行動に打って出た。裁判を起こしたのである。訴訟は、ヴァージン側の実質勝利と言っていい内容の和解で決着した。この戦いにより、ブランソンとヴァージンの知名度はいっそう高まり、挑戦者としての地位もさらに強固なものになった。

こうしてブランソンは大胆な人物というイメージをもたれるようになり、そのイメージはヴァージンというブランドにも投影されている。宇宙旅行ビジネスのヴァージン・ギャラクティックはきわめてスケールの大きなプロジェクトだが、ヴァージンが進む道としては自然な選択に思えた。この新事業には、ブランソンがどのような人物で、どのような人物と思われているかがよくあらわれている。そのイメージは、いつも限界に挑み続ける男というものだ。二〇一四年の墜落事故で挫折を味わったことは間違いないが、ブランソンは死亡した操縦士を悼みつつ、事業を継続する決意を表明した。

ブランソンは、子ども時代の内気さをまだ完全には克服できていないと自己分析している。確かに、コミュニケーションの達人にしては、不思議と言葉が不明瞭なときがある。それでも、大半のビジネスリーダーより早く、メディア時代の戦略的コミュニケーションのあり方を直感的に理解していた。それは、自分について語る言葉と行動にすべて一貫性をもたせ、重要なメッセージや価値観をつねに伝達し続けることだ。

大胆さがブランソンの思考の核であることは、あらゆる問題における主張によくあらわれている。たとえば、イギリス政府が空港拡張に乗り出さないことを厳しく批判して、こう述べている。「このままでは、イギリスは取り残されてしまう。一九四五年以降は新しい滑走路が開設されていないが、政府はいまだに煮え切らない態度を取っている。政府に勇気がないせいで、私たちは小さな枠の中に押し込められている。ロンドンのヒースロー空港で私たちの会社が占めているシェアは三%にすぎないが、オーストラリアでは、進出してまだ一五年なのにシェアの四〇%を占めている。新しい滑走路が次々と建設されていて、滑走路の不足が足枷になっていないからだ。オーストラリアとアメリカではまっとうに競争できているのに、イギリスではそれができない。苛立たしくもあるし、一人のイギリス人として悲しくもある」

航空ビジネスに深く関わっている人物の言葉としては、意外なものではないかもしれない。しかし、こうした大胆さは、ドラッグなどのテーマを論じるときにも発揮される。ブランソンに言わせれば、ドラッグに関して、人々はあまりに長い間、固定観念とレトリックにとらわれてきたという。「犯罪の問題ではなく、保健の問題として議論すべきだ」というのだ。そのためには、長年にわたって「悪」のレッテルを貼られてきたものについての見方を変えなくてはならない。しかし、政治家がそれに乗り出そうとすれば、どうしても激しい非難を浴びる。そのリスクを負おうとする有力政治家はいまのところ登場していない。「正しい情報と事実、社会のニーズに基づいて、本当に正しいことをすれば、大胆に行動しても選挙で票を失うことはないと思う」と、ブランソンは言う。これは勇気ある言葉だが、無鉄砲な発言とは違う。

しかし、政治の世界では、ある人にとっては「正しい情報と事実、社会のニーズ」に基づく「本当に正しいこと」でも、ほかの人の目には安易でナンセンスな選択や許し難い愚行に見える場合がある。

トニー・ブレアのイラク政策はその典型だ。私にとって、それは完全に納得のいく政策だった。ブレアは、イラクのサダム・フセインが実戦使用可能な大量破壊兵器を保有していると考えていた（アメリカとイギリスだけでなく、ドイツとフランスの情報機関もそう判断していた）。そして、フセインがそれを用いたり、9・11テロを実行したようなテロ勢力の手にそれが渡ったりすることのリスクを切実なものと感じていた。しかし、ブランソンの考えは違った。イギリスがアメリカと一緒にフセイン打倒に乗り出すのは間違いだと考えていたのだ。たとえ脅威があるとしても、戦争をおこない、その代償を払うほどのことではない、というのだった。

軍事行動賛成派の論拠の一部は、イラクが大量破壊兵器をもっているという情報機関の報告だった。のちにこの情報が誤りだったことがわかると、反対派は、自分たちの主張が正しかったと思っただけでなく、騙されたと感じた。このように考えている人は少なくない。ブランソンの見ていた「現実」が正しかったと思う人もいるかもしれない。コソボやシエラレオネで大胆な行動が功を奏

本当に正しいことをすれば、
大胆に行動しても選挙で票を
失うことはないと思う。

リチャード・ブランソン
（ヴァージン・グループ創業者）

したために、ブレアはイラク戦争の危険性を見落としてしまったのだろうと言う人もいる。

しかし、私に言わせれば、ブレアはしっかり目を開いて現実を見て、二つの大胆な選択肢のうち、国のために正しいと思えたほうを選んだ。自分が理解した現実に基づいて、彼は判断をくだした。結局のところ、なにが正解かは誰にもわからなかった。厳しい決断とは、つねにそういうものだ。

行動しないことのリスク

大胆な行動にリスクがともなうことは言うまでもない。忘れられがちなのは、おっかなびっくり行動したり、なにも実行しなかったりすることにもリスクがあるということだ。政治の世界では、それを思い知らされるケースが多い。自分が状況をコントロールしているのではなく、状況にコントロールされているという印象を与えれば、たちまち弱い人間と思われてしまう。行動しない人間は、ビジョンや決意が欠けていると思われる。テロ組織のISIS（イスラム国）に対する戦略を尋ねられて、バラク・オバマが「戦略はない」と答えたとき、どれほど大きな政治的ダメージを負ったかを思い出してほしい。

ブレアの次のイギリス首相に就任したゴードン・ブラウンの政権は、ある局面で決断できなかったことが命取りになったのかもしれない。ブラウンはたびたび、大胆に行動できるところを見せてきた人物だ。ブレア政権の財務相時代にも数々の改革を実行した。ブレア政権にとって最初の大きな決断は、ブラウンが主導したイングランド銀行（中央銀行）の独立性強化だった。この改革はイギリスの金融政策の重要な柱になった。また、首相を退く直前には、世界金融危機への見事な対応で再び大胆な面を見せた。

しかし、首相に就任して間もない時期には、大胆さが失われていた。ブラウン新政権は順調な滑り出しを見せたが、解散総選挙に関しては煮え切らない態度に終始したのだ。当初、高い支持率に意を強くした首相周辺は公式・非公式に、首相が解散総選挙を考えているという噂を流しはじめた。与党の労働党は臨戦態勢に突入し、選挙に向けた作戦も立案した。一方、保守党のデーヴィッド・キャメロン党首は「受けて立つ」と公には述べていたが、内輪の席では、まだ準備ができていないと打ち明けていた。

しかし、ブラウンはさんざん迷った末に、選挙はおこなわないと表明した。金融政策で果断な行動を取ってきた男が、政局に関しては行動に踏み切れなかったのだ。しかも、内部の議論の内容が外部に漏れ出たことも痛手になった。その議論を支配したのは、「問題は……」と考えることから始めるタイプの人たちだったのだろう。いくつかの選択肢を論じたが、それぞれのマイナス面しか見ず、結局は「なにもしないのが正解」という結論に落ち着いたのではないかと思う。これ以降、政界関係者の間でブラウンが評価を取り戻すことはほとんどできず、それにより国民の評価も下がってしまった。

「なにもしない」のが正解なのは、ほかの人たちすべてがなにもしない場合だけだ。ビジネスの歴史を振り返ると、現状維持で十分と考えた企業の屍《しかばね》が山を成している。近年では、写真フィルムの巨人だったコダックが有名だ。デジタルカメラの普及を無視してもかまわないという判断が裏目に出て、二〇一二年に破産申請する結果になった。サッカーの世界では、二〇一四年のワールドカップ・ブラジル大会でのスペインの不振を見れば、前回成功した戦術で次の戦いに挑むことの問題点がよくわかる。

ブランソンが一九八〇年代に旅客航空ビジネスに進出したとき、ライバルと位置づけていた一八社の航空会社は、ブリティッシュ・エアウェイズを除いてすべてもう存在しない。これらの航空会社は、ヴァージンを「最初だけ威勢のいい新参者」と決めつけていたのだろう。いずれの企業も自社なりのビジネスモデルをもっていて、それを堅持しようと考えた。

そして、どうなったか？　自己満足に陥り、変化に適応せず、絶え間ない改善を怠った。ブランソンは、かつてのライバル企業が行動を起こさなかったことを痛烈に批判している。「破綻した航空会社は、現場のスタッフが仕事をするのに必要な道具を与えなかった。質の高い娯楽、機内食、快適性、サービス、やる気のあるスタッフなど、空の旅を利用客にとって不快な体験ではなく、楽しい体験にするために欠かせない要素を整えていなかった」

私がブランソンにインタビューしたのは、ロンドンのガトウィック空港でヴァージン航空の就航三〇周年記念パーティーがあった翌日だった。「私たちがほかの航空会社より長く生き延びられているのは、他社より規模が大きかったからではない。利用客に楽しい体験を提供してきたからだ。三〇年前、たった一機の航空機で出発した頃、私たちのスタッフは喜びを満喫していた。そのとき、三〇年後もこの喜びをもち続けられるだろうかと思ったことを覚えている。それから三〇年。その喜びはいまも失われていないと思う」

ブランソンが起業家たちのロールモデル（お手本となる人物）であり続けているのは、「当たり前のやり方でなくてもいいんだ」と言い続けているからだ。「ブランソンは、あらゆることを自由にやっているように見える」と、携帯電話会社のカーフォン・ウェアハウスと通信会社のトーク・トークを立ち上げたチャールズ・ダンストンは言う。「この三〇年で世界は大きく変わった。形式にとらわれず、興奮を大切にするブランソン流は、大きな成功を収めてきた。政府にせよ、教会にせよ、大手のスーパーマーケットにせよ、既存のブランドが昔ほど敬意を集めなくなり、挑戦者が参入して市場をひっくり返せる可能性が大きく開けた。それを見事に実行してきたのがブランソンだ」

第12章 イノベーション

ある人の本質は、その人が繰り返す行動にあらわれる。ある人が傑出しているかは、行動ではなく、習慣で決まる。

――**アリストテレス**（古代ギリシャの哲学者）

イノベーションとはなにか？

二〇〇〇年、ラグビーのイングランド代表のヘッドコーチを務めていたクライブ・ウッドワードは、重大な問題に直面していた。チームは、試合の入り方は悪くないのに、なぜか後半の立ち上がりがいつもパッとしなかったのだ。このとき、ウッドワードが助けを求めたのがハンフリー・ウォルターズだった。ラグビーに関してはほぼ素人だが、問題解決の方法論に精通している人物だ。

ウォルターズは、まずこう尋ねた。「ハーフタイムに選手たちはなにをしていますか？」。ウッドワードが一通り説明すると、ウォルターズはこう言った。「ユニフォームを着替えればいい。そうすれば、試合の最初と同じような気持ちになれるかもしれない」。それを実践しようという話になったとき、選手たちは疑わしげだったが、ウッドワードが押し切った。すると、効果があらわれた。いまでは、ハーフタイムに新しい清潔な服に着替えることは、ほとんどのプロスポーツで実践されている。実際にやってみると、そうするのが当然に思えるようになったのだ。

イノベーションというと、まったく新しいものや画期的なものをつくり出すことだと思う人が多い。しかし、イノベーションと発明は違う。発明家はほぼゼロから新しいものを生み出す。それに対し、イノベーターは既存の製品やサービスを改善し、利用価値を高める。インターネットのワールド・ワイド・ウェブ（WWW）の生みの親として知られるティム・バーナーズ＝リーのように、発明家でもありイノベーターでもある人物もいるが、イノベーションを成功させるために発明家的な発想をもっていることは必要ない。

「私たちはなにも発明していない」と、スポーツ界指折りのイノベーターであるビリー・ビーンは言っている。別の章でも触れたように、ビーンの選手獲得の方法論は、まず大リーグのオークランド・アスレチックスに革命をもたらし、その後、ほかの球団がそれを渋々まねするようになり、野球界に一大変革が起きた。さらに、その方法論はほかのスポーツやビジネス界にも波及していった。

ビーンが成し遂げたイノベーションは、「セイバーメトリクス」と呼ばれるデータ分析の手法を活用し、過小評価されている選手を見つけて獲得するというものだった。当時の大リーグのトレード市場は、すべての選手の実力が正しく評価されていない非効率な市場だった。それに着目したアスレチックスは、この方法論を駆使して資金不足を克服し、高額報酬で有名選手をかき集める金満球団と渡り合い、プレーオフの常連になった。

このように説明すると簡単に聞こえるかもしれないが、新しい試みが実を結ぶまでにはさまざまな要素がなくてはならなかった。最初は、ビーンの言葉を借りれば「野球界以外の賢い連中」がもたらした発見から始まった。次に、野球を熟知したビーンがその知見を生かしたいと考えた。「変化の必要性を理解していて、同時に野球界の一員として認められている人物でなければ、新しい試みを推し進められなかった」のである。そして最後に、多くのイノベーションがそうであるように、それをやり遂げるための大胆さが必要だった。ビーンが変革を実行するうえでは、既存のスカウトたちと対峙しなくてはならなかった。「ものを言ったのは、私が選手出身だったことだ。最近の選手は野球界以外の人たちの主張にも耳を貸すようになったけれど、当時はまだ違った」

アップルが今日の企業で有数の成功を収められたのは、イノベーション指向の文化のなかで真に聡明な人々を協働させてきたからだ。しかし、この会社は発明家的というよりイノベーター的な性格が強い。既存の製品を新しい視点で見つめ直し、その価値を高めることにより、成功を築いてきたからだ。また、アップルは自由市場で成功しているグローバル企業の象徴のように言われているが、同社のイノベーションの土台になったのは、初期のインターネット、GPS、タッチスクリーン、音声認識アシスタントのSiriの基礎を成したテクノロジーなど、アメリカ政府の活動を通じた発明の場合が多い。重要だったのは、そうした技術をもとにアップルがどのような行動を取ったかだった。

チェスのグランドマスターであるガルリ・カスパロフは、私との会話でアップルのスティーブ・ジョブズを話題にしたとき、「(アップルの携帯音楽プレーヤー、iPodの競合商品だった) MP3プレーヤーの『リオ』を覚えているだろうか? もう誰も覚えていない」と指摘した。カスパロフが言いたいのは、アップルではライバルを倒すためにイノベーションを実行しているということだ。そのために、同社は社内のプロセスと社外のライバルの両方を徹底的に検討する。

世界を制したiPodは、どのようにして誕生したのか? ものを言ったのは、イノベーションを重んじ、研究開発に手厚く投資し、画期的なイノベーションを生み出すために知恵を出し合う企業文化だった。最初からiPodの構想があったわけではなく、そのアイデアは、同社のイノベーション指向の文化から生まれた。最高デザイン責任者のジョナサン・アイヴは、その精神を次のように要約する。「イノベーションをするために生まれた企業にとっては、イノベーションをしないことがリスクになる。真のリスクは、無難な道を選べば安全だという発想に陥ることだ」

なかには、高い成果を上げたり、変化を起こしたりするために必要なプロセスのことを「イノベーション」と呼ぶのが適切なのかと、疑問をもつ人もいる。自転車競技コーチのデーブ・ブレイルズフォードはスポーツ界屈指のイノベーターだと、私には思える。自転車競技の世界でも多くの人がそう考えている。しかし、本人にそう話すと、イノベーションという言葉の意味について議論になる。「私がやっていることを表現するのに、イノベーションという言葉は適切でないと思う。イノベーションというと、やり方を大きく変えるというニュアンスがある。でも、エリートスポーツでは、そういうことはしない。言葉尻にこだわりすぎかもしれないけれど、私たちはあくまでも継続的な改善を目指している。エリートスポーツとはそういうものだ。来る日も来る日も、一日中、継続的な改善について考えていなければ、成功できない」

ブレイルズフォードが指揮するチームでは、さまざまなプロセスやトレーニングの方法、計画と準備のあり方が刷新されて、目覚ましい成果が上がってきた。それを目の当たりにした部外者は、コーチとチームのイノベーション精神に感心せずにいられない。しかし、ブレイルズフォードの考え方は違う。「継続的改善をつねに実践すべきだと考えていれば、それがその人の思考の核になる。重要なことはそれだけだ」

イノベーションには、適応力が欠かせない。新しいアイデア、資源の新しい使い方、情報やデータの新しい解釈の仕方に、つねに適応していくことが求められる。しかし、適応するだけではイノベーションとは呼べず、それによって競争力は生まれない。たとえて言えば、太陽光や雨を利用するのが適応だとすれば、イノベーションは気象現象を生み出すことだと思えばいい。適応とは、ほかの人がつくり出した競争環境にうまく順応することであり、イノベーションとは、自分に有利な競争環境をつくることだ。勝利を手にするためには、適応もイノベーションもなくてはならない。しかし、目覚ましい成功を収めている企業やスポーツチームや政治家は、適応を通じてイノベーションを目指すのではなく、イノベーションを通じて適応を成し遂げている。

以上の議論は単なる言葉遊びに思えるかもしれないが、成功するイノベーションがどのようにして実現するのかを理解するうえでは意義がある。ここまでの話からわかるのは、天才的なひらめきや突飛な発想はかならずしも必要でないということだ（もちろん、ひらめきや突飛な考えがイノベーションに結びつく場合もあるだろうが）。ほとんどの場合、イノベーションを成し遂げるために必要なのは、ブレイルズフォードのように継続的改善を実行することだ。ビリー・ビーンさながらに、自分のやっていることをつねに問い直し、もっといい方法がないかと考え続ける必要がある。また、ライバルの行動に対処するのではなく、ライバルの機先を制して行動しなくてはならない。ブレイルズフォードは、こうしたアプローチを「ささやかな進歩」という言葉で表現している。

イギリスのメトロバンクのクレイグ・ドナルドソンCEOもこの精神で行動している。しかも、自分に大きな影響を与えた存在として、一度

ささやかな進歩は、自分たちの活動すべてをつねに再検討し、改善の余地がないとけっして思わないことにより、実現する。

デーブ・ブレイルズフォード
（自転車競技コーチ）

も会ったことがないブレイルズフォードの名前を挙げているうえに、ハンフリー・ウォルターズを招いてリーダーチームのコーチ役も依頼した（第3章参照）。「ささやかな進歩の精神は、イノベーションを大きなステップとみなさず、継続的改善と位置づける」と、ドナルドソンはロンドンのオフィスで私に語った。

このような発想をすると、大上段に構えて「イノベーション」という言葉を振りかざすより、とっつきやすく、達成しやすそうに思えてくる。ペニシリンの発見や電話の発明ではなく、試合のハーフタイムにユニフォームを着替えるという工夫をすることがイノベーションだとすれば、誰でもイノベーターになれる。私の考えでは、イノベーションには四つのタイプがある。以下、それぞれ見ていこう。

1型——新しいチャンスに着目するイノベーション

一つの気づきが素晴らしいアイデアを生み出し、それが市場や社会を一変させるケースは珍しくない。前章では、リチャード・ブランソンが個人的に不満を感じた経験をきっかけに、優れたイノベーションを実現した例をいくつか紹介した。たとえば、ヴァージン航空の設立は、「空の旅があまりに不快だ」という思いから始まった。

では、ブランソンを英雄のように崇めるイギリス屈指のイノベーター、チャールズ・ダンストンの場合はどうか？　携帯電話が発明された当初（そう、携帯電話は旧来の固定電話の延長線上にあるイノベーションだったが、それは「発明」と呼ぶにふさわしいものだった）、NECの社員だったダンストンは、同社製の携帯電話端末を通信会社のブリティッシュ・テレコム（現BT）やボーダフォンに売り込む業務に携わっていた。通信会社はその携帯電話を大手法人顧客向けに販売していた。

しかしあるとき、思いついた。「まともな戦略のアイデアを思いついたのは、人生を通じてこのときだけだ」と、本人は振り返る。「大企業以上に携帯電話が役に立つ人たちがいるとすれば、それは個人事業主の配管工や屋根職人だと思った。現場に電話をもっていければ、もっと仕事を受注できるからだ」。その頃、携帯電話と言えば、もっぱら都市のエリートや大企業のためのものというイメージが強かった。しかし、ダンストンはもっと大きな可能性に気づき、そのチャンスをものにした。「最初のオフィスは、一部屋のアパートに小さな音楽レーベルと同居した。社名はカーフォン・ウェアハウスにした。カーフォン（自動車電話）というのは、当時は自動車に設置する電話の販売がほとんどだったから。ウェアハウス（倉庫）というのは、アパートの半分の狭いスペースで仕事をしている小さな会社だと思われたくなかったからだ。いったんは、プロフェッショナル・セルラー・サービスという名前にする寸前までいった。でも、イブニング・スタンダード紙に広告を載せるとき、この名前はよくないと考え直し、カーフォン・ウェアハウスに落ち着いた」

この話を聞いて、ジェフ・ベゾスが小さなガレージで始めたオンライン書店がインターネット時代の超巨大企業アマゾンに成長した逸話を思い出した人も多いかもしれない。あらゆるアイデアは、最初は小さく生まれる。それを大きく育てるのは大きな野心だ。もっとも、ベゾス自身、ガレージでビジネスを始めたときは、会社がここまで大きくなるとは思っていなかっただろうが。

1型のイノベーションには、ほかの場で（おそらくまったく別の文脈で）うまくいっているアイデアを修正して採用するパターンも多い。オンライン書店は以前から存在したが、ベゾスは既存勢力より上手にそのビジネスをおこなったのだ。

イギリスの起業家マーサ・レーン・フォックスに言わせれば、イノベーションとは「すでに存在するものを修正し、市場の空白を埋めること」だ。レーン・フォックスがそのようなイノベーション精神をもっていることは、イギリスで始めた最新のビジネスを見ればよくわかる。それは「ラッキー・ボイス」というカラオケボックスチェーンだ。

そのアイデアは、どこから生まれたのか？　日本を訪れたときにカラオケボックスに案内され、客がとても楽しんでいるのを見て、「これはきっとイギリスでもうまくいく。イギリス人も歌が大好きだから」と思ったのだ。「現時点で一〇店舗を展開していて、業績もいい」と、レーン・フォックスは言う。「日本のカラオケボックスより素晴らしいものに育て上げて、いつか日本の市場にも進出したい」

2型——問題に対処するイノベーション

ダンストンとレーン・フォックスの場合は、抜け目なく「チャンス」に気づいた。一方、抜け目なく「問題」に気づくことからイノベーションが生まれる場合もある。これを2型のイノベーションと呼ぶことにする。

スポーツ界の例を紹介しよう。イングランド・ウェールズ・クリケット協会のスチュアート・ロバートソンは、クリケットの地域対抗戦の観客が減っていることに頭を悩ませていた。クリケットの試合はほぼ一日がかり。両チームが（ときには眠くなるくらい）のんびりと戦う。しかし、丸一日の試合につき合ってくれるファンは少なくなっていた。

ロバートソンは、この問題をどのように解決したのか？　長時間の試合を見てもらえないなら、試合時間を短くすればいいと考えた。こうして生まれたのが「トゥエンティ20」という時間短縮型の試合形式だった。この新しい方式なら、忙しい人も観戦に足を運びやすいし、テレビ中継も入りやすい。プロスポーツを繁栄させるうえでは、テレビ放映権収入のもつ意味は大きい。

反対意見も強かったが、このイノベーションはすぐに効果を発揮し、ファンとメディアの関心が高まりはじめた。トゥエンティ20は、たちまちほかの国にも広がり、四年も経たないうちに世界選手権も始まった。ある国でクリケットを活性化させるために生まれたイノベーションが、世界のクリケットを様変わりさせたのである。

二〇〇四年、アイルランドは、世界ではじめて職場での喫煙を禁止した。これも2型のイノベーションの一つと言えるだろう。まず、解決しなくてはならない問題があった。政府の禁煙キャンペーンの甲斐なく、たばこ関連の病気はあまり減っておらず、莫大な医療費を食い続けていたのだ。そこで、イノベーションにより、問題の解決策が考案された。それが、職場や飲食店などでの喫煙禁止だった。狙いは、たばこの魅力を減らし、喫煙を社会的に受け入れられない行為にしていくことにあった。アイルランドがこの措置を導入すると、イギリスや世界の多くの国があとに続いた。

公共政策における2型イノベーションの例としては、共用自転車システムも挙げることができる。どこでも借りてどこでも返せる自転車貸し出し制度のことだ。交通渋滞対策、環境対策、肥満対策の効果を期待され、世界に広がりつつある。二〇一一年五月には、世界の三七五都市で合計一二三万六〇〇〇台の自転車が利用されていたが、二年後には、これが五三五都市、五一万七〇〇〇台に増加した。一九六五年、オランダのアムステルダムではじめて試みられたときは、自転車の盗難が相次いで失敗に終わったが、一九七〇年代半ばには強力なモデルが確立された。本書執筆時点では、世界で最も大規模な共用自転車システムは中国の武漢市（九万台）と杭州市（六万台）だ。

3型——既存勢力の弱点につけ入るイノベーション

3型のイノベーションは、ほかの人がやっていることを見て、問題点や改善すべき点を検討し、そこからイノベーションを計画するというものだ。メトロバンクをつくったクレイグ・ドナルドソンの場合もそうだった。未来の銀行はこうあるべきだというアイデアから出発したわけではなく、既存の銀行に対する利用者の不満がイノベーションのきっかけになった。

始まりは、「適切な問いを投げかけること」だったのである。ドナルドソンはこの点でも、ブレイルズフォードやビーン、ウッドワードなど、スポーツ界のイノベーターたちから学んだ。彼が投げかけたのは、次のような問いだった。「どうして銀行は昼間しか開いていないのか？　どうして週末や夜間は営業していないのか？　どうしてカードの作成にこんなに時間がかかるのか？　どうして住宅ローンと当座預金の担当が別々の部署なのか？　どうして人間が電話に応答してくれないのか？」。メトロバンクは、既存の銀行に対する不満のトップ10を検討し、その解消策を土台に新しい銀行を築いた。そして、変化の先頭に立ち続けるために、イノベーションの継続を目指す方針を追求してきた。

イギリスのソーシャル・レンディング企業であるファンディング・サークルも、既存の金融機関の問題点に注目することによりイノベーションを成功させた。イギリスではじめて企業向けのソーシャル・レンディングを開始し、融資を受けたい中小企業と投資家をインターネット上で直接結びつけるサービスを提供したのだ。二〇一〇年八月の創業以来、毎年三倍のペースでビジネスを拡大させており、アメリカなどへの国外進出も果たした。

共同創業者のサミール・デサイによれば、金融業界の効率の悪さ、とくに中小企業が融資を受ける際にコストと時間がかかりすぎる状況を改善したいと考えたことが創業のきっかけになったという。「あらゆるものがオンラインで行き交う時代に、融資を受けるために銀行の融資担当者と時間を約束して面会し、書類を直接やり取りするなんて馬鹿げている。銀行がこんなやり方を続けてこられたのは、お金を動かせるのが銀行だけだったからだ。いまは、インターネットと私たちの信頼性の高いプラットフォームを使って、融資したい人と融資を受けたい人が互いに相手を見つけられる」

デサイが考えるイノベーションとは、「既存のやり方を検討し、その弱点や非効率な点を見つけ、それを解消するための修正を加えることにより、競争力を手にする」こと。ビリー・ビーンも顔負けの言葉だ。

ジャーナリストのアリアナ・ハフィントンが二〇〇五年にアメリカで設立したニュースサイトのハフィントン・ポストも、3型イノベーションの好例だ。新しいニュースサイトのアイデアは、既存メディアの限界を知ったことから生まれた。いままでのメディアでは、大きな変化の波に対応できないと考えたのだ。

実は、ハフィントン・ポストのイギリス版が発足した際に、イベントでスピーチをしてほしいと頼まれたとき、私はこのアイデアに懐疑的だった。アメリカではすでに成功を収めていたが、史上初のグローバルな「新聞」をつくりたいという壮大な野望は現実的でないと感じていたのだ。しかし、ハフィントンは当時のメディア環境をよく理解していた。すでに多くのメディアがオンライン版を設けてはいたが、ほとんどの場合は既存の活動のつけ足しのような存在にすぎなかった。インターネットの特性をよく考えたうえで運営されていなかったのだ。

ハフィントンは言う。「オンラインの世界が発展しているのに、新聞やテレビはそれにどのように適応し、対応すればいいかわかっていなかった。そのギャップを目にとめた私は、プラットフォームと報道機関の両方になるというアイデアを思いついた。質の高いジャーナリズムを実践するのは当然として、締め切りも紙面スペースの制約もないという、プラットフォームの面での抜本的なイノベーションを実現できる可能性があった。それにより、興味深いアイデアや情報をもっている人に発信の機会を提供できる。初期のキャッチフレーズが『世界初のインターネット新聞』だったように、私たちがさまざまな面で自分たちを新聞と位置づけていることは間違いない。けれども、紙に印刷しないので、それにともなう制約のすべてから自由でいられる」

ハフィントン・ポストは、最初から柔軟に事業をおこなってきた。インターネット時代に適応し、世界の人々のメディア利用習慣の変化に対応するためには、柔軟性が不可欠だ。私が話を聞いた時点で、ハフィントン・ポストの月間のユニークビジター数は九五〇〇万人。すでに一一カ国に進出し、進出先をさらに増やそうとしていた。買収金額三億一五〇〇万ドルでオンラインサービス大手のAOL傘下に入ることも決まっていた（訳注／二〇一六年、ハフィントンが編集長を退任。二〇一七年には、ハフィントン・ポストが「ハフポスト」に改称された）。

4型——マインドセットとしてのイノベーション

4型イノベーションは、一つの大きな変化を起こしたり、ライバルの行動を参考に考えたりするのではなく、つねにみずからの活動を問い直し、どうすればそれを改善できるかを考え続けるというものだ。クライブ・ウッドワードの表現を借りれば、「一〇〇項目をそれぞれ一%ずつ改善する」ことを目指す。オーストラリアのホッケー指導者リック・チャールズワースは、この精神の下、試合が終わるたびに、「ちょっとした進歩」を遂げた選手に「一%アワード」を授与している。

デーブ・ブレイルズフォード率いる自転車競技イギリス代表チームと自転車ロードレースチーム「チーム・スカイ」は、このタイプのイノベーションを得意としてきた。ブレイルズフォードはそれを実践するために、大きな問題も小さな問題もひっくるめて、ありとあらゆる問いを発する。選手がいちばんよく寝られる枕の種類とサイズを調べ、レースで宿泊するホテルすべてに持ち込んだりもしている。チーム・スカイの場合は、枕だけでなく、選手のお気に入りのマットレスまで用意する。合法的に選手のパフォーマンスを高められる可能性があれば、あらゆる問いを発し、その問いに対する答えを探すのだ。

イギリス代表チームでは、スポーツ科学者のマット・パーカーが「ささやかな進歩《マージナル・ゲインズ》ディレクター」という肩書きで知られていたが、チーム・スカイで右腕のフラン・ミラーは「勝利への行動《ウィニング・ビヘイビアーズ》ディレクター」という肩書きを与えられている。スタッフの名刺にも、勝利とイノベーションを重んじるマインドセットがしっかり反映されているのである。

イギリス代表チームが成し遂げたもう一つのイノベーションは、「秘密諜報部員《シークレット・スクイレル》クラブ」だ。どうすれば、自転車レースでスピードを上げられるのか?——ブレイルズフォードとチームの面々がこの単純で本質的な問いに答えるのを助ける専門家チームである。チームを構成するのは、自転車競技の関係者ではなく、航空宇宙、自動車、素材・繊維などの専門家たちだ。エンジニア、ものづくりのエキスパート、科学者、大学教員といった面々を呼び集めた。

この専門家チームが空気力学と選手のパフォーマンスについて徹底的に調査した結果、イギリス代表チームは二〇〇八年の北京五輪前に大きな変革を断行した。それまでの常識によれば、最も速くレーストラックを一周するためには、できるだけ内側を走るべきだとされてきた。それが最短距離だからだ。当然のことに思える。実際、個人のレースではそのとおりだ。この点は、当時はもとより、現在も変わっていない。しかし、秘密諜報部員クラブの研究によれば、男子の団体追い抜き競技の場合は事情が違った。

この競技では、一チーム四人で試合に臨み、交替で先頭を務めながら走る。順序を入れ替わる際は、選手が傾斜したコースの上で加速したり、減速したりしなくてはならない。この場合、最内のコースから少し離れた場所を走るほうがいいとわかったのだ。「私たちは問いを発し、それに答えることを通じて、それまでの思い込みが間違っていたことに気づいた。そのおかげで、勝利に向けて重要な修正をおこなうことができた」と、パーカーは振り返る。

北京五輪の前にブレイルズフォードとパーカーが専門家たちに投げかけた問いは、選手がレース直前に着用する「ホットなパンツ」も生み出した。バッテリーを使って温かくできるパンツである。パーカーは言う。「私たちが尋ねた問いはこうだ。『生理面で最良のスタートを切るためには、どのくらいの温度が最も好ましいのか？　筋肉を温めるのに最適な温度はどれくらいか？』。専門家たちは調査をおこない、最適な温度は四〇度だと突き止めた。それに基づいて、私たちはデザイナーや研究者や科学者の力を借りて、新しい道具を開発した。これは、私たちのイノベーション手法が生み出した大きな成果だと思う」。一つひとつのイノベーションは大革命とは言えないかもしれないが、すべてが合わさると非常に大きな威力を発揮したのだ。

リーダーシップおよび戦略と一体化させる

自転車競技のイギリス代表チームが取り組んだテーマは、レースの戦略に始まり、自転車のデザイン、選手の枕にいたるまで、きわめて多岐にわたった。活動の方向性が曖昧なチームだったら、落とし穴にはまっていたかもしれない。改善の機会になるどころか、統制が取れなくなり、無意味な行動にあれこれ手を広げていても不思議でなかった。

いまよりもっと頑張ろうとする組織は、十分な検討なしに「イノベーション作戦」に乗り出すケースがあまりに多い。いくつもの小さなグループが別々にイノベーションを目指し、関心と予算の争奪戦を繰り広げ、互いの足を引っ張り合う結果になる。

スーパーマーケットチェーン、セインズベリーズのCEOを務めたジャスティン・キングは、こうした状況を「泥を投げつけ合うイノベーション」という言葉で表現する。「重要なのは、なんでもいいから試みることではない。自分がなにを達成しようとしているかを知っておく必要がある。イノベーションに失敗したときにどのような態度を取るかを見れば、その人が本気でイノベーションを目指していたのかがはっきりわかる」。キングは、「成功したときに祝福すること、成功した人に報いること、そして、失敗した場合にその経験から学び、同じ失敗を二度と繰り返さないこと」という三つの原則を土台にイノベーションの文化を築こうとしたと言っている。

「ささやかな進歩」を目指すときは、なにを改善したいかをはっきりさせ、それと全体的な目標および戦略との関係を明確にする必要がある。漠然と「改善したい」と唱え続けるだけではうまくいかない。イノベーションを目指す取り組みには明確性が不可欠だと、マット・パーカーは言う。「単にラグビーのワールドカップで優勝したいとか、ツール・ド・フランスで優勝したいというだけでは、漠然としすぎていてイノベーションを起こせない。測定してコントロールできる下位目標を明確化させるべきだ。この点は重要なことだが、忘れられている場合が多い。私たちは自転車トラック競技で世界を制したいと考えたとき、空気力学で世界のトップに立つ必要があると理解していた。これは明確で測定可能なゴールだ。私たちは、その具体的な達成目標に向けてイノベーションに取り組むことができた。どのような数字を目指すべきかが明らかになれば、それを達成するために、新旧のどのようなツールを活用すべきかを考えることができる」

私の友人である精神科医のナシア・ガミーによれば、イノベーション精神に富んだ人はたいてい、ほかの人たちと行動の仕方がやや違う。自分に対して強い自負があり、挫折を味わったときにくじけずに前に進み続けられる。この点は非常に大きな意味をもつ。成功を手にするまでには、失敗を経験することが避けられないからだ。

イギリスのコンサルティング会社センス・ワールドワイドは、大手の老舗企業など、一見すると保守的な企業を多く顧客にもっている。しかし、戦略責任者のブライアン・ミラーいわく、同社では「奇人変人や子ども、隅に追いやられている人の考えていることを知ろうとしている」という。マーサ・レーン・フォックスは、イノベーションと失敗が切っても切れない関係にあることを率

成功したときに祝福すること、
成功した人に報いること、そして、
失敗した場合にその経験から学び、
同じ失敗を二度と繰り返さないこと。

ジャスティン・キング
（セインズベリーズの元CEO）

直に認めている。「大きなことを成し遂げたいイノベーターは、失敗を覚悟しておかなくてはならない。私もさんざん失敗してきた。ぜったいに支援すべきでなかったベンチャーを支援してしまったこともあった。全社員の給料の金額と解雇予定者の名前を記したリストをうっかり全社宛ての電子メールで送信してしまったこともある」。しかし、レーン・フォックスは、そういうときも目を見張るほどの強靱さを見せてきた。「失敗してもいい。重要なのは、同じ失敗を繰り返さないこと。手痛い経験からすぐに学び、前に進まなくてはならない。失敗するのが怖いからといって、イノベーションのための新しいアイデアを考えることをやめてはならない」

このような自負心と芯の強さをもつイノベーターたちは高い適応力を発揮するが、そういう人と一緒に働くのは、簡単な場合ばかりではない。もちろん、イノベーションの旗振り役が組織を動かす立場にあるときは、その人物の視点と発想が組織のあり方を形づくることになる。「私は底抜けの楽観主義者だ。実現不能なアイデアなんてないと思う。アイデアはきっと実を結ぶと信じている。それに、私は飛び切り執念深い人間でもある」と語るチャールズ・ダンストンの場合もそうだ。しかし、イノベーターがチームのメンバーの一人である場合は、その人物の役割と課題を明確にしておく必要がある。

目指す方向性をはっきり認識しながらイノベーションを実行している人物としては、サッカーのアレックス・ファーガソンを挙げることができる。ファーガソンは、揺るぎない信念と原則をもっているが、自分の基本姿勢と衝突したり、それを覆したりしなければ、新しい考え方をつねに受け入れる。

以前、スポーツ科学に基づいてトレーニングメニューを決めてはどうかとチームドクターから提案されたときは、すぐにその利点に納得した。提案をはねつけたりはせず、具体的なアイデアを聞きたがり、それが選手に恩恵をもたらすという「説得力ある」証拠を示すよう求めた。「私にしては珍しいことだった」と、ファーガソンは振り返る。「私は実践を通じて学んでいくほうだから。でも、選手のパフォーマンスを一％でも向上させられるアイデアがあれば、それを採用する」

二〇〇八年のアメリカ大統領選におけるバラク・オバマ陣営は、革新的な世論調査・データ分析技術を用い、それが目覚ましい効果を上げて勝利した。このときのオバマも、ファーガソンのようにしっかりと指揮官役を務めた。オバマがどのくらいテクノロジーに精通していたかは定かでないが、組織のほかの活動と同様に、イノベーションにもリーダーシップが必要だと理解していた。目の前の課題について専門知識をもっていないとしても、リーダーの主導的な役割が求められる。

イノベーションを組織の脇役にしてしまえば、ほぼ間違いなく失敗が待っている。オバマの選対本部長を務めたデーヴィッド・プルーフによれば、この年のライバル候補たちは、オンライン上の活動をほかの要素と切り離す傾向があったという。民主党内のライバルだったヒラリー・クリントンの陣営は「昔ながらの組織体制を採用し、オンライン部門は『どこかそのへんにある』という程度の扱いだった。部署の垣根を越えてオンライン上の活動を推進しようとする幹部はいなかった」。部署の垣根を越えなくても、新しい手法を従来のやり方に付け足すだけでうまくいくと高をくくっていたのだ。プルーフに言わせれば、オバマが民主党の候補者指名レースを勝ち抜けたのは、こうしたクリントン陣営の失態のおかげだった。そして、共和党のジョン・マケインと戦った本選挙でも、同じことが追い風になったと、プルーフは言っている。

そして忘れてはならないのは、すべては戦略で決まるということだ。最初にしっかりした戦略をもっていなければ、イノベーションがうまく進まず、自滅しかねない。自転車競技のイギリス代表チームが数々の「ささやかな改善」を成功させられたのは、個々の改善が互いにどのような関係にあり、全体としてなにを目指しているかを、メンバーが理解していたからだ。戦略は、チームで推し進める必要がある。戦略を土台とするイノベーションにも、チームでの取り組みが不可欠だ。

ショナ・ブラウンとキャスリーン・アイゼンハートが「継続的変化の技法」と題した論文で指摘しているように、イノベーションを実行できる組織は、混沌の一歩手前に身を置き、つねに現在と未来の間のバランスを取っている。このような状況では、プロセスのマネジメントとメンバーのマネジメントは容易でない。イノベーションを目指す人は、ひっきりなしの変化を経験しつつも、自分たちがなにを目指していて、どのようにしてその目標を達成するつもりなのかを明確に理解しておく必要がある。秩序と無秩序を併せ持つことが求められるのだ。逆境と変化と目標をマネジメントしなくてはならない。イノベーションはマネジメントのプロセスなのである。

チームと一体化させる

イノベーションを推進しようとすれば、組織やチームの中で摩擦が生じることがほぼ避けられない。リスクをともなう変革より、安全な現状維持を好むのが人間の性だ。経験豊富で組織内の地位が高い人はとくに、新しい発想に対して懐疑的になりやすい。専門知識は、このように両刃の剣という性格をもつ。三〇年間にわたって誤ったやり方を続けてきた経験は、誰にも恩恵をもたらさない。経験を必要としない組織はないが、経験はときに人々の視野を狭めてしまう。専門分野を十分にマスターしたと思い込む結果、新しい考え方を無視していいと思うようになる場合がある。そうなると、既成観念から飛び出す思考ができなくなり、画期的なアイデアに到達できなくなる。

歴史を振り返れば、素晴らしいアイデアが「専門家」たちに嘲笑されたケースは枚挙にいとまがない。ツイッターが成功しているのは、いまでは当然のことに思えるが、共同創業者のビズ・ストーンとジャック・ドーシーがオデオ社のワークショップでアイデアを披露したときは酷評された。「おおむね、反応はよくなかった。シンプルすぎる――要するに、それが問題だということだった」と、ストーンは言う。

「ぼくたちの小さなチームには欠点や弱点もたくさんあったけれど、誕生してはじめて、こんなサービスが欲しかったと人々が気づくようなサービスを生み出したいと思っていた」と、ストーンは著書『ツイッターで学んだいちばん大切なこと』(邦訳・早川書房)で書いている。見事なイノベーション思考だ。実際、ストーンはこの著書を「クリエイティブな思考の持ち主の告白」と銘打っている。

「チャンスは、自分でつくり出すもの」と、ストーンは述べている。ビジネスの起業にせよ、社会起業にせよ、そのほかの変革にせよ、起業家的に行動したければ、「変化を起こすためには、まず変化を起こそうと決意しなくてはならない」と思うことが必要だ。イノベーションを実行したいなら、これまでと異なる考え方をし、新たな問いを発し、新たな答えを見いださなくてはならない。運任せの考え方を捨て、チャンスは自分でつかみ取るものという考え方に転換するべきだ。

投資銀行大手ゴールドマン・サックスの資産運用部門(調査と正しい問いに重きを置く組織だ)を統括していたジム・オニールは、その気になれば、世界でもトップレベルの頭脳と学歴の持ち主をスタッフに採用できただろう。しかし、そうはしなかった。「典型的な金融業界のキャリアを歩んでおらず、ほかの金融機関で働いたことのない人物を好んだ。そういう場で働いていると、型にはまりやすいから」

この点を理解しているからこそ、傑出したチームを率いる強力なリーダーたちは、外部に新しいアイデアを求める場合が多い。そうした行動を取れるだけの自信をもっているのだ。スポーツ界の実例をいくつか挙げると、ラグビーのイングランド代表チームを率いたクライブ・ウッドワードは、ラグビーの専門家にはほど遠いハンフリー・ウォルターズを迎え、自転車競技のイギリス代表チームと自転車ロードレースチーム「チーム・スカイ」を率いたデーブ・ブレイルズフォードは、精神科医のスティーブ・ピーターズと、水泳のコーチだったティム・ケリソンを招聘した。大リーグのオークランド・アスレチックスでGMを務めたビリー・ビーンは、ハーバード大学で経済学を専攻したポール・デポデスタをGM補佐に起用した。

これらの成功例からわかるのは、その分野で長い経験を積んでいない人でも成果を上げられるということだ。むしろ、専門知識のない分野のほうが好結果を生み出せるのかもしれない。先入観にとらわれず、すべてを新鮮な目で見られる可能性があるからだ。

二〇〇九年のチーム・スカイ発足前にチームに加わったケリソンは、最初の一年間、現場で基本的な問い（「どうしてそうするのですか?」といった問いだ）を発し続けた。選手、コーチ、ソワニエ（選手の身のまわりのサポート役）、メカニック、スポーツ科学者、栄養士など、パフォーマンスに影響を及ぼす可能性のある人たちに片端から問いをぶつけた。

「自転車以外の分野から人材を登用することのメリットは、生理学やトップア

チャンスは、自分でつくり出すもの。

ビズ・ストーン

（ツイッター共同創業者）

スリートのサポートに関する専門知識に基づいて、自転車競技の世界やチーム内に深く根を張っている思い込みにことごとく疑問を投げかけてもらえることだ」と、ブレイルズフォードは言う。「思い込みのなかには正しいものもあるだろうが、単に習慣化しているにすぎず、部外者の目で見るとまったく理屈に合わない場合もある。問題にぶつかったときは、それまで誰もアプローチしていなかった角度から問題を考える必要がある」

ブレイルズフォードによれば、ほかのチームは、ものごとのやり方が型にはまっている場合が多い。「たいてい、元選手がマネジメントやコーチ、サポートなどの仕事に就いている。そうした人たちは、一つのやり方、つまり自分がうまくいったやり方しか経験していない。みずからの特殊な経験以外を知らず、状況が違ってもその視点で考えてしまう危険がある。スティーブ・ピーターズは、選手の心理について考えるためのまったく新しい視点を、ティム・ケリソンは、私たちが用いていたシステムを再検討するための新しい視点をもたらした。目が覚めるほど鋭くて新鮮な分析を披露してくれた」

どうして、新しいアイデアを学んで、それを自分に生かそうとしない人がいるのか理解できないと、ブレイルズフォードは言う。「新しいアイデアは刺激を与えてくれる。毎年、スポーツのリーダー数人が集まって話をする機会がある。自転車やラグビー、NFL（アメリカン・フットボール）、NBA（バスケットボール）、F1（自動車）など、さまざまなスポーツのリーダーが集まる。そのとき、私は大量にメモを取る。人はいつになっても学ぶことができる。学んだことを自分の環境に取り入れようという意識をもっている人は、それが大きな強みになる」。私がはじめてビリー・ビーンと会ったのも、そのような場だった。そのとき、ビーンはアーセン・ヴェンゲルと会話し、選手の移籍市場におけるデータの役割について、そしてモチベーションや経験など人間的な要素をどのように評価すべきかについて意見を交わしていた。

陸上中距離選手だったセバスチャン・コーは、父親のピーターがコーチだった。これも先入観のない人物を信頼した例と言える。エンジニアだったピーターは独学で生理学を学んでいたが、アスリートのコーチを務めた経験はなく、みずからがアスリートだったわけでもなかった。それでもセバスチャンは、その点を強みと考えていた。「父には、ほかの大半のコーチがもっていない大きな強みがあった。陸上競技のコーチは、ほぼ例外なく元ランナーだ。父はそのようなコーチたちと異なり、ランナーのパフォーマンスの限界についての思い込みを安易に信じなかった。根拠なしにものごとを軽んじることはなかった半面、金科玉条のように信じられている固定観念や迷信の類いは容赦なく切って捨てた。科学的に理屈に合わない考え方は、ゴミ箱行きだった」

ジャンルの垣根を越えたアイデアの「交配」の例としては、ある学校の事例が刺激的だ。舞台は、イングランド東部のエセックス州ハーロウにある中等学校パスモアズ・アカデミー。公共テレビ局「チャンネル4」の番組『エデュケイティング・エセックス』で有名になった学校だ。ヴィク・ゴダード校長は学校のウェブサイトで、ブレイルズフォードの「ささやかな改善」の精神を学校の基本指針にしていると述べている。そして、イノベーションに乗り出す前に、しっかりした枠組みを確立すべきだと考えているという（ブレイルズフォードの表現を借りれば、「活動の中核が破綻しかけているときに、些末なイノベーションをしても意味がない」からだ）。

ゴダードは学校でイノベーションを推進するにあたり、スタッフに基本的な骨組みを示した（「七部構成の授業をおこなうことを求めている」とのことだ）。そのうえで、テストの成績に関して高い目標を課した（「私たちが期待しなければ、生徒たちはみずからに期待しなくなる」）。そしてそのあと、懐疑的な人たちを説得していった。

ゴダードは「放熱器と吸熱器」という言葉を使う。「放熱器とは、周囲にエネルギーを与える人のこと、吸熱器とは、周囲のエネルギーを奪う人のこと」だ。頑なに持論を曲げない人たちは躊躇なくやめさせたが、懐疑的だが有能な人たちは学校にとどめた。そうのような教員の一人には、改革案をみんなに示す前に、意見を聞かせてもらっていた（「アドバイスが欲しい。感触を聞かせてほしいんだ」と頼んだ）。この人物の賛成を取りつけてはじめて、それを説得材料にしてほかのスタッフを取り込んでいった。

ゴダードがとりわけ誇りに思っている「ささやかな改善」の一つは、学校の敷地の中央部にあるトイレに関するものだ。生徒たちに学校の最も嫌なことを尋ねたところ、トイレを挙げた生徒が大勢いた。それにショックを受けたゴダードは、新しいトイレをつくることにした。設計には、生徒たちの意見も取り入れた。新トイレが完成すると、いじめや喧嘩が大幅に減少したという。

もちろん、異分野から学ぶことに前向きな分野ばかりではない。たとえば、政治に関わったビジネス関係者は、激しい苛立ちと敗北感を味わう場合が多い（ただし例外はある。セインズベリーズのデーヴィッド・セインズベリー元会長は、科学・イノベーション担当閣外相を務めたとき、見事な仕事ぶりを見せた。勝手知ったビジネス界におけるイノベーションの経験を、知らないことだらけの政治の世界にうまく生かしたのだ）。

ビジネス界にも、異分野の力を借りることを嫌い、懐疑的な態度を取るケースがある。それでも、昔に比べればだいぶオープンな姿勢の持ち主が増えているようだ。セインズベリーズのCEOを務めたジャスティン・キングはスポーツ界から学ぼうとし、メトロバンクのようにハンフリー・ウォルターズの力を借りた。キングはこうも語っている。「セインズベリーズでは、軍出身者向けの採用制度を用意し、そのような経歴をもつ社員を短期間で店長に登用するための特別プログラムも設けていた。異分野出身者の専門知識を生かすことが狙いだった」

イノベーション指向の文化を築く

多くのチームでは、イノベーションを妨げる力も強い。変化を恐れる人や変化に懐疑的な人もいるし、専門知識があるために、提案されているイノベーションに疑念をもつ人もいる。そうした人たちの存在は無視できない。

世界最大のチケット売買マーケット「ビアゴーゴー」を創業したアメリカの起業家、エリック・ベーカー（強硬な右派としても有名な人物だ）は、人間の集団がたどる過程を二段階にわけて説明する。最初の段階はスポーツに似ている。「スポーツのいいところは、結果がはっきりすることだ」と、ベーカーは言う。「数時間戦うと、勝ちか負けか、あるいは引き分けかが決まる。いたってシンプルだ。イノベーションに取り組むときは、『ぜったい勝つぞ』という思いをもたなくてはならない。球技の試合に臨むように、イノベーションに取り組む必要がある」

しかし、やがてチームが確立されると、スポーツよりも政治の世界に似てくる。「人々を説得し、自分の考え方に共鳴してもらわなくてはならない。しかも、政治家が選挙に勝った瞬間、次の選挙に向けた運動を始めるのと同じように、そうした活動を休みなく続ける必要がある。ここで重要になるのは、コミュニケーション能力だ。メッセージはシンプルなほうがいい。（バラク・オバマが二〇〇八年のアメリカ大統領選で連呼した）『イエス・ウィ・キャン』『チェンジ、チェンジ、チェンジ』がそのいい例だ。人々に、なにがどのように『チェンジ』すると思うのかと尋ねれば、よくわからないという答えが返ってくるのかもしれない。それでも、『あの男の言葉の響きがいい。メッセージをきっぱり伝えている』と思わせることができれば、それでいい」

ブレイルズフォードは、新しいアイデアをメンバーに受け入れさせることができれば、マネジメントとリーダーシップのあり方が大きく変わると指摘する。「まず、達成したい目標をメンバーに支持させ、それをどのように達成するつもりかを説明する必要がある。そうすることにより、適切なツールと方法論を与えれば、一人ひとりが自分で考えて、アイデアを生み出せるようになる。メンバーは主体的に行動し、指図されなくても変化を推進しはじめる」

本当に難しいのは、イノベーションのマネジメント、すなわち、ある目的に向けた継続的な改善を後押しする文化と条件をつくりだすことだ。マット・パーカーは言う。「ラグビーでは、戦い方を決める過程に選手たちが関与していなければ、コーチがくどくど説明しても意味がない。検討の過程に参加していれば、選手たちは、なぜ変化が必要なのかを理解し、変化を受け入れる可能性が高まる。競技スポーツの場合、適切な環境でアスリートを戦略決定の過程に参加させれば、たいてい好ましい結果になる。こうしたことを実践するためには、それに適した文化をもち、コーチが勇気をもって選手に任せる必要がある」

クライブ・ウッドワードも同様のことを述べている。ある行動が必要とされる理由を選手に理解させることの効果を実感していて、ラグビー以外のスポーツではそれがあまり実践されていないと感じているのだ。「率直に言って、サッカーの現場では驚かされるときが多い。選手が戦い方の決定過程に参加せず、大人しく指示を聞くだけのケースがあまりに多い」

ブレイルズフォードは、新たに採用しようとしているアイデアについて熱っぽく語った。「レースの現場に身を置いて、チームがバスで各地を転戦しているときにソワニエやメカニックや選手がなにを感じているかを知ること――それが私にとって重要なのだと気づいた。そこで、バスの後部にアイデア箱を設置し、誰でも改善案を提案できるようにしようと思っている。大きなことでも小さなことでも、どんなアイデアでも提案してほしい」。一見すると馬鹿げたアイデアだったとしても無視しないと、ブレイルズフォードは言う。ただし、成果を生まないアイデアに時間を浪費しないように、アイデアをふるいにかけるプロセスを確立したいとのことだ。

「イノベーションを目指すなら、自分の領域の外を知る必要がある。その意味で提案はつねに歓迎すべきだ。アイデアを提案するという行為の価値は、それがどんなアイデアだろうと同等に評価する必要がある」。ブレイルズフォードは、この方針をメンバーに信じさせるうえで重要なことを指摘している。「アイデアを提案してほしいなら、採用しない場合も真剣に受け止めている気持ちを心から表現しなくてはならない。二週間返事せずに放置すれば、提案者への敬意を欠き、組織の文化を損なう。イノベーション指向の文化をもつ組織では、誰が次の有望なアイデアを思いついても不思議はないのだと理解する必要がある」

ニュージャージー州立ラトガース大学ビジネススクールのデボラ・ドゥアティ教授（経営学）が言うように、「官僚体質ではなく……イノベーションのための組織を築くことを基本とする」必要がある。イノベーションを成し遂げたければ、イノベーションを実行することを選択すべきだ。イノベーションを核に据えた組織をつくらなくてはならない。イノベーションをほかの活動から切り離し、担当者だけが実行するものと位置づけることは避けるべきだ。「イノベーションを目指すためには、誰もがイノベーションを実行するように促すべきだと思う」と、アリアナ・ハフィントンも述べている。「アイデアは、誰の提案でも歓迎している。私のアイデアでもいいし、インターンのアイデアでもかまわない」。学生ブロガー・プログラムやメンタリング制度、スタッフ向けのプログラミング教育などの取り組みは、社内の地位が低い人物のアイデアを形にしたものだ。

イノベーションに終わりはない

「私たちのスローガンの一つは、『世界があっちに進んでいるときは、こっちに進め』というものだ」と、チャールズ・ダンストンは言う。「いつもほかの人の逆をやろうとしている」。世界がつねに変わり続ける時代には、「もうやるべきことはない」などという状況はまずありえない。

問題は、イノベーションの成果を長く「独り占め」できるケースがほとんどないことだ。ライバルにたちまち模倣されたり、追い越されたりして、すぐに優位は失われてしまう。ジョゼ・モウリーニョも言っているように、スポーツの世界に「新しいアイデアの著作権は存在しない」。成功するためには、トレンドを察知して変化の先を行くことが不可欠だ。

「いまの時代は、テレビで多くのことが映し出されるし、テクノロジーも進歩している。誰もがあらゆる人のあらゆることを知っている」と、モウリーニョは言う。「誰かが新しいアイデアを生み出せば、誰もがそれを知る。左足が利き足の選手を右に、右足が利き足の選手を左に使うというアイデアが登場したとき、そのアイデアが著作権で守られることはなかった。コーナーキック時のゾーン・ディフェンスというアイデアも同様だった。誰かが新しいアイデアを考案すれば、誰もがそれを採用しはじめる。だから、つねにイノベーションを続けなくてはならない。どこで変化が起きているかをいつも考えている必要がある」

劇的な前進にせよ、段階的な前進にせよ、休みなく前に進み続けなくてはならない。ほかの人のやっていることを模倣するだけでは不十分だ。このやり方では、せいぜい一時的にライバルに肩を並べられるだけで、ライバルの前に出ることはできない。どの分野で活動するにせよ、進化の歩みを止めてはならないのだ。

二〇一四年のサッカーのワールドカップは、自己満足と疲弊によりイノベーションをやめてしまうことの危険性を浮き彫りにした。それまで六年間、世界のサッカー界に君臨してきたのはスペインだった。多くの国がスペイン・モデルを模倣しようとした。攻撃面と守備面の効果を期待して、ボールを奪われないようにパスを回し、ボール・ポゼッションを重んじる戦い方だ。しかし、スペイン・モデルを採用していた国は、スペインを含めて成績が低迷しはじめていた。それに代わり、もっとオープンでダイナミックなカウンター・サッカーを追求していたドイツが台頭し、二〇一四年のワールドカップで優勝を果たした。

この大会の結果を受けて、安易にドイツ・モデルを模倣する国が出てくるに違いない。しかし、強い国は、模倣者を置き去りにして前進することをやめず、変化に適応し、イノベーションを続ける。そして、代表チームの戦略と国内リーグにおける主流の戦略を一致させようと心を砕く。

世界があっちに進んでいるときは、こっちに進め。

チャールズ・ダンストン
（カーフォン・ウェアハウス創業者）

政治の世界でも、お粗末な模倣が悪い結果を招くケースは多い。デーヴィッド・キャメロンがイギリスの首相として露呈した弱さは、トニー・ブレアの手法をまねしようとしたことも一因だったのだろう。ブレア率いる「ニュー・レイバー」が成功した最大の要因は、コミュニケーションではなく、政策と戦略、そして変革の取り組みだったのに、それを理解していなかったようだ（ブレア政権でコミュニケーションを担当していた私としては、個人的な願望も込めて、同政権のコミュニケーションが優れていたと思ってはいるが）。

ビジネス界でも、模倣が大失敗につながったケースは数知れない。ヴァージン・グループがコカ・コーラに戦いを挑んで敗れたことはすでに述べたとおりだが、コカ・コーラに戦いを挑んだのはライバル企業だけではなかった。一九八〇年代に、コカ・コーラ社がコカ・コーラの――世界で最も愛されていて、最も人気のあったソフトドリンクの――味を変更し、「ニュー・コーク」と銘打って売り出したことがあった。ニュー・コークは愛好者の猛反発を受け、約五〇万件の苦情が寄せられたという。結局、同社はコーラの味を元に戻すことになった。

一方、スペインのインディテックス社は、ライバルを模倣しないことにより目覚ましい成功を実現している。同社は広告の効果を信じておらず、広告をほとんどおこなわないが、世界最大のファッション小売企業の地位を築いている。同社は主力ブランドの「ザラ」で年間一万八〇〇〇件、そのほかの七つのブランドで合計一万二〇〇〇件のデザイン変更をおこなっている。これにより、あまり人前に出ない創業者のアマンシオ・オルテガは世界三位の大富豪になった。資産額は、フォー

イノベーションとは、自分をけっして完成品とみなさないこと。

アリアナ・ハフィントン

（ハフィントン・ポスト創業者）

ブス誌によれば六四〇億ドルに達するという。

「私たちのビジネスモデルは、旧来型のモデルの正反対」だと、同社のパブロ・イスラ会長兼CEOは、フィナンシャル・タイムズ紙に語っている。「既存の企業のようにシーズンのずっと前にコレクションをデザインして、消費者がそれを気に入ることを期待するというやり方ではなく、消費者の嗜好を把握して、それに合わせて洋服をデザインしている」

この一〇年以上、同社は毎日一店のペースで世界のどこかに新店舗をオープンさせている。本書執筆時点で世界の八八カ国に六四〇〇店を展開し、実店舗だけで年間九億点を超す商品を販売している（このほかに、オンライン経由の売り上げがある）。ビジネスの規模では、同業大手のギャップも追い抜いた。この大躍進を可能にしたのは、消費者のニーズを把握してからデザインをおこない、しかもそのプロセスを非常に素早く実行するという、きわめてシンプルなイノベーションだった。

イノベーションを推進できるマインドセットの持ち主は、ものごとが永遠に変わらないとは考えず、おそらくすべてが変わることを前提にしている。そして、変化のリズムを最も的確に把握し、それに最も的確に適応できた人物が勝者になるという考えの下、変化に振り回されず、変化を主導しようとする。それを実践するためには、イノベーションの土台を築き、新しい思考を実践し、リスクのある行動に踏み出し、失敗を覚悟して行動しなくてはならない。また、重圧と逆境に対処し、ときには複雑なイノベーションのプロセスにも対処する必要もある。

アリアナ・ハフィントンはこう述べている。「イノベーションとは、自分をけっして完成品とみなさないこと。自分をつねに発展途上と認識しなくてはならない。いままでの活動のあり方を土台から揺さぶり、それをどのように改善できるかを考える。自分自身を激しく揺さぶる必要がある」

第13章 データ

科学的知識の土台はデータだ。データや科学に基づいているというだけの理由で助言を鵜呑みにすべきではないが、データや科学を毛嫌いするあまり、その助言を拒絶すべきでもない。科学や科学者は傲慢と思われがちだが、知識はほかのなによりも重要だ。

――**ブライアン・コックス**（イギリスの物理学者）

事実を正しく認識することの難しさ

その人物は、ある文書の真贋を鑑定しようとしていた。判断材料はたっぷりあった。六〇巻もの手書きの文書に加えて、膨大な量の書簡やメモ、注釈、報告書などもそろっていた。結論に到達する方法はいくつもあった。筆跡を精査し、本物と同じかを調べてもいい。文書の内容を分析し、書き手について知られている事実に照らして正確性と信憑性を検証してもいい。一連の文書のなかに互いに矛盾するものがないか、場違いなものが含まれていないかを点検してもいいし、文書が発見された経緯について尋ね、話のつじつまが合うかを考えてもいい。

この人物は、以上のことをすべて試してみた。一時間ほど費やして、本物であることの裏づけになる要素と、偽造であると示唆する要素を検討し、結論をくだした。文書は紛れもない本物であり、計り知れない歴史的価値があると述べたのだ。

残念ながら、この見立ては完全に間違っていた。その文書はそれまで見落とされていた貴重な史料ではなく、ヒトラーの日記の偽装品だったのである。いくつかの文書は、鑑定作業にあたった歴史学者のダクレ卿が目を通す数カ月前に書かれたものだった。

情報を集めることは比較的単純な作業だ。とりわけインターネットにより膨大な量の情報が生成・貯蔵されるようになって、それはますます容易になった。成功を収めるためにはデータを集めることが不可欠だが、情報をどのように処理し、どのような落とし穴を避けるべきかを知っておくことも、同じくらい重要だ。

ヒトラーの偽日記でダクレ卿が犯したミスは、私たちにも教訓を与えてくれる。第一に鑑定の依頼主はその文書を入手するために莫大な金額を支払っており、明確な結論を短時間でくだすようプレッシャーをかけてきた。そのような状況下で、ダクレ卿は一時間足らずで結論を導き出した。明らかに、もっと時間をかけて、何日も、あるいは何週間も費やしてでも、証拠を詳しく検討すべきだった。第二に、文書の量があまりに多かったことに判断を惑わされた面もあった。これほど大量の文書を偽装するような危険を冒す人はいないだろうと、決めてかかっていたのだ。

第三に、本物らしく見える文書が多かったため、おかしい点のある文書を見ても不整合に気づかず、自分の直感を裏づける証拠だけを信じてしまった。文書が偽造品だと結論づけられたあと、ダクレ卿は思い出したことがあった。鑑定したときに見た文書のなかに、「ヒトラーからの手紙」が含まれていた。落ち着いて考えれば、そこにこの手紙があるのは不自然だ。ヒトラーが書いた手紙は、受取人の手元に残っているのが普通だからだ。しかし、ダクレ卿はこの点に気づいたのに、頭の中の警報ブザーが十分に激しく鳴り響かなかったのだ。

これは確証バイアスの典型例だ。このときダクレ卿は、ほかの多くの人が望み、みずからも期待していたとおりに、ものごとを見てしまったのだ。

確証バイアスは、少数派の意見を補強する形で作用する場合もある。イギリスの物理学者でテレビの科学番組の司会者も務めるブライアン・コックスは、確証バイアスの例として、MMRワクチン（麻疹、おたふく風邪、風疹の三種混合ワクチン）の安全性をめぐる論争を挙げている。圧倒的大多数の専門家の意見に反して、アンドリュー・ウェイクフィールドという研究者と一部メディアがMMRワクチンと自閉症を関連づける主張を展開したことがあった。このとき、ワクチンの危険性を信じた人たちは、確証バイアスに陥っていたというのだ。最近の地球温暖化に関する議論でも確証バイアスが目立つと、コックスは言う。温暖化否定派は、自分たちが最初から決めている結論を補強するようなデータしか目に入っていない。

人間はこの落とし穴にはまりやすい。「自分の視点に沿ったバイアスにより判断を左右されないためには、自分の頭脳を容赦なく鍛えなくてはならない。統計学の原則にすべて従うように気をつけ、事実を曲げて見ようとする欲求を抑え込む必要がある」。コックスによれば、入手できるデータが増えるほど、誤った解釈が生まれる危険も大きくなる。「手に入るデータが多くなれば、自分の認識に合致するデータを見つけやすくなる。警戒を忘れてはならない。素粒子物理学ではつねに、この落とし穴を避けるために時間を費やしている」

データの扱いには、細心の注意を払う必要がある。一つひとつの事実は客観的なものだとしても、それらの情報をつなぎ合わせるのは人間だ。どうしても、多かれ少なかれ主観的な要素が入り込まざるをえない。そこに誤解とミスが生じる余地が出てくる。膨大な量のデータが手に入り、主流メディアで、そしてそれ以上にソーシャルメディアで「ニュース」と「意見」が混ざり合う時代には、客観的なはずの事実があっさり歪められかねない。

二〇一三年のある調査結果は、それを浮き彫りにしている。世論調査会社のイプソスMORIとロンドン大学キングス・カレッジがイギリス国民に対して自国の状況についての認識を尋ねた。すると、多くの質問項目で回答者の認識が社会の現実と大きくかけ離れていた。たとえば、一六歳未満で妊娠する女の子の割合を尋ねたところ、回答者の認識は、六人に一人近くだろうというものだった。実際には、この割合は約二〇〇人に一人だ。人口に占めるイスラム教徒の割合は、実際は五%程度なのに、回答者はおよそ四分の一と考えていた。回答者の三分の一は、政府が失業保険に費やす予算が年金の予算より多いと思っていた。実際は、年金予算のほうが一五倍も多い。

私たちは、なんらかの前提の上に立ってデータを解釈する。しかし、その前提に誤りがあったら、どうなるだろう? もし、誤った前提をほかの人に広めてしまったら?

「常識の厄介なところは、ほとんどの場合、それが間違っていることだ」と、バラク・オバマの選挙参謀を務めたデーヴィッド・アクセルロッドは言っている。これはさすがに言いすぎかもしれないが、私たちはしばしば、目の前に明白な事実があっても固定観念の世界に逃げ込んでしまう。

アクセルロッドはそれを目の当たりにした。二〇〇八年アメリカ大統領選の民主党候補者指名レースでのことだ。ライバルのヒラリー・クリントン陣営は、いくつかの重要州に活動を集中させるオバマの戦い方に懐疑的だったが、オバマ陣営は質の高いデータに基づいて行動していた。データを見ることにより、自分たちの戦い方を貫くことができた。その点は、「世論調査でヒラリーにリードを許し、私たちに勝ち目はないというのが一般的な見方だった時期」も変わらなかったと、選対本部長のデーヴィッド・プルーフは言う。オバマ陣営の幹部たちは、データに頼り、質の高いデータに基づいて判断をくだす姿勢をもっていたのだ。

それに対し、クリントン陣営はオバマの経験不足を叩くことに血道を上げた。こうした戦い方が有効だと信じて疑わなかった。本能に頼り、ライバルへの攻撃に力を入れ、過去の成功パターンに従い、その結果として選挙戦で敗れたのである。

常識の厄介なところは、
ほとんどの場合、
それが間違っていることだ。
デーヴィッド・アクセルロッド
（バラク・オバマの元選挙参謀）

モウリーニョはデータ派か直感派か？

情報を上手に活用できる人は、ある二つのスキルをもっている場合が多い。一つは、自分のやっていることに熱中している結果として、関係のありそうなデータと関係のなさそうなデータを素早く明確に見わけられること。要するに、直感がはたらくのだ。もう一つは、冷静さを保つことができ、事前の予想と食い違うデータが見つかったときに、本能や感情に邪魔されずに判断できることだ。

大きな成功を収めている人は、「直感」という言葉をよく用いる。この言葉は、そのような人たちについて論じるときにもしばしば用いられる。しかし、誤解してはならない。天才的なひらめきが降ってくるケースもなくはないが、ほとんどの場合、直感は深い知識と研究の賜物だ。豊富な知識と徹底した研究のおかげで瞬時に判断をくだせるため、魔法のように見えるにすぎない。

ガルリ・カスパロフは、私にこんなことを述べたことがある。「まったく直感を活用できないプレーヤーは、対戦中にまごついて決断に時間がかかりすぎたり、立ち往生して判断できなくなったりする」。カスパロフの直感は、長年にわたる訓練の産物だ。絶えず分析をおこなうことの重要性は、本人も語っている。「自分がくだした決断を振り返り、それが正しかったか、どうしてその決断にいたったかを検討することは、非常に重要だ。なぜ、あの行動を取ったのか？　それは本能に基づくものだったのか、冷静に計算していたのか、それとも感情に突き動かされたのか？　このような作業を試みると、たいていの人は、自分に対して過度に厳しい評価をくだすか、過度に甘い評価をするかのどちらかになる。でも、情緒的に後悔したり自画自賛したりするのではなく、有益な分析をおこない、それに基づいて行動すべきだ」

ジョゼ・モウリーニョも同様の行動原理で動いている。直感を重んじつつも、手に入る情報を徹底的に活用しているのだ。二〇一三～一四年の欧州チャンピオンズリーグの準々決勝第二戦における戦術変更は、そのわかりやすい例だ（本人は「戦略」と呼ぶかもしれないが）。モウリーニョ率いるチェルシーは、パリ・サンジェルマンとのアウェーの第一戦を一対三で落とし、ホームでの第二戦を迎えた。このとき、モウリーニョは選手交代により、局面の打開に成功した。チェルシーはこの試合を二対〇で制し、アウェーゴールの差でパリ・サンジェルマンを降して準決勝進出を果たした。

フランスのリーグに所属しているパリ・サンジェルマンは、ダイレクトプレーによる攻撃に慣れていない。その情報をもとに、モウリーニョは交代カードを切った。「ディフェンダーとミッドフィールダーを一人ずつ下げ、ストライカーを二人投入して試合に勝った。それは直感的な判断でもあったけれど、情報に基づいた判断でもあった」。この言葉は、「モウリーニョは、データ派か直感派か?」という問いに対する本人の回答と言える。データ派でもあり直感派でもあると、本人は思っているのだ。決断をくだすときは直感に頼る必要があるが、その直感は多くの場合、それまでに学習して咀嚼したデータの影響をいつの間にか受けている。要するに、モウリーニョの直感は、多くの労力を払って獲得した直感なのである。

適切な問いを発する

イスラエル系アメリカ人の心理学者、ダニエル・カーネマンは、生涯を通じて意思決定の心理学を研究し、ノーベル経済学賞にも輝いた人物だ。そのカーネマンによると、人間は、すぐに答えが見つかりそうな問いを発したがる傾向があるという。答えに到達するのが難しそうな問いは、本質を突いた問いであっても避けられがちだ。カーネマンが著書『ファスト&スロー』(邦訳・ハヤカワ文庫)で記しているように、人は問題を解決したいという本能をもっているため、ものごとをゆっくり掘り下げる分析的思考(「システム2」)より、先入観に基づく本能的思考(「システム1」)を好むのだ。

サッカーの監督なら、「このチームとは去年も戦った。あのときは、左サイドバックが弱かった。あの選手を狙おう」などと考えがちだ。監督はこのとき、「今年どうすれば勝てるか?」という難しい問いを、「去年どうやって勝ったか?」というずっと簡単な問いにすり替えている。これには二つの落とし穴がある。第一に、問いがあまりに簡単で心地よすぎると、その問いに対する答えはおそらくあまり役に立たない。第二に、明確な問いを投げかけないと、ほぼ確実に混乱に陥る。

昨今は、ありとあらゆるテーマについてきわめて多くの情報が比較的簡単に手に入る。このような状況で、まずどこから手をつければいいのか？　私が話を聞いたリーダーの大多数は、正しい問いを発することから始めるべきだと口をそろえる。

わざわざ言われるまでもない？　しかし実際には、自分がなにを知りたいのかをはっきり認識せず、漠然と「知りたい」というだけで出発してしまう人が驚くほど多い。

私の経験から言うと、最初に有意義な問いを発することに神経を配るのは、誰よりも競技スポーツの人たちだ。スポーツは政治などに比べて目指すべき目標が明快だから、おのずとそうなるのだと思うかもしれない。確かに、そういう面もあるだろう。しかし、最初に正しい問いを設定することにより、勝利に結びつく発見を導き出そうとする姿勢がしばしば好結果をもたらすことも事実だ。この姿勢は、スポーツの選手やコーチ以外も学んだほうがいい。

自転車ロードレースチーム「チーム・スカイ」のツール・ド・フランスへの挑戦は、このアプローチが成功した好例だ。二〇〇九年、「スカイ・プロ・サイクリング」という名前でチームが発足したとき、すべてのリサーチ活動は、最初の一つの問いに答えることを目的にしていた。その問いとは、「どうすればもっと強くなれるか？」だの、「自転車競技の最近の進歩のなかで、学ぶべきものはどれか？」だのといった漠然としたものではなかった。チームを率いたデーブ・ブレイルズフォードによれば、「イギリス人がツール・ド・フランスに優勝するために、なにが必要か？」というきわめて具体的な問いを発した。それまでツール・ド・フランスではイギリス人の優勝者が誕生しておらず、イギリス人に優勝は無理だというのが定説になっていた。

これまでと違う問いを発すると、
面白いことがわかった。

ビリー・ビーン
（オークランド・アスレチックスの元GM）

チーム・スカイは、最初に明確な問いを発することにより、はっきりした目的の下、具体的な恩恵を引き出すためにデータを収集できるようになった。その問い自体は当たり前のものに思えるかもしれないが、目標を達成できるかどうかは、入手できたデータに関してどのような問いを投げかけるかによって決まる。

「ツールに優勝するためには、山岳コースとタイムトライアルの両方で最高水準の走りができなくてはならない」と、ブレイルズフォードは言う。そこでデータを検討し、どのような生理学的条件が満たされるべきなのか、コース特性によりなにが要求されるのか、トップ選手や過去の優勝者たちがどのような特徴をもっていたのかといったことを明らかにしようと考えた。

そして、横軸＝時間、縦軸＝パワーというグラフを描き、その年の優勝者のグラフがどのようなものになるかを予想し、チーム内でそれに最も近い走りができそうな選手を探した。「すべての選手のすべての走りをモニターし、一秒、五秒、一分、三分、五分、一五分、三〇分、一時間、三時間、五時間……といった時間的単位ごとに、持続可能な最大のパワーがどれくらいかを調べた」と、ブレイルズフォードは言う。すると、ブラッドリー・ウィギンスという選手が理想のモデルに最も近いことがわかった。

次は、ウィギンスにモデルとのギャップを埋めさせることに努力を集中させた。「データを分析したところ、本人がやる気になり、ギャップを埋めるためのトレーニングを積めば、優勝できるとわかった。ブラッドリーはタイムトライアルでは最高の選手で、三〇分〜一時間単位で見た走りは優秀だった。あと必要なのは、五〜一〇分単位でもっとパワーを出せるようにトレーニングさせることだと思えた。ほかの選手がアタックをかけた場合と、山岳コースでレース強度が変化した場合に対応するためだ。また、山岳コースでほとんど休みなく長い距離を登り続けるためには、三時間単位の平均出力を向上させることも必要だった」

明確なコーチング体制の下、緻密なデータをもとに、誰なら勝てそうかを見いだし、その選手を勝たせるためにどのようなトレーニングが必要かを明らかにしたのである。練り上げたプランはレース中も毎日実行され、そのために大勢のスタッフが動いた。

チーム・スカイは、二〇一二年のツール・ド・フランスでウィギンスを優勝させるという偉業を成し遂げた。翌年は、新たなエースになったクリス・フルームが優勝した。これも偉業ではあったが、驚くような結果ではなかった。チーム・スカイの基本的なプロセスの有効性は、前年に実証済みだったからだ。このチームの強みは、本当に重要なことに集中的に取り組み、それ以外の「雑音」をすべて締め出したことだった。彼らはデータの扱い方をマスターし、データに振り回されることを避けていた。

映画『マネーボール』でも描かれたように、オークランド・アスレチックスのGMを務めたビリー・ビーンも、同様のデータ活用法を実践して目覚ましい成功を収めた。まず、「野球の試合に勝つために、なにが必要か?」という大きな問いを発し、そのうえでもっと具体的な問いを――資金力の乏しい球団にとっては切実なものだ――検討した。「選手補強につぎ込む金が最も大きな価値を生むようにするためには、どうすべきか?」

この問いに答えるために、ビーンは選手のデータに目を向けた。徹底して重んじたのは、チームの得点に貢献し、失点の阻止に貢献する能力がどのくらいあるかというデータだった。「私たちがやったことは、ある意味では当たり前のことだった。それまで誰もそういう考え方をしていなかっただけだ」と、ビーンはこともなげに言う。「昔からあったデータに目を向け、それを試合でのパフォーマンスと正確に関連づけようとしただけにすぎない」。ビーン以前の昔ながらのスカウトは、自分たちの目で見た印象に基づいて定性的な意見を球団に伝えていた。その際、データを掘り下げて検討し、その選手がどれくらい得点を稼ぎ、失点を防げるかを予測しようとはしなかった。それに対し、ビーンは正しい問いを発することにより、データを徹底的に活用して、人間の思い込みに毒されない結論を導き出したのである。

「統計」と「分析」の違い

正しい問いを発することは簡単でないし、強い自己規律が要求されるが、集まったデータを解釈することも同じくらい難しい。この点に関して、ビーンは統計と分析をはっきり区別している。「統計は、ファンがチームや試合のことを知るのに役立つ情報の断片でしかない」。そうした細々した情報は、正しいものだったとしても、それ以上の価値はない。ジョゼ・モウリーニョがサッカーに関してその具体例を挙げている。「あるプレーヤーのパス成功率が九〇%だというデータがあっても、それがすべて二メートル程度の距離のパスで、プレッシャーをかけられていない状況での話だとすれば、そのデータはなんの意味もない」

それに対し、分析とは、未加工の統計を検討し、どれが雑音で、どれが役に立つ情報かを判断することを言う。モウリーニョにとって有益な分析とは、相手チームがどのようにボールを失うかを明らかにできるものだ。それがわかれば、戦略を立案する手がかりになる。「センターバックからミッドフィールダーへの最初の短いパスでボールを失うのか？　もしそうなら、パスの出し手にプレッシャーをかければいい。けれども、（世界屈指のディフェンダーの呼び声も高いマンチェスター・シティの）ヴァンサン・コンパニだったら、それでもボールをうまく前にパスできる可能性が高い。だから、彼にプレッシャーをかけるより、パスの受け手にプレッシャーをかけたほうがいい」

ビーンの場合は、野球の打者のパフォーマンスを評価する指標として、打率ではなく、出塁率という別の数字を採用した。これは、安打だけでなく、四死球も含めてなんらかの方法で出塁する確率である。「打率が統計としてまったく無意味だとは思わないが、打率を見ても、その選手が将来に安定して高い打撃成績を残せるかはあまりわからない」と、ビーンは言う。「その意味で、打率は統計、出塁率は分析と言える」

映像ストリーミング配信のネットフリックスがドラマ『ハウス・オブ・カード』を大成功させたことは、第11章でも触れたとおりだ。同社はこのドラマに一億ドルを投資し、結果的に一七〇〇万人の新規会員を獲得し、ドラマ視聴のあり方の新時代への扉を開いた。製作総指揮と主演を務めた俳優のケヴィン・スペイシーによれば、成功の一因は、データと分析の違いを理解できていたことだったという。

スペイシーは、テレビ視聴率には批判的だ。「一台のテレビの視聴内容が五〇万人の視聴行動を集約しているとみなされる。このようなナンセンスの上に、テレビ視聴率とCM料金が決まっている。それに対し、ネットフリックスでは、実際に一人ひとりがいつ、なにを、どのように、どのくらいの時間、どのくらいの頻度で一時停止しながら見ているかを調べる。こうして膨大な量のデータを集めるが、それだけでなく、問いを投げかけることを通じて分析をおこなう。『ハウス・オブ・カード』の権利を購入する前にも視聴者の意識調査を実施し、『ケヴィン・スペイシーの映画は好きですか？（スペイシーとともに製作総指揮を務めた映画監督の）デーヴィッド・フィンチャーの映画は？　政治ドラマは好きですか？　本家のイギリス版は見ましたか？』といったことを尋ねた。データは、人々がなにを見ているかを示すものだ。一方、分析は、人々が将来なにを見たいと思いそうかを明らかにする。ネットフリックスは問いを発し、それに答えることを通じて、『ハウス・オブ・カード』が自社でうまくいくという確信をもてた。まだ撮影も始まっていない段階だったのに」

以上の話からわかるように、統計は受動的に利用するものという性格がある。うんちくのネタにする分には、それでもいいかもしれない（イングランドのリヴァプールに本拠地を置くエヴァートンとリヴァプールの対戦「マージーサイド・ダービー」で「アラン」という選手がゴールを上げるのは六回目だ、といった具合だ）。

それと異なり、よい分析とは、プロギャンブラーのマシュー・ベナムが言うように「予測に使える」ものでなくてはならない。統計は、ある時点でどの政党の支持率が最も高いかを教えてくれる。しかしそれは、「もし明日が投票日だったら、どの政党に投票しますか？」という問いの答えなので、投票前日の調査でないかぎり、実際の選挙結果を予測する力は限られている。一方、有権者がどのような考えをもっていて、自分の暮らしについてどのくらい満足しているかを掘り下げる詳細な質的調査は、分析的な性格をもっているので、選挙結果を予測する役に立つ可能性がある。

ベナムは、分析によって未来を予測する達人だ。きわめて分析力の高い統計モデルを駆使して莫大な財産を蓄えた（子どもの頃からサポーターだったサッカーチーム、ブレントフォードを即金で買収できるくらいだ）。ギャンブラーとしての行動の土台にあるのは、ほかのギャンブラー、評論家、トップ選手、監督たちが自分たちで思っているほど知識をもっていない、という発見だ。これらの人々は、客観的なデータを見ず、本能や感情、メディアの批評などに影響されすぎている。前出のデーヴィッド・アクセルロッドの表現を借りれば、「ほとんどの場合に間違っている」常識に従って判断をくだしてしまうのだ。

スポーツの世界には、情報の「雑音」が充満している。ギャンブラーや評論家、ギャンブル会社は、みずからのいだいている思い込みや、未来予測の役に立たない統計に惑わされている場合が多いと、ベナムは指摘する。たとえば、サッカーの一流ストライカーが数試合得点を上げられなくても、この程度の小さなサンプルを根拠に未来を予測することは不可能だ。また、あるチームがホームで五試合続けて無得点だとしても、それは単なる事実にすぎず、意味のあるデータとは言えない。五試合連続で〇点だったとしても、次の試合で得点する確率が小さくなるわけではないのだ。前の試合では、ゴールポストを叩く惜しいシュートが三本あった可能性だってある。評論家は、「チームに新しい監督がやって来たから、勝つと思う」などと言うことも多い。これも意味のあるデータに基づかない思い込みだ。

二〇一四年のサッカーのワールドカップ・ブラジル大会は、ギャンブラーのベナムが評論家たちに助けられていると考える理由を浮き彫りにしている。評論家はナンセンスなことを言い、しばしば予想をはずす。大会前、評論家の間では、ブラジルの優勝を予測する声が多かった。開催国だから、というのが理由だ（ベナムによれば、審判が地元びいきの判定をくだしがちなことは事実だが、開催国であることと試合結果の関係は、一般に思われているほど強くない）。「そろそろブラジルの番だ」と言う評論家もいた（これは、結果にまったく関係のない情報だ）。あるいは、リオネル・

メッシが世界最高のプレーヤーだからという理由でアルゼンチンの優勝を予測する評論家もいた（メッシを擁していることは試合結果と無関係ではないが、一人の選手だけで優勝が決まることはない）。

ドイツの優勝を予測した評論家はほとんどいなかった。しかし、適切な戦略分析とデータ分析をおこなっていれば、予測できたはずだ。多数派の予測は統計上の根拠がほとんどなかったが、それがギャンブルの賭け率を動かしたのだ。

これまでにベナムが大きく賭けたスポーツの試合の一つは、二〇一二年のサッカー欧州選手権の決勝戦だった。スペインがイタリアに勝つと賭けたのだ（金額は語ろうとしないが、莫大な金額だったようだ）。賭け率を見ると、スペインのほうが若干支持されていたが、まだ過小評価されていると、ベナムは判断した。好調のドイツと準決勝を戦ったイタリアは、二つのスーパーゴールで勝利をつかんでいた。派手なゴールは人々の記憶に残りやすい。しかし、この試合ではドイツも多くのゴールチャンスをつくっていた。一方、スペインは辛勝続きだったため、ギャンブラーたちから絶対的な評価を得るにはいたっていなかった。

「私たちのモデルで分析すると、スペインの実力は（優勝した前回大会に比べて）落ちていなかった。試合が退屈だと言われていたのは、ボールを危険なエリアに持ち込ませないことに成功していた結果だった。それに、この大会では一試合に八回くらいは絶好のゴールチャンスをつくっていたが、たまたま得点につながらないケースが多かった」。試合はスペインが四対〇でイタリアを降し、ベナムも大儲けした。賭け率を左右する人々の印象や思い込みより、ベナムのモデルのほうが優れていたのだ。

データの質の違いを見極めることの重要性について、サッカーファンでもあるビリー・ビーンはサッカーを例に説明している。統計の上では、一つのゴールは一つのゴール以上でも以下でもない。しかし、そのデータを分析する場合は、ペナルティエリアでごちゃついた末に、ボールに軽く触れてゴールに入れた場合と、三〇メートルほど離れた場所から派手なオーバーヘッドキックでシュートを決めた場合では、天と地ほどの違いがあると、ビーンは言う。「ところが、スコアシートの上では、両方がまったく同じ価値のあるものとして評価されてしまう」

では、分析をおこなう場合は、どのようにして意味のある情報を見いだすのか？「過去の得点データをもとに未来の得点を予測したいなら、まず個々のゴールの状況を考慮に入れなくてはならない。シュートの際に、どのくらいプレッシャーをかけられていたかを考える必要がある。それに、相手チームの強さもまちまちだ。たとえば、バイエルン・ミュンヘンから奪う一点は、ヘルタ・ベルリンから奪う三点を上回る価値がある。また、ゴールチャンスの難度と、そのようなチャンスが訪れる頻度も考えるべきだ」

サッカーの試合で選手たちが取る行動は何千にも上る。すべてが試合結果に影響を及ぼすが、影響の大きさは一様でない。「適切な分析をおこなえば、それぞれの行動がどのくらいの重要性をもっているか正しく判断できるようになる。それがわかれば、チームが特定の領域で強いか弱いかが見えてくる。サッカーチームの経営者としては、勝利につながるチャンスをつくれる選手や、勝利に直接結びつくプレーができる選手に投資したいだろう」と、ビーンは言う。どのような理由でどの選手に投資すべきかは、試合の中のさまざまな出来事が勝利とどのような相関関係をもっているか

直感に基づく判断とデータに基づく判断を両方経験した人は、直感派には二度と戻れない。

ビリー・ビーン

（オークランド・アスレチックスの元GM）

を掘り下げてはじめて判断できる。ベナムの下で働く統計専門家たちは、ロンドン北部の本社で何台ものテレビとコンピュータの前に陣取り、チャンスの質（ピッチ上での位置、相手チームのプレッシャーなど）や、相手チームの質（チャンスをつくることの難度）など、あらゆる複雑な要素を考慮に入れて分析をおこなっている。

実際のところ、分析にはどのくらい効果があるのか？　ビーンはきっぱり言う。「直感に基づく判断とデータに基づく判断を両方経験した人は、直感派には二度と戻れない。目の前の問題に関係のあるデータが明らかに存在するのに、データを集めずに感情で判断をくだすほうが好結果につながる、などとは言えないはずだ」。ただし、ほかの意思決定の方法を全否定しているわけではない。たとえば、野球に関して「あらゆる調査方法を駆使して、選手の準備と勤勉さ、集中力、競争心、自信の強さを把握する」ことの重要性も認めている。しかし、統計分析と本能のどちらかを選べと言われれば、前者を選ぶと言う。

ベナムは、心理学者のカーネマンによるもう一つの発見にも言及している。人はなんらかの意見をもつと、たとえ根拠に確信がなくても、それが一〇〇％正しいと思い込む、という発見だ。カーネマンによれば、人はこの傾向を免れられない。人間は、間違っているかもしれない事実や相関関係を信じ込む達人なのだ。

物理学者のコックスの考えも同じだ。「人は、自分の頭で判断し、強力な直感に基づいて決定をくだしていると思いたがる。そうした姿勢はとんだ誤りだと思う。手に入るデータをすべて集め、それを尊重し、掘り下げて検討しないのは、馬鹿げている。答えがそこにあるのだから。事実に根拠づけられた決定をくだすのは心地よい」

ビーンは、大物投資家のウォーレン・バフェットを分析の達人として称賛する。「面白いのは、バフェットのことを、データより感情を重んじて成功したと思っている人が多いことだ。実際は違う。バフェットは理性的に逆張りをしている。データを用いていることを声高に言っていないだけだ」

人間的要素をおろそかにしない

この一〇～一五年間のテクノロジーの進歩により、データの収集と分析がずいぶん容易になった。しかし、ベナムやビーンの話からわかるように、真の勝者はひたすら数字の計算だけをしているわけではない。分析対象の歴史や論理も深く理解しようとする。重要な決断をくだすためには、さまざまな文脈情報を天秤にかけて判断する能力がますます必要とされるようになっているのだ。データを最もうまく活用できるのは、みずからの知識とデータを疑う姿勢をもてる人のように思える。直感（ただし、学習によって形づくられる直感であるべきだが）と客観性をブレンドしているべきなのだ。

こうした人間的要素をないがしろにすると、分析が歪み、大きな打撃をこうむりかねない。二〇〇七～〇八年の世界金融危機はその典型だ。二〇〇七年の時点で、多くの金融機関が融資のリスク判断に用いていたモデルはきわめて複雑化しており、金融関係者でも本当に理解できている人はほとんどいなかった。その点は、金融機関に目を光らせるはずの格付け機関も同様だった。大手格付け機関のスタンダード・アンド・プアーズ（S&P）は、最高格付けの「AAA」を付与した債務担保証券（CDO）が向こう五年以内に債務不履行に陥る確率は〇・一二％にすぎないと請け合っていたが、実際には約二八％が債務不履行になった。誰もシンプルで基本的な問いを発しなかったために、この金融商品の危うさをあぶり出せなかったのだろう。データがいかに精緻でも、土台を成す前提や考え方が間違っていれば、データは適切な情報をもたらせず、信頼性のある未来予測につながらないのだ。

つまり、人間的要素と統計的要素のバランスを慎重に取る必要がある。前章で紹介したイギリスの中学校のヴィク・ゴダード校長は、個々の生徒の学業成績を予測するにあたり、居住地域と親の経歴が参考になることを認めつつも、「データは出発点にすぎない」と言う。現在と将来の成績をデータ分析だけで明らかにするには、関係する変数があまりに多いというのだ。

カーフォン・ウェアハウスとトーク・トークを立ち上げたチャールズ・ダンストンも、統計だけ見ていると全体像を見失うと考えている。「私たちの会社は（スコットランド西部のルイス島の町である）ストーノーウェイにコールセンターをもっている。役所以外では地元で最大の雇用主だと思う。あるとき、事業の見直しをしていたとき、このコールセンターを閉鎖すべきだという提案があった。けれども、データだけではわからないことがある。コールセンターが閉鎖されれば、ストーノーウェイのような小さな町は大打撃をこうむるが、データ上は一二〇人の雇用削減という数字しか見えてこない。ほかの町の一二〇人と同じ評価をされてしまう。また、このコールセンターで働く人たちは、ユーザーの死亡の連絡など、非常に難しい電話に応対するスペシャリストだ。平均的なコールセンターより優秀なスタッフが集まっている。こうしたことは、データの数字にはあらわれない。私たちは、このコールセンターを存続させることを決めた」

ダンストンの見るところ、ビジネスの世界では、「データを十分に掘り下げて、リーダー層に情報を提供することができていない」場合が多い。データをよく理解し、それをどのように戦略とリーダーシップに生かせばいいかを考える必要があるという。この点では、政治の世界のほうが優れているとダンストンは言う。

しかし、私が思うに、データ分析の見事さでは、投資銀行大手ゴールドマン・サックスのジム・オニールの右に出る人物はおそらくいない。オニールは二〇〇一年の9・11テロの直後、ブラジル、ロシア、インド、中国――この四カ国の英語名の頭文字を取って「ＢＲＩＣｓ」と呼んだ――が二一世紀最初の一〇年間に最も急速な経済成長を遂げるという予測を示し、経済の歴史に名を残した。

この予測は的中したわけだが、オニール自身は、経済のようにデータの重要性が大きい分野では予測がはずれやすいと言っている。「経済データを扱うときはつねに、予測を間違える可能性が十分にあるとはっきり意識しておく必要がある。私は過去の成功と失敗の経験を通じて、六割の確率で予測が的中すれば満足すべきだと思うようになった。控えめな願望に聞こえるかもしれないが、それより高い期待をするのは思い上がりと言わざるをえない」

オニールはＢＲＩＣｓについて分析したとき、まず少数のデータを検討することから出発した。はじめから分析を複雑にしすぎないためだ。この点に注意しないと、どうしても複雑なモデルをつくってしまう。オニールの調査チームは、国の経済成長を牽引する二つの長期的要因にとりわけ着目した。一つは労働力人口の規模と増加のペース、もう一つは労働生産性だ。その一方で、避けられない不確実性の要素をモデルに組み込むことも忘れなかった。また、統計分析で重要な相関関係と因果関係の違いも見極めようとした。

国の経済成長との間に相関関係がある要素はたくさん見つかるかもしれないが、それは因果関係とは異なる。たとえば、アメリカの科学、宇宙、テクノロジーへの支出と、首吊りなどの窒息による自殺の件数の間には、ほぼ完璧な相関関係がある。しかし、それはかならずしも、両者の間に因果関係があることを意味しない（因果関係などあるはずがない）。しかし、あらゆるモデルについて回る問題は、データが多くなればなるほど、実際には存在しないパターンや相関関係を見いだしがちなことだ。

この落とし穴を避けたければ、ある産業セクターに投資するなら、そのセクターを完全に理解しなくてはならないと、エネルギー大手ＢＰのジョン・ブラウン元ＣＥＯは言っている。ブラウンは現在、大規模なプライベート・エクイティ投資の決定に携わっている。「因果関係を見いだし、それを判断の土台にする必要がある。そのために最も重要なのは、市場がどうなっているか、そしてどのように変化しつつあるかを深く理解することだ。それをせずに済ませることはできない。いくらデータを集めてもその代わりにはならない」

オニールは、生産性について考えるとき、相関関係と因果関係を見わけることがとりわけ重要だと考えていた。「ある国に大規模な若い労働力人口があること、そして労働者の生産性を向上できること、このいずれか、あるいは両方の条件が満たされれば、その国の経済は大きく成長する。これはシンプルと言えばシンプルだし、複雑だと言えば複雑なことだ」と、オニールは言う。「労働力人口の側面は比較的わかりやすい。すぐには変わらない要素だからだ。少なくとも二〇年程度では変わらない。それに対し、生産性の側面はもっとややこしい。さまざまな変数の影響を受けるからだ。関係する変数は、ひょっとすると二〇を超す可能性もある」。関係する変数が増えれば増えるほど、不確実性が大きくなる。

そこで、データだけでなく、人間の頭脳が重要になる。データの複雑性と、そのデータがもつ潜在的な意味を見つめたオニールは、ある重要な発見に到達した。それは、経済ではなく政治の視点から得られた発見だった。端的に言えば、ＢＲＩＣｓ諸国はいずれも、世界の舞台でもっと活躍したいと思っていた。歴史や政治状況はまちまちだったが、四カ国ともグローバリゼーションのプロセスに傍観者ではなく、勝者として関わりたいと考えていたのだ。

また、オニールには、国の生産性を向上させるにはインフレ抑制が不可欠だという持論がある。「人々がある金額でどれくらい物を買えるかを理解している必要がある。ものの値段を信用できないとき、人々は投資をしたり、未来を改善しようとしたりしないからだ。いま稼ぐ金と貯める金が将来にわたって価値をもち続けると人々に約束できなければ、政治家は持続的な成長を真剣に論じることなどできない」

この点に関して、オニールは部下のブラジル人エコノミストの話が印象に残った。そのエコノミストによれば、ブラジルではインフレが昔に比べてかなり沈静化し、その人物がティーンエージャーだった頃の一日の物価上昇率がいまでは年間の物価上昇率になっているとのことだった。一九九〇年代後半、新しい政治指導者たちがインフレを抑え込み、財政の健全化に乗り出すと、人々の行動が変わりはじめた。「インフレ抑制をマクロ経済政策の核に据えたことで、ブラジルは生産性の面で潜在能力を発揮し、若い労働力人口を生かせるようになったようだ」

オニールがＢＲＩＣｓの台頭を予見できたのは、深い知識に基づく直感の賜物だった。そうした直感があったからこそ、しっかりした基盤の上で数字の分析をおこなうことができたのである。

数字だけでなく、人間的要素も重要だというのは、グローバル経済に限った話ではない。海の世界でも同じことが言える。ヨット競技のベン・エインズリーに、データを分析する能力と意思決定をおこなう能力のどちらがより重要かと尋ねたことがある。エインズリーはきっぱりこう言った。「重圧がのしかかる局面で大きな決定をおこなえるマインドセットが重要だ。ヨット選手のなかには、データの扱いが得意で、多くのデータを吸収できる人も多い。でも、厳しい競争の現場で、そのデータに基づいて瞬時に決断をくだせなければ、せっかくのデータも宝の持ち腐れになる。関連するデータを分析する力は欠かせないが、ヨットの周囲をよく見て、天候や海の状況などを判断し、決断をくだすことを忘れてはならない」

データと直感という二つの要素の関係については、次のビリー・ビーンの説明がわかりやすいだろう。「未来を予測できるデータを集めることを通じて、ものごとを理詰めで分析できるようになる。直感だけを活用していては、そのような分析は不可能だ。直感に頼って失敗の原因を探ろうとしても、すでに起きた出来事をやり直すことはできない。なにかを直感的におこなう経験は一度しかできないからだ。その点、データは、あなたをいわば人間アルゴリズムにすることにより、自己修正への案内図をつくり出せる」

第4部

逆境をチャンスに変える

第14章 危機管理

リーダーが大局と大きな戦略を見失えば、ほかの人たちはたちまち迷子になってしまう。
――ビル・クリントン（第四二代アメリカ大統領）

真の危機とはなにか？

当時のイギリスの新聞を見るかぎり、トニー・ブレア率いるイギリス労働党（ニュー・レイバー）は、ひっきりなしに危機に襲われて、よろめいていたことになる。新聞報道によれば、ブレアは一期目には平均して四週間に一回、二期目には三週間に一回、三期目には二週間に一回のペースで「就任以来最悪の一週間」を迎えていた計算だ（私は面白がって、新聞の日曜版に掲載されたその種の記事を切り抜き、デスクのいちばん上の引き出しにしまっていた）。

政権一年目、「政府」と「危機」という二つの言葉を同時に見出しに用いた記事は二〇二本あった。その数は、二年目は三七六本、四年目は四一八本に急増した。「ブレア」と「危機」の組み合わせはもっと多かった。ある一カ月間に新聞に掲載された「危機」の記事の見出しを見ると、救命救急センター危機、航空産業危機、航空管制危機、陸軍危機、火山灰危機、難民亡命危機……などが並ぶ。ここに挙げたのは、英語でアルファベットの「A」で始まる単語だけ。アルファベットのうしろのほうには、教員不足危機、観光危機、大学危機、ゴミ危機、ユースホステル危機、少年院危機、ウェールズ人ミュージシャン危機などが並ぶ。バイアグラ危機なるものもあったらしい。

これらのすべてとは言わないまでも、大半は真の危機ではなく、「問題」と呼ぶほうが正確だった。メディアがつねに事細かに報じ、国民が厳しく目を光らせていたため、いかにも深刻な危機に見えたのだろう。組織が困難に直面しているとき、内部の人たちが絶体絶命のピンチと感じる場合があるのと似ている。

単なる「問題」と真の「危機」は区別すべきだ。私は企業から危機管理を手伝ってほしいと言われることがよくあるが、ほとんどの場合、状況は危機にはほど遠い。スポーツの世界でも危機という言葉がよく使われる。強豪チームが三連敗すれば、メディアはすぐに危機だと騒ぎ立てる。しかし、本当の危機はそうそう発生しない。確かに、厳しい状況ではあるかもしれない。監督を交代させるべきケースもあるだろう。その場合は、監督と家族にとっては個人的な危機だが、チームの危機とまでは言えない。新しい監督の下で新たにスタートを切るチャンスを手にできるからだ。

では、真の危機とはどのようなものなのか？　私はイギリス政府の仕事をしていたときに、正真正銘の本格的な危機を五回経験している（そう、全部で五回だけだ）。二〇〇一年の9・11テロとその後のアフガニスタン戦争、イラク情勢の数度の局面、コソボへの介入、二〇〇〇年のガソリン危機、二〇〇一年の口蹄疫発生の五回である。これらについて論じる前に、まずアメリカの有名な事件を取り上げたい。大勢の人の生活に影響を及ぼす大問題というより、一見すると、一人の人間の個人的な危機に思える事件だ。

「ビル・クリントン」と「危機」という二つの言葉を同時に聞くと、たいていの人は、「モニカ」というダークヘアーの実習生を思い出す。クリントン自身もわかっているように、この記憶は、将来ずっと、おそらく本人が世を去ったあとも消えないだろう。

最初は、単なる不倫スキャンダルだった。しかし、問題はたちまち大きく膨らんでいった。女好きで有名な大統領の弱点を見つけたと、政敵たちは感じた。野党の共和党にとっては、強い大統領に一撃を加えるチャンスに思えた。政治的動機をもっていたケネス・スター特別検察官は、歴史に名を残す好機と感じていたようだ。しかも、スターは無尽蔵の資金と強大な捜査権限を与えられていた。こうして、世界最大の権力者（とアメリカ大統領はしばしば呼ばれる）に標的が定められた。もっとも、クリントン自身は、みずからのことを「世界最大の権力者」とは思っていなかった。数年後、ロンドンのリッツホテルで話したとき、私にこう言ったことがある。「私はアメリカ大統領だった。でも、ベッドじゃなくてソファで寝ていたんだ」

このスキャンダルは、間違いなく真の危機だった。危機とは、単にものごとがうまくいかない状況のことではない。そういうことは珍しくないし、ほとんどの場合は比較的簡単に挽回できる。真の危機とは、対処を誤れば、収拾がつかなくなりかねない事態のことだ。

クリントンにとって、モニカ・ルインスキーをめぐるスキャンダルはまさにそのような問題だった。妻のヒラリーとの間で解決すべき私的な問題だと思った人もいるかもしれない。しかし、適切に対処できなければ、大統領職を追われ、未来永劫にわたって名誉を傷つけられる恐れがあったし、ことによればアメリカが政治的混乱に陥る可能性もあった。しかも、たとえすべて適切な対応をしたとしても、弾劾・罷免される可能性があった（おまけに、このときクリントンは、適切とは言えない行動を取ってしまった。とくに、記者会見で「あの女性、ルインスキーさんと性的関係をもったことはありません」と述べたのはまずかった）。

ブレア政権のガソリン危機と口蹄疫危機も世界的な危機ではなかったが、間違いなく真の危機だった。初期段階では政府が状況をコントロールできておらず、解決策を見いだせていないことを露呈していたからだ。このような状況には、誰でも背筋が寒くなる。ましてや、ものごとを徹底的にコントロールしないと気が済まないタイプの人にとっては悪夢に等しい。私は、ガソリン危機への抗議デモが最も激しかった時期のある日のことをありありと覚えている。その日、ブレアは訪問先の町を予定より数時間早く出発する羽目になった。抗議のトラック運転手たちが町を取り囲んでいて、脱出路を確保し続けられる保証がないと、警察に言われたのだ。二〇〇〇年九月一二日の私の日記に、以下の記述がある。

執務室に戻る頃には、猛烈な恐怖心がこみ上げてきた。なにしろ、国の基礎的なインフラに危機が迫っていた。ガソリン不足は食糧不足に発展しかねず、行政サービスを停止させる危険もある。石油タンカーもいくらかは動いていたが、問題が解決するにはほど遠かった。政府は石油会社へのはたらきかけを強める一方で、軍の動員に踏み切ることも検討しはじめた。自宅への帰路についたのは、深夜、日付が変わってからだった。最後にTB［トニー・ブレア］が言った。事態はもっと悪化するだろう、と。

食糧危機！　行政機関の閉鎖！　軍の動員！　この事態を危機と言わずに、なにを危機と言うのだろう。

まったく同じ危機は二つとない。しかし、危機にはいくつかの共通する特徴がある。そして、危機に対応するためにどのような戦略を実行すべきかについても共通点がある。危機時の「ＯＳＴ（目標・戦略・戦術）は、次のようになるだろう。

危機の「目標」（＝Ｏ）——危機を収束させること（そして、危機の前より強くなること）
危機の「戦略」（＝Ｓ）——どのような危機に直面しているかによる
危機の「戦術」（＝Ｔ）——どのような戦略を選ぶかによる

ステップ1——大事なことを見失わない。さもないと、道を誤る

ルインスキー・スキャンダルという危機に対してクリントンが取った対応は、おおむね見事なものだった。とくに目を見張るべきなのは、スター特別検察官の報告書が発表された日の行動だ。それまで二四時間、クリントンがどのように過ごしたかは想像の域を出ない。その時点では、報告書の内容はほとんどわかっておらず、世界中のメディアは大統領のセックスライフに興味津々だった。一方、妻の怒りはまだ収まっていなかった。私がホワイトハウスで目の当たりにしたように、ヒラリー・クリントンは公の場でこそファーストレディーとして笑みを見せていたが、群衆とカメラが去るとたちまち笑顔は消えた。

それでも、報告書発表を目前にトニー・ブレア首相と電話で話したクリントンは、しっかり集中していた。スター特別検察官のことで上の空ということはなく、ロシア問題、そして核軍縮に関するいくつかの難しい問題に意識を集中させていたのだ。私は、電話会談に立ち会った数少ないイギリス政府関係者の一人だった。クリントンは、そのとき自分が抱えていた問題に触れることはほと

んどなかった。最後にブレアが「今日の幸運を祈る」と言ったとき、「ああ、そう願いたいね」と返事しただけだった。

のちに、あのときどうやってスキャンダルのことを頭から振り払っていたのか、そして、あの気の毒な状況全般をどのように切り抜けたのかと、本人に尋ねてみた。「私の目標はきわめてシンプルだった。生き延びること、それが目標だった」と、クリントンは私の問いに答えた。「そのための戦略は、仕事に没頭すること、大統領である自分にしかできないことに集中すること。そして戦術は、私がやっていることを国民に理解してもらうことだった。これにより、生き延びることができた」

クリントンの回想録が出版されたとき、私はイギリスのテレビの仕事で再び話を聞いた。このときも、クリントンは同じことを述べた。どんなに厳しい状況に置かれていても、勝者のマインドセットの核を成す「OST」の鉄則を貫いたというのだ。「まだ大統領の職を失ったわけではなかった。それは国民から与えられた仕事であり、私はその使命を果たすことを宣誓して約束していた。正直なところ、こうしたことを考えるほうが好きだった。自分で影響を及ぼせることだから。ケネス・スターがなにをするか、それについてメディアがどう報じるかについて、私にできることはまったくなかった。でも、毎日、自分の仕事に取り組むことはできる。そこで、自分では影響を及ぼせないことに思い悩むのではなく、自分で影響を及ぼせることに日々集中した」

「どのくらい孤独に感じていたのか?」と、私は尋ねた。

「孤独に感じるときもあった。でも、私は幸運だった。家族や友人、スタッフ、閣僚はみな、私の下にとどまってくれた。去っていった人は、一人もいなかった。メディアの容赦ない批判のなかでも、民主党議員の大半が私を支持し続けてくれた。誰も去っていかなかった。一九九八年の中間選挙では民主党が議席を増やしたにもかかわらず、（共和党主導の）議会は弾劾に突き進んだ。イデオロギーと悪意だけでそのような行動を取った。この時期になるとメディアがようやく態度を変え、バランスの取れた報道をしはじめたが、おぞましい日々は数年間続いた。それでも、毎朝起きて仕事を続けた。二つの選択肢があると思っていた。一つは、この問題で取り乱し、自分ではどうしようもないことばかりを考える道。もう一つは、この問題は自分の人生の小さな一部にすぎないとみずからに言い聞かせ、自分の恵まれている面に感謝し、この仕事をする機会をありがたいと思って、自分で影響を及ぼせることに集中する道だ」

私の目標はきわめてシンプルだった。生き延びること、それが目標だった。
ビル・クリントン
（元アメリカ大統領）

クリントンは本当に重要なことに集中した結果、スキャンダルを客観視することができた。過ちを犯したことは認めていたが、自分に対する攻撃は度を越していると思っていた。そして、世論もそう思ってくれると信じていた。「政治闘争という側面が大きかったので戦いやすかった。だから、毎朝起きて戦った」

そのおかげで、パニックに陥らずに、よく考え抜いて対応することができた。「ケネス・スターの捜査や自分の私生活など、誰かが尋ねたい疑惑について質問に答えてばかりいれば、夜のテレビでもそれだけが映し出される。そうすると、有権者は、私がいつもそんなことばかりしていると思ってしまう。実際は、一日に一〇分しかその種のことに時間を割いていないのに。そこで、その問題については話さないことにした。弁解はほかの人に任せて、メディアと、その向こうにいる国民に対しては、自分の仕事についてだけ話すようにした。取り沙汰されている疑惑についてどう思うかは、国民に判断してもらえばいいと思っていた。ただし、なにが起ころうと、私が自分の仕事をしていることは知ってほしかった」

以上の話から明らかなように、明確にOSTに集中することは、危機管理で守るべき第一の鉄則だ。しかし、それが真っ先にないがしろにされるケースが少なくない。問題が拡大しはじめてパニックに陥ると、人はどうしてもじたばたする。どうにか事態を打開したいと焦るからだ。目の前の問題を解決しようとする前に、まず自分がなにを達成したいのかをはっきり意識すべきなのに、それを忘れてしまう。

私たちが政権を担っていたときは、政府内と国民向けの両方で用いるスローガンをつくり、それを繰り返し確認することにより、OSTの実践を徹底していた。二〇〇一年の口蹄疫のときは、しばらく試行錯誤したのち、こんなスローガンに落ち着いた。「この病気を抑え込むためにあらゆることをする。そのあとは、農業地帯を再建する」。当たり前の目標に思えるかもしれないが、当時の大騒動を考えると、この二つの目標をはっきり区別できずに、どちらも達成できない可能性が十分にあった。コソボ問題では、「私たちの部隊を派遣し、あちらの部隊を撤収させ、難民を帰還させる」というのがスローガンだった。ガソリン危機のときは、政府内では「デモを終わらせる。政府を脅迫することは許さない」というきっぱりしたスローガンを掲げた。これにより、真に目指すべきことに集中できた。

こうして集中することには、雑音を締め出す効果もある。危機のときは、多くの部外者（とくにメディア）が持論を披露したがり、頼んでもいないのに助言を述べようとするが、この種の雑音に振り回されてはならない。クリントンに言わせれば、「私たちは、一時的なメディア報道に影響を受けすぎる傾向がある」。そうした声に耳を傾けると、「それに振り回されるようになる」というのだ。「そうすれば、自分の前向きなものの見方を、自分をつねに成長させようという決意を、自分の仕事を通じて人々の暮らしを改善したいという思いをぶち壊されてしまう。私は、誰にもそんなことを許すまいと心に決めた」

サッカーのアーセン・ヴェンゲルも同様の考え方をしている。苦境に陥ったときは、周囲の騒ぎを無視し、本当に重要なことに集中するというのだ。最大のライバルに八対二の大差で負けたあと、監督としてなにを言えるだろう？　その直後に言えることはあまりない。それなら、メディアに一日か二日騒がせておき、選手たちに痛みを感じさせ、そのうえで態勢を立て直せばいい。ヴェンゲル率いるアーセナルは、二〇一一年八月、マンチェスター・ユナイテッドに八対二で敗れた。「救いようがない試合をしてしまったが、どうにか立て直すことができた」と、ヴェンゲルは振り返る。「試合の結果を予測することは誰にもできない。だから、自分たちの価値観と考え方に立ち戻ることにした……厳しい状況にあるとき、『どうすれば結果を改善できるか？』と考えはするけれど、それよりも『この仕事で重要だと思うことを実践できているか？』をチェックする。試合に勝つことばかり考えず、この競技で重要なことはなにかと考えることも大切だと思っている。危機に直面したとき、それを切り抜けるのを助けてくれるのは、そうしたことだからだ」

大差で敗れたあと、ヴェンゲルは長期の視点で考えるよう意識した。パニックになったり、チームのメンバーに厳しく当たったりはしなかった。「こういうときは、なにを言っても裏目に出る可能性がある」。そこで、チームの一人ひとりと個別に話し、二日間の休暇を与え、週明けに再集合することにした。「強烈な出来事だったので、わざわざ念押しする必要はなかった。いかにひどい試合だったかを言って聞かせるまでもない。選手たちは、言われなくてもわかっていた。それに、長い目で見れば、派手な敗戦もそれほど大きな意味はないと、私は知っていた。感情の面では大きな出来事だったが、サッカーの競技という面では別に大きな出来事ではなかった……チームの状況は、試合結果ほどひどくはないとわかっていた」。実際、アーセナルはこのあと九試合中八試合に勝利した。

自分たちのチームがもっている力を忘れなかったヴェンゲルの姿勢は、私たちが政治の世界で経験した出来事を思い出させる。二〇〇一年五月一六日、私たちは、言ってみれば政治版の「八対二の大敗」を喫した。この日、ブレア政権は、二期目を目指す総選挙に向けてマニフェスト（政策綱領）を発表した。ところが同じ日、ブレアが訪問先の病院の前で市民から医療政策について不満をぶつけられる一幕があった。メディアがこのニュースに飛びついたことは言うまでもない。

さらに、ジャック・ストロー内相が警察官の労働組合で演説し、激しいヤジを浴びたことも話題になった。これにより、マニフェストがニュースで取り上げられる時間がますます減ってしまった。それだけでは終わらなかった。ジョン・プレスコット副首相が、遊説先で卵を投げつけてきた男の顔をパンチする事件が発生した。マニフェストをテレビで大々的に報じてもらえる可能性は完全に消えた。こうしたことがすべて一日の間に起きたのだ。選挙戦で投票日の次に重要と言っても過言でない日に、である。

プレスコットの事件について一報が届くと、私はブレアにそれを伝えた。テレビの収録を終えて車に乗り込んだばかりのブレアは、おなじみの子鹿のバンビのような表情でこちらを見て、「意味がわからない」と言いたげな様子だった。怒りと動揺と疑念が混ざり合った表情に見えた。しかしそのとき、運転手のテリー・レイナーと、その隣に座っていた公安警察の護衛官が大笑いした。ブレアとはまったく異なる反応だった。二人の反応は、メディアの激しい非難が一般市民の本当の思いとは異なることをはっきり浮き彫りにした。結局、ブレアと私も大笑いした。

翌朝、メディアは非難の大合唱だった。テレビはプレスコットのパンチの動画を延々と流し、辞任を求める意見で溢れ返った。私たちは、ロンドンの選対本部で三〇分間話し合い、朝の記者会見でブレアが質問にどう対処すべきかを議論した。プレスコットを更迭しないことはすでに決めていた。問題は、更迭しない理由をどう説明するかという点だった。結局、ブレア自身が「ジョンはジョンだ」という言葉を思いついた。プレスコットはそういう人だから、というわけだ。ブレアが記者会見で軽く肩をすくめて、かすかに笑みを浮かべてこう述べると、見事に危険が取り除かれた。これでメディアの狂想曲が収束したわけではなかったが、世論との関係では問題にケリがついた。陣営の政治コンサルタント、フィリップ・グールドがおこなった有権者の意識調査によっても、その点は裏づけられた。

これにより、目下の状況は危機ではなく、メディアが大騒ぎしているだけだと認識できた。メディアに振り回されないようにすれば、事態をそれ以上深刻化させずに済むこともわかった。この一日の出来事は、私たちにとって一つの挫折ではあった。しかし、もし過剰反応していたら、本当の危機に発展していただろう。副首相を更迭していれば、選挙戦のスタート早々に強力な選挙活動家

私たちは、一時的なメディア報道に影響を受けすぎる傾向がある。

ビル・クリントン
（元アメリカ大統領）

を失っていた。内閣改造を余儀なくされ、選挙プランを見直さざるをえなくなっていた。このような状況こそ、私の目には危機に近いものに思える。

ステップ2――率直に問題を認める

まずいことが起きたとき、まず、自分のせいではないと思いたがり、次に、目を背けていればいずれ問題が解決すると思いたがるのは、人間の自然な性質だ。しかし、この二つの希望的な発想はいずれも好ましくない。それが生む損害は、計り知れないほど大きい。

ルパート・マードック率いるメディア帝国は、傘下のタブロイド紙ニューズ・オブ・ザ・ワールドの電話盗聴問題で危機に陥ったとき、それを経験した。多くの社員は、非難を逃れようとして、見当はずれの努力にエネルギーを割きすぎた。一方、会社としても、問題が自然に解決するまでやり過ごそうという発想の下、やはり見当はずれの努力に多くのエネルギーを割いた。こうして、発行元のニューズ・インターナショナルは主体的な行動を取らず、取り返しのつかない事態を招いてしまった。問題を認めて独自に真相究明に乗り出すべきだったのに、見て見ぬふりをしていれば乗り切れると考えていたのだ。その結果、ほかの人たちの手で真相究明がなされて、マードック帝国は主導権を取り戻せないままだった。企業イメージへの打撃はあまりに大きかった（訳注／ニューズ・オブ・ザ・ワールドは廃刊に追い込まれた）。

対照的なメディア界の事例がある。二〇〇三年に、ニューヨーク・タイムズ紙のジェイソン・ブレア記者が記事の捏造と剽窃により辞職したときのことだ。問題が明るみに出ると、同紙の上層部は真相究明に乗り出し、徹底的な調査をおこない、その結果を紙面にも大々的に掲載した（この問題はそれに値する重大事件だった)。上層部は、問題が存在することを理解し、そのことをみずから認めたのだ。長い目で見れば、こうした対応が信頼回復を大きく後押ししたことは間違いない。

自動車のイグニション・スイッチの不具合による事故で一三人が死亡した際のゼネラル・モーターズ(GM)の対応と、二〇一四年三月にマレーシア航空370便が飛行中に行方不明になった際の同社の対応も対照的だ。前者の場合、問題が発生したのはGMの責任という面が大きかった。しかし、同社は危機発生までは多くの過ちを犯したが、問題発覚後は率直に問題を認め、二三〇万台のリコールを決めた。一方、後者の事件は、マレーシア航空が絶対的に悪いとは言えない。しかし、実際に起きたことを理解しようとせず、非難の矢面に立たされてしまった。こうしたことが公正か公正でないかは関係ない。対応がまずければ、厳しい批判を浴びるのだ。逆にうまく対応すれば、本来は責任があっても、あまり厳しく批判されずに済むかもしれない。

私が起業家のチャールズ・ダンストンに敬意をいだいている理由の一つは、厳しい状況に立たされたとき、みずからの問題点と会社の弱点を率直に認めたことにある。ダンストンの会社がブロードバンド通信サービスを開始したとき、申し込みが殺到して対応し切れなくなったことがあった。「壊滅的な状況だった」と、ダンストンは振り返る。「あまりに見通しが甘く、ものごとを楽観しすぎていた。どれほど大量の申し込みがあるか予測できておらず、対応できなかった。コールセンターにつながりにくい状況だったので店舗にスタッフを派遣したが、そのスタッフたちの電話もコールセンターにつながらない始末だった。私たちは、救いようのない間抜けに見えていた。私はものごとを過度に楽観する傾向があり、それがときにこのような弊害を生む。ぞっとする経験だった。本当に怖かった。間違いなく、人生で最も惨めな日々だった。それでも、私たちはこつこつ仕事を続けた。取締役会の面々に、こう話したことを覚えている。『状況は改善に向かっている。よその会社に比べて特段ひどいわけではない。サービスのお粗末さが他社並みになっただけだ』。私たちはまったくの役立たずだった。ある幹部に言わせれば、みんながあたふたとボールを追い回す、子どものサッカーのような有り様だった。いまは、いくらか大人になっていると願いたいものだ」「私たちはまったくの役立たずだった」と認められる経営者は非常に少ない。そうした姿勢は、実にすがすがしい。

ステップ3——正直な態度を取る

ルインスキー危機に対するクリントンの対応が見事だったことは前述したとおりだが、それでもある重大なミスを一つ犯した。夫婦関係とみずからのキャリアを守りたいという、人として自然な反応だったとはいえ、ルインスキーとの不倫関係について嘘をついてしまったのだ。これが原因で、のちに途方もなく大きな問題に直面することになった。

本人が私に語った話によれば、ある眠れない夜、妻のヒラリーを起こして真実を打ち明けようと決意した。人生で最悪の瞬間と言っても過言でなかったとのことだが、これがある面で転換点になった。ヒラリーに本当のことを話し、それでも離婚しないと言ってもらえたことにより、それ以降は自分の強み——運動を盛り上げる能力とコミュニケーション能力——を生かして疑惑と戦うことができたという。

問題が明るみに出ずに済むだろうという願望をいだきたくなるのは、理解できる。しかし、ほぼあらゆることはいつか露見する。ブレア政権は、就任早々にそれを思い知らされた。F1の運営会社フォーミュラワン・グループのバーニー・エクレストンCEOからの一〇〇万ポンドを超す献金をめぐり、一歩間違えば本格的な危機に発展していたかもしれない状況を経験したのだ。

巨額の政治献金の正当性を主張するのはいかなる場合も簡単でないが、このケースはとりわけ難しい問題があった。このとき、ブレア政権はスポーツにおけるタバコ広告についてルール変更を進めており、F1が特別扱いを受けるのではないかとの疑念をもたれていたのである。実際はそんな単純な話ではなかったのだが、この状況で巨額献金が明らかになれば、大きな問題になりかねないと思えた。

そこで、情報がすっぱ抜かれる前に、自発的にすべてを明らかにすべきだと、私は提案した。ブレアも最初は同意してくれた。ロンドン東部にフランスのジャック・シラク大統領を迎えて英仏首脳会談をおこなっていたとき、私は会場を抜け出し、献金問題に関する首相向けのメモを口述筆記で作成した。すべての事実関係を盛り込み、対応策も提案した。私の口から「一〇〇万」という言葉が発せられると、メモを作成してくれていた秘書がヒューッと声を発した。

しかしその後、首脳会談の場にいたゴードン・ブラウン財務相などの説得により、ブレアが考えを変えてしまった。これ以降、事実がぽろぽろと漏れ出しはじめた――ゆっくりと政権に打撃を与えながら。結局、メディアの猛烈な報道と政治的攻撃による狂乱状態が二週間近く続いた末、私たちはようやく事態を収束させた。そのためにブレアは難しいインタビューに応じ、非難を浴びて「政治的資本」を使い果たしてしまった。もし、最初からもっと積極的に対応していたら、その「政治的資本」をもっと有意義な目的に使えただろう。

口蹄疫問題のときは、最初は対応を誤ったが、次第に適切な行動を取れるようになった。当時の報道によれば、国民は政府の対応を信頼していないとのことだったが、問題が収束したあとの世論調査によると、そんなことはなかった。難しい状況で政府はよくやってくれたと、農民たちは考えていたのだ。政府が農民の信頼を勝ち取る転機になったのは、情報公開の強化を決めたことだった。たとえば、政府の主任科学者に国民向けの説明をさせたりした。もちろん、もっと早くそうすべきだったのだが。

ガソリン危機のとき、状況をコントロールする役に立ったことの一つは、首相が毎日、国民の前で話し、現在の状況と政府の対策を説明したことだった。国民の反応を見るかぎり、これが私たちの戦略のなかで最も有効だったようだ。政治に対する冷めた見方が広がっているとはいえ、危機のとき、国民は政治指導者の言葉に耳を傾けるらしい。

人々に真実を伝えることの重要性を考えるうえで、頭に入れておくべき厄介な問題が一つある。ほとんどの人は問題を恐れるが、一部にそれを好む人がいるのだ。ブリティッシュ・エアウェイズのCEOなどを歴任して数々の危機を経験してきたウィリー・ウォルシュは、興味深い指摘をしている。それは、私自身が感じていたこととも一致することだ。「危機は怖い。明けても暮れても不安で頭がいっぱいになる。けれども、そういう状況を楽しく感じる人がときどきいる。そういう人が危機を楽しみたいがために、無意識にせよ、危機をつくり出す場合がある」。そうなると、不正確な情報が広まりかねない。そこで、正しい事実関係をはっきりさせ、その情報を発信することがいっそう重要になるのだ。

ステップ4――体制を整え、素早く変化を起こす

どのように危機が展開するかは、前もって予想がつかない。状況によっては、既存の体制では十分に対応できない場合もある。一九九九年、ユーゴスラビアのコソボにおけるアルバニア系住民に対する「民族浄化」を理由に、北大西洋条約機構（NATO）軍がセルビア人指導者のスロボダン・ミロシェヴィッチと対峙したときもそうだった。

NATOのほうが軍事的に優位にあることは明らかだったし、メディアへの情報発信のスキルもNATOのほうが間違いなく上だった。第二次世界大戦後、ヨーロッパの平和を維持してきた実績をもつNATOは、コミュニケーション戦略家が言う「Aクラスのブランド」を擁していた。しかし、ミロシェヴィッチのように、まったく異なる時代にまったく異なる発想でメディアを利用しようとする独裁者を相手にすることは、十分に想定していなかった。

NATOは民主主義国家の集合体だ。加盟国の首脳たちは、自分たちのくだす決断について国民に説明し、多くの場合は正当性を訴えなくてはならない（そのために、ジェイミー・シー報道官が辛抱強く説明を続けた）。しかも、コソボ介入に対する国民の支持がきわめて弱い国も少なくなかった。対照的に、ミロシェヴィッチのプロパガンダマシンは、真実だろうと虚偽だろうと、言いたいことをなんでも発信できた。セルビアの通信社であるタンユグ通信が誤ったニュース（「NATOが小学校にナパーム弾を落とした」といったもの）を流しても、何事もなかったように、また次の虚偽情報を流すだけだった。しかし、当然のことだが、NATOが過ちを犯せば（残念ながら、紛争で過ちは避けられない）、ずっと厳しい基準で批判される。ミロシェヴィッチの行動とNATOの行動は、同じ基準で報じられるわけではなかったのだ。

この状況の転機になったのは、NATO軍機による誤爆事件だった。セルビア人勢力の部隊を爆撃したつもりが、難民を輸送する車列を誤爆してしまったのだ。これを受けてアメリカのクリントン大統領がNATO軍司令部の入れ替えを要求し、そのプロセスを監督するために、私がブリュッセルのNATO本部に派遣されることになった。

このおぞましい悲劇を機に明らかになったのは、それまでのやり方を変えるべきだということだった。批判が高まり、メディアの攻勢が強まるにつれて、アメリカの各政府機関やNATOの各加盟国がそれぞれ食い違ったことを言いはじめた。なにが真相で、誰に責任があるかについて、言うことが違ったのだ。厳しい状況に陥ったときに、チームシップが崩壊する典型例だった。現実が厳しいものだったことは確かだが、政治的には、私たちの行動が互いに作用し合い、実際より一〇倍は厳しい状況を生み出していた。

誤爆事件は、二週間にわたり世界のメディアで大きく取り上げられた。二週間と言えば、メディアの世界では相当に長い時間だ。最終的に状況がコントロールできたのは、爆撃の責任者であるダン・リーフという軍人――革ジャン姿で角張った顎をもった典型的な空軍兵士だ――が会見をおこない、世界の報道陣の前で、ことの経緯を一秒刻みで説明したあとだった。

その後、私たちは、クリントンとブレア、NATOのハビエル・ソラナ事務総長、そしてなによりNATOのウェスリー・クラーク欧州軍最高司令官の支持を得て、調整、計画、反論の系統を一元化する仕組みを導入した。その主な土台になったのは、私たちがイギリスの政権運営で学んだ教訓だった。具体的には、二四時間体制で稼働するメディア対応室を設置し、すべての加盟国政府とただちに連絡を取れるようにした。主要なリーダーのスピーチや記者会見、インタビューの時間が重ならないようにし、全員が同一のメッセージを発するように徹底した。NATO本部、アメリカ、イギリス、フランス、ドイツ、イタリアを結んだ電話会議を毎日二回おこなうものとし、ほかのすべての国の政府もその会話を聞けるようにした。私たちが二四時間体制で軍と連絡を取り合うようにした結果、軍は本来の主要任務、つまり戦いに勝つことに集中できるようになった。政治的な問題やメディア対応に時間とエネルギーを割かずに済むようになったのである。

イギリスの口蹄疫問題は、もっと大がかりな組織再編を必要とした。最初、私たちは農漁業食糧省（当時）の主張に耳を貸しすぎた。同省は、自分たちで対処できると言い、首相主導で対策を実施すれば自分たちの権威が失墜すると述べていたのだ。本当は、カナダのジャン・クレティエン首相の助言に従うべきだった。口蹄疫発生の第一報があったとき、私たちはカナダのオタワを訪れていた。クレティエンはそのとき、陣頭指揮をすべきだとブレアに助言した。「政権に打撃を与えかねない問題」だから、と。実際、私たちはこの問題により大きな打撃をこうむることになった。

この場合もやはり、トップの下に権限を集中させるのが正解だったのだ。ガソリン危機も同じだった。そのとき、私たちは危機における古典的な状況に直面した。関係者が口々に自分の責任を否定したのだ。財務省は、これはガソリンへの課税に関わる問題ではなく、治安の問題だと主張した。すると内務省は、治安の問題ではなく、運輸の問題だと言い、それに対し、運輸省は、運輸の問題ではなく、税の問題だと言った。こうして責任のなすり合いが際限なく続いた。一方、いつも互いに競争関係にある石油会社は、協力し合うことができないらしく、静かに嵐が去るのを待とうとしていた。批判の矛先はもっぱら政府に向かうとわかっていたのだろう。流れが変わりはじめたのは、意思決定系統を一本化してからだった。これにより、すべての当事者が一致したメッセージを発するようになった。危機の際に最悪なのは、みんなが口々に異なる説明や言い訳をすることだ。このように調整を欠いた対応は、有効でないし、信頼も損なう。

ステップ5――危機に人間の顔をもたせる

誰もがパニック状態で逃げまどっているときに、批判の矢面に立つ勇気がある人は少ない。しかし、誰かがそのような行動を取るだけで、事態を鎮静化させ、コントロールできるようになる場合が多い。嵐の中にいる人たちは、頼もしいリーダーがいると感じられる。それ以上に、つねに状況を知らされていると感じ、噂や外部の情報に振り回されなくなる。リーダーがスタッフに毎日電子メールを送るだけでも効果がある。スタッフが状況を把握しているものと決めつけて放置するよりは、ずっと好ましい。一方、外部の人たちは、スポークスパーソン役を務める人物が登場すると、問題への真剣な対処がなされており、状況が適切にコントロールされるだろうと感じる。

しかし、大きな組織は、そのような人物を生み出すことが得意でない。二〇一〇年のメキシコ湾原油流出事故のときにBPが見せた対応は、悪い危機対応の見本だ。同社の石油掘削施設「ディープウォーター・ホライズン」の爆発事故により、メキシコ湾に大量の原油が流れ出た。そもそも、BPが有効な危機対応のシナリオプランニングをおこなっていたかは疑問だし、原油流出事故を「想定外の可能性として想定」できていたかも疑わしい。しかも、事故が発生したあとも、BPは失言と失敗を繰り返している印象を与えてしまった。

このとき矢面に立ったトニー・ヘイワードCEOの前任者であるジョン・ブラウンに、BPの対応について意見を尋ねてみた。すると、ブラウンはいつものように礼儀正しく、しかしきっぱり指摘した。「弁護士が前面に出てきて、邪魔しているように見えた。危機が起きると、無味乾燥な官僚的表現でものを言いがちになる。けれども、本当に必要なのは人間の顔だ。危機にこそ、人間的な要素がもっと求められる。その逆ではない」

ブラウンには同様の経験がある。二〇〇五年、テキサス州のテキサスシティ製油所が爆発事故を起こし、一五人が死亡、一七〇人がけがをした。「重要なアドバイスに従うことと、人間らしい振る舞いをすることのバランスを取るのは本当に難しい。人命が失われたというのに、弁護士たちは『そんなことを言えば攻撃されます。なにもコメントしないのが一番です』などと言う。悲劇が起きたときは、弁護士に仕切らせずに、人間らしさをもつことがとても重要になる」

メキシコ湾原油流出事故のとき、BPのスポークスパーソン役を務めたヘイワードが適任だったかは疑問が残る。政治の世界で最終責任を負うのは首相や大統領だが、そのほかの分野では、かならずしも組織のトップが出てくる必要はない。ヘイワードは非常に賢明な人物だし、多くの面ではCEOとしても優れていたが、有能なコミュニケーターとは言い難かった。それに、イギリス流のウィットと振る舞いは、怒りを募らせているアメリカの世論に好感をもたれなかった。誰かが前もって、「もし危機が起きた場合は、誰かほかの人をスポークスパーソンにしたほうがいい」と助言しておくべきだった。それはヘイワードの得意分野ではなかったのだ。まったく無防備に発言してしまったときもあり、あらゆるコメントが攻撃の標的にされ、容赦ない批判を浴びた。アメリカ議会の公聴会に招かれたときは、血に飢えた人々による狩りの獲物のような状態だった。

優れたコミュニケーターは、二四時間体制で問題に対応し、大量の情報を素早く発信する。誤解されているときは、ただちに手加減なしに反論する。嘘の情報は、真実よりずっと速く世界を駆け巡る。だから、迅速な対応が不可欠だ。反論するときは、誤った情報を否定するだけでなく、議論の土台となる事実を示す必要もある。どのような事実やメッセージを伝えたいかを明確にし、それが伝わるようにすべきだ。誤った情報を放置し続ければ、やがてそれは事実とみなされるようになる。沈黙は、罪を認めるのと同じ。保身に走れば、痛い目にあう。

もう一つ重要なこと、それは言葉より行動のほうが雄弁だという点だ。二〇一〇年、アイスランドで火山が噴火して、ヨーロッパの多くの地域で旅客機の運航が停止されたことがあった。このとき、政府が過剰反応していると考えたブリティッシュ・エアウェイズのウィリー・ウォルシュは、あえて政府の警告を無視することにした。みずからと二人のパイロット、それに整備士一人だけを乗せたボーイング747型機を飛ばし、安全性を実証してみせたのだ。政府の閣僚や役人たちからは激しく反対されたが、自分の直感に従った。

「一日目は、政府の判断に納得していた。けれども、二日目には納得できないと思いはじめた。政府の判断に明確な根拠がないことを証明したかった。そのせいで航空産業全体が麻痺しかねない状況だったからだ。そこで、四日目に旅客機を飛ばした。現在の状況がナンセンスだということ、政府が再開の判断基準も明確にしないまま、空港を閉鎖していることを実証する必要があった。政府に対して異論を唱えるべきだと思ったが、専門家にこちらの言い分を主張させるだけでは不十分だと思えた。そこで、目に見える形でリーダーシップを実践しようと考えた」

危機が起きると、無味乾燥な官僚的表現でものを言いがちになる。けれども、本当に必要なのは人間の顔だ。危機にこそ、人間的な要素がもっと求められる。

ジョン・ブラウン
（BPの元CEO）

テスト飛行中の愉快な一場面により、この行動の大胆さがひときわ印象づけられた。パイロットが管制官に方向転換の許可を求めたときのこと。「そのまま待って。確認する」と管制官は答えたが、ほかの飛行機は一機も飛んでいないことをすぐに思い出した。「忘れていた。どこへでもご自由に」と、管制官は言った。このテスト飛行のあと、ウォルシュは、世界のさまざまな土地から二八機の旅客機をロンドンに向けて出発させた。政府からは、「違法」だと言われていたのに、である。これらの旅客機がロンドンのヒースロー空港に到着する頃には、空港が再開されていた。こうして危機は去ったのだ。

ステップ6——すべての問題をカバーする

これは、危機対応で最も難しい課題かもしれない。危機は、思わぬ方向に展開することがある。最も大きな問題に対応しているつもりだったのに、いつの間にか別の問題が膨らみはじめていたりするのだ。そうした問題は主たる問題の当然の延長線上にある場合が多いが、ときとして当事者はそのことに気づかない。危機の火消しをする人が重要なことに集中できず、パニックに陥りがちなのは、一つにはこれが理由だ。

ガソリン危機で抗議活動が活発化したとき、私たちは最初のうち、一部のトラック業者との問題という認識でいた。しかし、新聞がガソリンの買い占めを予測する記事を載せはじめると、それを読んだ市民が買い占めに走り、予測が現実になってしまった。トラック業者の問題が国民全体の問題に拡大したのだ。テレビ局は、ガソリンの備蓄量について正確な情報を伝えることもできたはずなのに、買い占め客のインタビューを流した。その結果、ますます買い占めの行列は長くなり、株式相場はさらに下落した。ようやく危機に終止符が打たれたのは、アラン・ミルバーン保健相が警告を発してからだった。この状態があと二日続けば、基礎医療を提供できなくなるという予測を示したのだ。看護師や医師などの医療関係者にも危機感を表明してもらった。すると、世論の風向きが変わり、抗議活動をおこなっていた側への風当たりが強まりはじめた。

口蹄疫問題のときも、最初は完全な国内問題だと思っていた。しかし、状況が変わってきた。アメリカのテレビが「イギリス炎上」というテロップとともに、感染家畜の焼却処分の様子を繰り返し映し出した結果、イギリスへの渡航をキャンセルする観光客や出張客が相次いだ。口蹄疫問題はイギリスの観光業を直撃しはじめたのである。目の前の問題ばかり考えていた私たちは、このような二次被害を予見できていなかった。私たちは遅ればせながら、訪英観光客の多い国々に向けたコミュニケーション戦略を打ち出し、イギリスに来ても安全だと訴えた。しかし、すでに取り返しがつかない打撃が生じていた。

対照的に、二〇〇一年の9・11テロ後は、ただちに問題のさまざまな側面を検討した。当日は、大混乱のなかでわからないことばかりだった。なにが起きたかはっきり理解できている人は誰もいなかった。ニューヨークの世界貿易センタービルの一棟に旅客機が激突した時点では、事故の可能性も考えられた。二棟目に旅客機が激突した段階でも、これがアメリカの危機なのか、それとも世界のほかの場所でもテロが差し迫っているのかがわからなかった。世界各国のリーダーたちは、テレビの前の視聴者が情報を知るのと同時に同じ情報しか手に入らなかった。

この出来事を予見していた人は——少なくとも、この日に、このような形で起きると予見していた人は——いなかった。私たちが最初に決める必要があったのは、きわめてローカルな問題だった。

ブライトンで開かれていたイギリス労働組合会議（TUC）の大会に、ブレア首相が予定どおり出席すべきかどうかという問題だ。世界貿易センタービルに一機目の旅客機が激突した時点では、出席してスピーチをするつもりでいた。しかし、二機目が激突した時点で方針を変更し、スピーチをせずにロンドンに戻った。そして、「COBRA」を舞台に相次いで会議をおこなった。ジェームズ・ボンド映画の悪役の拠点を思わせる名前だが、そんなにエキサイティングな場所ではない。これは「内閣府ブリーフィングルームA」という英語の略だ。閣僚や、警察、情報機関、運輸当局のトップが集まって話し合った。やるべきことがたくさんあった。

私はブライトンから戻る列車の中で、ブレアが対処したいと考えている問題を洗い出した。ブレアがA4版の罫線入りのメモ用紙に走り書きしたものと、その後の会話をもとに、課題をリストアップしたのだ。以下のような内容だった。

＊今日おこなうべき会議。
＊保安関係の会議（対外と対内）。
＊イギリスの航空路線に対する影響。閉鎖すべきか？　制限で十分か？
＊街頭での警邏《ら》活動。
＊主要な建物。大企業や経済機関との連絡。証券取引所。イングランド銀行。カナリー・ワーフ地区。
＊ユダヤ人関連施設の警備。
＊イギリス人犠牲者。担当大臣。
＊議会。緊急招集？　声明発表？　審議？

＊テレビと新聞。主要なメッセージとその形式。記者会見はいつ？

＊ならず者国家／大量破壊兵器との関係。

＊パレスチナ／中東和平プロセス。

＊向こう数日間の予定。出張？　どこへ？

＊ブッシュといつ話す？　ほかの首脳はまず誰と話す？

＊ＥＵの反応。国連の反応／緊急会合？　空白を埋める。Ｇ８。

＊苦境のアメリカ。支援すべき。

＊アメリカは反撃するか？　どこに？　おそらくアフガニスタン。リビアはどうなる？　イランは？　イラクは？

＊アメリカの立場に立ってペーパーを用意する？　ブッシュはどのような情報を得たいか？　ブッシュの頭の中を理解する必要がある。

＊チェチェン問題を抱えるプーチン。「だから言っただろう」と言うはず。

＊石油の供給。

＊役割が出てくるかもしれない部隊の所在地？　国防省。

＊イギリス人イスラム教徒を安心させる。手を差し伸べる。担当大臣。

＊イスラム原理主義の分析。

＊実行犯についての情報。ほぼ間違いなくアルカイダだ。

＊ムシャラフを抑え込む。

＊タリバンの分析。

いまにして思うと、９・11テロ後に取り組むべき課題と試練をよく網羅したリストと言えるだろう。

このとき、アイルランドの航空会社エア・リンガスのトップを務めていたウィリー・ウォルシュも、非常に多くの課題に対処しなくてはならなかった。「まず、社員に死者やけが人がいないかを確認することが必要だった。次にすべきことは、アメリカの空港に着陸できない状況で、自社の旅客機の居場所を調べることだった。一機はアイルランドを発ったばかりだったので、すぐに呼び戻した。二機はもう北米近くまで行っていたので、カナダで着陸できる空港を見つけなくてはならなかった。とはいえ、ほかの航空会社も状況は同じ。空港はたちまち混雑しはじめていた。着陸できる場所まで燃料が足りるか、うまく着陸できるか、と不安でならなかった。なにもかもが怖かった。危機対応センターに詰めていると、一機の燃料が底を突きつつあるという連絡が入った。その後、どうにか無事に着陸できたときは心底ほっとした。すべての旅客機が着陸できると、次に待っていたのは財務面の危機だった。当時は、売り上げの半分を大西洋ルートで得ていた。それがほぼゼロになった。経営破綻のリスクは切実だった」。真の危機とは、正しい選択ができなければ壊滅的な事態に陥りかねない状況のこと。その意味では、９・11テロは危機以外の何物でもなかった。

偉大な組織やリーダーは、想定外の事態に備える力が卓越している。メキシコ湾原油流出事故のときのＢＰのように、ありうるシナリオを想定できていなかった人や企業がある一方で、しっかりと危機を想定できていた人や企業もある。健全なレベルの心配性は好結果を生むのだ。そのような性質の持ち主は、失敗の可能性に注意を払い、将来を見通そうとし、ほかの人や組織に降りかかった問題が自分にも起きるかもしれないと考える。

心配性な面があるクライブ・ウッドワードもそうだった。二〇〇三年、イングランド代表を率いてラグビーのワールドカップ・オーストラリア大会に出場したときのこと。遠征の手配をする際、選手とスタッフが快適に過ごせるように気を配ったほか、弁護士を一人同行させることにした。評価の高いリチャード・スミス弁護士を連れていった。なぜ、そんなことをしたのか？　ウッドワードがつねに最悪のケースを想定するタイプの人間だったことに加えて、サッカー選手のボビー・ムーアに降りかかった出来事を覚えていたからだ。一九七〇年のワールドカップ・メキシコ大会にイングランド代表の主将として出場したムーアは、現地で万引きの容疑で逮捕されてしまったのだ。「率直に言うと、罠にはめられる危険があると思っていた」と、ウッドワードは言う。「なにが起きても不思議でないと感じていた。具体的に、なにが起きるかはわからなかったけれど、選手が禁止薬物を飲ませられるかもしれないと、なんとなく恐れていた。いずれにせよ、そばに一流弁護士にいてもらう必要があると思った。ラグビー好きのリチャード（・スミス弁護士）は、喜んで引き受けてくれた。とても満足だった。私たちには、彼が必要だった」

実際、スミス弁護士の力が必要になった。ある試合で、イングランドは一瞬、うっかり一六人の選手をフィールドでプレーさせてしまった。ラグビーで同時に試合に出場できるのは一五人。明らかに反則だ。勝ち点の剝奪や大会追放の処分がくだる可能性が出てきた。しかし、スミスの弁護士としてのスキルに助けられて、一万ポンドの制裁金と、コンディショニングコーチのデーブ・レッディンの二試合出場停止という処分で済んだ。最悪の事態は避けられたのだ。「審理が終わったとき、リチャードの手腕に誰もが感銘を受けていた」と、ウッドワードは言う。「リチャードはこの一日で、大会の全日程に自分が帯同することの価値を実証した」

危機のケーススタディ――ヒースロー空港の大惨事

私は最近、ビジネス界における危機管理の失敗例と成功例を紹介してほしいと言われると、失敗例としてBPのメキシコ湾原油流出事故とニューズ・インターナショナルの盗聴事件を挙げる。一方、成功例として挙げるのは、ヒースロー空港（ロンドン）の第五ターミナル開設だ。

第五ターミナルは、二〇〇八年にブリティッシュ・エアウェイズ専用ターミナルとして誕生した。いまでこそ、第五ターミナルの開設は成功と考えられているが、当時ブリティッシュ・エアウェイズのトップだったウィリー・ウォルシュに話を聞くと、練り上げられた危機管理シナリオに基づいて臨んだわけではなかった。「前に進みながら、その場で対応していった」と、ウォルシュは言う。「いくつかの実務上の問題は想定していたけれど、すべてうまくいかないという事態までは考えていなかった。次善のプランはいっさい用意していなかった」。それでも、「前に進みながら、その場で対応していく」ことは、少なくともリーダーらしく振る舞い、批判の矢面に立つ勇気をもった行動と言える。しかし、このときウォルシュが経験したことは、私の想像を超えていた。

新ターミナルの開設は、ヒースロー空港とブリティッシュ・エアウェイズにとって、そしてイギリスの航空交通ニーズを満たすうえで画期的な出来事になるはずだった。開設式典には女王も臨席し、世界中のメディアも招かれた。ターミナルの建物は高い評価を受けていた。これは、ヒースロー空港の過密状態（当時は世界で最も過密な空港だった）を解消し、イギリスが大規模で複雑なプロジェクトをやり遂げる方法を忘れてはいないと実証する機会にもなるはずだった。「宣伝文句を自分たちでも信じはじめていたように思う」と、ウォルシュは言う。しかし、ふたを開けてみれば、興奮気味の報道陣が見守る前で、計画を滞りなく実行するどころか、リアルタイムの大惨事を見せてしまった。記者たちは、その様子を喜んで報道した。

二〇〇八年三月二七日のオープニングの日、ウォルシュは朝四時から五時くらいの時点で、まずいことになりそうだと感じた。そして、その一時間後には、状況が「完全に混乱状態」に陥っていた。仕事人間のウォルシュが空港に出勤したのは、午前三時頃。大忙しの一日になることは覚悟していた。最初に旅立つ旅客機を見送り、最初に到着する旅客機を出迎えることが、この日のいちばん重要な予定だった。はじめは、いくつかの小さな問題が目にとまった。万事順調とは言えないようだと思った。たとえば、自分の持ち場を理解していないスタッフがいた。駐車場の標識に問題があり、遅刻してくる人もいた。

その後、ITシステムの問題が持ち上がりはじめた。手荷物処理部門の面々がコンピュータにログインしようとしたところ、教えられていたパスワードではアクセスできなかったのだ。パスワードが三度はねつけられると、その人は完全にブロックされて、業務ができなくなってしまう。「IT担当者がIDの列とパスワードの列を間違ったために、誰もアクセスできなかった」と、ウォルシュは言う。「全員に同じ問題が起きていたので、なにか問題があると気づき、比較的早く原因を突き止めて対処できた。それでも、一時間くらい無駄にしてしまい、誰もが少し神経質になっていた」

もう一つのITシステム上の問題はもっと深刻だった。それを解決するまでに数日を要した。「収拾がつかなくなった」と、ウォルシュは振り返る。「テストをしたときは、本番のつもりでやっていた。ただし、当然、実際に荷物をどこかに送り出すことはしない。そこで、IT部門はプログラムを一時的に修正し、荷物が空港内にとどまるようにしていた。ほかの空港に荷物に関する情報が送られることもないようにしてあった。実際には荷物が運ばれない以上、そうするのが当たり前だ。本当にターミナルが稼働を開始するときは、このプログラム修正が解除されることになっていた。ところが、実際は解除されなかった。しかも、私たちがそれに気づいたのは、オープンの四日後だった。このような小さい問題がいくつも起きていた。新空港や新ターミナルが開設されるときは問題がつきものだが、これはとびきり大規模な新ターミナルだった。このとき持ち上がった危機の八〇％は、このようなＩＴ関連の問題、とくにプログラム修正の問題が原因だったようだ。ただし、問題を単純に考えすぎると、大混乱に陥りかねない。問題が一つだけなら、もっと素早く対処できただろうが、一〇や二〇もの小さな問題が重なり合うと、厄介な状況になる」

危機に直面すると、いくつもの難しい選択を強いられる。この危機の場合、一つは荷物を載せずに旅客機を出発させるかという選択、もう一つは着陸前に荷物の問題を乗客に伝えるかという点だった。結局、荷物を載せないまま旅客機を飛ばせたが、乗客には着陸前に知らせないことにした。

何千もの荷物が旅客機への搬入場所に運ばれたが、システムに三度はねつけられると、一時保管場所に移されてしまった。「目も当てられない混乱状態だった。荷物の札には『マイアミ行き』と書いてあっても、システムがそれを認めない。テスト時のプログラム修正が解除されないままだったため、荷物が空港のビルを出ないように制限されていたからだ。このときは、誰も原因がわからなかった。そのうちに、持ち主と同じ旅客機に載らない荷物が七〇〇〇個も溜まってしまった」

問題の大きさがわかってくると、ウォルシュは「文字どおり吐き気がした」と言う。「あれほど怒ったのははじめてだった」。万全だと言っていた人たちに裏切られた思いだった。それでも、この日、真っ先にしたことの一つは、家に帰ることだった。それがのちに危機を抑え込むうえで重要な意味をもつことになる。「私自身が問題を増幅させていると気づいた。本当に腹を立てていて、誰かを殴ってしまうのではないかと自分で心配だった。そこでこう考えた。『私がいても、いいことはない。事態をますます悪化させている。実務担当者に任せよう』。この判断ができたことに、私は満足している。正しい判断だったと思う」

自分がそこにいることにより、問題に対処すべき人たちの邪魔をしているのではないかと恐れたのである。ここまでは、口蹄疫が発生した当初のブレア政権の対応と似ている。そのとき、所管の農漁業食糧省は、首相の下に意思決定系統を集約することを嫌い、そのせいで、私たちは問題を何日も放置してしまった。しかし、ウォルシュは、口を出さないという方針を翌朝に撤回し、自分の本能に従って行動しはじめた。

「家に帰ると、『私はどうすべきなのか？』と考えた。すると、空港スタッフから電話がかかってきて、翌日のフライトの半分をキャンセルしなくてはならないと言われた。私はこう答えた。『駄目だ。十分考えてまた電話してくれ』。次の電話では、二〇％でどうかとのことだった。私はさらに念押しした。『本当にその必要があると確信しているのか？』。すると、確信があると言うので了承した」

「翌朝、私は対応に乗り出した。朝五時に空港に入り、ジュリア〔著者が首相官邸で働いていたときのチームの一員だったジュリア・シンプソン。ウォルシュのメディアアドバイザーを務めていた〕に、取材に応じるつもりだと伝えた。なにを話すのかと、ジュリアは言った。『その場

問題が一つだけなら、もっと素早く対処できただろうが、10や20もの小さな問題が重なり合うと、厄介な状況になる。

ウィリー・ウォルシュ

（元ブリティッシュ・エアウェイズCEO）

面にならないとわからない。でも、取材に応えるべきだと思うんだ』と答えた。状況がはっきりするまで待ったほうがいいと彼女は言ったが、リーダーシップの空白が生まれていると、私は感じていた。それに、メディアは『順調なときは取材に応じていたのに、いまはどこかに行方をくらました』と、私たちのことを思っていた。報道陣は私たちに騙されたと感じていて、追及する気満々だった。まず、BBCのトム・サイモンズのインタビューを受けた。最初の問いは、『誰の責任なのか?』だった。とっさに、『私です』と即答した。『これは私の判断でした。私に責任があります。ですので、いま責任をもって状況を打開しようとしています』。相手が驚いた表情を浮かべ、それを見た周囲の記者たちが笑った。彼が面喰っているように見えたからだ。私の回答は事前に用意したものではなかったが、それが正しい言葉だと思った」

BBCラジオの車に足を運び、ニュース番組『トゥデイ』のインタビューも受けた。それまでに受けたインタビューを聞いていた音声担当の男性に言われた。「とても勇気のあることだったと思います。企業のCEOがあんなふうに自分の責任を認めるのは、聞いたことがありません」

「それを聞いて不安になってきた。間違ったことを言ってしまったのではないかと思った」と、ウォルシュは振り返る。「でも、危機のときは、リーダーが姿を見せることが不可欠だと思っていた。私がブリティッシュ・エアウェイズのトップである以上、私がその役割を担わなくてはならないと思った。惨事を生んだリーダーだったとしても、私がみんなの前に出て批判を浴び、どのように対応しているかを説明する必要があった。問題は私たちの責任というよりヒースロー空港の責任だったので、私がブリティッシュ・エアウェイズを前面に立たせたことに不満を感じているスタッフもいた。それでも、私はそれ以外に選択肢はないと思っていた。人々が望んでいたのは、責任の追及よりも問題の解決だった。私が責任を認めれば、ほかのみんなが『私はこの点で失敗しました。あの点で失敗しました』と言えるようになるとわかっていた。そこで、社内に対しては、誰の責任かはあとで明らかにするとして、とりあえず私の責任ということにしておいて、問題を解決しようと言った」

このとき、ウォルシュはひっきりなしにテレビ画面に登場していた印象がある。「ニュースはこの問題で一色だった」と、ウォルシュは語っている。「自分が前面に出ると決めた以上、落ち着くまで続けなくてはならないとわかっていた。間違いなく、最初の四日間は人生最悪の日々だった。それでも五日目になると、少しずつ解決に向かいつつあると思えるようになった。一〇日目には、当初の計画どおりにものごとが動きはじめた。それでも、評判が回復するまでにはもっと長くかかった。半年、あるいは一年くらい経ってようやく、ほとんどの人が第五ターミナルと聞いて真っ先に思い浮かべるものがオープニング時のトラブルではなくなった」

危機の発生から収束まで

ヒースロー空港第五ターミナルのエピソードは反面教師にもできるし、危機管理のお手本にもできるが、ここには典型的な危機が発生から収束までにたどるパターンも見て取れる。危機は多くの場合、危機の発生、状況が理解できないパニック状態、状況を理解しようとする最初の試み、派生的な問題の勃発と状況の悪化、状況のいっそうの深刻化と好転、最終的な解決、そして（場合によっては）教訓の学習という段階を経る。

「状況が悪化するのは、解決への一歩」という格言がある。問題の渦中にいるときは、この格言も気休めにならないだろう。しかし、この言葉は胸に刻んでおいたほうがいい。これを理解していれば、ブレずに問題解決に当たれるからだ。「苦しいときは、いつかは問題が解決すると忘れないこと」と、ジャック・ウェルチも助言している。

危機に直面している人は、その状況が永遠に続くと思い込むことがある。しかし、どんなに状況が厳しく思えたとしても、実際は思っているほどひどくない。へたをすれば、職を失ったり、選挙で落選したり、戦いに敗れたりするかもしれない。それでも、危機はいつか終わる。そして、危機を一つ生き延びるたびに、ほんの少しだけ次の危機にうまく対処できるようになる。

口蹄疫問題のときに私が記した日記を読み返すと、危機が進行する間に感じた恐怖の感情をいまでもありありと思い出す。二〇〇一年二月二二日、最初の症例が報告されたとき、私たちはすぐに対応しなかった。この問題が危機に発展しかねないと気づくまでに四日かかり、その結果、首相の下に意思決定系統を集約するのが遅れてしまった。

三月一日までには、農漁業食糧省が「対応できていない」ことが明らかになってきた。チャールズ皇太子が政府の対応を批判（私たちの対応次第では、これは避けられたはずだった）。地方議会が五月三日の地方選の延期を求めた（そうなれば、同日に予定していた総選挙も延期せざるをえない）。三月一四日には、観光危機の最初の兆候が見えはじめる。三月一七日、トニー・ブレアが取り乱す。

三月一八日、首相の下に意思決定系統を集約し、適切な対応が取れるようになる。選挙は延期。ブレアが各地を訪ねて回り、批判を甘んじて受ける。ワクチン接種をめぐり逡巡。統計が混乱。大量の家畜を焼却処分するために軍を投入する。「フェニックス（不死鳥）」と名づけられた子牛を予防的な殺処分から救えという運動が盛り上がり、問題は奇想天外な展開に。

やがて、危機は少しずつ沈静化しはじめる。五月八日、ついに総選挙の選挙戦に突入。その八日後、前述のプレスコット副首相のパンチ事件が起こり、私たちは苦境に立たされる。こうした状況を乗り切れたのは、驚くべきことと言えるだろう。このような本格的な危機を生き延びれば、その経験が次の危機で生きてくることは間違いない。

災いを転じて福となす

あらゆる危機は、いつかかならず終わる。だから、危機が去ったときに、通常の戦略に戻れるように留意する人物が必要とされる。トニー・ブレア率いるニュー・レイバーは、それをうまくできなかった。私たちはたいてい、最も優秀な人材を目の前の危機への対応に投入していたからだ。

ヒースロー空港第五ターミナルをめぐる騒動でウォルシュが特筆すべきだった点の一つは、新ターミナルを素晴らしい施設にしたいという自分たちの思いが弱かったと結論づけたことだ。ウォルシュは、すべてを正常化するだけで満足せず、この機会を利用してターミナルを改善しようと思いはじめた。そこでただちに人事をおこない、二人の取締役を更迭した（「素晴らしい人たちだったが、信頼できなくなった」とのことだった）。また、部下のなかで指折りの優秀な人材であるロバート・ボイルに、危機収束後の戦略の練り直しを担当させることにした。日々の危機対応に忙殺されずに、危機後にすべきことを検討できるようにしたのだ。「不満がある人もいたようだが、このような担当わけが必要なのは明らかだと、私は思っていた」

広告も見直した。高級感のある広告に金を使うのをやめて、空港内とメディアでターミナルの状況（離発着する旅客機の数、運航時間の正確性、そしてなにより旅客機に積み込まれた荷物の数）をリアルタイムで告知するようにしたのだ。しかし、もっと重要だったのは、「失敗を経験して目標を設定し直した」ことだったという。

このようにきわめて意欲的に行動する理由について、ウォルシュはこう説明している。「失敗から学ぶ意思があれば、素晴らしい結果を得られる可能性がある。だから、同じ過ちを何度も繰り返さないかぎり、失敗を恐れるべきでないと思っている。このような考え方を他人に押しつけるつもりはない。失敗がつねに悪い結果を意味する状況もあるだろう。それでも、いまの第五ターミナルは素晴らしい施設だと思うし、それはあの日々を経験したおかげでもあると思っている。アメリカのデンバーの空港は、開港して六カ月もの間、荷物の問題を解決できなかった。その点、私たちは一〇日間、悪夢のような日々を送ったけれど、それ以降は円滑に運ぶようになった。あのとき、本当に見かけほど厳しい状況だったのか？　その点は間違いない。では、最終的に期待以上の成果を上げられたのか？　それはできたと思っている」。ウォルシュの誇らしい思いが伝わってくる言葉だ。

悲劇と恐怖が危機を生み出しかねないときにも同じことが言える。問われるのは、厳しい状況に押しつぶされてしまうのか、それとも逆境を経験して強くなれるのかだ。

ブレア政権をとりわけ厳しい状況に置いた出来事の一つは、一九九八年に北アイルランドのオマーで起きた爆弾テロだ。多くの人命を奪うだけでなく、北アイルランド和平プロセスを葬り去ることを意図したテロだった。この年の四月、イギリスとアイルランドの政府が和平合意を結び、新しい政治的な枠組みもつくられた。そこに、和平反対派の爆弾が炸裂した。一九九八年八月一五日、オマーの市街で車爆弾が爆発し、二九人が死亡、二二〇人が負傷した。誰もが危機だと言い、壊滅的な打撃だ、昔に逆戻りだと述べた。

カギを握っていたのは、政治指導者たちの反応だった。とくに、シン・フェイン党のジェリー・アダムズやマーティン・マクギネスなど、テロ支持から和平路線に転換したリーダーたちの反応が重要だった。このとき、彼らは正しいことを述べ、正しい行動を取った。しかし、誰よりも強いメッセージを発したのは、テロで家族を失った人たちだった。この悲劇を和平推進の原動力にしてほしい、進歩への希望を捨てる口実にしないでほしい、と訴えたのだ。

ブレアはフランスでの休暇を切り上げてオマーを訪れ、遺族の明確なメッセージを受け取った。のちにテロの余波が少し落ち着いてから、ブレアはシェリー夫人と、アメリカのビル・クリントン大統領とファーストレディーのヒラリーをともなってこの町を再び訪れた。その経験は、クリントン夫妻の記憶に深く焼きついたようだ。北アイルランドを発つとき、ヒラリーが私に言った。「和平プロセスはきっとうまくいく。地元の人々が強く望んでいるのだから」。数年後に私がインタビューしたとき、ビルも言った。あの事件が和平推進への転機になったと思う、と。

「私たちはオマーを訪れてテロの遺族たちと会った。遺族にとって、テロは和平推進の重要性をいっそう痛感させる出来事になった」と、ビルは述べている。「『あいつらは私の家族を奪った。仕返しに五人殺してほしい。昔のやり方に戻るべきだ』などと言う人は一人もいなかった。私たちにそんなことを言った遺族は一人もいない。おそれ多い言葉だが、私はオマーの瓦礫の中

失敗を経験して
目標を設定し直した。

ウィリー・ウォルシュ
（元ブリティッシュ・エアウェイズCEO）

に立ったとき、北アイルランド和平は死なないと確信した」

このときは、政治指導者も一般市民も勇気をもって先頭に立った。しかし、近年の金融業界では、それとは対照的な姿勢が蔓延している。第一に、金融機関は二〇〇八年の金融危機を予測できていなかったように見える。第二に、当初は最悪のシナリオを想定せず、最善のシナリオを前提に行動した。第三に、仮にそのような事態を想定していたとしても、実際の行動にはまったく反映されていなかった。危機対応計画がまったく存在しないように見えた。第四に、業界関係者は誰も率先して行動しようとせず、誰かがリーダーシップを発揮してくれることを期待し、そのうちに危機が去るだろうと思っていた。

それに対し、政治指導者たちは状況を放置するわけにはいかなかった。へたをすれば、世界経済を破綻させかねない事態だったからだ。アメリカのオバマ大統領、イギリスのブラウン首相、ドイツのメルケル首相、フランスのサルコジ大統領といったリーダーたちが強い意志をもって打席に立とうとしていたとき、金融関係者たちはそろって「観客」になっていた。イギリスのガソリン危機のときの石油会社幹部たちの姿勢と同じだ。

その後、金融関係者はどうなったか？　一人は、業界の強欲と無能の象徴になってしまった。その人物とは、イギリスの金融大手ロイヤル・バンク・オブ・スコットランドのフレッド・グッドウィンCEOだ。激しい批判を浴びて辞任に追い込まれたグッドウィンと家族にとっては恐ろしい経験だっただろうが、ほかの金融機関経営者たちはこれ幸いと、ますます身を縮めて逆風をやり過ごそうとした。しかし、「目立たないようにして、ほかの誰かを批判の矢面に立たせ、危機が過ぎ去るのを待つ」という戦略は、真の危機では通用しない。

このときドイツの投資銀行ベレンバーグ銀行のイギリス部門責任者を務めていたアンドリュー・マクナリーは、多くの金融関係者が金融危機の教訓をなにも学んでいないのではないかと恐れている。「最悪の時期は脱したと思い、何事もなかったように、昔と同じやり方に戻っている金融機関もある」と言う。

「本来なら、変わるためのチャンスにしなくてはならない。このチャンスを生かせなければ、また危機が発生し、もっと多くの人が犠牲になるだろう。もう手遅れではないかという不安も感じる。いまから変わっても、次の危機は避けられないかもしれない。問題は、人々が十分に本腰を入れて変わろうとしないことだ。規制の変革、仕事のやり方の変革、価値観の変革、ものごとに対する姿勢の変革を十分に推し進めようとしていない。『嵐は去った。もう大丈夫。ひどい目にあったけれど、私たちは倒れずに済んだ……またもとのようにやり直そう』と考えている人があまりに多い。危機にせめて価値があるとすれば、それはそこから教訓を学べることなのだが」

厳しい経験から好ましい結果を引き出そうという決意が実を結んだ例は、スポーツ界にも多い。私が最も刺激を受けたのは、サッカーのマンチェスター・ユナイテッドを襲った航空機事故の例だ。ときは一九五八年。チームのチャーター機がドイツのミュンヘンの空港で離陸に失敗し、二三人が死亡した。そのなかに選手も八人含まれていた。

これは、間違いなく危機と言えた。それでも、チームは前に進み続けようと決意し、控え選手とユースチームの選手を中心にシーズンを最後まで戦い抜いた。イングランドのサッカーカップ戦であるFAカップでは決勝まで進出した（ボルトン・ワンダラーズに二対〇で敗北）。現在のチャンピオンズリーグの前身であるヨーロピアンカップでは、ホームのオールド・トラッフォードのスタジアムでACミランを破ってもいる（その後、ACミランの地元に乗り込んで戦ったアウェー戦は四対〇で敗北）。

マンチェスター・ユナイテッドが不屈のチームとして知られるようになった最大の理由は、このミュンヘンの悲劇だった。チームは今日にいたるまで、この出来事を戦略とモチベーションを牽引する要素にしている。当時のマット・バスビー監督（事故で大けがを負い、二度にわたって命が危ぶまれる場面があったが、奇跡的な回復を遂げて現場に復帰した）と、のちのアレックス・ファーガソン監督は、この歴史がチームの現在を築いたのだと選手たちに教え続けた。

マンチェスター・ユナイテッドは一九六八年、ヨーロピアンカップに優勝する（決勝はロンドンのウェンブリー・スタジアムでポルトガルのベンフィカと対戦し、四対一で勝利）。ジョージ・ベスト、デニス・ロー、ブライアン・キッドといった若いスーパースターたちが新たな「バスビー・ベイブス（バスビーの子どもたち）」と呼ばれるようになった。こうした若くて元気な選手たちをサポートしたのは、ミュンヘンの悲劇を経験したベテランのビル・フォークスと当時の主将ボビー・チャールトンだった。

ガリー・ネヴィルは、一九九九年のチャンピオンズリーグ決勝のピッチに立ったとき、ミュンヘンの悲劇のことを考えていたという。自分が生まれる二〇年近く前の出来事だったにもかかわらず、だ。試合は、〇対一でリードを許していたマンチェスター・ユナイテッドが試合終了間際に二点を上げて逆転勝利で優勝を決めた。悲劇と死の恐怖から、人々の心を鼓舞できる不朽の歴史が生まれたのである。

ビル・クリントンが大統領執務室でルインスキーとしたことは、ミュンヘンの悲劇とは似ても似つかない。しかし、共通点もある。マンチェスター・ユナイテッドもクリントンも壊滅的な打撃をこうむったが、最終的にはそれ以前より力をつけたのだ。実際、いまクリントンほど愛され、多くの人に知られている人物は、世界でも珍しい。大統領時代を懐かしく思っている人も少なくない。バラク・オバマは、再選を目指した大統領選の選挙運動に勢いをつけたいときにその力を借りた。世界中の官民の組織もその権威と助言を頼る。

この元大統領は、いまも多くの分野で大きな役割を果たしている。危機に直面し、メディアの報道に不満を感じているリーダーは、批判に振り回されて破滅してはならないというクリントンの言葉を思い出すべきだ。そして、厳しい状況に置かれるたびに、「あのときのクリントンよりひどい状況だろうか?」と自分に問いかけよう。ルインスキー・スキャンダルのとき、クリントンは最悪の状態に陥った。しかし、それを生き延びたばかりか、その後、いっそう強力な存在になった。危機を見事に乗り切ったのである。

第15章　レジリエンス

成し遂げた成果で私を評価しないでほしい。倒れて、そのあと立ち上がった回数で評価してほしい。

——ネルソン・マンデラ（南アフリカの黒人解放運動指導者）

私はさまざまな世界のリーダーたちと会ってきたが、そばにいるだけで心臓の脈動が速まり、思わず背筋を伸ばさずにいられなかったのは、南アフリカの黒人解放運動のリーダー、ネルソン・マンデラただ一人だ。はじめて会ったとき、私はデイリー・ミラー紙のジャーナリストで、マンデラは政治犯として収監されていた刑務所から釈放されたばかりだった。

始まりは、筋金入りのアパルトヘイト（南アフリカの人種隔離政策）反対派であるディック・カボーン議員が私に相談を持ちかけたことだった。ロンドン郊外のウェンブリーでマンデラの釈放を祝うコンサートを開きたいので、ミラー紙のオーナー、ロバート・マクスウェルに後援してもらいたい、とのことだった。私がその話をもっていくとマクスウェルは後援に同意したが、一つ条件をつけた。その条件とは、マンデラがミラー紙の本社（ロンドン都心部のホルボーンにあるペントハウスだった）を訪れて昼食会か夕食会をおこなうことだった。

当日、マンデラはマクスウェルのヘリコプターでやって来た。誰もがその魅力的な人柄と優雅な物腰、ユーモアの精神に圧倒されていた。ところが、マクスウェルはご親切なことに、マンデラに交渉術の講義をしようとした。こんな「珠玉」のひとことを口にした。「ネルソン、交渉でいちばん重要な資質、それは……［効果を狙ってここで一瞬沈黙］忍耐だ」

息を詰めて見守っていた一同は、ここで大きく息を吸い込んだ。マンデラが口を開いた。三〇年近く釈放の日を忍耐強く待ち続けた男は、ほほ笑みを浮かべてさらりと言った。「忍耐のことなら、私も少し知っていますよ」。マンデラが耐えてきた逆境と苛立ちを考えれば、大口叩きのメディア王が小さな存在に見えた。

マクスウェルがどんな教訓を伝授するつもりだったかはともかく、マンデラが私たちに教えてくれているのは、真のレジリエンス（逆境からのしなやかな回復力）をもったリーダーなら、どんなに厳しい逆境もチャンスにできるということだ。

メディアが黒人解放運動のリーダーたちのスピーチを記事にしたり、寄稿を掲載したりすることを禁じられていた時代に、マンデラは法廷に立たされたとき、その機会を利用して自分の主張と目標を訴えた。刑務所に収監されていたときは、アフリカ民族会議（ＡＮＣ）のほかのリーダーたちと直接話すチャンスと考えた。刑務所外では、それをほぼ禁じられていたのだ。そして、一九九〇年、南アフリカがアパルトヘイトという大きな矛盾の重圧により崩壊しかけていたとき、政府が激しい暴力に打って出ると、マンデラは非暴力主義を打ち出した。それにより、政府が話し合いに応じざるをえない状況をつくり出した。多数の市民が殺害されるという逆境を、ＡＮＣの多くのメンバーが支持していた武力闘争路線を放棄する機会にしたのだ。

マンデラは、ほかにも多くの障害に立ちはだかられ、それを乗り越えなくてはならなかった。南アフリカでは、一九一三年の土地法により、国土の八七％の土地に対して非白人の所有を認めていなかった。黒人が先祖代々暮らしてきた国だというのに、である。一九二三年には都市地域法が制定されて、都市部で黒人居住区のスラム地区がつくり出された。一九二六年の産業調整法は、黒人を単純労働に押し込めた。

反アパルトヘイト運動の初期、マンデラとANC青年同盟は反共産主義法違反を問われて、活動を大きく制限された。一九五六年前半、マンデラは活動範囲をヨハネスブルク市内に制限され、集会への参加を五年間禁じられた。その数カ月後には、国家反逆罪で逮捕された。オリバー・タンボと共同で開業した法律事務所も閉鎖に追い込まれた。

逆境は、「身内」によってもつくり出された。たとえば、ANC内の過激派勢力がパン・アフリカニスト会議（PAC）という別組織を立ち上げた。このグループはANCと共産党のつながりに反発し、指導部の戦術に満足できず、もっと過激で暴力的な戦い方を望んでいた。マンデラとANC指導部は、反アパルトヘイト運動に多くの人を引き込もうとしていたが、PACはことごとくANCの足を引っ張った。重要な局面で運動の分裂を誘い、ANCが大規模ストを呼びかければ、スト不参加を訴えるなど、ANCがなにかを発表するたびに、人々の判断を誤らせるようなことを発表した。しまいには、PACの過激な行動を理由に、政府がPACとANCの両方を非合法化した。一九六〇年四月八日のことだ。これにより、ANCのメンバーであるだけで投獄と罰金処分の対象とされ、ANCの活動を推し進めれば一〇年の刑を科される可能性が出てきた。

一九六二年、マンデラはダーバンからヨハネスブルクへ移動していた途中、深夜に逮捕された。そして、ストの扇動で二年、旅券なしでの出国により三年、合わせて五年の刑を言い渡された。収監されて九カ月後には、ほかのANC幹部とともに国家反逆罪で再逮捕され、終身刑を宣告された（死刑を言い渡されていてもおかしくなかった）。

ロベン島の刑務所での日々は過酷だった。黒人服役囚は動物同様に扱われた。食事は、朝と夜の粗末なトウモロコシ粥だけ。体を洗うときも海水しか使えず、石灰石の採掘場で長時間働かされた。マンデラは法律と政治のスキルを駆使して政治犯の待遇改善をはたらきかけたが、政治犯が新聞を読むことを許され、勉強の時間を認められ、ほかの服役囚と同じ服を与えられ、食事が改善されるまでに、一〇年を要した。妻のウィニーとは半年に一回面会できるはずだったが、当局の策謀により二年に一回しか実現しなかった。親戚たちと一緒にいるところを見たことがある人なら知っているように、マンデラは家族愛の強い男だったが、母親と長男の死は獄中で知った。いずれも葬儀への参列はかなわなかった。

刑務所での処遇は、刑務所外の出来事の影響を直接受けた。ANCのメンバーが警察を襲えば、マンデラへの処罰がいっそう厳しくなった。しかし、試練にさらされながらも、意志がくじけることはほとんどなかった。自分の逆境や苦痛ばかり考えるのではなく、その根本の原因、すなわちアパルトヘイトに終止符を打つためにどうすればいいかを考えた。

次第に、アパルトヘイトを終わらせるためには、自分に過酷な仕打ちをしている人たち（刑務所の看守や南アフリカの白人指導層）と信頼関係を築く必要があると思うようになった。自分を抑圧する人たちと話し合い、その人たちを許したこと——マンデラの人間的魅力はそこにあった。この魅力ゆえに、多くの人々の心をつかめたのだ。

以前、イギリス首相官邸で働く数少ない黒人女性モニカ・プレンティスのために、著書『自由への長い道──ネルソン・マンデラ自伝』（邦訳・NHK出版）にサインしてもらったことがある。マンデラは少し手間取りながら万年筆のキャップをはずし、本を開いて、ゆっくりと、丁寧に、昔ながらのキレイな文字でサインを書きはじめた。そして「モニカへ」と書きかけた途中で顔を上げ、「モニカって、あのモニカじゃないよね？」と言うと、にっこりとほほ笑み、笑い声も上げた。私はそのとき、マンデラに尋ねた。「どうして、ご自身やほかの黒人たちにあのような仕打ちをした人たちを許せたのですか？」。答えはシンプルだった。「うらみの感情だけしかもっていなければ、けっして自由になれないと気づいたのです」

マンデラほどではないとしても、私たちは誰でも挫折や失意を味わうときがある。目標に向けて突き進んでいる人は、それが避けられない。そういうときは、歴史上で逆境に立たされた人物は自分だけではないと思い出せば、勇気が出てくるかもしれない。自分よりずっと過酷な状況をはね返した人たちのことを知れば、力が湧いてくるだろう。そして、なによりも重要なこと、それは、逆境に押しつぶされまいと決意することだ。

たった一度の出来事で運命が暗転する場合もある。一九九八年、サッカーのワールドカップ・フランス大会でイングランド代表のデーヴィッド・ベッカムが経験したことはその典型だ。アルゼンチン戦の試合中に我を忘れてアルゼンチン代表のディエゴ・シメオネを蹴り、レッドカードで退場になったのだ。PK戦で敗れたイングランドは、これで大会敗退が決まった。イングランド・サッ

これまで300近くの試合に負けた。そのうち26回は、勝利をもぎ取るためのショットを託されてはずしてしまった。私は人生で何度も何度も失敗してきた。私が成功できたのは、そうした失敗のおかげだ。

マイケル・ジョーダン
（元プロバスケットボール選手）

カーの英雄だったベッカムは、一転して戦犯扱いされた。自宅に犬の糞を送りつけられたり、人形を燃やされたりもした。試合が終わると、チームメートが重い足取りで引き揚げてきた。「誰も私に声をかけなかった。ほとんどなんの音もせず、いっそう胃が締めつけられた。息が詰まりそうになり、あわてて息を吸い、また息が詰まりそうになった。ロッカールームには人が大勢いたのに、私はそれまでの人生で経験したことがないくらい孤独に感じていた。一人ぼっちで怖かった」と、ベッカムは回想録に記している。

しかし、ここで大きな転換点が訪れた。それはベッカムの人生においても大きな出来事だった。代表チームの同僚で、アーセナル（ベッカムの所属していたマンチェスター・ユナイテッドの最大のライバルだ）の主将を務めていたトニー・アダムズが歩み寄ってきた。「（アダムズは）私の肩を強く抱いた。心から私を元気づけようと思っているのが伝わってきた。私のつらい気持ちを理解し、苦痛を和らげようと思ってくれていた。『誰だって失敗はする』と、彼は言った。『失敗に打ちのめされてはいけない。もっと強く、もっと優れた選手になって戻ってくればいい』」

陳腐な気休めの言葉と感じるかもしれないが、この言葉には真理が含まれている。私は首相官邸で働いていた頃、一〇の言葉――すべてアルファベットの頭文字を並べた略語の形で表現してある――を記したカードをいつも背広のポケットに入れていた（実はいまも入れている）。その七番目が「GGOOB」だ。「悪い状況から好ましい結果を引き出す（＝Get Good Out Of Bad）」の略である。前章のビル・クリントンやウィリー・ウォルシュの例を思い出せばわかるように、これは危機管理で非常に有効な標語だが、人生全般でもこの精神を頭に入れておいて損はない。

実際、オーストラリアの一三人制ラグビーの元選手、クレイグ・ベラミーいわく、「概して、勝利よりも敗北や逆境から学べることのほうが多い」という。ケニアの陸上競技のトップランナーを指導しているアイルランド人コーチのコルム・オコンネルもこう述べている。「勝者になれるのは、正確に自己評価ができる敗者だ」

私は、ニューヨーク・ヤンキースなどの監督を務めたジョー・トーリから、リーダーシップ、チームシップ、適切なマインドセットに加えて、レジリエンスの大切さも学んだ。トーリの半生について話を聞くと、その強力なレジリエンスの起源がどこにあるかをよく理解できた。ひとことで言えば、彼は正真正銘の「GGOOB」の精神を実践しているのだ。

「私は、暴力が振るわれている家庭で育った。父は母のことをよく殴っていて、私はどうすることもできずに無力感に苛まれていた。そういう状況で人はどうしても自分を責めてしまう。こうした子ども時代の経験が一つの原動力になって、私は野球に打ち込むことができた。あの生活から抜け出したい、自分の実力を証明したいと思った。監督になってからは、子ども時代の経験のおかげで、選手たちの気持ちを、選手たちがどのような重圧の下で戦っているかをよく理解できたと思う。多くの選手、とりわけマイノリティの選手は、生き延びるために戦わなくてはならないという、切実な思いに突き動かされて、激しい競争心を発揮していた」

いま、トーリは妻と一緒に、暴力が振るわれる家庭で育った子どもたちへの支援活動に取り組む「セーフ・アットホーム財団」という団体を運営している。「マーガレットの部屋」という施設を十カ所以上設け、家庭内の暴力に苦しむ子どもたちが安全に過ごせる場所を用意し、カウンセリングと啓蒙活動をおこなっている。マーガレットというのは、トーリの母親の名前だ。「自分の知名度を生かし、子どもたちが昔の私よりうまく切り抜けられるように支援したいと思っている。私が自分を責めなくなるまでには、長い年数を要した。大人になってから四日間の自己啓発プログラムに参加してはじめて、その問題を解決できた。自分を責める感情は、私が生まれつきもっていたものではなく、父が家に持ち込んだものの産物だったことも、そのとき知った」

過酷な子ども時代がもたらした性質ではあったが、トーリは自分を責めがちな性質を好ましい結果につなげてきた。「選手時代は、いつも自分に厳しかった。自分を責めすぎていたようだ。それでも、そうした自分の性質を利用して成長しようとし続けた。もっとうまくできたのではないかと、絶えず分析していた。野球で挫折を味わうことは珍しくない。その経験が教えてくれるのは、やめるのがいちばん簡単だということだ。だから、やめてはならない。諦めてはいけない。敗北に慣れることは、最後までできなかった。個人として結果を出せなければ、自分を厳しく責めた。チームが負けたときも、自分を叱責した」

ヤンキースの監督を務めたとき、チームのオーナーはジョージ・スタインブレナーだった。成績が悪ければすぐに監督をやめさせることで有名な剛腕オーナーである。トーリの監督としての滑り出しは快調にはほど遠く、地元メディアには「お手上げ状態のジョー」と揶揄された。それでも成績は次第に上向き、最終的には一〇年以上監督を務めた。「ジョージが厳しいボスだったことは間違いないが、私に対して誰よりも厳しかったのは私自身だった。それが好ましい結果につながった。一二年間監督を務めた。最後のほうは、私に別れを切り出す方法を誰も知らないかのように見えた」

ヤンキースの監督はみずからの意思で退いたが、それ以前のチームで何度

勝者になれるのは、
正確に自己評価ができる敗者だ。

コルム・オコンネル
（陸上競技コーチ）

も解任されたときはレジリエンスがものを言った。「クビになるのは、いつもつらい。二度目の監督解任を言い渡されたあと、私は気持ちが沈んでいた。そのとき、妻に言われた。『あなたは、自分がどういう人間として名を残すと思うの?』。私は言った。『夢を実現できなかった男、だろうね』。妻が言った。『どうしてそう思うの? まだ死んだわけじゃないでしょ』。そのとおりだった。勝者になる人物、成功を手にする人物は、レジリエンスをもっていて、挫折を味わったときに逆境への対処法を学んでいく。私も再び立ち上がった。〔昔の名選手である〕ベーブ・ルースが言っているように、『諦めない選手に勝つことは本当に難しい』。私はそういうマインドセットをもっていたし、監督として選手たちにこのマインドセットをもたせようとしてきた。誰だって失敗はする。まったく成果が上がらないときもある。それでも前進し続け、努力することをやめず、レジリエンスと強い決意をもって行動すれば、困難を乗り越えてゴールに到達できる。到達したあとは、そこにとどまることが大切だ。ただし、とどまると言っても、変わらなくていいという意味ではない。つねに自分を改善し続ける必要がある。こうしたことを忘れてはならない」

元ホッケー選手のリック・チャールズワースは、同じことをもっとはっきりした言葉で表現している。「真の敗北とは、死ぬことだけだ。死んでしまえば、適応し、変化し、改善することができなくなるから」

こうした考え方は、「GGOOB」の精神に加えて、ある種の負けず嫌いな性格の産物でもある。この性格も多くの成功者に共通する要素だ。アメリカン・フットボールの世界では、ニューイングランド・ペイトリオッツのクオーターバック、トム・ブレイディほど、それが当てはまる人物はいない。ブレイディは、スーパーボウルでチームをたびたび優勝に導き、NFLのMVPにも二度輝いたスーパースターだ。いまでは、子どもの頃に憧れていたジョー・モンタナにも負けない称賛を浴びている。しかし、いまの成功は昔の挫折の賜物という面が大きい。つらかったときを思い返すと、いまでも涙が浮かんでくると、本人は述べている。

ブレイディの挫折は、『ブレイディ6』というドキュメンタリー番組になっている（ユーチューブで「The Brady 6」を検索して動画を見てみてほしい）。二〇〇〇年のNFLドラフト会議でいつまで経っても指名されず、ようやくペイトリオッツに指名されたのは最後の六順目。全指名選手二〇〇人のうちで一九九番目だった。同じポジションのクオーターバックの選手は、ブレイディより前に六人指名されていた（「ブレイディ6」とはこの六人のことだ）。ドキュメンタリー番組のインタビューで本人が語っているところによれば、いつまでも指名されず、ドラフト会議のテレビ中継を見るのがつらくなり、両親と一緒に散歩に出かけてしまったという。プロ選手への夢は終わったのだと思っていた。

それでも、ペイトリオッツに指名されると、オーナーのロバート・クラフトに会いに行き、「私が最高のクオーターバックだと証明してみせます」と大見得を切った。クラフトによれば、そのときの目の光の強さを見て、きっと最高のクオーターバックになるだろうと思ったという。

ブレイディは、「逆転王」という愛称でも知られている。逆境での強さをよく表現したニックネームだ。最初の二度のスーパーボウル優勝は、試合の最終盤でブレイディが見せた個人技の賜物だった。「いつも怒りをいだいている」としばしば評されることに関して、本人はその指摘を否定しつつも、「誰にも必要とされていない」という思いを味わわされたことが自分の原動力になっていると語る。自分がスピードや体格や才能の面で最も優れた選手でないことは、みずからも認めている。しかし、それでも最高の選手になれると信じ、ドラフトで拒絶された悔しさに突き動かされて前に進み続けた。「毎日、評価を勝ち取りたいと思って行動してきた」と、ブレイディは言う。

死ぬほどつらいことが人を強くする――イギリスの車椅子バスケットボール選手として活躍したのち、テレビキャスターに転身したエイド・アデピタンも、そのような人生を歩んできた。ナイジェリアで生まれた子ども時代は過酷だった。幼いときにポリオに感染し、左脚が不自由になった。イギリスに移住したのは三歳のとき。ダウン症の妹とはしばらく離れ離れになった。一家には、全員をイギリスに渡航させる経済的余裕がなかったからだ。両親の奮闘により、イギリスの一般の学校に入学できた。黒人の子どもは二人だけ、重い障がいをもった子どもは自分だけだった。

やがて車椅子バスケットボールにスカウトされるが、それが理由で家族と対立する。両親は、息子に車椅子ではなく、歩行補助具を使わせたかったのだ。その後一〇年以上、父親と話すことは一度もなかった。母親はたまたまテレビで雄姿を見てはじめて、息子が車椅子バスケットボールの世界レベルの選手として活躍していることを知ったという。

悲惨な人生の物語だと、あなたは思ったかもしれない。しかし、「自分の人生のいかなることも逆境とは思っていない」と、アデピタンは言う。目を見張るべき発言だ。勇気づけられる言葉でもある。数々の挫折や拒絶は、目標に向けた道のりの一歩だと思っていた。車椅子バスケットボールのイギリス代表になかなか選出されなかったときも、そのように考えていた。健常者スポーツの分野のデーブ・ブレイルズフォードやマイケル・ジョーダン、ビジネス界のリチャード・ブランソンにも通じる考え方だ。

こうしたアデピタンの思考の根底には、障壁は自分が容認してはじめて生まれるものだという認識があった。「私は障壁なんて見ていない。見ているのは、目標と、それを達成する機会だけだ」と述べている。二〇一二年のロンドン・パラリンピックのとき、イギリスの公共テレビ局「チャンネル4」がこのような精神の持ち主をキャスターに起用したのは、自然なことだった。「チャンネル4」は、このパラリンピック報道で賞も受賞した（ロンドン・パラリンピックは、イギリス社会で障がいのある人たちとの接し方が変わる大きな転機にもなった）。

「子どもの頃、自分が障がい者だと感じたのは、鏡の前を通りかかり、自分の歩き方がみんなと少し違うと思うときだけだった。いまでも、自分を障がい者とは思っていない。障がいとは、人の頭の中にあるものだ。いずれにせよ、つねに全力を尽くす以外にない。ある意味では、人は誰でも障がいをもっている。完璧な人間なんて、どこにもいないのだから」

子どもの頃、サッカーが大好きだったアデピタンは、フィールドプレーヤーとしてはほかの選手たちと競えないという現実を受け入れ、ゴールキーパーになった。そしてあるとき、決定的なシュートを防いだのを境に、人生が変わった。それまでは「できないこと」を理由に同情や侮蔑を受けていたが、このときは「できたこと」を理由に突然称賛を浴びたのだ。自宅には、数々のメダルやトロフィーが山のようにある。しかし、「私にとってメダルや成績以上に価値があるのは、それを獲得するまでの道のりだ」と、アデピタンは言う。「その道のりを歩むことこそが大きな成果なのだから」

しかし、最初の頃、チームシップの欠如が選手として評価を得る妨げになったのは、障がいの直接の影響があったのかもしれないと、アデピタン

私は障壁なんて見ていない。
見ているのは、目標と、
それを達成する機会だけだ。

エイド・アデピタン
（イギリスの元車椅子バスケットボール選手）

は言う。「私がスポーツに魅了されるのは、スポーツをしていれば自分が健常だと感じられる、つまり他人に頼らずにいられることが最大の理由だ。誰にも頼らずに済むようにトレーニングに打ち込んでいた私は、チームシップを学ぶことに苦労した。障がいのあるアスリートは、それをとても難しく感じる人が多いと思う。車椅子バスケットボールのチームは、非常に過酷な場と言っていい。みんな、厳しい環境を這い上がってきた。その経験を通じて気性が荒くなり、強い自負心をもつようになる。チームのためにすべてを犠牲にしようとは、簡単には思わない。最初、私と主将のサイモン・マンはそりが合わなかった。でも、私が代表落ちしたあと、代表復帰を主張した一人が彼だった。それ以来、私は彼を心から尊敬している。個人的な折り合いの悪さを脇に置いて、チームのためになにが必要かを考えて行動したからだ」

アデピタンは、スポーツで成功をもたらしたのと同じ資質を生かして、テレビという新しい世界でも試練に挑んでいる。「テレビの仕事には、競技に打ち込んだときと同じくらい真剣に向き合っている。だから、しっかり準備をし、チームのことを考える。つねに次の試練を探し、目標を設定する。そして重要な局面に集中する。二〇一一年一〇月、翌年のパラリンピックのキャスターの仕事が決まったとき、私はスポーツの試合と同じような発想で臨んだ。どのような準備が必要か？どのような情報を知っておくべきか？　この仕事のために、興味深い逸話やメダル獲得の可能性、有力なライバルや世界の強豪たちの情報などを仕入れておくべきだと思った。そこで、一日の時間をいくつかにわけて、さまざまな準備を進めた。このように、競技のトレーニングをしていたときと同じようにスケジュール管理をした。それが好結果につながった。スポーツで学んだスキルは、ほかの仕事でも日々役立っている」

イギリスで最もよく知られていて、最も多くのメダルを獲得した障がい者アスリートであるタニ・グレイ=トンプソン（車椅子陸上競技）の半生にも、アデピタンと共通する点が多い。「私には、歩いた記憶がない。だから、もし歩けたらどうだろうと考えることはない。勇敢だと言われたり、二分脊椎症はさぞ大変だろうと言われたりするのは、気分が悪い。私はこのような体をもっている。車椅子を使っている。それは変わらない事実。だから、そういうものだと思って生きている。車椅子は、移動をしやすくしてくれる。それに、車椅子があったからアスリートになれた。車椅子生活に不満をこぼすことは、今後もけっしてないだろう。でも、車椅子アスリートが健常者のアスリートに比べて二流の存在のように扱われることには、いつも文句を言ってきた。この点には、いまも不満がある」

ある人が世界についてどのように考え、どのように感じるかは、その人の置かれた環境によって決まる。私が「コソボ」と言われて連想するのは、政治のこと、軍事のこと、独裁者ミロシェヴィッチによる民族浄化のこと、国家承認を求めているコソボ現政権の取り組みのことだ。しかし、グレイ=トンプソンは、パラリンピック競技でコソボが先進国を脅かすようになるかもしれないと語る。コソボは、「腕や脚を切断された人の層が厚い」というのだ。勝者のマインドセットをもったパラリンピック・アスリートは、障がいによりできないことより、できることに目を向けるのだ。悪い状況から好ましい要素を引き出す「GGOOB」のマインドセットの真骨頂と言っていいだろう。

第16章 イギリス女王――イギリスでも指折りの「勝者」

女王は、立て直しのマネジメントについて学ぶためのビジネススクールのケーススタディになるだろう。

――トリストラム・ハント（歴史学者、元イギリス国会議員）

私は、王室のことをこんなふうに思っている面も大きい。「王室は、イギリスの階級制度の頂点に君臨する存在であり、その階級制度こそ、イギリスが真の実力本位の社会になることを妨げ、社会の進歩の足を引っ張っている元凶だ。そして、出自ゆえに特権的な地位を得ている王族たちは、けっして逆境に追い込まれることなどないだろう」

けれども、最近はそれ以上に、女王への敬意が年々高まってきた。なにより、リーダーとしてのスキルが優れている。厳しい状況のなかで、少なくともあと一世代は王制を存続させることに成功した。「ザ・ファーム（＝会社）」ことイギリス王室の統一的な戦略の下、チャールズ皇太子とその王子たちが成長してきた様子を見るかぎり、王室はおそらくもっと長く存続できそうだ。

即位六〇年を越えたエリザベス二世は、いま世界でも有数の敬意と人気を集めている人物だ。最も高齢のファッション・アイコンであり、地球上で最も顔を知られている女性でもある。今日、女王ほど大量の肖像が出回っている人物はほかにいない。イギリス連邦の国々で発行されている三〇

○○億枚以上の切手と、何億点にも上る硬貨と紙幣に、女王の顔が描かれている。
第1章で、私がオーストラリアで講演した際、オーストラリア出身のメディア王ルパート・マードックの評判について聴衆に挙手で答えてもらった話を紹介した。このとき、マードックの評判を「悪い」と答えた人がほとんどだったが、同じ聴衆がほぼ全員一致で女王の評判が「よい」と答えた。オーストラリアは、イギリス連邦のなかでとくに共和制指向の強い国だ。そのオーストラリアで王制廃止論が弱まっているとすれば、ほかの国では王室への支持がもっと強まっているのだろう。

イギリス国内でも、女王を高く評価する有識者が多い。BPのジョン・ブラウン元CEOはこう述べている。「(女王は)リーダーに求められる要素の多くを満たしている。まず、戦略面で優れた本能の持ち主だ。きちんと戦略をもっていて、それを遂行する能力がある。それに、チームも戦略としっかり嚙み合っている。長い期間を通じてゆっくりと状況に適応してきたが、基本的には同じ戦略を貫いてきた。多くの重圧にさらされているときでも、ブレなかった」

長い在位期間中には、厳しい報道をされたことは数知れず、逆境もたびたび経験してきた。押しつぶされそうな時期もあった。それでも、いまイギリスの王制は、あらゆるものが批判にさらされている時代にはありえないくらい強力な地位を築いている。昨今は、議会への敬意は揺らぎ、政府の威信も弱まっている。金融機関の行動や、企業全般の社会的意識の欠如により、企業に対する評価も大きく落ち込んでしまった。教会はもはや人々の生活の中心とは言えず、メディアも信頼を失った。行政機関は、昔のような信頼や好意的視線を得ていない。軍はいまも敬意を集めているが、規模削減とさまざまな問題により、権威は揺らいでいる。評価が凋落していないのは、王室くらいのものだ。これは女王の功績という面が大きい。親しい側近の一人は、謙虚にこう述べている。

「インターネットがすべてを変える前、早い時期に危機を経験したことが大きかった」。しかし、私が思うに、理由はそれだけではない。

歴史学者出身の元国会議員であるトリストラム・ハントは、女王側近の控えめな自己分析に賛同しつつも、こうつけ加える。「女王に対する見方が変わった。以前は女王が王族と王室をかならずしもコントロールできていないと思われていたが、それが変わってきた。その点がいちばん大きかった。イギリスで相次いだ惨事が国民の意識を変えたのかもしれない。あるいは、ポスト・ダイアナ時代の雰囲気がその変化を生んだのかもしれない（訳注／ダイアナ元皇太子妃は、一九九六年にチャールズ皇太子と離婚、翌年に交通事故死した）。王室への批判はあるけれど、王室の決断のいくつかは支持されており、直面している試練の険しさも理解されるようになってきた。国民は、社会が変わりすぎたと思っていて、そのなかで女王は変わらない存在に見えているのだろう」

生粋の王制廃止論者である私がこんなことを言うのは自分でも驚きだが、女王と王室は、私が本書で論じてきた点の多くに関して素晴らしいお手本と言える。大胆さ、イノベーション、適応力、レジリエンス、長期指向の考え方、危機管理、逆境を好機に変える力などが優れている。

王室は、戦略の面でも興味深い。ただし、戦略という言葉は、女王と夫のフィリップ殿下により実質的に使用を禁止されている。フィリップ殿下は以前、ある高官を批判し、「あなた以上に戦略と計画を論じたがった人物は、ヒトラーとスターリンしかいない」と言ったことがある。女王は、王室を政治に対する解毒剤と位置づけており、みずから戦略について考えるとしても、それは、「女王らしく」あること、そして王制を一つの価値システムとして運営することに限られている。

それでも、女王は新しいチームの樹立を容認し、さらには新しい取り組みの先頭にも立った。女王夫妻が歓迎したかどうかはわからないが、新しいチームは、王室が新しい状況に——つまり、王制が支持を失い、政府からの好意も失いつつある状況に——適応するための戦略を打ち立てた。ときは一九七〇年代。政界では王制への逆風が強まっており、議会は王室予算を削減し、ジェームズ・キャラハン首相は、王室を「国務省」に改組して、財務の監督を強化すべきだと主張していた。

今日、女王は絶大な支持を集めており、チャールズ皇太子も、ダイアナ元妃との結婚が破綻して以降では最も支持が回復している。ウィリアム王子とキャサリン妃の人気は国外でも高い。こうした現在の状況を見ると忘れがちだが、王室は厳しい逆境を経験してきた。女王にとってどん底だったのは一九九二年。女王は一一月のスピーチで、多くの災難が降りかかった一年を「アヌス・ホリビリス（ひどい年）」という言葉で表現した（国民の同情を買いたいという思いもあったのだろう）。相次ぐ私生活上のスキャンダルで王室の威信は揺らぎ、国民の支持も弱まり、王族たちは動揺していた。王制廃止論者たちにとっては絶頂の日々だった。

「国民は王室の存在意義を疑いはじめた」と、女王の側近の一人は言う。「王室は、どろどろのメロドラマの主役に落ちぶれつつあった。ようやく騒ぎが落ち着いてひと息つけるかと思うと、また新しい問題が持ち上がり、泥沼に引きずり込まれた。文字どおり、ひどい年だった」

大きな出来事としては、アンドリュー・モートンの著書『ダイアナ妃の真実』（邦訳・早川書房）が出版されて、チャールズ皇太子の私生活に世界中の注目が集まったことが挙げられる。この本の執筆には、ダイアナ妃も積極的に協力していた（訳注／同年一二月、皇太子夫妻は別

（女王は）リーダーに求められる要素の多くを満たしている。まず、戦略面で優れた本能の持ち主だ。きちんと戦略をもっていて、それを遂行する能力がある。

ジョン・ブラウン
（BPの元CEO）

居）。同じ年に、アン王女が離婚し、アンドリュー王子も別居した。しかも、女王は「アヌス・ホリビリス」のスピーチをする数日前にひどい風邪をひき、声がかすれて聞こえ、いっそう弱々しい印象を与えた。

おまけに、この年には、女王の居所の一つであるウィンザー城が火事になった。ある側近はこう振り返る。「間違いなく、これが最悪の出来事だった。なにしろ、女王の居所で起きた出来事だった。いまでもくっきり覚えている。なにごとにも動じた様子を見せず、内面の感情をけっして顔に出さない女王が、中庭で途方に暮れたような表情を浮かべていた。憔悴し切っていた」。城の修復が完了し、協力してくれた一〇〇〇人ほどの人たちを招いてメダルを授与した式典のとき、女王が目に涙を浮かべてスピーチをするのをはじめて見たと、この側近は言う。

その頃、王室に対する国民の敬意が地に落ちていたことを象徴する話がある。当時のジョン・メージャー首相は最初、ウィンザー城の修復費用をすべて政府が負担する方針を示していたが、世論の激しい反発を買い、方針転換に追い込まれたのだ。王室は王室費の蓄えで一部の費用を支払ったほか、ウィンザー城とバッキンガム宮殿を一般公開し、入場料を取って資金を調達することになった。これは思い切った変革だった。女王の母であるエリザベス皇太后などの保守派は、この計画に全面的に反対していた。

しかし、王室はどん底を抜け出すことに成功した。この一五年後には、ウィリアム王子とケイト・ミドルトン（キャサリン妃）の盛大なロイヤルウェディングを世界中の何十億人もの人が夢中になって見守ることになる。

女王は王室の危機と感じていたのか？　この点をズバリ尋ねると、側近たちはたいてい言葉少なになる。しかし、何人かの側近は、女王も不安をいだいていた可能性があると示唆している。

ある側近は、いささか大げさにも聞こえるが、一九八三年にデーヴィッド・エアリーが宮内長官に任命されたことが「女王の即位以来、最も重要な出来事」だったと言う。エアリーは、貴族出身でありながら改革派で、女王が難局を乗り切るのを助けるために多くの人材をチームに加えた。もし、その改革派ぶりが女王に知られていたら、宮内長官に任命されていなかったかもしれない。「女王は長身のハンサムな男性を好む」と、この側近は言う。「デーヴィッド・エアリーもそうだ。ただし、それだけの人物ではない。資産運用会社シュローダーズの会長、保険会社ゼネラル・アクシデントの会長などを歴任したビジネスマンでもある。ビジネスの視点で王室を見て、明らかに資金不足に陥りつつあるうえに、政府から尊重されなくなりはじめており、泥沼にはまり込んでいると見て取った」

エアリーは、大手会計事務所ＫＰＭＧの会計士マイケル・ピートの力を借りて、一八八八項目の勧告を盛り込んだ一三八三ページの報告書をまとめた（ピートはのちに、女王とチャールズ皇太子の重要な相談役になる）。その勧告は、王室の「民営化」案とでも呼ぶべき内容だった。

「ひとことで言えば、その計画は、王室の運命を政府から自分たちの手に取り戻そうというものだった」と、王室スタッフの一人は言う。「そのためには、王室の財務を自分たちでコントロールし、適切なマネジメント体制を築き、現代的な生活様式に精通した人材を採用する必要があった」。組織文化とマインドセットも変革することが求められた。しかし、王室のように保守的な組織でそれを実行するのは簡単でなかった。

この時期、二つの別個の組織が発足した。一つは、宮内長官の諮問委員会。もう一つは、女王が座長を務める「ウェイ・アヘッド・グループ」だ。ウェイ・アヘッド・グループには、夫のフィリップ殿下と女王夫妻の四人の子どもたち、そのほかの王室メンバーが加わった。このどちらが大きな成果を上げたかは明らかだ。宮内長官の諮問委員会が今日も存続しているのに対し、ウェイ・アヘッド・グループは、不定期にしか会合を開かず、多くの決定をくだすこともなく、やがて解散してしまった。

アヌス・ホリビリスのあと、秘書官のロビン・ジャンヴリンが、王室の目指すべき大きな方向性について報告書をまとめた（ジャンヴリンは、エアリーの長官就任後に採用された人物で、ウェイ・アヘッド・グループとともに活動した数少ないスタッフの一人だ）。報告書では、アイデンティティ、継続性、業績の評価、奉仕という四つの戦略領域を意識して、王室の行動を決定・計画すべきだとしていた。この時期、宮内長官はそれまでの儀礼的な役職から脱皮していった。言ってみれば、女王がCEOだとすれば、会長のような役割を担うようになったのだ。

変革を成し遂げるうえでは、長期の視点で行動しやすいという王室の特徴も強みになった。これは、次の選挙、次の四半期決算、次の大きな試合のことをつねに考えなくてはならない政治家や経営者やスポーツチームの監督には許されないことだ。「女王は、戦略が必要だという指摘を受け入れないが、ビジョンの持ち主であることは間違いない」と、女王のチームの元主要メンバーは言う。「それは、価値観、親しみやすさ、確実性、継続性、リーダーシップに関するビジョンだ。それらのビジョンは、思想や戦略よりもずっと強い力をもっている」

この人物は、一九世紀アメリカの随筆家ラルフ・ウォルド・エマソンの詩を引用する。地球は耐え、星々は忍ぶ、というくだりだ。「地球と星々は、戦略などもっていない。ただ存在している。

同じように、女王もただ存在している。女王は、そのようにみずからのことを見ている。ほとんど同じ一年と一日を繰り返す。同じペースで同じことを続ける」

このような考え方は、現状維持を正当化するものに聞こえるかもしれない。しかし、二〇〇二年のゴールデン・ジュビリー（在位五〇周年）の祝典を前に、王室を存続させるために不可欠な国民の支持が揺らいでいることに女王は気づいていた。王室を末永く維持したければ、ロイヤル・ファミリーが国民の愛着を取り戻さなくてはならないことも理解していた。この時期、王族は明らかに国民の愛着を失っていた。

国民の愛着が本当にそんなに重要なのかと、私は尋ねた。「そうだ」と、この側近は言った。「愛着とは、冷めた気持ちと対極にある心理のことだから。国民に冷ややかに見られていては、君主制は続かない。その点はつねに頭にあった。そして実際、国民は王室を冷めた目で見はじめていて、メディアがそれに拍車をかけていた。もっとも、そうした報道をされるのは無理もなかった」

王室が実施している世論調査によれば、一部メディアの激しい批判のなかでも、王室、とりわけ女王の支持率が六〇％を下回ることはなかった。しかし、否定的な報道をされているのは、主として女王より若い世代の王族たちだった。そのため、高齢の皇太后と女王が去ったとき、王室への支持が急落することが懸念された。そこで、王制を現代社会にふさわしいものに変えていくことを土台にした戦略を打ち出す必要があった。その戦略を通じて、女王の不朽の威信と人気を維持しつつ、女王の子どもたち、とくにチャールズ皇太子の評判を取り戻すことが不可欠だった。

第1章で「戦略を議論すべきであり、議論を避けてはならない」と述べた。王室でその議論が本格的に始まったのは、一九八〇年代後半から九〇年代前半だった。意見の対立は激しかった。最初の頃に優勢だったのは、いわば抵抗派だった。嵐はいずれ去ると考えていて、過剰反応は避けるべきだと主張する人たちである。それに対し、エアリー宮内長官と彼の率いるチームは、改革指向の外部の人材を次々と迎え入れた。

女王は、みんなに自由に議論させたが、重要な局面ではしばしば改革派に同調した。「女王は、純粋に哲学やイデオロギーをもっていない。だから、必要なときには変わることができる。生まれもっての改革派というわけではないが、ときに変わらなくてはならないと知っていて、メンツにこだわることはない」と、ある側近は言う。

このときの論争を伝統主義者と近代主義者のぶつかり合いと位置づけるのは正確でない。抵抗派と進化主義派の論争と見たほうがいい。論争の早い段階では、進化主義派が辛抱を強いられた。「一歩半前進したかと思うと、次は一歩後退、へたをすると二歩後退ということが多かった。私たちは好機を待たなくてはならなかった」と、側近の一人は言う。

王室が逆境にさらされるたびに、「近代主義者」(これも使用が禁止されていた言葉の一つだ)は、自由化のプロセスを加速させた。その一人はこう語る。「ロイヤル・コレクション(王室所蔵の美術品コレクション)の一般公開拡大では、フィリップ殿下と皇太后の強い反対があったにもかかわらず、大きな一歩を踏み出すことができた。王室の納税に関しても、チャールズ皇太子の後押しにより大きな変革を実現できた。ウィンザー城の一般公開は比較的ささやかな改革だったが、バッキンガム宮殿の一般公開は一大改革だった。もっとも、いちばん大きな改革は、一部の古株のスタッ

> (女王は)ただ存在している。女王は、そのようにみずからのことを見ている。ほとんど同じ1年と1日を繰り返す。
>
> 女王のチームの元主要メンバー

フに代えて、真に優秀な人材を迎えたことだった。これを実行するのは簡単ではなかったが、それにより、結束して変化に適応していけるチームを築くことができた」

一九九七年、ダイアナ元皇太子妃の交通事故死が王室を激しく動揺させたことは間違いない。「数日間は極度の恐怖を感じていた」と、女王の元側近は振り返る。「母親を亡くしたばかりの二人の幼い少年を慰めようとしている一家に対して、どうして国民が攻撃的な態度を取るのか理解できなかった。私たちは、現実をどのように受け止めればいいか見当がつかなくなり、自分たちの置かれている状況もわからなくなった。本当に怖かった」

この描写は、第14章で述べた「真の危機」の定義に当てはまる。対処を誤れば収拾がつかなくなりかねなかったのだ。ダイアナ元妃が死去したあと、一日か二日の間、事態が収拾不能に陥りつつあるように思えた。「あんな感覚ははじめてだった。コントロールを失うのではないかと感じた局面も確かにあった。私たちは厳しい状況に置かれていた」

王室の進化を推し進めようとしていた王室スタッフの目から見れば、このような状況に陥っていることは、変革がまだ不十分な証拠にほかならなかった。改革戦略の設計者の一人はこう述べている。「一九八〇年代後半から九〇年代前半にかけて、目指すべき方向が定まった。一九九二～九七年は、アイデアを実行に移す第一段階だった。歩みはゆっくりだったけれど、はっきりと方向性が見えていた。そして九七年以降は、ペースが加速しはじめた。抵抗派だった人たちが現実の変化に追いついてきた」

ダイアナ元妃の死後、宮内長官はトニー・ブレア首相に葬儀の準備への協力を求めた。そこで、私は首相官邸の数人の同僚とともに、バッキンガム宮殿で会議に出席した。バッキンガム宮殿にいたる道路「ザ・マル」は、大勢の人で埋め尽くされていた。元妃の死を悼んで、宮殿前に献花する人が大勢集まっていたのだ。そのため、私は宮殿を訪れる際、歩いて移動しなくてはならなかった。群衆と花の数が日々増えていくとともに、王室への風当たりはますます厳しくなっていった。

しかし、重大な危機に発展しかねなかった状況は沈静化に向かった。転機は、女王が滞在先のバルモラル城からロンドンに戻り、フィリップ殿下とともに宮殿前の人々の前で話をし、同じ時期にウィリアム王子とヘンリー王子も人々と話をしたことだった。これを境に、王族に対する逆風は目に見えて弱まった。

それでも、難しい問題が残っていた。たとえば、葬儀で王族の誰が棺のうしろを歩くかという問題があった。フィリップ殿下は、チャールズ皇太子に一人で歩かせるべきではなく、息子たちも同伴すべきだと主張した。細部が決まったのは、本当にぎりぎりになってからだった。王室内で最も激しい議論になったのは、バッキンガム宮殿に半旗を掲げるべきか否かという点だった。女王自身は、半旗の掲揚を避けるべきだという意向が強かった。ダイアナ元妃はもはや王族でない、というのが理由だった。ほかに女王が強く主張したのは、事故のニュースが入ったときに滞在していたバルモラル城にとどまり、孫たちを慰めたいということだった。

「女王は、脊髄反射的な反応にはことごとく反対する。このときは、慌ててロンドンに戻ることが脊髄反射的な反応だと感じていた」と、あるスタッフは言う。「女王は、熟慮の末に変化することは得意だが、脊髄反射的な反応を嫌うあまり、迅速な対応が必要な状況はおそらく得意でない。女王の強みは、慌てず騒がず、安定した行動を取れることなのだ。それでも、国民の怒りの高まりを受け、チャールズ皇太子をはじめとする人々の助言に従ってロンドンに戻り、宮殿の旗を半旗にすることにも同意した。そうすべきだと直感的に判断した。それが事態の正常化に役立つという考えだった」

女王の方針転換は、明らかに効果を発揮した。世論の雰囲気が和らいだのだ。キャスターのデーヴィッド・フロストは、葬儀のあとにウェストミンスター寺院から出てきた王室スタッフに向かって、（このような状況ではありきたりの言葉だが）こう述べた――「これを経験して、前より強くなれますよ。きっとそうだと思う」。

この何日か前、その王室スタッフは、王室への逆風の強さをひしひしと感じ、王位継承の「一代飛ばし」もやむをえないのではないかと考えていた。国民の支持を取り戻すために、エリザベス二世が逝去したとき、チャールズ皇太子を飛ばして、ウィリアム王子を新国王として即位させるしかないとまで考えていたのだ（もしそうなれば、ダイアナ元妃の希望どおりだった）。

このような危機に直面すると、パニックに陥って全面的な方針転換に走っても不思議はない。しかし、王室のチームの中核にいた人たちは、王室が守るべき根本的な価値を見失わないように気をつけていた。その点では、王室がおこなったことは、厳密な意味での「近代化」ではなかった。ましてや「革命」では断じてない。それは、「緊急のささやかな進歩」だったと言ってもいいだろう。ある側近は、一連のプロセスを通じて、つねにトマージ・ディ・ランペドゥーサの小説『山猫』（邦訳・岩波文庫）のことを考えていたという。この小説は、一九世紀イタリアの祖国統一戦争の時期にシチリア社会で起きた変化を描いている。そのなかに、「すべてが変わらなくてはならない。すべてが変わらずに済むように」という一節があるのだ。

「私たちが自分で声高に宣伝することを避けつつ、変わったことに気づいてもらおうと考えた」と、あるスタッフは言う。「政治家やビジネスマンはそうはいかないけれど、王族は『言葉で語らず、実例で見せる』ことを実践しやすい」。確かに、つねにメディアから厳しく監視されている王族は、人々の注目を引きつけることに苦労しない。

しかし、主要な王族が変化に同意し、女王がすべてを承認してはじめて、王室が変わったと思わせることができる。「女王は、なにごとにも現実的な姿勢で臨む。まっとうな判断力をもって、あらゆることを突き詰めて考える。女王に不本意な行動を取らせようとすれば、いい顔をしない。けれども、王室にも変化と適応が必要だということは、女王も理解している。王室が継続性の象徴であり続けたければ、進化し続けなくてはならない。日々、少しずつ前進する必要がある。女王は昔どおり、頭にスカーフをつけてコーギー犬と散歩する。その一方で、最近は王室がその画像をフェイスブックページに載せたり、ツイッターで女王の動向を紹介したりするようになった」

一九九七年以降、王室はいくつものささやかな進歩を遂げた。婦人会に始まり、特殊空挺部隊にいたるまで、ほぼあらゆる団体との関係に再検討が加えられた。王室と人々の関わり方も見直された。王室関係者は、ダイアナ元妃を悼む群衆に多くの人種の人たちが含まれていたことに気づいた。それを受けて、昔ながらのイギリス人らしさを強調するだけではなく、王族、とくにチャールズ皇太子が新しい英国市民のための行事に顔を出すようになった。観光振興にもそれまでより力を入れはじめた。大きな祝典の際は、独創的な方法で宮殿を活用するようにもした。ロックバンドのクイーンのギタリスト、ブライアン・メイが宮殿の屋上に立ち、「ゴッド・セイブ・ザ・クイーン」を演奏することを許可したりもした。

しかし、舞台の中央に立っていたのは、つねに女王だった。当時、王室に深く関わっていた人物はこう述べている。「女王の役割を担える人物は一人しかいない。その人物とは女王自身だ。そして、ロイヤル・ファミリーの役割を担える家族も一つしかない。だから、そのメンバーは王族にふさわしい振る舞いをすることが求められる」

この人物によれば、とくに印象深かったのは、女王が二〇一一年五月にアイルランドを訪れたことだ（訳注／女王はこのとき、イギリスの君主として一〇〇年ぶりにアイルランドを訪れ、イギリスからの独立を目指して戦ったアイルランド兵の碑に献花した）。「この訪問ができる人物は、世界中で女王以外にいなかった。王族がメロドラマの主人公のように見られている状況で、この点は見落とされていた」

翌二〇一二年六月には北アイルランドのベルファストを訪れて、北アイルランド自治政府のマーティン・マクギネス副首相と握手を交わした。マクギネスは、カトリック系過激組織のアイルランド共和軍（ＩＲＡ）の司令官だった人物だ。北アイルランドをイギリスから独立させ、アイルランドと合併することを目指して反英テロ活動を展開していたＩＲＡは、一九七〇年代に女王の近親であるマウントバッテン卿を殺害し、女王自身も長く殺害リストに載せていた。こうした事情を考えると、女王とマクギネスの握手は歴史的瞬間だった。二人の対面が決まったのは、土壇場ぎりぎりになってからだったという。

二〇〇四年六月、第二次世界大戦のノルマンディー上陸作戦六〇周年の記念式典が執りおこなわれたときは、イラク戦争をめぐり、主要な出席者の間に意見の対立があった。アメリカのジョージ・Ｗ・ブッシュ大統領とイギリスのトニー・ブレア首相の主張と、フランスのジャック・シラク大統領とド

王族は「言葉で語らず、実例で見せる」ことを実践しやすい。

王室のスタッフ

イツのゲアハルト・シュレーダー首相の主張がぶつかり合っていたのだ。このとき、式典の趣旨が忘れられないようにするうえで重要な役割を果たしたのは女王だった。「女王は政治に関わらない存在であり、しかも式典で思いを馳せるべき時代を直接知る人物でもあった。女王が式典に立ち会うことにより、人々は女王とその地位の特別さを実感した。そのような役割を担える人物は、女王以外にいなかった」

継続性と変化を追求した最も極端な例は、おそらく二〇一二年のロンドン五輪開会式だ。開会式を企画した人たちは、女王とジェームズ・ボンド役の俳優ダニエル・クレイグを「共演」させるというアイデアを最初に検討したとき、王室の許可が下りるとしても、せいぜい女王の「そっくりさん」を登場させるシナリオまでだろうと思っていた。

ところが、オリンピック組織委員会の会長を務めていたセバスチャン・コーによれば、デーヴィッド・キャメロン首相が毎週定例の謁見の際にこの案を示すと、女王はそれに同意した。しかも、みずからが出演すると言ったのだ（ただし、ヘリコプターから飛び降りるシーンはスタントマンに任せたいとのことだった）。「私たちは高望みをしていると自覚していた」と、コーは言う。「女王が同意してくれたときは本当に驚いた」

実は、この演出は王室の密かな戦略に全面的に沿うものだった。そして、女王は直感的に、このアイデアを了承すべきだと判断した。女王とジェームズ・ボンドが共演するのは、飛び抜けて「現代的」なことだ。しかし、開会式で上映された映像は、大観覧車のロンドン・アイや、バッキンガム宮殿の玉座の間を見学する小学生といった現代的な要素とともに、伝統的な要素もたっぷり詰まっていた。女王が愛するコーギー犬たち、従僕たち、大時計のビッグ・ベン、パーラメント・スクエアのチャーチル像、跳開式可動橋のタワー・ブリッジ、タクシーのブラックキャブ、赤いバス、そしてテムズ川と英国旗ユニオン・ジャックなどが映像の「脇役」として登場した。それに、ユーモア精神は、しばしばイギリスらしさの重要な要素とされる。女王は、この企画に参加し、それをずっと秘密にしておくことにより、みずからのユーモア精神を実証した。チャールズ皇太子と、ウィリアム王子、ヘンリー王子まで、スタジアムで実際に映像が上映されるまで知らなかったのだ。

もっとも、映像のなかの女王を観察すると気づくことがある。女王はいっさい「演技」をしていない。そこにいたのは、いつもどおりの女王だった。この点は開会式の重要な演出だった。女王がそのように振る舞ったからこそ、いつものように厳《おごそ》かに着席したとき、万雷の拍手が湧き起こったのだ。「女王がすべてを締めくくった」と、チームの一人は言う。「私たちにとって最高の瞬間だった。このとき、八〇代半ばの女王は揺るぎない地位にあった。そして、テレビを見守る世界中の人たちに向けて、女王がユーモアのセンスをもっており、イギリス人が女王を深く愛していて、自分たちの生活において女王が特別な存在だと思っていると示すことができた」

ロイヤル・ファミリーが最も明らかに変わったのは、メディア、とくにテレビへの協力に積極的になった点だろう。女王がテレビの力を理解していることは間違いない。そもそも、みずからの戴冠式をテレビで生中継するよう、当時のチャーチル首相に強く求めたくらいだった。

ただし、厳密な意味でのインタビューは受けていない。これは、君主は特別な存在であるべきだという考えに基づく方針だ。一九七〇年代には、BBCの競馬解説者ピーター・オサリバンと「歩きながらの会話」をしているし、王室主催の馬術ショーの際に、テレビキャスターのクレア・ボルディングのインタビューに応じる寸前までいったこともあった。しかし結局は、「ノー・インタビュー」でうまくいってきたと考えて、それを貫いた。

以来、その方針を守り通している。それが原因で愉快な「文化の衝突」が起きたこともあった。アメリカのCNNの人気トーク番組『ラリー・キング・ライブ』が生放送でのインタビューを申し入れたときのこと。王室の広報担当は、それを断り、こう返答した。「オー、ノー。女王陛下にオプラ（訳注／アメリカの人気トークショー司会者のオプラ・ウィンフリー）みたいなことをしろと言うのですか？」

しかし近年、女王は以前よりテレビ取材を受け入れるようになった。いくつかの企画を了承し、宮殿も協力している（ただし、非常に厳しい制約があることには変わりがない）。チャールズ皇太子は、マンチェスター・ユナイテッドの広報担当を務めたパディ・ハーヴァーソンをスタッフに迎え、その助言の下、さらに思い切ったテレビ出演をしている。「不平を言わない。言い訳をしない」という原則は、過去のものになったのだ。

王族がテレビに登場するのは、驚くようなことではないと思うかもしれない。しかし、ある王室スタッフが言うように、「長い間、『不平を言わない。言い訳をしない』が王室の戦略だった」。それに、チャールズ皇太子とダイアナ元妃の騒動を拡大させたのはテレビだった。そのときは、チャールズは、ジャーナリストのジョナサン・ディンブルビーのテレビインタビューに応じ、ダイアナもBBCの番組『パノラマ』に出演し、それぞれの言い分を語った。仁義なきPR戦争が繰り広げられたのだ。「王族たちは心に傷を負っていた。その傷はとても深かった。テレビへの露出を増やす以外に選択肢はないのだと、すぐに自分を納得させることはできなかった」と、ある側近は言っている。

しかも、過去に大がかりなテレビ番組に協力したときの苦い経験がある。その二つの番組を思い出すだけで、王室の面々は尻込みしてしまった。一つは、一九六九年の『ロイヤル・ファミリー』という番組。一年がかりで撮影されたドキュメンタリー番組で、王族たちが会話を交わしたり、ピクニックに出かけたり、テレビを見たり……要するに「庶民派」ぶりを印象づけようとしていたが、その試みは失敗していた。これは、テレビ業界の友人から勧められた企画だった。もう一つは、一九八七年のチャリティー番組『ザ・グランド・ノックアウト・トーナメント』。チーム対抗で馬鹿げたゲームに挑戦するバラエティー番組だ。

とくに『ロイヤル・ファミリー』は、王室関係者内の保守派により、メディア露出を避けるべき根拠とされ続けた。この番組は救いようのない失敗だったと、保守派は考えていた。それを機に、王室のプライバシーに土足で踏み込むような報道の「水門が全開に」なったというのだ。だから、その水門を再びぴしゃりと閉ざすべきだと、彼らは考えていたのだ。

王室がメディアへの露出を増やすにあたり、こうした過去の経験から学習したことは明らかだ。チャールズ皇太子のスタッフの一人によれば、メディアの取材では「私生活ではなく公務の面に光を当てる」ことが必須だという結論に達した。皇太子はとりわけ、メディアに私生活を洗いざらい暴露されてきた。元妃との結婚生活の破綻、カミラとの不倫、奔放な二人の王子たち、舞台裏の人事の問題やスタッフ同士の不和、使用人たちのいかがわしい行動、皇太子の支出や贈答品なども事細かに報じられた。

「こうしたことが話題にされすぎた。だから、プライベートな面へのメディアの関心を遮断し、ロイヤル・ファミリーが王族の務めとしておこなっている活動に、つまり公務に目を向けさせる必要があった。私生活を暴かれないためには、公務についてのメディア露出を増やすことが不可欠だった」

こうして、王族がテレビを招き、個別の問題について取材に協力するようになった。その際、王室は三つの条件を設定した。取材者と信頼関係があること、企画に必然性があること（記念日だったり、そのテーマへの関心が高まっていたりすることを求めた。番組をつくりたいというだけでは取材を受けない）、そして、テーマを明確に限定することだ。女王も皇太子も、それまでと違う人間に変わろうとしていたわけではない。目的は、自分を表現するための新しい方法を見いだすことだった。そのために、新しいアプローチを採用し、新しいマインドセットを実践する必要があったが、別に革命を起こす必要まではなかった。

チャールズ皇太子は、メディアに協力することの利点を少しずつ納得していった。最初は、園芸家のアラン・ティッチマーシュのガーデニング番組だった。この番組は視聴率もよく、批評家の評価も高かった。そのあとは、皇太子の慈善信託基金の設立三〇周年にあたり、ジャーナリストのトレヴァー・マクドナルドの長時間インタビューを受けた。続いて、大規模な音楽ライブに合わせて、チャールズ、ウィリアム、ヘンリーの三王子が人気司会者コンビのアント・アンド・デックのインタビューに応じた。

さらに、アートについて、絵画の趣味について、アンティークについて、田舎について、ウェールズ近衛連隊について、スコットランドのダンフリーズ・ハウス（訳注／一八世紀に建設された歴史的価値のある邸宅。チャールズ皇太子の財団がこの邸宅を買い取って保存している）について、作曲家のヒューバート・パリーについて特別番組に出演し、インタビューを受けている。女王の過去の映像を紹介する番組の進行役も務めたし、BBCスコットランドの開局六〇周年にテレビでお天気キャスターも担当した。

テレビに対する方針の転換により、最も恩恵をこうむったのは、おそらくチャールズ皇太子だろうが、ほかの王族もテレビに積極的に登場しはじめた。ジャーナリストのロバート・ハードマンによる三回シリーズの番組は、王族のなかでもとくに女王に光を当てた。

チャールズ皇太子の場合、いくつもの小さな番組への出演を重ねていったあとに、画期的なドキュメンタリー番組が待っていた。これは、皇太子の六〇歳の誕生日に合わせて、映像ドキュメンタリー作家のジョン・ブライドカットが制作した番組だ。王室はこの番組を大きな勝利と位置づけている。丸一時間にわたり、チャールズの人物像、考えていること、国のためにやってきたことが紹介された。ダイアナ元妃への言及はまったくなかった。

王室は、同様のアプローチを国外にも広げはじめた。アメリカのCBSが制作する報道番組『60ミニッツ』の取材にも応じた。皇太子のスタッフの一人はこう言っている。「『あなたはチャールズ皇太子のことを知っているつもりかもしれないが、あなたは本当の皇太子を知らない』という基調で貫かれていて、皇太子に関する好ましい情報をことごとく盛り込んでくれた」。これまでに、チャールズはアメリカの主要ネットワークのすべてに登場している。

同じ戦略は、若い王子たちにも適用されている。ウィリアム王子とヘンリー王子のメディア観は、亡き母親に起きたことの影響を受け続けるだろう。それはぜったいに避けられない。実際、二人の王子は、母親のことに関してある面でメディアを批判している。しかしその半面、信頼できるメディア関係者と組めば、大きな成果を上げられると考えるようにもなっている。いずれ国王になるウィリアムは、永遠にメディアと戦争を続けるわけにはいかないことも理解している。

二人の王子は、テレビと緊密に協力してきた。ウィリアムは、自身が支援する慈善団体タスク・トラストの活動に関するドキュメンタリーに登場した。ヘンリーは二〇〇四年、アフリカ南部のレソト王国に関するドキュメンタリー番組『忘れられた王国』にジャーナリストのトム・ブラッドビーとともに出演し、長時間のインタビューにはじめて応じた。このなかでヘンリーは、亡き母親が誇りに思うような人間になりたいと述べた。この番組をきっかけに、レソトの人々を支援するための募金が五〇万ポンド集まった。

このあとも、ヘンリーはさまざまなテレビ番組に登場している。軍隊やサバイバル生活に関する番組が多い。そうしたテレビ出演を通じて、クラブ好きの反抗的な若者（ナチスの制服風の服装を着てパーティーにやって来て物議を醸したこともあった）というイメージも変わっていった。クラブ好きなのはいまも変わらないけれど、陸上選手のウサイン・ボルトと走ったり、傷痍軍人のための国際スポーツイベント「インヴィクタス・ゲームズ」を企画したりといった活動のイメージが強くなっている。若い世代の間では、とくにヘンリーの人気が高い。

王室関係者は、誰かが設定したテーマに受け身的に対応するのではなく、積極的にメッセージを打ち出すことのメリットに気づきはじめた。「新しいアプローチがうまくいくとわかると、いっそう主体的に行動するようになった」と、この戦略の立案過程に関わった人物は言う。「ダイアナの没後一〇周年が近づいてくると、私たちは六カ月前にコンサートと追悼式の計画を発表した。これにより、メディアが話題にしはじめるより前に情報を発信できた。そして、王子たちは『私たちの母親だ。私たちの思い出だ。それ以外のことに興味はない』という趣旨のメッセージを発した。私たちは受け身の姿勢を脱し、主体的に行動していた」

王室スタッフは、王室に大きな変化をもたらした人物として、まったく別々の世界で生きる二人の女性を挙げる。これは、片方は本人の意図しない結果、片方は本人が意図した結果だった。二人の女性とは、女優のヘレン・ミレンと、チャールズ皇太子の二人目の妻カミラである。

ダイアナ元皇太子妃が死去したあとの女王とトニー・ブレア首相の関係を描く長編映画が制作されるという話を聞いたとき、王室の面々は神経を尖らせた。映画の制作陣から「当時の話を聞かせてほしい」と頼まれた王室関係者と首相官邸関係者は、私が知るかぎりすべて協力を断った。その求めに応じれば、映画会社が映画を「公認」と銘打ったり、全面的に「正確」と主張したりする口実を与えかねないと心配したからだ。中傷的な内容になるだろうと、私たちは身構えていた。

しかし、蓋を開けてみれば、この二〇〇六年の映画『クィーン』でヘレン・ミレンが演じた女王は、理想的な描かれ方をしていた。「女王への関心と人気も高まった」と、女王のチームの一人は言う。「運に恵まれた面はあったが、それは私たちの戦略が引き寄せた幸運だった。この映画は本当に大きな意味をもったと思う」。王室は一貫して、女王が『クィーン』を見たかどうか、見たとしてどのような感想をもったかは明らかにしていない。しかし、おそらく女王は映画を見て気に入ったのではないかと、私は思う。

この女王のスタッフは言う。「この映画は、私たちが変わったことをすべての人に印象づけた。宮殿の半旗の問題で王室への怒りが高まっていた時期を描かれることに、私たちは大きな懸念をもっていた。不安でいっぱいだった。けれども、完成した映画は、女王への共感を前面に押し出したものになっていた。これをきっかけに人々の見方が変わり、私たちは新しい戦略を前進させる道が開けた」

カミラの場合はどうだったのか？　王室関係者はこぞって、チャールズ皇太子の立場を好転させるうえで非常に大きな役割を果たしたと評価しているようだ。「二人が結婚する前は、懸念も大きかった。ロイヤル・カップルとして受け入れられるか不安があった」と、皇太子のスタッフの一人は言う。「けれども、メディアは総じて好意的だった」。カミラはチャールズに幸せを、王族に安定を、二人の関係に正当性をもたらし、女王も満足した。これを境に、世界が一変したかのようだった。膿を出したという言い方をしてもいいかもしれない。

「それまでは裏口から出入りせざるをえず、それが好ましくない印象を生み出していた。結婚を機に、二人は一緒に出かけられるようになった。孤独に見えていた皇太子に同伴者と笑いが生まれた。彼女は、生まれながらの王族たち以上にくつろいだ様子で人々と話せる。しかも、結婚までにあらゆることを見てきた。メディアの流儀もよく知っているし、ジャーナリスト兼作家の息子もいる。それに、騒動の間もずっと皇太子のそばにいた。その経験から学び、チャールズにも学習するよう促した」

昔なら、君主の死を想像するなど、許されざる不敬だった。しかし、女王の年齢を考えれば、その後のことを考えるのが当然に思える。チャールズ皇太子もそれを考えているはずだ。皇太子のチームは、チャールズが即位すれば、いまの女王とは異なるタイプの君主になり、現在の皇太子としてのあり方とも変わるだろうとはっきり認識している。

「王位継承者の役割は明確に決まっていないが、国家元首にははっきり決まった役割がある。けれども、まったく同じ元首は二人といない。皇太子が即位すれば、継続性をもたらすと同時に、変化ももたらすことになる」と、長年にわたり女王と皇太子の両方に仕えてきた人物は言う。「チャールズ皇太子には、こうしたことを考える時間が長くあった。いまの女王は非常に若いときに即位したが、皇太子はもっと高齢になってから即位し、知恵と経験を備えて王位に就く。皇太子は、ある程度の自己抑制が必要だと理解してはいるけれど、沈黙するつもりはない。王室が好ましい状況にあると思っている半面、それを当たり前とは考えず、けっして現状に満足しない。いずれにせよ、はっきり言えるのは、今後なにがあろうと、女王が現代史の重要人物であり続けるということだ。女王が逝去すれば、歴史の大きな節目になる。状況を整理し、数々の新しい課題を確認する機会になるだろう」

主体的・戦略的に行動することの利点を理解した王室は、次に進むべき道をすでに計画している。女王と皇太子は「女王が去ったあと」について話し合っているのか？　女王の側近の一人は、「当然だ」と言う。世論調査によれば、王族のなかでは女王の人気が飛び抜けて高く、皇太子の人気は息子のウィリアム王子を下回っているのが現状だ。それに、過去に多くの浮き沈みを経験してきた皇太子は、ごく些細な失敗によりメディアのムードが変わりかねないことも理解している。それでも、適切な戦略を徹底すれば、そのような事態を避けられるはずだと思っているようだ。

変化の激しい時代にイギリスの王制が健全な状態にあるのは、女王のおかげという面が大きい。人々は女王について、強烈な個性の持ち主である半面、冷静沈着でなにごとにも動じないというイメージをもっている。女王はすべての日刊紙に目を通す（少なくとも、すべて眺めている）。旅先でもそれは変わらず、たとえ批判的なことを書かれても不満を述べたりはしない。「すべてに目を通していた」と、広報チームの元メンバーは振り返る。「順調と言えないときに落ち着きを保てるのは、多くのことを経験してきたからなのだろう」

別の章でも述べたように、危機のときに冷静さを保てることは、優れたリーダーの一つの資質だ。女王は、他人を厳しく非難することもあまりない。「女王だって誰かに対して怒りをいだくことはある。それは視線でわかる」と、ある側近は言う。「ただし、そういう反応を示されるのは、細部にきちんと気を配らなかった場合だけだ」

女王は強い使命感もいだいている。二〇一四年にスペインのファン・カルロス一世が退位したとき、女王に退位の意向がないことが示された。「女王は、あのようなことに強く反対している。これは普通の仕事とは違う。神から与えられた使命だ。女王は国への奉仕を誓っている」と、側近の一人は言う。

この人物はさらに、私にこう言った。「あなたがあらゆる世襲に反対していることは知っている。けれども、王室ではそれが機能している。そのカギを握っているのは、謙虚さだと思う。私たちは誰でも、自分の力により現在の地位にいるという面が大きい。それは、頭がよかったり、勤勉に努力したり、危険をともなう行動に踏み出したりした結果だ。なにをすべきか、いつ立ち止まるべきか、いつ行動を変えるべきかは、自分で判断している。王族の場合は、いまの地位に就くための行動をまったく取っていない。女王と皇太子は、それを一度も忘れたことがない。その地位にいきなり座らされた。彼らはたまたま王族に生まれたにすぎない。面接を受けたり、選考委員会の審査を受けたりもしていない。それを自覚しているので、非常に謙虚な気持ちをもっていて、正しい行動を取るよう細心の注意を払い、自分を強く律して職責に当たっている。女王が成功している理由の一つは、この点にあるのだと思う。人々は、財産や生活様式の面では共産主義を望んでいない。女王が議会の開会式に金色の馬車で到着したり、ロールス・ロイスで病院を訪れたりするのを見るのは好きだ。けれども、人々は、言ってみれば人間性の共産主義を望んでいる。女王はそのことを直感的に理解しているのだ。人々は、女王が特別だと知っているが、女王も自分たちと同じなのだと思ってもいる。女王が自分たちと同じものを食べ、同じ空気を吸っていて、国民のことを理解し、国民に理解されたいと思っていると、人々はわかっている。これが人間性の共産主義だ。世襲に否定的なあなたが女王を偉大なリーダーと評価するのは、女王がこのことを心得ているからなのだろう」

それまで私は、イギリス女王と共産主義を結びつけて考えたことがなかったが、この側近の言葉は一理ある。女王は共産主義より長く生き延び、王制廃止論も払いのけた。女王は、きわめて特殊な、しかしきわめてイギリス的な勝者と言えるだろう。

おわりに　勝利の技術

勝てなければ、なんの意味があるのか？

――ハイレ・ゲブレセラシェ（エチオピアの元陸上長距離選手）

本書は、さまざまなロールモデル（お手本となる人物）を紹介することを目的の一つにしてきた。それぞれの分野で目覚ましい成功を収めている人たちから、私たちが学べることは多い。

私が大富豪の実業家になる日はけっして来ないだろうが、それでもリチャード・ブランソンのニュースレターを購読している。たいてい、私がやっていることにも参考になる言葉が記されているからだ。私がディエゴ・マラドーナのような卓越したサッカー選手になることもけっしてないが、マラドーナは私に「ビジュアル化」の効用を教えてくれた。デーブ・ブレイルズフォードの「ささやかな進歩」の考え方は、新しい課題に挑むときの指針になっている。私は、マーガレット・サッチャー元首相以降、多くの政治家を間近で見てきた。自分に政治家が務まるとは思えないが、政治家たちの振る舞いをまねしたり、反面教師にしたりすることはできる。

投資家のウォーレン・バフェットについて調べていたとき、興味深い資料を見つけた。一九九八年、アメリカのシアトルで三五〇人の学生を前に、ビル・ゲイツと対談したときの記録だ。当時、アメリカ屈指の大富豪二人の資産は合わせて八四〇億ドルに達していた。二人は世代が違うし、ゲイツがテクノロジー分野の起業家なのに対し、テクノロジー嫌いのバフェットはコンピュータをもつことすら長年拒んでいた。それでも二人は親しい関係にあり、その友情が史上有数の規模の慈善行為に発展した。バフェットが莫大な資産の大半をゲイツ夫妻の慈善財団に寄付することを決めたのだ。一九九八年のその日、ゲイツの地元シアトルで学生たちが熱心に耳を傾けるなか、バフェットはロールモデルについて貴重なアドバイスを送った。

みなさんにささやかな助言があります。誰かいちばん尊敬できる人を選び、尊敬する理由を紙に記してみましょう。自分自身を挙げてはいけません。次に、最も耐え難いと感じる人の名前を紙に書き、そう思う理由も記しましょう。尊敬する人がもっている資質は、練習すればあなたも身につけられます。練習を重ねることにより、新しい習慣を築けるのです。

当代切ってのコミュニケーターであるバフェットは、このあと、素晴らしい言葉を学生たちに送った。あとで調べたところ、一八世紀イギリスの文学者サミュエル・ジョンソンの引用だった。「習慣という鎖はあまりに軽く、重すぎて打ち破れなくなるまでその存在に気づかない」という言葉だ。バフェットは、次のように述べた。

私のような年齢になると、習慣は変えられない。私はもう抜け出すことができません。でも、みなさんは、いま実践しようと決めた習慣をあと二〇年続けられます。だから、尊敬できる人の行動をよく見て、それを自分の習慣にすることをお勧めしたい。そして、他人の非難すべき部分は、

まねしないように気をつけましょう。そうすれば、自分のもっているエネルギーをすべて、成果を上げるためにつぎ込めるようになります。

私がこのエクササイズをするとすれば、尊敬する人物を一人に絞るのに苦労して、「尊敬する人物リスト」をつくらざるをえないだろう。真っ先に挙がるのは、ネルソン・マンデラかもしれない。しかし、ある面でマンデラはあまりに聖人的で、まねしようと思うだけでもおそれ多い。エイブラハム・リンカーンも同様だ。ビジネスパーソンは、ロールモデルとしてバフェットとリチャード・ブランソンの名前を挙げる人が多い。この二人のほうが身近に思えるし、凡人にもまねできそうな気がする（実際にバフェットやブランソンのような大成功を収められる人はほとんどいないが）。

しかし、リストを作成し、誰かの名前を消去し、新しい名前を書き加えることを繰り返すうちに、私はあることに気づいた。究極の「勝者のマインドセット」をもっているのは、スポーツ界の人たちだと思えてきたのだ。私は経験上、政治の難しさは誰よりもよく知っているつもりだ。どのようなビジネスやスポーツの難事業も、複雑性と多面性では政治に及ばない。一国の首相や大統領にのしかかる重圧は、企業のCEOやスポーツチームの監督の比ではない。だが、政治家がビジネス界やスポーツ界のリーダーから学べる点がないわけではない。

この本を通じて、政界の人々がとくにスポーツ界から学ぼうという気持ちになってほしいと思う。戦略とリーダーシップとチームシップ、そしてレジリエンス、イノベーション、データの扱い方、挫折への対処方法など、スポーツ界（とビジネス界）で最も成功している人たちから学べることは多い。政治家はしばしば、スポーツを持ち上げるような発言をする。スポーツが国民の感情をたかぶらせ、社会のムードを大きく変えることをよく知っているのだ。ところが、スポーツ界やビジネス界の成功者や偉大なリーダーから学ぶことにより、自分たちの仕事の質を改善できることには気づいていない。

バフェットが学生たちに送ったアドバイスを思い出し、私自身のロールモデルについて考えると き、いつも頭に浮かぶ名前がある。エチオピアの元陸上長距離選手、ハイレ・ゲブレセラシェだ。素晴らしいランナーであり、素晴らしい人間でもある。

はじめて会ったのは、二〇〇〇年代初頭のこと。イギリスのハーフマラソン大会「グレート・ノース・ラン」のとき、イギリスの元陸上選手ブレンダン・フォスターが紹介してくれた。そのとき私は、本当に大勢の市民ランナーが走るマラソン大会に参加したければ、エチオピアのアディスアベバでおこなわれる「グレート・エチオピアン・ラン」で一緒に走ろうと、二人に誘われた。こうして、二〇〇三年一二月の大会で走るためにアディスアベバを訪れた私は、この国でゲブレセラシェが「生きた伝説」になっていることを知った。国民全体にとってのロールモデルになっているのだ。

この大会は、私の人生でも指折りの楽しい経験になった。スタート地点の大通りでゲブレセラシェがレースの幕開けを告げるピストルを鳴らした瞬間、大勢の人のエネルギーと幸福感が溢れ出した。お揃いの青と赤と黄色のTシャツを着た男性と女性、それに子どもたちがいっせいに走りはじめた。

そのときタイムズ紙で偉大なスポーツ選手について連載していた私は、翌日、ゲブレセラシェにインタビューした。スポーツで成功を収めた経験から、どのような教訓を得たのか？　私がそう尋ねると、返ってきた答えは、いたってシンプルで明瞭なものだった。一、育った環境を生かすべし。

二、才能があるなら、それを生かすべし。三、自分のやっていることを愛すべし。四、ロールモデルをもつべし。五、よきチームを築くべし。六、つねに規律をもつべし。七、スケジュールを貫くべし。八、つねに適切な準備をすべし。九、前回の勝利ではなく、つねに次回の勝利のことを考えるべし。一〇、勝つことの意義をより大きな視点で理解すべし。

目新しい話ではない？　そうかもしれないが、このエチオピアの英雄が特筆すべきなのは、私が研究してきた三つの分野、スポーツ、ビジネス、政治のすべてについてこれらの教訓を説明できる点だ。ゲブレセラシェは、まずスポーツの世界で数々の勝利を上げてきた。一万メートルでは、一九九六年のアトランタ五輪と二〇〇〇年のシドニー五輪で二大会連続の金メダルを獲得し、世界陸上でも四連覇を果たした。陸上競技で更新したエチオピアの国内記録は六一回、世界記録は二七回に上る。三五歳のときには、マラソンの世界新記録も更新した。三五歳と言えば、たいていのトップアスリートはとっくに引退している年齢だ。

スポーツだけではない。ビジネスの世界でも多くの勝利を収めている。数々のホテルと不動産、コーヒー豆農場、ヒュンダイ系の自動車販売店を保有し、「社会にお返ししたい」という理由で学校をつくるなど、実業家および社会起業家としてもエチオピアで指折りの成功を収めている。

しかし、ゲブレセラシェは、スポーツとビジネスという人生の二つの段階を、次の段階に進むための「修行」と位置づけている。次は、政治の世界で成功を収めたいと考えているのだ。政界でも、目指すのはあくまでもトップだ。アルバニアのエディ・ラマ首相のように、国の代表としてスポーツ大会に出場した経験をもつ数少ない首脳になるかもしれない。

そこで、私は今回改めてインタビューし、同じ教訓がまだ生きているのかを尋ねてみた。

二〇〇三年のインタビューで、教訓一「育った環境を生かすべし」を披露したときに語った話によれば、エチオピアではゴルフコースがなく、プールやテニスコートもほとんどないので、ゴルファーや水泳選手、テニスプレーヤーを目指すという選択はありえなかった。選択肢は、走ることだけだった。走ることこそ成功への道。ゲブレセラシェはそれを愛し、その才能に恵まれていた。多くのトップランナーを生んだ高地で育ったことも、ランナーとして大成する一因になった。しかし、農業で自給自足の生活を送っていた父親はいい顔をしなかった。息子をアスリートにしても、一〇人の子どもを抱える貧しい家庭の生活を支える役に立たないと考えたのだ。母親は、彼が七歳のときに死去していた。

そんなゲブレセラシェが国民のヒーローとして揺るぎない地位を確立し、莫大な財産を築いた。そして、いまはその立場を武器に、政界でのキャリアに踏み出そうとしている。以前は、往年のエチオピアの陸上長距離選手である「ラストスパートのイフター」こと、ミルツ・イフターをロールモデルとして挙げていたが、いまはネルソン・マンデラの名前を挙げる。以前は一人のコーチがチームの核だったが、いまは一五〇〇人のスタッフがチームの中心になっている。「もっと有名になりたいと思ってやっているわけではない。知名度ならもう十分にある。祖国を助けるために自分ができることをしたい」とのことだ。ゲブレセラシェは、自分に大きな目標を課し、それを達成するための戦略と戦術を実行してきた。本書で言う「OST（目標・戦略・戦術）」の大切さを理解しているのだ。

「レースでライバル選手に先行させ、そのあと追いつき、再び先頭に立たせ、最後にラストスパートで抜き去るというパターンは、戦術だったのか？」と、私は尋ねた。

「そう、その戦術としてやっていた」

「いま、その経験からどのような教訓を得ているのか？　現在の活動にどのように応用している？」

「応用できる点は多い。スタジアムに何千人もの観客が詰めかけ、一万メートルのレースを見守っているとしよう。レースではトラックを二五周する。私が最初から先頭に立てば、私が勝つと予想がついて、観客は見るのをやめてしまう。世界新記録樹立を目指していると事前に宣言していれば話は別だが、レースが退屈になる。そこで、ほかの選手と並んで走る。そうやって、誰が勝つかわからないという競争の雰囲気を醸し出し、最後には私がいちばん強いことを見せつける。ビジネスも同じだ。人々は競争を必要としている。同じことは、政治にも言える。政治の世界で独走が起きると、レースがつまらなくなる。イギリスとアメリカの選挙が面白いのは、たいてい接戦だからだ。レースがレースとして機能していることが大きい」

スポーツ界で頂点を極めた経験のおかげで、自分には、一般的な政治経験を積んできた政治家にない強みがもう一つあると、ゲブレセラシェは言う。その強みとは、「正直さ」だ。単に「真実を話す」というだけの話ではない。それは、F1の名門レーシングチーム、マクラーレンの会長兼CEOを務めたロン・デニスの言葉を借りれば、「公の場で競争する場合は、どこにも隠れる場所がない」と思って行動することだ。

「みんなの前に姿をあらわし、自分の強さを実証しなくてはならない。そこから逃げることは許されない」と、ゲブレセラシェは言う。「政治の世界では、曖昧な行動を取る人が多い。逃げ隠れすることができてしまう。スポーツの世界では、それができない。フェアな世界だ。すべてが目に見えてわかりやすい。民主主義とは、公正な選挙を実施するだけでなく、選挙のあとも、すべてを明確に、透明に示すことだと思う。その点、私はスポーツの経験があるので、そのような姿勢で臨める」

選手時代、ライバルをすぐに打ち負かさなかったように、政治の世界でも長期戦を戦うつもりでいる。数年前に話したときは、二〇一五年のエチオピア議会選を目指すと言っていたが、その後、計画を先延ばしすることにした。なぜか？　政治への意欲が失われたわけではない。いつものようにスポーツの比喩を使って率直に説明してくれた。「もっとトレーニングを積む必要があると思った。マラソンと同じで、準備不足では勝てない。次の選挙には、まだ準備が整っていない。もっと準備が必要だ」

エチオピアの政治状況も自分を受け入れる準備が整っていないと、ゲブレセラシェは言う。二〇一〇年の総選挙では、五四七議席中、与党のエチオピア人民革命民主戦線（ＥＰＲＤＦ）が四九九議席、与党と連携する勢力が四六議席を獲得し、それ以外は野党と無所属が一議席ずつという結果だった。地方選挙でも、与党が一九〇四議席のうち一議席以外すべてを獲得していた。この選挙のやり方は、アメリカと欧州連合（ＥＵ）から厳しく批判された（訳注／二〇一五年の総選挙でも、ＥＰＲＤＦと協力政党が全議席を獲得した）。

「こんな状況でどうすれば成果を上げられるのか？」と、ゲブレセラシェは言う。「簡単なことではない。だから、待つ必要がある。私一人なら当選できるかもしれない。でも、仲間がいない状況で、どんな変化を起こせるというのか？　私はいま抗議の声を上げることしかできない。私たちの国に、あなたの国のような民主主義が生まれることは、すぐに

イギリスとアメリカの選挙が面白いのは、たいてい接戦だからだ。レースがレースとして機能していることが大きい。

ハイレ・ゲブレセラシェ

はないだろう。一〇年、二〇年、もしかするともっと時間がかかるかもしれない。民主主義が根づくには、長い時間が必要だから。でも、いつかきっと変わる」

「もし、変わらなかったら?」

「いや、変わる」

いま四〇代のゲブレセラシェは、一〇年、二〇年、三〇年先のことを考えている。スポーツとビジネスの世界で学んだことを、もっと広い世界で生かせる日が訪れるのを待っているのだ。

選手時代の輝かしい勝利の数々は、競技場のトラックやマラソンのコースでつかんだわけではないと、ゲブレセラシェは言う。そうした勝利は、エチオピアの丘陵で励んだ孤独なトレーニングの賜物だった。

「過酷なトレーニングをすることにより、レース当日にあと一頑張りする力を、そのための強い肉体と強い意志を生み出せる。だから、トレーニングは、レースのためというより、レースに向けた準備のためにおこなう。この違いがわかるだろうか? トレーニングで三〇キロをたった一人で走ることが、レースで勝利をもたらす決め手になるかもしれない。だとすれば、そのトレーニングはレースに匹敵する重みをもつ。十分にトレーニングをしなければ、試合に負ける。しっかりトレーニングをすれば、自分に勝利のチャンスを与えることができる。政治も同じだと思う。一足飛びに政治家に転身しようとしてもうまくいかない。そのためには、自分をアップグレードする必要がある。さらに勉強し、いろいろなものを読み、国民のニーズを知らなくてはならない。選手時代は、自分自身、自分の成績、自分の勝利がすべてだった。ビジネスの世界でも、自分がなにをどのように実現したいかが重要だったが、多くの人の力を借りなくてはならなかった。一方、政治家にとって重要なのは、ほかの人たちがなにを欲しているかだ。その点がほかの世界とは違う。一人で走るわけではない」

スポーツとビジネスと政治に共通する最も重要な要素はなにか？――この問いに対する答えは予想どおりだった。「それは勝つことだ。スポーツの場合、それがなにを意味するかは誤解の余地がない。試合に勝ち、レースに勝ち、トロフィーやメダルを獲得することだ。ビジネスの世界で目指すのは、一番になること。具体的には、利益を上げなくてはならない。利益を上げられなければ負けだ。スポーツほどは勝利の意味が明瞭でないが、それでもはっきりはしている。政治の世界では、選挙に勝つことが不可欠だが、本当に勝利をつかんだと言えるためには、それだけでは十分でない。選挙のあと、なにをするかが重要になる。政治の世界における真の勝者は、選挙に勝ったあと、祖国がもっている可能性を最大限発揮させる。二番手や三番手なら、トップに引き上げる。脚光が当たっていなければ、脚光を浴びるようにする。それができなければ、勝者と名乗るべきでない」

また、どのように勝つかは勝敗と同じくらい重要だと、ゲブレセラシェは言う。勝利は、つねに誠実につかむべきものなのだ。

「私たちの取る行動はすべて、なんらかの形で政治的な側面をもっている。私の場合は、走ることを通じて国のために行動していた。とはいえ、国のために貢献したければ、政治を通じて行動するのに勝る方法はない。政治は国を好ましい方向に変える力がある。私はそれをやってみたい。競技と同じくらい強い決意と意欲をもって臨むつもりだ」

アディスアベバの街を一緒に歩くと、ゲブレセラシェがエチオピアの老若男女から深く愛され、尊敬されていることがよくわかる。このとき彼は、自分に走る才能があること、そして自分の走りがほかの人たちに大きな影響を及ぼせることを知ったときの話をしてくれた。「一九八八年、学校ではじめて一五〇〇メートルのレースに勝ったときのことだ。二〇〇〇人の生徒が見ている前で、校長に促されて檀上に立った。校長が言った。『勝利を上げたアスリートを紹介します』。全校生徒の拍手を浴びながら、私は思っていた。『わあ、本当にすごいことをやったんだ』。オリンピックのような大会でも、あんな経験は味わったことがない。本当に特別な経験だった。私より体の大きい男の子も大勢いたし、女の子にもてる男の子も大勢いた。あの日まで、私に関心を示す人なんて一人もいなかった。ところが、その瞬間、みんなの視線が私に注がれた。『勝つって、こういうことなんだ』と感じた」

それに比べて、政治家が得られるのはささやかな称賛でしかない。しかも、政治家は国民を喜ばせるだけでなく、国民の嫌がることもしなくてはならないが、厳しい決断をくだせば人気が吹き飛ぶことが多い。「それはわかっている」と、ゲブレセラシェは言った。そこで、私は尋ねた。「『本物の政治家』になった瞬間、人々の見方が変わり、いまほどの人気がなくなり、支持されなくなることを心配していないのか?」

この問いに対してゲブレセラシェは、いつもと同じ笑みを、二〇年以上にわたり世界中の競技場や表彰台を輝かせてきた笑みを浮かべただけだった。一方、オランダ人マネジャーのヨス・ヘルマンスはもっと本音を語ってくれた。「だから、時期を待っている。いま動いても一人ぼっちで声を発することしかできないが、それでは目標を達成できない。でも、いつかは達成する。彼は天性のリーダーだから」

ゲブレセラシェは、ネルソン・マンデラと同じくらい、ウィンストン・チャーチルのことも偉大なリーダーとして評価している。イギリスを第二次世界大戦の勝利に導いたチャーチルは、戦後間もなく選挙で首相の座を追われた。「恐ろしい事態から国を救った」あと、チャーチルが政権を失ったことは、有権者の気まぐれさを如実にあらわしていると、ゲブレセラシェは言う。「国民はつねに、より多くを求める。新しいものを求め続ける」

陸上長距離のトップ選手たちがもっているとされる資質——大胆さ、勇気、スタミナ、戦術に関する聡明さ——は、もっと規模が大きくて複雑な活動を率いるリーダーにも求められるものだ。ゲブレセラシェは、レースを支配しているとき、自分がリーダーだと感じると言う。「リーダーシップとは責任を取ることに尽きる。リーダーは人々を導き、本人がやりたいと思っていない行動を取らせる。だから、その行動の結果に責任をもたなくてはならない。その点は、ビジネスや政治の世界も同じだと思う」。ここでも、スポーツの経験が政界進出への修行になったのだ。

「過去に世界新記録を打ち立てたベルリン・マラソンに再び出場するとする。大会前は、『ゲブレセラシェがナンバー1だ』と言われる。その結果、『すごい結果を残さなくてはならない』と思い、眠れなくなる。不安でいっぱいになる。いいレースをするぞと、心に誓う。もしナンバー2だったら、もっと気楽に臨める。『そりゃあ、勝ちたいさ。でも、プレッシャーはナンバー1の選手にすべてのしかかる』と思う。勝者として臨めば、結果を出し、見事な勝利を上げ、新記録を樹立しなくてはならない。その責任を喜んで受け入れる必要がある。こうしたスポーツでの経験がいま役立っている。最近、ビジネスのこ

十分にトレーニングをしなければ、試合に負ける。しっかりトレーニングをすれば、自分に勝利のチャンスを与えることができる。政治も同じだと思う。

ハイレ・ゲブレセラシェ

とで頭痛が絶えない。不安で夜眠れない日も多い。私は、あらゆる可能性を前もって考えずにいられない。選手時代に大きなレースに臨んだときもそうだった。大会の前日は眠れない夜を過ごしたものだ。ああなったらどうしよう、こうなったらどうしよう、誰かにペースを乱されて戦術どおりにいかなくなったら……こうした心配をするのもレースの準備の一部だった。この種のプレッシャーを味わうことも自分の責任だと思っていた。同じことが政治にも言える。大統領や首相も、十分に準備し、すべてを完全に理解していれば、困ったことにはならない。大事なのは準備をすること、そして責任をもつことだ」

政治での成功が約束されているわけではないと、ゲブレセラシェは理解している。「スポーツでは、やるべきことはほぼやり尽くした。いまはビジネスに取り組んでいる。やがて政治にも挑みたい。どういう結果になるかは、やってみないとわからない」

しかし、走ることを通じてここまで大きな名声と富を手にできるとは、（父親はもとより）本人も思っていなかった。今日のように幅広いビジネスを成功させることも予想していなかった。スポーツで学んだ教訓は、ビジネスに進出したときに生かされた。スポーツとビジネスの両方で学んだことは、政治の世界で生かされるだろう。本書の締めくくりにゲブレセラシェを取り上げたのは、みずからの経験から学ぶことの価値を教えてくれる人物だからだ。本書で示してきたように、人は他人の経験から学習できるが、固定観念を捨てて自分のことを率直に検討できれば、みずからの経験からも多くのことを学べる。勝者になるのは、他人の成功と失敗、そしてみずからの成功と失敗の両方から学ぶことをけっしてやめない人物だ。

本書では、どのような分野に身を置いている人でも、ほかの人の経験から学べるというメッセージを伝えてきたつもりだ。私自身、メディアの世界で、政治の世界で、そしていまはもっと多様な活動を通じて、大勢の勝者たちに話を聞いてきた。その一人ひとりが勝者のマインドセットをいだき、勝利につながる行動を実践していた。

インタビューに応じてくれた多くの傑出した人々の人生を追体験することは、刺激的であり、同時に自分の至らなさを思い知らされる経験でもあった。刺激的というのは、その人たちの多くが間違いなく刺激的な人物だからだ。ジョゼ・モウリーニョやベン・エインズリーは、二四時間つねに勝ちたいと思い続け、実際に勝利を手にしている。リチャード・ブランソンやジミー・ウェールズやアリアナ・ハフィントンは、世界を変えたいと望んでいて、その思いを実行に移している。ガルリ・カスパロフは、途方もなく優れた頭脳の持ち主だ。一方、スポーツ界やビジネス界で勝者のマインドセットを高い水準で実践している人たちの話を聞けば、自分の至らなさを思い知らされずにはいられない（自分もこのマインドセットの構成要素の多くをもっていると信じたいが）。

私が話を聞いた人すべてに共通する教訓は、どんなに高いレベルに達している人でも、つねにさらなる向上の余地があるという点だろう。完璧などという状態は存在しない。第7章でも述べたように、ルーマニアの女子体操選手ナディア・コマネチは、一九七六年のモントリオール五輪でオリンピック史上初の一〇点満点で優勝したとき、その瞬間を楽しみはしたけれど、自分にこう言い聞かせることも忘れなかった——完璧と判断した審判たちは間違っている、と。練習ではもっとよかったからだ。次はもっとうまくできるはず、と考えた。「完璧」に到達してしまったら、そのあと、どこに向かえばいいのか？

ケニアの陸上長距離選手ポール・テルガトは、陸上競技の歴史における自分の地位についての思いを語ってくれた。複数の夫人をもつ父親の下に生まれた二三人きょうだいの一人だったテルガトは、もしゲブレセラシェがいなければ、多くの人が史上最高の陸上長距離選手として真っ先に名前を挙げただろう。しかし実際には、一九九六年のアトランタ五輪と四年後のシドニー五輪の男子一万メートルでいずれもゲブレセラシェに敗れ、銀メダルに終わった。シドニー五輪での差はわずか〇秒〇九。これは、同じ大会の男子一〇〇メートルの一位と二位の差よりも小さい。しかし、そのわずかな差が二人の運命を大きく変えた。

勝利を手にする偉大なアスリートになるためには、なにが必要なのかと尋ねると、テルガトは、「私にはその問いに答える資格がない」と答えた。でも、世界クロスカントリー選手権で五度優勝し、数々の世界新記録を樹立し、多くのメダルを獲得してきたではないか？　しかし、テルガトは言う。「私は大半のアスリートよりは多くのことを成し遂げたが、偉大なアスリートはオリンピックで金メダルを獲得するものだ。私は銀メダルしかもっていない」。だから、自分は偉大なアスリートとは言えない、というわけだ。

しかし、このような考え方をもっているからこそ、ゲブレセラシェに肩を並べる偉大なアスリートとして評価されるべきだと、私は思う。テルガトは、つねに進歩を目指すべきだという重要な教訓を実践している。成功を次の成功への通過点とみなし、「もっと勝ちたい」という欲求をけっして失わない。

この姿勢は、間違いなく勝者のマインドセットの重要な要素だ。私が話を聞いた人の多くは、心に決めていた目標を勝ち取ったとき、気が重くなると述べている。この心理は、ゲブレセラシェが言うところの「責任」、つまりリーダーであることの重圧によるものだ。オーストラリアン・フットボールのリー・マシューズは、試合が終わった瞬間にすぐ次のことを考えるので、勝利の喜びを満喫したことがないと言っている。デーブ・ブレイルズフォードは、勝利を祝おうとしないことでしばしば批判される。

このように、つねに次を目指し、さらにその次を目指す能力との関係で思い出すのは、アレックス・ファーガソンの言葉だ。私は一九九七年のイギリス総選挙のとき、ファーガソンから助言された。トニー・ブレアと私、そしてチームの面々が質の高い食事をし、よく運動をし、十分に睡眠を取り、好調な状態を維持するように、と言われたのだ。「エネルギーを保つことの大切さを軽く見ている人が多い」と、ファーガソンは言った。「リーダーの地位にあり、極度の重圧にさらされている人は、つねに思考し、適応し、決断し、コミュニケーションを取らなくてはならない。こうしたことには、エネルギーが必要だ」。言うまでもなく、人のエネルギーは無尽蔵の資源ではない。だから、エネルギーに気を配るべきなのだ。

ときに、勝敗は、自分でも気づいていなかったエネルギーを引き出せるかどうかで決まる。スポーツでは、とくにその傾向が目立つ。接戦の試合の終盤がドラマチックなのは、選手たちが本人も観客も予想していなかった底力をしばしば発揮するからだ。最終的には、最後の力を振り絞って頑張り抜いた選手が勝つ。

選手は、偶然そうした力を得るわけではない。ラグビーのアイルランド代表で活躍したブライアン・オドリスコールによれば、キャリアの終盤に指導を受けたコーチのジョー・シュミットが重んじていたのは、「疲れている状態でのトレーニング」だった。「多くの試合は、最後の最後で勝敗が決まる。ジョーは私たちに持久力トレーニングをさせて疲れさせ、そのあとでスキルの練習をさせた。こうしたトレーニングが報われたことが何度もあった。最後まで余力を残すことができた」

これはスポーツに限った話ではない。ビジネスの世界でも、秘められたエネルギーが土壇場で発揮されることがある。重要な新製品・サービスの投入を準備していたり、窮地を乗り切ろうとしていたりして、すべきことが大量にあり、すべて終えるまで立ち止まれないとわかっているとき、そういうことが起きる。トニー・ブレアが首相時代に北アイルランド和平の話し合いを夜通しおこない、ほかの交渉当事者たちも同様に粘り強く交渉し続け、大きな進展が生まれたこともたびたびあった。目覚ましい成果を上げられる人は、いざと言うとき、予備のエネルギーを引き出せるのだ。

私自身も経験がある。たいてい、選挙の一週間前になると、自分の内面で興奮が高まり、多くの場合は敗北への恐怖にも突き動かされて、疲労を忘れて踏ん張れるようになる。もう一時間頑張り、もう一つアイデアを実行し、もう一回スタッフを元気づけて活力を注ぎ込むことができる。健全な生き方とはとうてい言えない。こんなことを毎日続けるのは無理だ。

けれども、最後の力を振り絞り、自分にまだ余力が残っていたと知るのは、快感でもある。こうした土壇場の踏ん張りを可能にするのは、勝ちたい、達成したいという強い欲求、そして揺るぎない信念だ。二〇一四年にスコットランド独立の是非を問う住民投票がおこなわれたとき、すでに政界を引退していた前イギリス首相のゴードン・ブラウンが独立反対運動を猛然と展開した（住民投票の結果は、独立反対派が過半数を上回った）。このときのブラウンも、強い信念に突き動かされて頑張った。

私が思い出すのは、ＮＦＬ（アメリカン・フットボール）のグリーンベイ・パッカーズのコーチとして活躍したヴィンス・ロンバルディの言葉だ。その言葉は、スポーツだけでなく、あらゆる活動に当てはまる。こんな言葉だ。「私は固く信じている。男にとって最良の時間、男にとって最も大切なことが最も実現する時間とは、意義ある目的のために死力を尽くし、すべてを出し切って戦場に横たわっているときだ――もちろん、その戦いに勝ったうえで」

ロンバルディが「意義ある目的」と感じていたのは、アメリカン・フットボールの試合に勝つことだ。その重要性は、国の命運を左右する戦争にも匹敵するものだ。自分のやっていることに意義を見いだしているというのは、本書で取り上げた勝者たちに共通する要素だ。本書に登場した人たちは、自分の活動の意義を信じ、それを大切なことと考え、情熱を燃やしている。好きなことを見つけ、そのことに最善を尽くすと心に決めているのだ。

私は五七歳にいたるまで、自動車レースのF1がどうして熱狂的な人気を集めているのか理解できずにいた。しかし、有力レーシングチームのメルセデスとマクラーレンの人たちと接して、すぐに理由がわかった。レーシングチームの面々は、F1にすべてを捧げ、最初にゴールすることが世界で最も大切なことだと思っている。彼らが献身的に取り組み、犠牲を払い、最善を尽くすために全神経を集中させていることが、私にもすぐにわかった。このような行動は、崇高なものに思える。とりわけ、勝利の名声と栄誉を得る人だけでなく、チームの一員として「持ち場」を守る無名の人たちが献身と犠牲の行動を取るとき、それはひときわ気高い行為に感じられる。

この点から、もう一つ重要な教訓を引き出せる。勝者になるのは、偉大なチーム、もしくは偉大なチームをもっている人物だということだ。イギリス女王やネルソン・マンデラも含めて本書で紹介した勝者のなかに、自分一人ですべてを成し遂げた人物はいない。勝利を手にする人たちは、適切な人材を集め、適切な方法でメンバーにやる気をもたせ、個人とチームのためにメンバーの潜在能力を最大限引き出している。

政治の世界では、これができていないケースがあまりに多い。悲しいことに、その原因は強烈な自我と野心だ。この二つの要素は、勝利をつかむために欠かせないものだが、自己破壊的に作用すればきわめて悪い結果を招く。政治の場における敵意は、チームとチームの間より、チームの内部に存在する場合が多い。そのせいで浪費されているエネルギーと才能は計り知れない。二〇一四年にサッカーのワールドカップ・ブラジル大会で優勝したドイツ代表チームで、フィリップ・ラームがバスティアン・シュヴァインシュタイガーへのパスを拒んだり、アンドレ・シュールレがトーマス・ミュラーに得点させることを嫌い、ゴール前にクロスを上げなかったりしたら、どうなっていただろう？　政界では、こうしたことが珍しくない。あまりに痛ましい現実だ。

政界関係者には、次のブライアン・オドリスコールの言葉に耳を傾けてほしい。「チームがうまく動くことほど、爽快な経験はない。ラグビーの試合で、13番の私が待っていると、前衛の面々がボールを奪取し、ボールが9番、10番を経て、私たちセンターに渡る。私はそういうとき、このあと素晴らしい展開が待っているぞと感じる。歯車がすべて噛み合えば、最高の気分を味わえる。ただし、そのためにはチームの全員がしっかり自分の仕事をしなくてはならない」

私が本書のために話を聞いた人の多くは、裕福な生活を送っている。それは、成功がもたらした結果だ。しかし、真の勝者は、金を儲けることより、勝つことに強い関心がある。私は青臭い理想論に走るタイプではもちろんないが、この点に関しては、リチャード・ブランソンや多くの実業家たちの言うことを全面的に信じている。

ビジネスの成功者たちは、金が最大の目的ではなく、魅力的なアイデアを思いつき、それを実行に移したいという思いに突き動かされて行動する。「億万長者には大勢会ってきたが、億万長者になることを目指して出発した人は一人もいない」と、大手投資銀行ゴールドマン・サックスの元幹部ジム・オニールは言っている。実際、大物投資家で大富豪のウォーレン・バフェットは、大昔に三万二〇〇〇ドルで買った家に現在も住み続けている。

ブランソンも言う。「『金を儲けるぞ』と思って新しい事業を始めたことは、本当に一度もない。新しいビジネスを始めるときは、『人々が望むもの、必要とするものを提供できるか？　自分がつくり出すものを誇りに思えるか？』と、自分に問いかける。そういう姿勢でビジネスに臨めば、金はついてくる。若い起業家と話すとき、いつも言うことがある。『自分のアイデアが人々の生活を向上させられると思うか？　この問いに正直に答えたとき、そう思うと言えるなら、あなたは成功に向けて歩みはじめていると言っていい』」。いまは、旅客航空機向けのクリーン燃料の開発や、カリブの島国へのクリーンエネルギー導入など、非営利の活動にも同様のアプローチで臨んでいると、ブランソンは言う。世界中のビジネスから莫大な利益を生み出し、その金を活用して、公共・政治分野の手ごわい課題に挑もうとしているのだ。

デーブ・ブレイルズフォードは若い頃、自転車競技で成功するために、わずかな荷物と乏しい蓄え、それに一台の自転車だけをもってイギリスからフランスに渡った。その後は、悪戦苦闘を強いられながらも、次第に学習していった。いまでは、高級車のベントレーに乗り、イギリスの「ナイト」の称号をもっている。しかし、本人にとっていちばん大きいのは、自転車競技のリーダー、イノベーターという評判を確立していることだろう。

フロイド・メイウェザーの場合も、富を誇示するのは、あくまでもボクシング・ビジネスにおける圧倒的勝者であることを見せつけるためだ。勝者は金より成功を重んじるという仮説は、この「マネー」という愛称をもつ男にも当てはまると、私は思っている。もし、大富豪になることだけが目的なら、その目的はだいぶ前に達成していて、とっくの昔に引退していてもよかったはずだ。

ここまで述べてきたこと以外に、私は多くの勝者たちからなにを学んだのか? 当たり前の内容に見えるかもしれないが、本書の締めくくりに、そのいくつかを指摘しておこう。

勝者は、勤勉に努力する。苦労せずに頂点に上り詰めたという類いのエピソードは、事実に反する「神話」にすぎない。まじめに粘り強く努力し、苦痛を味わうことは、避けて通れないのだ。

勝者は、犠牲を払う。サッカーのガリー・ネヴィルはガールフレンドをつくらず、自転車のデーブ・ブレイルズフォードは祖国を離れた。ビジネスや政治で成功している人たちの多くは、週末も休まずに仕事に打ち込んでいる。こうした勝者たちは、勝つために必要なことをおこない、ほかの人たちにとって当然のことを諦める。スポーツ界の勝者に要求されるトレーニングと、食事や休息の徹底した管理は、ほとんどの人が耐えられないくらい過酷なものだ。勝者は大きな報酬を手にするかもしれないが、それと引き換えに大きな犠牲を払っているのである。

勝者は、目標に向けた活動に集中するために意識的に努力している。陸上短距離のウサイン・ボルトは、朝寝坊したり、パーティーで女の子といちゃついたりするのが好きだ。昔はマリファナに手を出したこともあったと認めており、ジャンクフードも愛好している。オリンピックの選手村で

「金を儲けるぞ」と思って
新しい事業を始めたことは、
本当に一度もない。
リチャード・ブランソン

一日に一〇〇個のチキンナゲットを食べたこともあった。それでも、地球最速の男であるボルトが勝者であることは、誰も否定できない。しかも、強烈なカリスマ性があり、人間に対する深い愛情をもっているため、世界屈指の人気スポーツスターになっている。しかし、天性の素質に恵まれ、遊んでばかりいるように見えるボルトにも、勝利に向けて集中する一面がある。

ボルトは、勝つのが好きで、負けるのが嫌いだ。誰かに自分の背中を押してもらう必要があるとわかっていて、適切なコーチを選ぶようにした。コーチのグレン・ミルズは、いまでは第二の父親と言ってもいい。ボルトは失敗から学んでもいる。トレーニングと試合の肉体的苦痛に耐えることを学んだし、逆境をチャンスに変えることも学んだ。真に輝かしい成果を上げられるようになったのは、他人の考えていることを気にするのをやめ、もっとタフにならなくてはならないと気づいてからだった。太もも裏の肉離れでレースを棄権し、祖国ジャマイカの観衆からブーイングを浴びたことが転機になった。

勝者は、OST（目標・戦略・戦術）を徹底している。第4章のジョゼ・モウリーニョのインタビューからもわかるように、これらの言葉をどのような意味で使うかは人によって違うかもしれないが、一致している点もある。それは、勝利に向けた目標を設定する必要があるということだ。目標を明確化し、どのような計画を実践するかをはっきりさせなくてはならない。そのあとは、さまざまな戦術を追求すればいい。ただし、ガルリ・カスパロフが言うように、環境が根本から変わらないかぎり、核を成す戦略から逸脱することは避けるべきだ。

勝者は、イノベーションに取り組む。これは、アリアナ・ハフィントンのように、勝利を終着点と考えない発想をもつことと言い換えてもいい。その前提には、スポーツ、ビジネス、政治で重要な成果を上げようと思えばつねに激しい競争を戦い続けなくてはならず、ずっと変わらないものなど存在しないという認識がある。モウリーニョの言葉を借りれば、「立ち止まれば、置いてきぼりにされる」と考えているのだ。

スポーツの世界にアイデアの著作権はないと、モウリーニョは言っている。世界がよりオープンに、透明になり、優れたアイデアをずっと秘密にしておくことは不可能になっている。特定の個人やチームがアイデアを独占し続けることはできない。だから、先頭を走り続けるためには、みずからのパフォーマンスだけでなく、自分を負かそうとする人たちにも関心を払わなくてはならない。そこで、核となる戦略を貫きつつ、環境の変化に適応しようとするマインドセットが必要となる。

勝者は、自分のアイデアをもつだけでなく、ほかの人たちからも学ぶ。他者の成功から教訓を引き出すのだ。スーパーマーケット大手テスコのテリー・リーヒー元CEOは、マネジメントに関する著書でこう述べている。「競争相手は、そして競争という行為は、素晴らしい教師だ……私の最大の競争相手は、世の最も優秀な経営コンサルタントたちだ。私は彼らの活動やサービスを観察している。ウェブサイトにアクセスして、彼らの思考やリサーチ、プランニングについて調べることもある。これは無料で得られる情報だ」

勝者は、時間の経過に適応しなくてはならない。トップレベルで活躍したスポーツ選手のなかには、競技生活を終えたあとで深刻な精神上の問題を経験する人が少なくない。私もイギリス首相官邸を去って、似たような状態に陥った。大きな意義のある活動に全力でぶつかっていた日々を終えたあと、新しい人生を形づくるのは、簡単ではない。

しかし、新しい課題を見いだし、才能を新しい目的に向けて活用する人もいる。スウェーデン卓球界の伝説的なプレーヤー、ヤン＝オヴェ・ワルドナーは、中国で二番目に有名な西洋人（一番はビル・クリントン）と呼ばれたくらい活躍したが、ついに引退のときがやってきた。そして引退後は、抜群の知名度を利用し、中国でビジネスをおこなっている。世界で最も卓球好きの国である中国は、「私の最大の市場」だとのことだ。

私は二〇一四年、数カ月前に引退したばかりのブライアン・オドリスコールと話した。まだ衰えは見えておらず、最後まで優勝トロフィーを獲得していた。私と会ったとき、オドリスコールは途方に暮れていることを認めた。「私はプロスポーツ選手以外の人生を知らない。スポーツの世界では、引退すればその瞬間にすべてが終わる。アスリートとしてのルーチンが懐かしい。ロッカールームが、チームの一員という感覚が恋しい。七万人の観客の前でプレーする興奮や、大きな試合を勝ったときの幸福観に代わるものはほかにないと思う。引退後の人生のほうが楽しいという元スポーツ選手は嘘つきだ。けれども、これからの人生は長い。なにをして生きていくかを考えなくてはならない」

陸上長距離のブレンダン・フォスターは、走ることをやめたくなかったが、それでも現役生活に終止符を打つときがきた。そこでスポーツビジネスに転じ、世界最大の市民マラソンの大会を立ち上げた。陸上中距離で活躍したセバスチャン・コーは、文句なしのトップアスリートだった。史上屈指のアスリートと言ってもいい。引退後、その栄誉とともに生きることは簡単だったはずだ。しかし、その道は選ばなかった。もっている才能をビジネスに、さらには政治に生かし、二〇一二年のロンドン五輪では大会組織委員長として大会を目覚ましい成功に導いた。なにに取り組むにせよ、一番を目指さずにいられないのは、コーの性分なのだろう。

勝者は、レジリエンスをもっている。コーもさまざまな局面でレジリエンスを発揮してきた。陸上競技の現場では、思いがけない敗北の痛手から立ち直ってきた。政治の世界では、保守党の一員として野党転落を経験したが、その後、スポーツの政治で復活を遂げた。コーは現在の活動で高い評価を集めており、元々はスポーツの勝者だったことを忘れている国民も多い。

いまでこそメディアはすっかり協調的になったが、以前は厳しい報道も珍しくなかった。汚い報道をされることもあったという。一九八四年にロサンゼルス五輪の一五〇〇メートルで二つ目の金メダルを獲得したとき、コーはゴールラインを走り抜けた瞬間、怒りに満ちた目で記者席をにらみ、「もう終わった選手だと言ったのはどいつだ?」と怒鳴り声を上げた。

「メディアは、私にこのような態度を取られても当然だった。少なくとも一部のメディアは」と、コーは言う。「汚い報道をされた。『デイリー・メール』は、私の家庭崩壊なるものについて大きな記事を載せた。ひどい記事だった。私たちに子どもが二人いるという記事が書かれたこともあったけれど、奇妙な記事と言うほかない。子どもは四人いるのだから。私がエイズに感染していると言わんばかりの報道もあった。そうした報道にやり返せるのは、最高の気分だった。過剰反応と言われるかもしれない。でも、私はそうせずにいられなかった」

コーは、自分の周囲で起きていることすべてを、パフォーマンスを高めるためのプレッシャー、モチベーション、刺激の材料として用いる方法を身につけていた。パフォーマンスを向上させること、それがすべての関心事だった。勝者は感情を抑えるべきときは心得つつも、自分の感情を利用

立ち止まれば、置いてきぼりにされる。

ジョゼ・モウリーニョ

することができる。

勝者は、スケールの大きい、大胆な思考をする。大きな野心をもっている。

勝者は、しっかり計画を立て、できるかぎりそれを貫く。

勝者は、細部に関心を払う。目標を達成するためには、計画を実行に移し、つねに繰り返す必要があると理解している。

勝者は、けっして諦めない。プレッシャーと逆境を受け止める。

勝者は、挫折を進歩に変える。失敗から学ぶ。

勝者は、つねに改善を志す。そうした向上心がイノベーションを生む。

勝者は、自分が特別な人間だと感じている。これはすべての勝者に当てはまることではないが、私が話を聞いた勝者の多くは若い頃から、自分がたいていの人より成功できると思っていた。

勝者は、前回の勝利より、次回の勝利のことを考える。

勝者は、ぜったいに勝ちたいという意志をもっている。その意志と、単に勝ちたいという願望の違いも理解している。

勝者は、精神と肉体が切り離せない関係にあることを知っている。

勝者は、評判の大切さを知っていて、つねに評判を築こうとする。

勝者は、経験に敬意を払う。しかし、間違ったことを繰り返す人物は評価しない。

勝者は、才能の無駄遣いを嫌う。

勝者は、敗北を嫌う。

勝者は、勝つべくして勝つ。

著者　アラスター・キャンベル Alastair Campbell

1957年、英国ヨークシャー生まれ。ケンブリッジ大学（現代言語専攻）を卒業後、ジャーナリズムの世界へ入る。94年、イギリス労働党の党首トニー・ブレアに請われ、広報責任者に就任。その労働党が97年の総選挙で政権を奪取したのにともない、首席報道官に就いた。のちに、首相官邸のコミュニケーション・戦略局長を務める。現在は、国内外で執筆、講演、コンサルティング、政治など、多彩な活動に携わる。白血病・リンパ腫患者の支援団体「ブラッドワイズ」の募金責任者、精神疾患患者の権利擁護活動「タイム・トゥ・チェンジ」のアンバサダーも務めている。著書に『The Blair Years』を含む7冊のダイアリーなどがある。

訳者　池村千秋 いけむら・ちあき

翻訳者。訳書にリンダ・グラットン、アンドリュー・スコット『LIFE SHIFT』（東洋経済新報社）、ロバート・キーガン、リサ・ラスコウ・レイヒー『なぜ人と組織は変われないのか』（英治出版）、ブルース・シュナイアー『超監視社会』（草思社）などがある。

組版：佐藤裕久

ウィナーズ　勝利をつかむ思考

2017年10月15日　第1刷発行

著者　アラスター・キャンベル
訳者　池村千秋

発行者　林 良二
発行所　株式会社 三賢社
〒113-0021　東京都文京区本駒込4-27-2
電話　03-3824-6422
FAX　03-3824-6410
URL　http://www.sankenbook.co.jp

印刷・製本　中央精版印刷株式会社

ISBN978-4-908655-08-1 C0030